개정3판

세계화와 한국무역

박승락 | 성옥석 | 임천혁 공저

도서출판 두남

개정3판 머리말

Preface

세계화와 한국무역은 독자들의 많은 사랑 속에서 새로운 내용으로 거듭하여 개정판을 출판할 수 있었다. 참으로 고맙고 참으로 다행한 일이다. 본서를 통하여 개인적으로 큰 발전을 가져올 수 있었으며, 특히 이번에 새롭게 저자를 영입하여 좀 더 새롭게, 그리고 보다 유익한 내용으로 집필할 수 있게 되었다.

본서는 무역학을 전공으로 하는 학생들과 무역업 및 유통과 물류, 그리고 경영과 경제학을 다루는 분야에서 교양서 내지는 필독서로 잘 활용될 수 있을 것으로 짐작한다. 무엇보다 본서에서 강조하고자 하였던 세계화의 관점과 한국의 무역에 관한 이슈들을 통한 정리를 포함하고 있다는 점이다.

본서의 구성은 다음과 같이 구성하였다. 우선적으로 제1장에서는 세계화에 대한 기초적인 이해와 배경지식을 통한 관점을 이해하는 것으로 하였고, 제2장에서는 세계화의 흐름과 변화, 발전을 통한 한국의 무역은 어떤 위치에서 변화와 발전을 거듭할 수 있었는지를 포함하였다. 또한 제3장에서는 세계화의 진전으로 새롭게 글로벌 무역을 이해하고 이를 통한 세계화의 대한 답습과 대처방안에 대한 관점으로 글로벌 유통, 글로벌 마케팅, 글로벌 물류의 내용을 포함시켰다. 제4장은 세계화시대에 있어 한국의 무역정책은 어떤 방향으로 어떻게 흘러가야 할 것인지에 대한 내용이며, 제5장은 세계화의 영향으로 자국의 이윤확보가 쉽지 않아짐에 따른 각종 무역통상과 통상의 관점에서 통상기구의 생성, 변화에 대한 내용을 수록하였다.

제6장에서는 무역통상을 통한 세계화시대의 한국무역의 통상에 대한 통상정책을 포함하였다. 이러한 무역의 통상과 세계화의 관점의 변화, 발전에 힘입어 세계화시대의 글로벌 시장에 대한 이해를 제7장에서 강조하였고, 제8장에서는 글로벌 시장에 대한 글로벌 마케팅을 통한 시장전략에 대하여 언급하였다. 제9장에서는 글로벌 시장의 완전개방에 따른 글로벌 기업의 경영과 세계화의 전략에 대한 내용으로 연결하여 보았다. 특히 세계화시대의 장·단점을 통한 세계화시장에 대한 수출입전략에 대하여 제10장에서 보다 상세하게 기록하려고 노력하였다. 이어서 제11장에서는 제6장 이하의 세계화시대의 시장과 시장진출 및 마케팅을 통한 글로벌무역의 환율과 외환관리에 대하여 언급하였다.

제12장에서는 세계화시장의 다변화에 따른 글로벌 무역의 대금결제방식과 관세의 환급 및 무역의 흐름에 대한 절차를 이해할 수 있게 하였다. 그리고 제13장에는 국제수지와 통화제도에 관하여 수록하였고, 제14장은 정보과학 통신의 발달로 점차 세계화의 진척이 재빠른 시대에 힘입어 글로벌 전자무역과 유통물류의 이해를 위한 내용과 제15장에서는 세계화의 흐름과 한국의 무 대한 무역의 관점으로 글로벌 무역에 대한 한국무역의 전망과 발전방향에 대하여 언급하면서 본서를 마감하였다.

끝으로 본서의 개정판이 제2판에 이어 제3판으로 이어질 수 있도록 아낌없는 지도와 배려를 해 주신 존경하는 스승, 박승락 교수님과 어려운 환경에서도 서슴없이 집필에 참여해 주신 임천혁 교수님, 그리고 무엇보다도 본서를 아끼고 새롭게 집필할 수 있도록 큰 힘이 되어주신 도서출판 두남의 모든 관계자분들에게 본서의 개정3판에 즈음하여 심심한 감사를 드리는 바입니다.

모쪼록 본서의 집필에 수고한 모든 분들의 노력으로 수많은 독자들과 무역과 한국무역에 대한 세계화의 관점에 보다 높은 통찰력과 아울러 수준 높은 이해력을 가질 수 있는 좋은 계기가 될 것을 간절히 바라면서 모든 독자의 큰 발전을 기원합니다.

2022년 2월

저자

차 례

Contents

제 1 장

세계화의 태동과 진전

제1절 세계화의 기초이해

1. 세계화의 시작과 그 의의

세계화의 시작은 교환의 관계에서 비롯되었다고 할 수 있다. 즉, 인간 삶의 한 방편으로 물리적 환경과 사회적 삶에 적응하면서 변화하고 발전할 수 있었던 것이다. 그것은 하나의 작은 씨앗이 열매를 맺어 그 풍성함으로 이웃 주변과 점차적인 변화, 발전을 통하여 전 세계적으로 골고루 영향을 미친 것과 다를 바 없다. 이러한 하나의 특징적인 기초적인 산업에서 거대한 산업에 이르기까지 점차적인 발전을 통하여 서로 교환하면서 관계형성과 함께 발전할 수 있었던 것도 사실이다. 흔히 말하는 혁명이나 문화적인 공유적 속성의 하나로 간략하게 생각할 수 있지만 전 세계적인 모든 환경, 문화적인 모든 것들을 하나의 표준화로 만들어 동시적인 발전을 꾀할 수 있었던 것은 세계화의 진전이라 할 수 있다.

따라서 세계화란 곧 교환적인 관계의 변화, 발전에서 양육강식의 관계와 상호교환적 관계 및 경제적인 지배관계 등의 다양한 장, 단점을 가지고 발전하게 되었다. 또한 세계화에 앞장선 선두 주자로서의 관계에 있었던 일부 선진국들은 상호공존, 공동번영 등의 슬로건을 가지고 나름대로 자신들의 영역과 경제적인 관점의 우위를 확보해 나가게 되었다. 그러므로 세계화란 곧, 환경문화적인 관점과 사회적인 관점, 경제적인 관점에서의 새로운 공존의 관점으로 상호발전을 꾀할 수 있었다고 할 것이다.

특히, 1960년대 이후 세계경제가 다양한 경영환경을 통하여 2000년대에 이르러 마침내 글로벌화란 단어를 사용하기 시작하면서 더욱 더 박차를 가하게 된 것이다. 글로벌화(Globalism)란 하나의 나라 관점에서 지구촌이란 말이 사용되었고, 전 세계시장을 하나로 묶은 단일의 시장으로 나타났으며, 글로벌화 된 경제활동의 여러 요소들을 통합하여 공존체계의 단계로 나아가게 되었다. 그러므로 글로벌화란 곧 국가개념의 경제활동이 전 세계적으로 확산되어 하나의 거대한 국가의 개념으로 나타나는 현상이다. 그리고 높은 무역의 장벽을 무너뜨리고 상호의존적인 가운데 하나로 통합된 과정 즉, 세계화를 이루어 가는 것이다.

종합적으로 보면, 세계화의 의미는 경제활동의 범세계화의 의미는 경제활동의 범위가 국가의 범위를 초월하여 확대된 개념으로 국가 간에 상품이나 서비스 및 정보의 이동이 자유롭게 되자 일련의 기능들을 통합하여 글로벌화를 추구함으로써, 전 세계가 하나의 개념으로 발전하게 된 것이다.

글로벌적 관점에서의 시장은 재화와 용역, 노동과 생산요소들이 국경을 넘어 자유롭게 교환되는 모든 현상들은 모두 세계화의 일환으로 보는 것이며, 더 나아가 자본주의와 밀접한 관계를 맺고 있으며, 여기에 시장경제의 원리가 적용되고 있는 것이다. 세계화가 낳은 그 역사적인 의의는 온 세계가 하나의 마을 즉, 지구촌의 관점인 하나의 국가개념이다. 그러므로 세계화를 통하여 한 나라의 관점이 더욱 공고히 될 수 있었던 것은 정보통신과 과학의 발달로 인한 디지털경제, 전자무역 등의 일환으로 무역이 확대되어 전 세계에 문화가 하나의 문화와 같은 개념으로 확산되어 동질의 개념인 한 국가적 문화와 같은 성격을 띠게 된 것이다.

2. 세계화의 개념

세계화란 개념은 쉽게 보면, 무역의 개념과 너무 흡사하다. 무역이란 나라와 나라 사이의 교환적인 관계이며, 세계화란 바로 이러한 무역의 관점에서 나라와 나라 사이의 국경을 초월하여 전 세계가 하나 된 개념의 표준체계와 통합체계 즉, 하나의 국가개념을 말한다. 다시 말해 세계화를 통하여 무역거래의 자유화, 경제적 통합의 경제체제를 이루게 되었다. 이러한 세계화의 시작에 관하여는 정확한 내용들을 추론하기 매우 까다롭고 복잡하지만 대개가 1500년대의 월러스틴, 로버트슨, 1800년대에 기든스, 1960년대 톰린슨 등으로 연결하여 보는 학자들도 있다. 그러나 대부분의 견해는 1970년대에 널리 사용되었다고 보고 있으며, 좀 더 통상적인 개념은 제2차 대전 이후로 보고 있는 실정이다.

또한 세계화란 세계시장을 형성하여 통합된 단일의 규범, 기업경영활동 보장 등의 내용을 포함하는 개념으로 국가 간의 관계가 긴밀한 협조체제하에 있다는 개념이다. 또한 서로 유기적인 긴밀한 협조체제하에서 하나의 국가적 개념으로 서로 윈-윈 하고 있다는 개념을 포함하고 있다. 그러므로 세계화란 말의 개념은 글로벌 경영, 동질화, 개방화, 정보화, 지역화, 세계화, 글로벌리즘, 글로벌화 등의 개념들을 두루 포함하고 있음을 알 수 있다.(〈표 1-1〉 참조)

세계화란 우리가 흔히 말하는 표준화, 다원화, 정보화 등의 관점을 초월한 광범위한 개념을 포함하고 있음을 파악해 볼 수 있다. 결론적으로 하나의 국가 관점으로 표준체계와 단일화된 문화와 단일시장의 글로벌유통, 글로벌무역 등의 개념도 아울러 포함하고 있음을 파악하게 된다.

〈표 1-1〉 세계화 흐름과 개념의 변화

구분	내용
글로벌화 (Globalism)	- 전 세계를 하나의 시장으로 통합하는 전략. * 제품의 생산, 판매, 현지시장 별로 차별화전략 보다 통합전략.
글로벌리즘 (Internationalization)	- 국경의 개념을 초월한 경제활동의 무대를 말하며, 종전의 일국의 경제활 동의 범위가 전 세계적인 국가를 대상으로 확대, 진출하는 것. * 한 나라가 경제·환경·정치·문화적으로 다른 여러 나라와 교류하는 것.
세계화 (Globalization)	- 전 세계를 하나의 통합된 개념으로 보는 글로벌화 된 경제활동. - 단일화시장의 개념으로 개방화된 시장의 개념과 동시다발적인 시장개념. * 기업의 다국적기업, 통합한 글로벌시장으로 전환으로의 발전.
지역화 (Localization)	- 특정한 국가 내에서만 일어나는 것이 아니라 글로벌적 차원(1960년대 등장). * 1958년(EC), 1960년(EFTA), 1961년(CACM), 1980년(NAFTA), 1995년(WTO).
정보화 (Computerization)	- 정보기술의 발전은 해외시장의 자료수집 및 전달, 신속한 정보의 처리, 정확한 경영정보의 활용. * 글로벌 경영의 확대에 기여(실시간 관리 가능).
개방화 (Overture)	- 세계무역기구인 WTO의 출범으로 인한 시장개방의 압력이 점차 확대. * 관세율 인하, 시장개방, 글로벌화 확산.
동질화 (Homogeneisation)	- 개방화, 글로벌화를 통한 제품 및 서비스의 글로벌 국가 간 이동을 용이. * 세계 소비시장의 기호 동질화(글로벌경영 환경제공).
글로벌 경영 (Global management)	- 범세계적인 시장에서의 거래, 경영활동을 통한 환 위험성을 내포. * 마케팅 조정의 애로와 노사관계의 애로, 비용부담, 정치적 위험 등의 특징.

3. 세계화의 동향과 그 영향

세계화의 의미는 한 나라의 개념이 아닌 전 세계적인 국가개념이다. 즉, 국경이 없다는 의미이다. 그리고 국가 간의 재화와 용역 등 자본까지도 자유롭게 이동할 수 있다는 것을 의미한다. 세계화의 발전은 교통과 통신의 발달로 인하여 실시간의 정보와 무역이 성행할 수 있게 되었으며, 이를 관리하기 위한 차원으로 또 다른 무역기구인 세계무역기구를 태동하게 된 셈이다. 세계화의 영향은 지역주의, 보호주의 무역체제를 완전자유경쟁체제로 발전하게 되었고, 전 세계가 하나의 국가로 서로 협력하고 합력해야만 하는 범국가적인 입장에 놓이게 된 것이다.

하지만 세계화로 인한 문제점도 있다. 먼저, 세계화로 인한 인구증가와 자원의 감소로 인하여 개발도상국을 비롯한 후진국의 발전을 저해하고 있다는 점이다. 게다가 환경보전이라는 또 다른 문제를 낳게 되었으며, 이는 선진국을 중심으로 비관세장벽의 하나로 무역의 우위를 놓지 않으려고 하는 선진국 중심으로 움직이고 있다. 그리고 지역의 격차는 결국 글로벌적인 분쟁으로 이어져 산업혁명 이후 지역 간의 기술력과 경제력의 차이를 능가하는 격차를 보이고 있다. 덧붙여 종족의 문제와 종교의 문제 등은 조속히 해결해야 할 세계화의 단점이라고 할 수 있다.

세계화로 인한 시장의 완전자유경쟁은 단순한 이윤확보의 개념이 아니라 생산자의 입장과 소비자의 입장에서 새롭게 해석해야 할 것이다. 즉, 세계화의 배경과 그 추세는 교통과 통신기술의 발달은 무역활동을 원활하게 하는 원동력으로 다국적기업의 형태인 협력, 상호연합의 체제로 나타나게 되었다. 따라서 세계화의 영향으로 세계무역기구(WTO)체제의 출범을 낳게 되어 전 세계가 하나의 시장으로 통합된 상태에서 상호의존의 증대가 더욱 가중되었다.

4. 우리나라의 세계화 현상

우리나라에서의 세계화는 전 세계적인 영향을 주고받는 가운데 변화되고 발전되었다고 본다. 세계화를 통하여 긍정적, 부정적 차원의 문제 아닌 문제들이 빚어지고 있기 때문이다. 즉, 세계화로 인한 양면성을 가지고 있으며, 특히 우리나라가 세계화의 영향으로 큰 발전과 함께 세계화를 통한 갖가지의 위험요인에 노출되어 있다는 점이다. 그러므로 우리나라는 세계화에 대해서 수용과 비판을 통한 포괄적인 태도가 절실히 필요하다. 우리나라가 세계화시대에 어떻게 변화와 발전을 추구해야 할 것인가에 집중하지 않을 수 없다. 우리나라는 민족공동체의 상호존중을 배경으로 한 통일국가의 위상을 통하여 정치, 경제, 사회, 문화의 협력과 증진을 도모하고 있다. 특히 선진국으로 도약하기 위하여 제도와 의식의 조화를 통한 민주주의 실현을 바탕으로 세계 속의 한국을 심어가고 있다.

또한, 우리나라가 세계화를 통하여 1990년대의 국가경쟁력 강화와 1997년의 외환위기 등을 통하여 고용과 소득, 소비의 사회양극화를 불러일으켰다. 그리고 우리나라는 해외직접투자와 협력을 통한 기술력과 문화의 전달에 힘쓰고 있으며, 유엔 평화유지 활동(PKO), 무역 및 투자국 활동(APEC) 등의 글로벌 기구와의 협력을 증진하고 있다. 이러한 세계화의 주요관점을 살펴보면 다음과 같다.(〈표 1-2〉 참조)

〈표 1-2〉 세계화의 주요 내용

요 인	세계화(동향)	세계화(현상)
경제적 관점	- 세계시장의 통합화, 단일화. - 세계무역기구들의 탄생, 발전 - 세계적 차원의 협력강화	- 정보통신, 교통, 기술의 발전 - 시장경제체제로의 전환 및 발전 - 무역거래 및 자유화
경영적 관점	- 글로벌 기업의 활성화 - 해외투자 및 현지화 전략추구 - 글로벌적인 네트워크 구축 강화 - 기업 간 전략적인 제휴 강화	- 글로벌적 수요담당을 위한 범세계화 - 글로벌 경쟁의 경쟁우위 확보 추구 - 무역거래와 수입규제에 관한 대응 - 해외투자의 활성화
국가적 관점	- 국가전략의 세계화 추진 - 기업 형 정부, 행정서비스 체계화 - 적 세계화의 지역주의 확산	- 각 국가의 기능변화 - 국가 및 기업 간의 관계변화 - 지역협력 및 세계경제에 참여

첫째, 경제적 관점으로 정보통신기술의 발달로 인하여 시장경제 체제와 무역거래의 자유화가 선언된 셈이다.

둘째, 경영적 관점으로 볼 때, 글로벌화로 인하여 수요가 범세계적이며, 경쟁우위의 확보와 수입규제 등에 민감하게 반응하게 되었다.

셋째, 국가적 관점으로 각 국의 기능이 변화되고, 국가 및 기업 간의 관계가 변화되었다. 또한 지역협력과 상호의존관계 및 세계 경제에 참여하는 협업과의 관계로 상호보완적인 동반체제의 관계로 변화되고 있다.

제2절 세계화의 변천과정과 무역의 생성

1. 세계화의 흐름과 글로벌무역의 생성

〈표 1-6〉에서와 같이 세계화의 장·단점으로 인하여 글로화를 급진적을 추진함에 있어 크고 다양한 형태의 사회, 경제, 문화 등의 새로운 이슈들이 등장하게 되었다. 즉, 글로벌무역, 외국무역, 글로벌무역, 다국적 무역의 개념들은 세계화의 추세에 따른 무역에 관한 관점의 변화와 발전의 내용들이다. 먼저, 글로벌무역은 세계화의 흐름을 타고 국경을 초월한 개념의 무역이 성행하게 된 것이며, 이를 통한 각 국가의 무역정책의 변화와 발전을 가져왔다. 이러한 글로벌무역이 가속화된 계기는 1800년대 중반 영국의 무역자유화 조치였다. 영국은 1846년 농산물 수입에 관한 규제를 완화하고 자유무역을 선언하였다. 그 영향은 1860년 영국과 프랑스의 콥든-쉬발리에 조약(Cobden-Chevalier Treaty)을 이루게 되었다.

무역정책의 일환인 자유무역의 핵심인 관세율에 있어서 유럽전역에 전파된 자유무역주의의 영향은 1875년 당시 평균관세율 9~12%로 하락하였으며, 영국은 1913년 대외무역이 증가의 추세를 보였다. 그 결과 상품시장의 통합과 세계화의 정도에 의한 것으로 세계화의 특징은 국가 간의 교류가 증가할수록 상품교환이 활발하며 상품가격의 동질화를 이루게 되는 것이다.

상품가격의 동질화를 통한 임금의 동질화는 1870년 이후 25년 동안 진행된 미국과 영국간의 임금 동질화 현상 중 약 30%가 상품가격의 동질화로 비롯된 것으로 나타났다. 그러나 상대적으로 보호주의 무역이 강했던 포르투갈 및 스페인은 동질화에 동참하지 못한 탓에 세계화의 혜택을 크게 입지 못했다. 이를 통하여 미시적, 거시적 차원에서의 세계화의 교류대상 품목의 가격을 동질화시킨다는 사실이 확인된 셈이다.

또한, 상품시장의 통합 영향은 금융시장에서도 나타나고 있었다. 글로벌적인 관점에서의 금융은 글로벌 통화체제와 밀접한 관계가 있다. 글로벌 통화질서의 성격 자체가 자본의 흐름에 직접적인 영향을 미치기 때문이다. 금본위제도의 영향으로 1880년과 1914년 사이 주요 강대국들인 영국, 독일, 미국, 프랑스의 이자율이 거의 동일한 수준이었다.

2. 세계화의 촉진 요인

정보통신과 교통의 발달은 상품의 글로벌적 이동을 용이하게 하며, 비용절감의 효과를 가져 올 수 있어 세계화를 촉진하는 요소가 되었다. 냉전체제의 붕괴와 국가의 경제활동 통제력 약화도 세계화의 촉진요인으로 작용하였는데, 동구나 러시아 등이 체제전환기간을 통해 시장경제를 도입하였으며 생산요소의 이동이 자유로워졌다. 특히 아시아에서도 1970년대 후반에 중국이 개혁과 개방을 시작하였으며, 인도차이나 반도의 국가들이 개방을 통해 외국인 투자를 유치하였다.

〈표 1-3〉 세계화의 주요 변천과정

구 분	과 정	주요내용 및 결과
19세기 세계화	1차 과정 (1820~1914년) 주도국 : 영국	- 영국 중심의 세계화(산업혁명). - 제1차 대전 이후 1950년 말(후퇴기). - 1879년 영국을 제외한 유럽대륙의 국가들이 보호주의 복귀 세계대전의 원인제공. - 20세기 현재의 세계화는 제1차 세계화와 답습. * 보호주의를 채택으로 세계화 후퇴(세계무역 부진).
1960년대 세계화	2차 과정 (1960년대) 주도국 : 미국	- 미국 중심의 세계화. - 제2차 대전이후 유럽, 일본의 경제부흥; 세계화 가속화. - 외국인직접투자의 증가로 세계화 급진전. - 정보통신 기술발달(네트워크화). - 금융규제 완화(글로벌 금융시장 통합화). * 20세기 후반 GATT 출범으로 다자주의 현상.

3. 세계화의 발전과 지역주의의 시작

제1차 세계화의 과정에서 선두 주자였던 영국의 산업혁명을 통한 공업화의 추진으로 공산품 수출과 고도성장의 결과를 얻을 수 있었다. 그 결과 제3세계는 원료공급지로 전환되고 말았다. 또한 제2차 세계화 과정에서도 선진국들의 소득은 상호 수렴했고 아시아의 신흥공업국가 일부 국가들만이 공업화를 통한 선진국 수준으로 도약하였다. 그러나 아프리카, 중남미, 아시아 일부 국가들의 실질소득은 오히려 감소한 셈이다.

따라서 세계화는 국가경제와 국민소득의 수준을 향상시켰다. 이미 두 차례의 세계화 과정을 통하여 나라와 나라 사이의 소득의 격차는 크게 개선되지 않았다. 또한 세계화에 대한 올바른 인식은 세계경제 통합의 차원에서 세계화는 중단되지 않았고, 일부 핵심성장지역을 중심으로 지역화, 블록화의 양상으로 계속되었다는 것을 알 수 있다.

1) 지역주의의 발생과 특징

지역주의 발생의 시작은 대공황(1929년~1930년 초기)과 세계대전 이후 급격한 경제성장을 이유로 안정과 협력을 도모하게 되었다. 이를 계기로 경제협력의 체제로 지역주의가 나타났다. 그리고 20세기 후반의 경제협력은 GATT(관세 및 무역에 관한 일반협정)와 WTO(World Trade Organization: 세계무역기구)체제를 중심으로 지역주의가 발생하게 되었다.

아시아지역에서의 지역주의는 APEC(아시아·태평양경제협력체), ASEAN(동남아국가연합), EAEC(동아시아경제협의회), AFTA(아시안 자유무역지역) 등이 있다. 또한, 미국, 케나다, 멕시코의 3국간의 경제성장과 고용촉진을 바탕으로 NAFTA(북미자유무역협정)을 체결하였다. 또한 경제통합을 이유로 유렵연합(EU)이 탄생하였으며, 유렵연합은 EEC(유럽경제공동체)와 OEEC(유럽경제협력기구), ECSC(유렵석탄철강공동체) 등을 바탕으로 결성되어진 것이다.

이밖에도 중남미 지역의 MERCOSUR(남미공동시장)과 CACM(중미공동시장)이 있으며, 아프리카지역에는 ECOWAS(서부아프리카제국경제공동체)와 UDEAC(중부아프리카관세경제동맹), EAC(동부아프리카공동체)등 최근 FTA(자유무역협정)으로 개방과 협력을 가속화 하고 있다.

2) 지역주의의 시대적 변천과정

세계화의 추진으로 인하여 지역협정을 대표하는 지역주의(Regionalism)는 1960년대부터 등장하였다. 이미 1958년 유럽의 EU, 1960년대 노르웨이와 스위스를 중심한 EFTA(유럽자유무역지대)가 등장하였다. 1961년에는 중남미공동시장(CACM)이 등장하였고, 후에 1980년대 말 미국과 캐나다가 자유무역협정을 체결하였으며, 1989년 미국, 캐나다와 멕시코를 포함한 북미자유무역협정(NAFTA)을 발족하였다.

한편, 1991년 남미공동시장(MERCOSUR)인 단일시장을 목표로 발족되었으며 1995년에 완료되었다.(아르헨티나, 브라질, 파라과이, 우루과이)

또한 1992년 AFTA(아세안자유무역지대; 아세안 10개국)이 결성되었으며 1996년에 베트남, 캄보디아, 라오스, 미얀마가 회원국으로 가입하였다. 그리고 1995년 EC의 회원국을 확대하는 한편 1999년에는 유로화를 도입하였다. 이러한 내용은 1990년대의 자유무역지대의 지역화 개념을 한 눈에 파악에 볼 수 있는 중요한 내용들이며 자유무역의 흐름을 파악하는 기초자료이다.

제2차 세계대전 이후 미국 주도아래 달러를 기축통화로 한 IMF와 GATT를 구축하여 세계경제의 질서를 확립해 나갔다. 그러나 전 세계 GDP의 50%를 차지하고 있는 아시아 태평양지역과 유럽 및 중남미지역, 아프리카지역을 중심으로 지역화의 거센 물결을 타고 1980년과 1990년을 전후하여 세계경제구조의 개편과 자유무역주의의 퇴보를 통한 보호무역주의의 강화추세로 나타났다.

〈표 1-4〉 1990년대의 주요 자유무역협정과 회원국

자유무역협정	회원국	내 용
아세안 자유무역지대 (AFTA)	아세안 10개국	- 1992년 공산품 중심의 회원국 6개국으로 시작하여 1996년 이후 베트남/캄보디아/ 라오스/미얀마 가입(2003년 완성)
북미 자유무역협정 (NAFTA)	미국/캐나다/멕시코	- 1989년의 캐나다자유무역협정을 1994년 멕시코 가입으로 NAFTA로 전환(관세/비관세 장벽 10년 내에 철폐하기로 함)
남미공동시장 (MERCOSUR)	아르헨티나/브라질/파라과이/우루과이	- 1991년 단일시장 목표로 시작 1995년 완전관세(2006년까지 계속됨)
유럽공동체(EU)	15개국(2000년)	- 1995년(회원국확대),1999년(유로화 도입)

3) 지역주의의 미래적 전망

지역주의는 산업화 이후 19세기 후반에 등장하여, 제2차 세계대전 이후에도 세계적으로 다양한 형태의 지역주의가 나타나고 있다. 유럽에서는 1960년대 말부터 민족적 분리주의의 운동이 발생하였다. 그리고 1980년대부터 지역감정과 분할로 인한 사회 경제의 문제로 나타났다.

이러한 지역주의는 점차 종교적, 언어적, 문화적인 지역정체성을 바탕으로 자리를 굳히게 되었다. 또한, 지역주의의 발전은 점차 집중화 현상으로 이어져왔다.

그러므로 지역주의의 발전은 곧 세계화를 통한 상호공존의 자세에서 이해되어야 할 것이며, 지역의 발전에 큰 도움을 줄 수 있다는 점에서 이를 잘 수용하고 발전시킬 수 있는 동력으로 삼아야 할 것이다.

특히 국가 간의 다국적기업의 형태에서 엿볼 수 있었던 상호의존성은 더욱 더 증대되어 국가 간의 보이지 않은 블록화 현상을 초래하게 되었다. 따라서 세계화 과정을 통해 지역화로 변천되어 가는 세계화의 또 다른 면을 보게 되는 것이다. 즉, 세계화에 의해 일어나는 갖가지의 모순들인 환경과 빈부의 격차 및 경제적 국가의 구속, 복지혜택의 축소들에 대한 반론을 시작으로 국익과 관련하여 블록화를 형성하게 되었으며 이를 지역화 현상 또는 제3세계 이론이라고 한다.

제3절 세계화의 특징과 통상질서의 변화

1. 기업경영의 글로벌화 및 세계화

세계화의 영향으로 인한 자국 중심에서부터 다양한 글로벌 기업경영의 형태로 발전하게 되었다. 말 그대로 글로벌 기업이란 자국의 영토를 벗어나 전 세계를 향한 경영의 활동무대를 삼는 것을 말한다. 특히 자국의 범위를 벗어나 전 세계를 대상으로 진행되는 글로벌 경영의 형태로 상당한 발전을 거듭하게 되었다. 따라서 자연스럽게 기존의 기업경영의 요소들이 점차적으로 글로벌화로 추진되기 시작하였다. 즉, 제품의 개발, 생산 및 조달에 이르기까지 국경을 초월한 글로벌 기업의 형태로 나타나게 되었다.

특히 세계화를 통한 글로벌 기업으로서의 한 형태가 다국적기업으로 나타난 것이다. 다국적 기업들은 네트워크를 통한 통합적 개념으로 전 세계를 대상으로 기업 활동을 전개함으로써, 다국적기업으로서의 경영에 참가하는 한편, 기업의 현지화를 통한 통합된 개념으로서의 경영에 참가하게 되는 것이다.

따라서 기업경영의 글로벌화와 세계화의 개념은 다국적기업으로서의 전 세계를 거대한 하나의 통합된 시장으로 보고 기업 활동을 전개하는 것이며, 이는 동시다발적인 개념으로 사업의 범위가 전 세계에 걸쳐 운영되고 있다는 점에서 다양한 사업과 기능에 참여할 수 있을 뿐만 아니라 글로벌 변화에 대한 다양한 변화에 발전에도 능동적으로 참여할 수 있다는 장점을 가지고 있다.

1) 글로벌 기업환경과 경영패턴의 변화

세계화의 영향으로 말미암아 전 세계가 하나의 거대한 시장으로 통합된 개념을 갖게 되었다. 기업의 생산요소가 자국중심이 아닌 전 세계를 대상으로 점차 그 내용과 범위가 확대된 셈이다. 그러므로 기존의 상품의 생산 및 판매에 대한 범위와 내용이 확대되었다. 즉, 기존의 경영대상 범위와 내용이 상품중심에서 상품과 서비스 및 경영과 기술을 포함한 폭넓은 변화를 가져왔다.

기존의 상품수출의 개념에서 벗어나 환경문제를 중요시 하게 되었으며, 이에 발맞추어 각국에서는 공산품의 수출보다는 1차적인 수출품에 관심을 쏟게 되었다. 그러므로 각국은 무역의 자유화를 통하여 지역화 된 개념 안에서의 자유로운 상품과 서비스의 이동을 통하여 산업구조와 국민경제의 발전을 꾀할 수 있게 된 것이다.

상품 수출과 관련하여 기존의 수출과 관련한 수입부문에 있어서도 강한 대처능력을 갖추어야 할 시기에 도달하였으며, 해외직접투자 및 외국인투자와 개발에 관한 상호의존적인 관계를 갖고 노력하여야 하는 중대한 문제를 갖게 되었다. 다시 말해 세계화의 영향으로 기업경영의 패턴이 다변화되어 무국적시대에 돌입하게 되었으며, 이를 통하여 무한경쟁시대의 낮아진 무역장벽의 효과를 얻게 되었다.

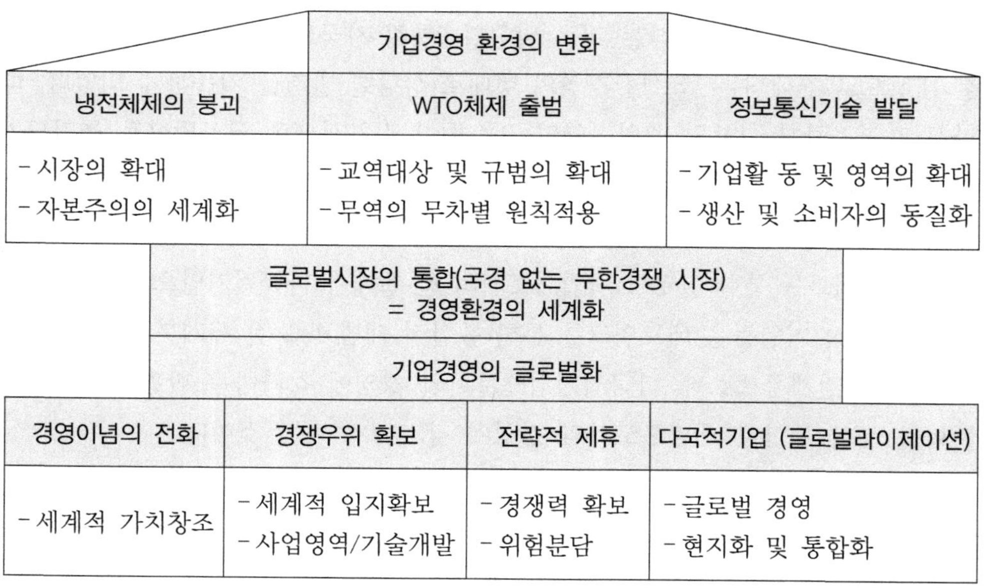

자료 : 조석홍, 해외시장진출론, 두남, 2004, p.22(재구성).

[그림 1-1] 기업경영의 환경변화와 글로벌화

[그림 1-1]은 기업경영의 환경변화에 따른 글로벌 기업경영의 모형을 도식한 것이다. 그러므로 외국인직접투자 또는 해외직접투자를 통하여 글로벌 기업으로서의 전 세계를 하나의 거대한 시장으로 보고 자본과 노동 및 기술의 이전이 적합한 곳으로 이동하게 됨에 따라 글로벌 국가 간의 무역장벽이 낮아지기는 하였지만 국민경제적 차원에서는 자국의 산업보호와 외국인 투자유치를 위해 전략적인 제휴, 합작투자 등의 방식을 채택하게 된 것이다. 다국적기업과 글로벌기업의 경영은 정보화시대에 걸 맞는 전 세계적인 통합시장의 개념으로 세계화 안에서의 지역화를 낳게 되었고, 상호의존적인 관계는 더욱 심화될 수밖에 없는 상황에 이르게 된 것이다.

2) 세계화를 통한 무한경쟁의 시대

세계화 시대 글로벌 기업은 전 세계적인 다국적기업으로서의 자리매김을 하게 되었고, 갈수록 심화되는 글로벌 경쟁시대에 있어서 자유무역은 신자유주의(Neo-liberalism)에 입각한 무역으로 발전하게 되었다. 이제 글로벌 기업들은 세계화를 통하여 보다 심화된 경쟁에서 자리매김하기 위하여 글로벌 경쟁전략을 통한 경쟁우위를 확보할 필요성이 있게 되었다. 글로벌 경쟁전략은 주로 저 원가, 차별화, 집중화의 경향을 띠고 있다. 경영전략이론은 마이클 포터가 1980년대에 주장한 이론으로 산업구조의 분석과 본원적 전략 및 가치사슬 등으로 시작하였고, 최근에는 글로벌 전략과 국가 경쟁력의 분야에 이르기까지 광범위 하게 적용되고 있다.

산업구조 전략이란 5가지 주요 요인에 의해서 경쟁력이 좌우된다는 이론이다. 5가지의 주요 요인으로는 신규진입자의 위협, 대체품의 위협, 구매자의 교섭력, 공급자의 교섭력 및 현재 경쟁자들의 경쟁 등이 그 세부 요인들이다. 포터가 주장하는 본원적 경쟁전략에서 전략유형은 총체적 원가우위(Cost leadership), 차별화(Differentiation), 집중화(Focus)로 나눌 수 있다. 여기에서 총체적인 원가우위 즉, 저 원가 전략은 특정기업이 저 원가 정책을 통하여 원가를 낮춘다면 원가부분에 관한 우위를 갖게 됨으로써 타 경쟁기업과의 경쟁에서 우위를 갖는다는 전략이다.

저 원가 전략을 사용하는 이유는 시장점유율, 원자재의 확보, 제작이 용이, 원가분산을 위한 폭넓은 제품의 생산라인을 갖추었거나 주요 고객들의 충실한 기여를 기대하는 경우 가능한 전략이다. 그러나 글로벌경쟁의 경쟁전략에서의 우위를 확보하려는 의도는 좋으나 자칫하면 비용절감적인 효과에 비해 낮은 가격의 제품을 공급한다는 오해를 받을 수도 있다.

〈표 1-5〉 포터의 본원적 경쟁전략 유형 비교

전략유형	자원, 기술적 요인	조직상의 내용	위험부담
원가우위 (저원가)	- 대규모 자원투자/확보 - 생산공정/ 노동력관리 - 제작 편의성 도모/설계 - 비용절감(유통시스템)	- 비용절감 및 원가절감 - 통제 및 관리강화 - 조직화/책임 명확화 - 목표생산의 인센티브	- 제품/마케팅에 무대응/소홀 - 동일설비/경쟁기업 모방 - 차별화 상쇄가능 원가미 확보
차별화	- 마케팅/생산기술 보유 - 아이템/조사연구능력 - 품질선도/기술 융합 - 유통경로 협조	- 연구/제품/마케팅조절 - 주관적/인센티브제도 - 쾌적한 생산환경 도모 - 숙련공/창의력인 인재 확보	- 경쟁기업 모방의 차별화 요소 일반화 - 차별화의 구매자요구 감소 - 원가확보 기업과의 가격차
집중화	- 가용한 방책/특정전략 - 목표선정/적절한 배합		- 목표시장과 일반시장의 제품 차이가 크지 않음 - 경쟁기업이 목표시장 추가 세분화 공략

또한 차별화전략은 신 시장 개척이나 신규 진입을 원하는 기업들에게 고객신뢰와 제품의 탁월성을 극복해야 한다는 과제를 부여하고 진입장벽의 역할을 효율적으로 수행할 때 차별화전략을 구사하는 것으로 본다. 차별화전략은 디자인이나 상표, 기술을 이용하여 탁월하고 독특한 제품을 통하여 대고객이용이 가능하고 판매망 구축이 확고할 때 차별화전략을 사용한다. 하지만 차별화전략으로 인하여 시장점유율 확대가 어려운 경우도 있을 수 있다.

2. 세계화의 장·단점

세계화, 정보화, 글로벌화, 개방화, 글로벌화는 모든 경제활동이 한 국민경제의 국경을 벗어나 확대되는 현상을 나타내는 말들이다. 세계화, 개방화는 글로벌화의 성격을 띠고 나타나고 있으며, 개방과 세계화가 경제활동의 현상으로 나타난다고 할 수 있다. 즉, 특정지역 그룹 내에서 교역, 직접투자, 자본과 노동의 이동 등의 경제활동 면에서 상호의존관계가 심화되는 현상이다. 또한 일부 국가들이 블록을 결성하여 블록 내 자유화를 통한 구속력 있는 지역협정을 체결하는 것으로 지역통합을 형태로 나타나기도 한다.

세계화는 세계무역의 자유화, 금융의 세계화, 생산의 세계화라고 하는 3대의 핵심적인 특징을 가지고 글로벌 무역의 발달과 각 나라와 나라사이의 거리개념을 축소시켰다. 세계화의 핵심요소인 정보와 통신의 발달, 교통의 발달을 통한 무역의 결과라고 할 수 있다. 그리고 경제적 개념의 국경을 허물어버리고 세계시장의 통합화, 표준화에 이르게 된 것이다.

금융의 세계화는 OECD의 자본이동과 글로벌 투자 및 다국적기업을 생성시켰으며, 다자간 투자협정을 통한 투자 장벽을 제거하게 되었다. 특히 생산의 세계화를 통한 생산비 감소는 임금과 원자재의 조달이 원활한 지역이나 국가로 생산기지를 이동하게 되었다. 글로벌 금융면에서도 범세계적인 자본수익 및 환차익의 극대화, 판매 및 수출의 최대화, 조세부담의 극소화, 이윤 극대화, 기업 환경의 안정추구를 목적으로 세계화가 추진되고 있는 셈이다. 1990년대 말 동아시아 금융위기와 2008년 미국 발 금융위기와 같이 세계화 추진에 대한 반발이 현재 많이 나타나고 있는 것이다. 또한 모든 면에서 이윤추구를 위해 국익을 우선하는 국가정책 추구로 인하여 갈수록 소득분배의 불균형은 심화될 것으로 예상되며, 이는 국민경제에도 악영향을 미칠 가능성이 있다.

정리하면, 세계화의 장점은 정보, 과학, 통신의 발달로 상호작용, 의사소통 등이 빨라지고 환경과 문화 및 기술적인 요인들이 동시다발적 발달을 가져올 수 있다는 점이다. 아울러 잘 발달된 교통망과 정보통신 및 과학의 발달은 다국적기업의 한 형태로 선진국과 개도국 및 후진국들이 발달을 꾀할 수 있게 되었다. 하지만 세계화로 인한 단점은 부익부 빈익빈 현상이 심화될 것이며, 자본이 있는 선진국이 더 큰 혜택을 보게 될 것이라는 점에서 세계화로 인한 다양성은 오히려 감소할 것이라는 추측을 해 볼 수 있다.(〈표 1-6〉 참조)

〈표 1-6〉 세계화의 장·단점

구 분	내 용
세계화의 장점	-나라와 나라사이의 국경과 이념을 초월하여 정치, 사회, 문화, 경제의 상호 연계성 있는 통합의 개념으로 상호의존도 증가. -세계화를 통하여 국가별, 지역별, 기업 및 계층별의 경쟁의 심화. -특화의 개념을 띤 자본, 노동 등의 최적자원의 분배 초래. -통합과 단일시장으로 묶어 무역의 장벽을 해소, 자유무역의 효과 증대.
세계화의 단점	-세계화를 통하여 자본, 노동의 자유로운 이동(지배적 성향). -무역으로 인한 대외의존도 상승과 상호협력의 필요성 증대. -자국의 무역과 산업 및 국민경제의 비교열위산업의 퇴출과 국가 및 계층 간의 갈등이 심화조짐.

3. 세계화의 추세와 미래적 전망

세계화에 대한 부정적 평가에 앞서 세계화가 가져온 긍정적인 면을 먼저 간단히 살펴보도록 하자. 긍정적인 면으로는 효율의 극대화, 자원배분의 합리화, 규모의 경제이익 초래, 자유무역의 실현 등은 세계화의 긍정적 평가로 나타난 결과들이라고 할 수 있다. 부정적인 평가는 세계경제에 대한 일부 선진국의 경제적 지배, 경제주체의 대외의존도 심화, 비교열위산업의 사양화, 국가 및 계층 간 소득의 양극화 등은 세계화의 어두운 면이라고 볼 수 있다.

세계화 추진 과정에서의 반발과 문제점은 세계화에 따른 경제 성장으로 발생하는 혜택이 전 세계적으로 균등하게 배분되지 않는다는 점에 있다. 세계화에 따른 자유무역의 확대와 경제통합에 거세게 반발하는 주요국들의 움직임을 보면 상당부분이 개발도상국이나 후진국인 아닌 선진국에서 발생하고 있다는 점이 특이하다. 가령 제네바, 취리히, 몬트리올, 워싱턴 등지에서 대규모 세계화 반대시위를 벌여온 것은 어제 오늘의 일이 아니다.

세계화에 반대하는 사람들의 주장은 세계화를 통한 다국적 기업의 경제적 이익은 상당부분 실현되고 있는데 비하여 사회, 문화, 환경 등의 부분에서는 개도국이나 후진국에 크게 도움을 주지 못하고 있다고 주장한다. 즉, 세계화에 반대하는 자들의 목소리는 세계화가 세계 속의 빈곤층을 발생케 할 뿐만 아니라 환경문제, 도시문제, 기아와 실업문제 등을 일으키고 있다고 주장한다. 세계화가 다국적기업들에게만 이득을 줄 뿐 개발도상국의 산업에 피해를 주고, 더 나아가 전 세계의 근로자들의 생활에 악 영향을 미친다고 평가하고 있기 때문이다.

세계화에 반대하는 사람들의 주장은 세계화로 인하여 개발도상국들이 시장을 너무 지나치게 개방하였다는 점과 선진국들이 개발도상국들의 비교우위 상품 즉, 섬유와 농산물 등에 관해서는 시장을 개방하지 않고 있다는 점을 들고 있다. 더욱이 개발도상국들은 무역협정을 이행하고 세계무역기구의 규정에 따른 통상협상부문에 효과적으로 대처하거나 이행할 수 있는 국내 여건이 아직 미비하고, 관련 정보의 부실로 인한 손실이 자주 발생하고 있다는 것이다.

제4절 세계화 조류속의 한국의 자세

1. 세계화 추진의 현 실태

1) 세계화속의 한국

20세기 말에 겨우 세계화에 눈을 돌린 한국은 글로벌적 경쟁의 과열 속에서 세계화의 지연에 따른 힘들고 어려운 고비를 많이 맞이하게 되었다. 그러면 왜 한국이 세계화에 뒤쳐지게 되었느냐 하는 의문이 남는다. 많은 요인들이 있겠으나 가장 우선적으로 단일민족이라는 개념을 버리지 못한 것도 부인할 수 없는 입장이며, 오랜 쇄국정책을 통하여 한(韓) 민족의 공동체에 전 세계를 품을 만한 정신적 여력이 없었다고도 볼 수 있다. 혈통의 단일화도 좋고 단일의 민족성도 좋지만 민족적, 종교적, 문화적인 다원주의 체제화를 너무 배척한 것도 무시할 수 없는 이유라고 할 수 있겠다.

또 하나는 한국은 전통적으로 예의를 중요시하는 국가였다. 조선시대의 철학이나 사회규범이 주자학을 중심으로 예를 강조하여 동방예의지국이라고 했던 것도 좋은 일이었으나 고도로 체계화된 교조화한 예의범절로 인하여 이러한 문화에 쉽게 젖어들거나 답습하지 못하는 외부의 어떤 민족이나 관습을 절대로 받아들일 수가 없었다. 이렇게 허황된 우월주의의 양반의식이나 가문중시의 풍조가 세계화의 걸림돌이 될 수밖에 없었다는 것이다.

2) 한국의 세계화가 뒤쳐진 현상

우리나라가 세계화에 뒤쳐진 이유는 민족성을 탓할 수도 있다. 즉, 단일민족과 단일민족으로서 갖는 전통적인 것들이 하나의 걸림돌이 될 수도 있었다는 점이다. 왜냐하면 예(禮) 중심의 문화로는 외국문화와의 접촉이 쉽지 않기 때문이다. 외국의 경우를 보면 수많은 나라들이 식민지화되었다가 독립한 나라들도 많다. 그러한 나라들에게 볼 수 있는 것은 세계화의 흐름에 유연하게 대처하고 있다는 것이다. 하지만 우리나라는 외부와의 접촉이 없어야 나라를 지킬 수 있다는 잘못된 민족관, 역사관을 갖고 있다. 이른바 쇄국을 통한 나라 안의 만족에 그치게 된 것이다.

따라서 우리나라가 일제치하와 한국동란의 일들을 통하여 더욱 마음이 굳게 닫

히게 된 셈이다. 마치 어떤 기업이 외국기업과 합작을 하거나 외국기업에 투자를 한다는 것은 상상도 할 수 없는 일이었다. 외국인에 대한 잠재적인 기피와 공포증으로 인하여 외국문화의 수용 거부가 곧 나라와 민족을 지키는 일이라고 착각하였던 잘못된 문화 인식이 세계화에 대한 지연으로 이어졌다고 볼 수 있다.

한국의 역사 가운데 1970년대에 있었던 민주화 운동은 권위주의 타파를 통하여 세계화에 대한 물고를 트게 하였고, 문민정부가 세계화에 결정적인 요인으로 작용한 셈이다. 그러나 21세기에 진입한 한국은 아직도 분단된 상황 하에서 강한 민족주의적 성향을 띠고 미래사회의 주인공이 되어야 할 젊은 세대들이 세계화, 개방화에 앞서지 못한 아쉬움도 남아있다.

2. 우리나라에서의 세계화 과정

세계화를 이해할 때 단순히 기업경영의 활동을 전 세계적으로 확대해 나간다고 생각하는 것은 세계화의 개념을 잘못 이해하고 있는 것이다. 세계화란 단순히 물품의 생산과 판매를 위한 활동으로 볼 수 없다는 뜻이다. 세계화는 18세기 영국의 제1차 산업에서 비롯되어 1990년대의 글로벌화를 거쳐 2000년대(Globalism)에 들어와 글로벌이란 개념으로 발전하였다. 세계화의 발전이 우리나라를 비롯한 아시아권에서의 역할은 무엇인가?

1) 18세기 영국중심의 산업혁명(자본주의 성행)

18세기 영국을 중심으로 산업혁명을 통한 자본주의가 성행하였다. 영국은 일정 지역에서의 생산 활동을 통한 시장개척과 원료확보에 주력하였다. 영국은 이 과정에서 낙후된 지역을 대상으로 산업화를 촉진시켜 생산의 거점을 확대하였으나 자국중심으로 나타났다. 이러한 현상은 후발대인 독일과 미국에서도 마찬가지 현상이었다.

2) 20세기의 다국적기업의 태동과 성장

20세기 접어들면서 세계화의 진전이 확산되었다. 이를 통하여 다국적기업이 태동하였다. 즉, 다국적기업의 출현은 곧 생산거점을 여러 나라로 분화시켜 나갔다는 점이다. 시작 초기에는 자국중심의 생산시설들을 점차 다국적으로 확대시켰다. 다국적기업을 통한 원료확보와 원료를 중심으로 한 생산, 판매 등의 비용절감의 효과를 얻고 자 하였던 것이다.

3) 1960년대 이후 1970년대의 세계화

다국적기업을 통한 세계화의 진전은 1960년대 접어들면서 다국적기업들의 생산 활동이 점차 확대되었다. 자국의 비싼 노동력 대신 다국적으로의 생산거점의 확대를 통한 값싼 노동력의 확보와 생산을 통한 발전모색이었다. 이때 나타난 것인 가공수출의 형태로 우리나라가 반도체 산업의 형태로 시작한 시기였다. 그리고 1970년대에 있어서 비로소 자동차, 기계, 화학 등의 산업으로 확대되어 발전하였다. 이 시기의 특징은 기존의 다국적기업 형태의 하나인 값싼 노동력 대신 현지에서의 어느 정도 숙련된 노동력을 통한 시장 확보 및 현지화의 개념으로 확대되었다.

4) 1980년대 이후 1990년대의 세계화

1980년대에 들어와 마련된 생산거점을 통한 투자확대와 자본의 자율화를 통한 생산거점의 활동이 활발히 전개되었다. 즉, 전자, 정보통신 등 기술집약적 분야로 점차 확대되어 시장중심체제로 발전하게 되었다. 다국적기업의 활동을 통한 생산거점과 생산을 통한 판매거점 마련의 하나로 현지의 생산과 현지시장의 확보를 통한 발전이었다.

특히 1980년대 들어 와 금융의 자율화를 통한 자유투자의 확대가 전개되었다. 금융 산업의 규제완화로 인하여 전 세계적인 기업의 형태로 점차 그 범위가 확대되어 전개될 수 있었다. 그리고 컴퓨터 등 정보통신기술의 발전을 통하여 스크린마켓, 금융시장의 온라인화 등은 세계가 하나의 거대한 시장으로 발전하는 큰 계기가 된 것이었다.

또한 1990년대 탄생한 글로벌무역기구는 세계화의 본격적인 활동을 적극지원하고 나섰다. 다시 말해 세계화란 곧 1990년대부터 사용되었다고 해도 과언이 아니다. 그러나 세계화는 이미 200년 전에 있었던 일인데 다시 두각을 나타낸 것은 1990년대 들어 자본의 자유로운 이동을 제약하던 걸림돌들이 본격적으로 제거되기 시작했다.

다른 아시아 국가들도 개방, 자율화를 통한 전 세계적인 추세에 편승하게 된 것이다. 그리고 직접투자(FDI) 유입액의 증가와 유럽연합(EU), 북미자유무역협정(NAFTA), 중남미경제협력체(MERCOSUR), 아세안(ASEAN), 아시아태평양경제협력체(APEC) 등 지역별 특성이 강화되었다.

5) 2000년대 이후의 세계화

2000년대 들어와 무엇보다 두드러진 것은 글로벌화라는 개념의 등장이었다. 글로벌화의 특징은 무한경쟁시장체제로 전 세계가 하나의 시장으로 통합된 것이다. 이에 따른 부작용으로 미국과 유럽을 비롯한 국가들에 있어 무분별한 규제완화와 세계화로 인한 건축과 금융의 자율화는 자금위기로 내몰았다.

〈표 1-7〉 세계화의 진전

구 분	내 용
18세기 산업혁명(자본주의)	- 경제식민지 정책(잉여물 처리), 해외시장 개척. - 자국중심의 생산과 거점 확보.
20세기 전반 다국적기업의 등장	- 자원개발을 목적으로 해외시장 생산 활동 전개. - 원료공급 및 천연자원중심으로 활동.
1960년대~1970년대 다국적기업의 발전	- 후진국, 중진국을 대상으로 노동력 확보 및 활용. - 제2차 산업중심의 가공수출 전개. - 현지화를 통한 시장 확보와 시장개척 주력. - 기업의 다국적화 추진 및 발전.
1980년대~1990년대 세계화 발전과 금융자율화	- 생산요소의 다국적화 및 자본자율화 . - 선진국 중심의 개도국에 대한 무역확대(시장개척)· - 금융자율화를 통한 글로벌금융시장의 활성화.
2000년대 글로벌화	- 다국적기업과 글로벌생산을 통한 글로벌경영 촉진. - 글로벌 생산과 판매활동 강화. - 글로벌 무한경쟁체제와 FTA 성행. - 지역화, 블록화 현상 심화.

이러한 대책의 하나로 기술의 수준을 높이고, 수출을 통한 인프라 구축과 공공투자 확대를 통한 규모의 경제를 이끌어 내는 것이었다. 세계화로 인한 선진국의 무역흑자 폭이 줄어들고, 점차 신흥국가들이 성장세를 높이게 되었다.

3. 세계화 조류속의 한국의 발전전략

1) 한국의 세계화 추세

우리나라가 세계화에 관한 부정적인 상황과 세계화에 뒤쳐진 원인들을 열거하였지만 향후 우리나라가 세계화에 성공적인 전략을 가지고 나아가려면 우선적으로 전 세계는 하나라는 개념과 시, 공간을 초월한 전 인류의 하나 된 개념을 갖춰야 할 것이다. 여기에는 환경문제, 사회문제, 경제문제 등등 모든 문제가 한 나라의 문제만이 아니라 전 세계적인 영향을 줄 수 있는 것임을 인식해야 한다. 세계화와 함께 개방화, 정보화, 표준화에 관한 사항을 모든 국민을 대상으로 인식시켜 주어야 하며, 우리의 젊은 세대들에게 세계를 향한 전략과 함께 비전을 심어 주어야 할 것이다.

세계화를 통하여 전 세계경제가 동시에 발전할 수 있었다는 점은 부인할 수 없다. 세계화 시대 자본과 노동 등이 국가의 범위를 벗어나 자유롭게 이동함에 따라 선진국에서의 자본과 선진기술이 개발도상국과 후진국에 전달되어지게 되었고, 후진국과 개발도상국들은 값싼 노동력을 통한 비교우위의 요소들을 활용함으로써 상호간의 경제성장의 발전을 꾀할 수 있었다. 따라서 세계화를 통한 개발도상국들의 발전은 자본이나 기술이 부족한 상태에서 선진기술과 경영능력을 배우는 기회가 된 것이다.

세계화의 흐름을 가장 적절하게 잘 이용하고 편승한 중국이나 일부 선진국에서는 매년 10% 이상의 경제성장을 이룩할 수 있었다. 그러나 세계화에 효과적으로 편승하지 못한 유럽의 경제대국인 프랑스와 영국을 비롯한 독일은 갈수록 뒤처지게 되었고, 이웃 일본은 20년간의 경제침체의 상태를 경험하고 있다. 따라서 세계화를 통하여 모든 나라들이 부유해지고 정치, 경제, 사회, 교육, 문화의 차이를 줄여나갈 수 있는 방향으로 세계화가 추진되어야 함은 자명한 사실이다.

2) 한국의 세계화 방향과 전략모색

세계화는 전자무역, 텔레마케팅, 전자결제시스템 등 초 첨단 정보통신기술로 인한 세계통상에 발달을 가져왔으나, 실업의 대량화, 생활수준의 하락, 빈부격차 심화, 기업의 합병 및 파산, 외국자본의 횡포, 국가주권의 위축, 문화의 충격, 기아, 자살, 이혼, 폭력 등의 범죄의 유발, 가계부도, 가정해체 등과 같은 아주 부정적인 공포에 시달리게 하고 있다. 이러한 문제에 관하여 국가적인 전략차원에서

연구하고 검토되어 세계화에 걸 맞는 선진 한국으로 나아가야 할 것이다. 그러므로 세계화 추진 상 무조건적인 개방이 아니라 전략적 차원에서의 계획수립과 함께 지속가능한 세계화를 위한 노력에 힘껏 매진하여야 할 것이다.

우리나라는 세계화에 따른 준비와 대책이 여전히 부족한 상태에 있지만 세계화를 통한 금융위기를 겪었던 미국이나 유럽의 아일랜드의 국가부도 사태보다는 훨씬 잘 적응한 나라임에 틀림이 없다. 특히 우리나라는 수출주도형 국가로서 GDP의 40%를 수출에 의존하는 경제적 구조를 가지고 있으며, 자유무역협정인 FTA를 체결하는데 있어서도 미국, EU, 아시아, 칠레, 인도 등과 같은 많은 나라들과의 협상을 추진하여 한국의 경제영토가 많이 확대되고 있다.

세계화를 통한 개방을 통하여 외국인 직접투자와 관련하여 일자리 창출과 서비스업의 개방을 통한 FTA의 추가적인 체결 및 협상을 통하여 세계화를 통한 한 차원 높은 무역국가로 발전해야 할 것이다.

제 2 장

세계화의 진전과 한국무역의 발전

제1절 세계화의 진전과 한국무역의 구조변화

1. 한국무역의 구조변화

1) 세계화와 한국무역의 의미

한국의 무역구조를 살펴보기 위해서는 다음과 같은 무역의 발생과 관련된 기본적인 기초지식을 가지고 한국무역과 나아가 세계무역을 이해할 수 있을 것이다. 먼저, 무역의 의미를 살펴보면, 무역은 상품과 서비스를 교환할 목적으로 활동하는 상행위를 지칭하는 말이다.

상품과 서비스는 수출을 목적으로 하는 상행위를 말하며, 국내 상행위와 구별하여 글로벌 상행위 즉, 글로벌 상거래를 말한다. 흔히 국내무역은 한 국가의 범위 안에서 이루어지는 상행위인 반면에 글로벌무역(International Trade or Foreign Trade)은 나라와 나라사이의 무역을 말하기도 하지만 통상적으로 무역이라 함은 글로벌무역을 말하기도 한다.

글로벌무역(International Trade)이란 협의의 개념으로는 한 나라와 다른 나라와의 단순한 상품거래 즉, 상품의 수출을 말한다. 광의의 개념은 모든 글로벌간의 경제거래를 포함하는 것이다. 여기서 경제거래란 실물거래와 금융거래를 포함하고 있다는 것이며, 상품과 자본, 기술, 노동, 서비스(운송, 통신, 보험, 금융 등의 서비스)와 전자무역의 글로벌적 이동을 포함하여 말한다.

〈표 2-1〉 글로벌무역과 국내무역의 비교

구분	글로벌 무역	국내 무역
상거래 범위	- 국가와 국가 간의 상거래 - 글로벌간의 상품매매 및 교환행위	- 국내의 상거래(유통)/물적 유통
대금결재 방식	- 이국통화(환율에 의한)결제	- 자국통화 결제
무역거래 형태	- 일반적 유상거래(수출입) : 상품, 서비스, 증권, 화폐 등	- 주로 상품거래
이해관계	- 글로벌통상, 환율, 국가적 이해관계, 글로벌수지, 정치 및 외교적 문제	- 국내거래에서는 발생하지 않음.
기업형태	- 글로벌적 기업(다국적, 글로벌기업)	- 국내기업

〈표 2-1〉에서 글르벌무역과 국내무역을 비교하면, 무역이란 글로벌 재화를 (International Goods) 국가 간의 교환, 매매의 관계이므로 재화를 팔고 사는 일련의 행위이다. 현대 사회에 와서는 다양한 용역의 서비스도 국가 간에 이루어지고 있으나 우선은 재화를 중심으로 개념 정립을 해둠이 무역을 이해하는 데 도움이 될 것이다.

수출과 수입의 개념으로 볼 때, 수출은 자국에서 타국으로 상품이 나가는 것(Export)이요, 수입은 타국에서 자국으로 상품이 들어오는 것(Import)이다. 그러므로 국가의 무역정책법이나 정책측면을 말하는 것이다. 무역의 성격은 기본적으로 일개 국민경제의 발전과 성장을 위해 존재하고, 국민경제는 세계경제의 차원에서 여러 가지 이해관계가 복잡하게 작용하고 있다.

2) 한국무역의 구조변화에 따른 이해

글로벌무역의 개념을 통한 한국무역의 구조를 살펴보면 다음과 같다. 한국의 1950년대의 무역구조는 주로 1차 산업 제품중심의 수출이었다. 그리고 1990년대에는 점차적으로 중화학공업과 반도체 중심의 고도화 산업으로 발전하였다. 한국이 세계 무역시장에 뛰어들기 시작한 1960년대는 1인당 수출액은 겨우 1.3달러에 불과했다.

하지만 1997년에는 국민 1인당 수출액이 2천9백61달러로 늘어났고 1995년부터는 수출 1천억 달러 시대에 진입하였다. 최근에는 수출증가세의 확대로 GDP통관기준 수출이 차지하는 비중이 60%에 육박하고 대중국수출비중의 확대와 IT제품 수출편중화가 심화되고 있다. 최근에 2020년도의 수출실적은 2019년에 비해 5.4% 하락한 5128억 달러였으나 수입은 7.2% 감소한 4672억 달러를 기록하면서 선진국의 대열에 합류하는 쾌거를 이뤄내고 있다.

(1) 한국무역구조의 취약성

한국무역의 구조는 취약성을 가지고 있다. 실제는 자동차 관련의 산업의 경쟁에 있어 다소 높은 수치를 보이고 있으나 이러한 원인은 대부분 수혜와 대외여건의 탓으로 돌릴 수 있다. 반면, IT산업의 수출은 점차 감소하고 있어 이에 대한 대책마련이 시급한 실정이다. 이 같은 무역구조는 중국의 급부상과 함께 수입, 수출의 시장다변화와 여건의 변화에 따른 무역구조 개선이 시급함을 말해주고 있다. 특히 한국의 경우 대외무역의존도가 높은 탓에 관련의 정책이 주목된다.

(단위: 억 달러)

구 분	2019년			2020년		
	상반기	하반기	연 간	상반기	하반기	연 간
수 출	2,711.5 (△8.6)	2,710.9 (△12.0)	5,422.3 (△10.4)	2,405.8 (△11.3)	2,722.7 (+0.4)	5,128.5 (△5.4)
수 입	2,525.7 (△4.9)	2,507.7 (△7.0)	5,033.4 (△6.0)	2,298.6 (△9.0)	2,373.7 (△5.3)	4,672.3 (△7.2)
무역수지	185.8	203.1	388.9	107.2	349.0	456.2

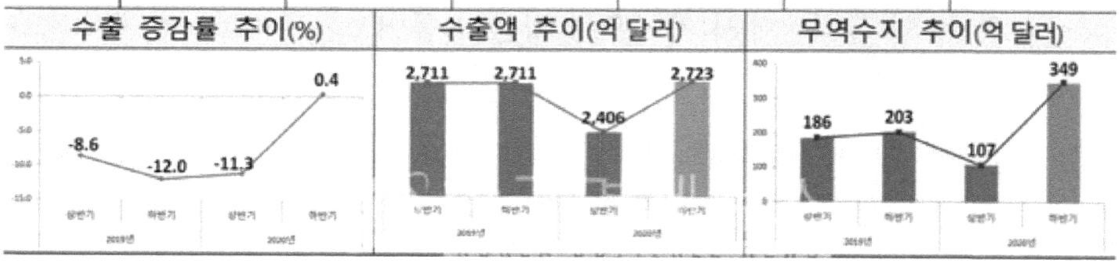

[그림 2-1] 2020년 수출입 실적(산업통상자원부 자료)

첫째, 1950년대의 한국무역구조는 수출입 집중의 무역구조이다. 한국무역은 세계화의 영향에 힘입어 해방이후 급격한 발전을 이루었다. 특히 1950년대의 주요 수출 품목은 농수산물을 중심으로 한 식료품과 생사, 면직물 등이었으며, 반면에 수입 품목은 주로 기계류를 포함한 화학제품, 원료형 중심의 제품과 식료품 중심의 소비재, 또한 식량과 농수산물의 생산을 위한 비료 등이었다.

둘째, 1960년대의 무역구조는 경제개발계획 추진과 함께 섬유제품, 합판을 비롯한 경공업 중심의 집약적인 노동 관련의 생산품을 수출하게 되었고, 수입은 점차 수출확대를 위한 원재료 중심으로 바뀌어져 갔으며 이때 원유, 원목, 원면의 공업원료의 수입이 확대되었다.

셋째, 1970년대에 들어와 수출상품은 고도의 발전과 진전을 보이기 시작하였다. 이때의 주요 수출 품목은 섬유류, 합판, 가발 등 경공업 중심(77.1%)이었고, 수입은 원목, 원유를 포함하여(43.5%) 수출을 위한 원재료 공급을 확대시행하게 되었다. 이러한 수출입의 구조는 1980년대까지 계속적으로 시행되어 나갔다.

넷째, 1980년대의 주요 수출 품목은 1970년대의 수출품과 별 다른 진전이 없어 보였으나 의류와 신발류 및 완구류 등이 추가되어 점차적으로 경공업 중심에서 벗어나질 못하였다. 물론 중화학제품의 수출도 전혀 없었던 것은 아니지만 일부 철강이나 가전류 등의 수출은 기존의 경공업 중심의 구조에서 크게 벗어나지 못하였음을 보여준다.

다섯째, 1990년대의 한국의 무역구조는 경공업 중심의 품목이 점차 감소하는 추세를 보이고 있다. 대부분 대규모 투자를 중심으로 한 장치산업 중심으로 나아가게 되었다. 장치산업은 가격의 수시변동이나 특정품목에 한정된 구조적 취약성이 있어 시장 여건상 올바르지 못한 결과를 초래하게 된다. 또한 해외시장에서의 적절한 대응조치를 취할 수 없어 공급과잉이나 가격의 문제를 쉽게 해결 할 수 없게 된다. 이러한 무역의 구조는 점차적으로 그 비중이 낮아지기는 하였으나 2000년에는 다시 41.5% 상승하였다.

여섯째, 2020년에 들어와 수출입의 연간 실적을 보면, 수출의 경우 5.4%, 수입은 7.2%의 수준을 브이고 있으며, 수출액의 증가는 2,273억 달러, 무역수지 추이는 349억 달러를 기록하고 있다.([그림 2-1] 참조)

(2) 세계화에 따른 한국무역 구조와 변화

세계화를 통한 글로벌무역의 흐름과 한국무역의 구조는 해를 거듭할수록 해외의존도가 점차 높아지게 되었고, 이에 따라 한국무역의 구조는 수출주도형의 무역구조에서 벗어날 수 없는 실정이었다. 한국의 무역구조 가운데 가장 두드러진 특징은 지난 10년 동안 한국의 무역구조는 경공업 중심에서 중화학공업으로 그리고 정보통신기기를 중심으로 한 반도체와 자동차, 철강, 화학 등의 제품이 주종을 이루고 있다. 즉, 아이템과 과학기술의 발전을 통한 새로운 반도체 생산 및 새로운 기술을 습득과 실천을 위한 첨단기술제품의 개발을 더욱 가속화시켜 나가고 있다.

따라서 세계화의 영향으로 한국의 무역구조는 전 세계적인 추세를 타고 선진화에 앞서 성공한 일본과 선진국들의 산업발달을 추가적인 후발자로서 따라 잡기가 어려운 실정에 처한 현실을 감안할 때, 한국의 무역구조는 선진주도형의 성격을 띤 수출중심에서 벗어날 수 없을 뿐만 아니라, 가격경쟁이나 제품, 기술 등의 모든 차원에서 외국의 막강한 기업과 국가들과의 치열한 경쟁을 피할 수가 없다는 입장이다. 한국의 주력상품이 한정적이라는 것이다.

한국의 수출입의 구조에서 대외무역의존도가 날이 갈수록 높아지고 있고, 이에 따른 수출품의 변화와 발전은 한시적, 한정적이어서 추가적인 수출의 제품개발과 기술개발의 큰 부담을 안고 있다. 특히 선진국으로부터 원재료와 반제품을 수입하여 가공 수출하는 입장에 있는 한국의 무역구조로서는 수출에 있어 글로벌적인 분업의 형태를 피할 수 없게 되었으며, 기술개발을 통한 끊임없는 상품개발과 수출 품목의 구조를 변경하여야 하는 산업의 고도화 정책에 한층 더 힘을 쏟아야 할 입장에 처하게 되었다.

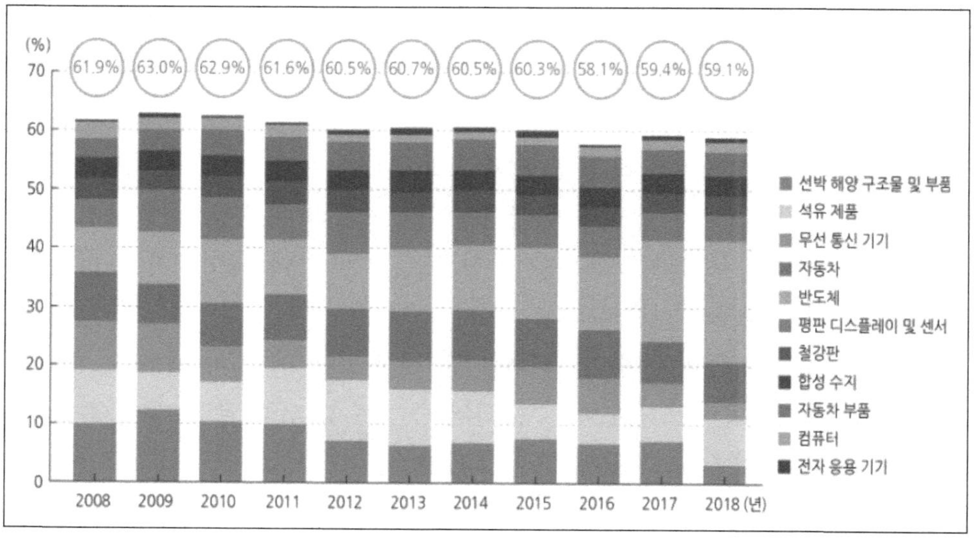

주: MTI 3단위 기준

[그림 2-2〉] 한국의 수출입 구조(한국무역협회, 2018년)

2. 한국무역의 수출입 시장구조

1) 한국무역의 수출입 시장동향

글로벌 무한경쟁시대를 통한 글로벌무역의 환경은 예측불허의 시대 속에서 다변화되어가고 있다. 특히 시장의 변화는 소비자들의 성향변화를 통하여 각종의 무역환경의 변화를 일으켜 글로벌무역 환경의 변화를 가속화시키고 있다. 글로벌 무한경쟁은 세계 각국을 무역의 대상국으로 만들었으며, 하나의 거대한 무역대상국으로 부상하게 된 것이다. 상호의존적인 무역의 환경을 통하여 모든 나라들은 각자의 성장과 변화를 꾀하게 되었다. 이에 따라 기존의 적대적이고 배타적인 관계에서 상호의존적인 관계로의 변화와 성장을 통하여 각 국의 경제성장을 이룰 수 있게 된 것이다.

세계화의 영향으로 글로벌무역이 더욱 성행하게 되었으나 천연자원의 편재, 각국의 인구밀도의 차이, 산업발달정도, 구매력의 차이 등은 무역을 발생시키는 주요한 요인으로 모든 나라가 자원을 풍부하게 골고루 보유하고 있는 것이 아니기 때문에 상호의존적인 관계를 통한 경제적 상호협력의 관계를 통한 무역이 성행할 수밖에 없다.

또한 국가 간의 산업격차로 인하여 무역이 발생한다는 것이며, 더 나아가 개개인의 필요에 따른 구매력의 증가로 인하여 수요충당이 어렵기 때문에 무역이 발생할 수밖에 없다는 것이다. 그러므로 글로벌무역은 국가와 국가 간의 상거래이며 상거래의 이윤을 얻고자 거래 즉, 교환과 매매행위를 하는 글로벌 상거래이다. 특히 전 세계의 시장이 하나의 통합된 시장의 개념이라는 점에서 한국의 무역구조와 수출입 시장의 개방은 피할 수 없는 현실로 다가왔다.

2) 세계화에 따른 한국수출입 시장의 구조변화

세계화의 영향으로 전 세계가 통합된 하나의 시장이 되었다. 글로벌무역의 활성화를 통한 수출입의 자유화는 전 세계의 모든 나라가 무역상대국 즉, 시장이라는 점이다. 한국의 무역구조와 수출입의 시장은 선진국과 개도국 및 후진국의 경향 가운데 뚜렷하게 색체를 띠고 발전구조를 갖기에는 제약조건이 많았다. 한국의 무역구조와 수출입 시장의 편중의 내용을 살펴볼 때, 미국이나 일본과 같은 선진국에서는 원재료를 가공하여 수출함으로써 수요와 공급을 원활하게 할 수 있었다.

산업의 구조가 중화학과 첨단산업으로 되어 있어, 노동집약적이며 경공업과 중화학공업의 중심인 한국으로서는 쉽게 세계화에 편승할 수 없는 입장이었다. 한국의 수출입 시장의 편중 현상은 이러한 경향으로 인하여 점차적으로 농수산물 중심에서 경공업, 그리고 공산품의 수출입에 이르기까지 크게 발전하였다. 1962년 세계의 무역교역국가가 34개에 불과하였으나 1992년에는 207개국으로 확대되었고, 2010년 현재 전 세계의 모든 나라를 대상으로 수출입을 꾀하고 있다.

하지만 한국의 무역구조와 수출입 시장의 편중은 여전히 대미, 대일무역의 높은 의존도를 가지고 있어 무역의 구조와 수출입의 불균형 해소를 위한 산업구조의 발달과 통상마찰 해소, 글로벌무역의 지향으로 인한 다각도의 수출입시장의 구조를 갖춰야 할 것이다. 특히 WTO와 FTA협정을 통한 끊임없는 통상개방 압력으로 인하여 한국의 무역구조와 수출입 시장의 압력은 더욱 가속화 될 전망이기 때문이다.

3. 세계화를 통한 한국무역 구조변화

우리나라는 비교적 빈약한 부존자원과 좁은 국내시장, 인구과잉 등의 내용으로 경제개발을 시작하던 1950년대 말까지의 수입대체공업화전략에서 성공적 성과를 거두지 못하자 1960년대 초부터 수출지향공업화전략으로 바뀌었다. 수출의 성과를 높이기 위해서는 수입 부분은 자동적으로 증가하게 되었고, 글로벌경제 환경의 변화에 걸맞게 공업화정책의 유리한 조건을 비롯한 선진국의 경제성장률, 무역성장률에 힘입어 수출지향 공업화에 성공하게 되었다. 그러므로 우리나라의 대외무역의존도는 GNP의 규모인 수출입의 규모로 볼 때, 수출이 수입보다 상대적으로 높다는 것이다.

반면에 우리나라의 수입의존도는 2008년 46.7%를 기록하였으며 매년 증가추세를 보이고 있다. 또한 우리나라의 경제의 무역의존도는 1990~2007년까지 GDP 대비 50~60%의 수준이었지만 2008년 환율급등의 원인으로 인하여 92.3%까지 올라갔고 점차 낮아져 80%의 수준으로 나타날 것으로 전망하고 있다. 대외무역의존도가 90%이상을 차지하고 있어, 향후 수출입에 적색신호가 나타날 전망이다. 이러한 대외무역의존도의 문제는 글로벌경영의 환경변화에 무한경쟁 시장에의 변화에 신속하게 대처하지 못할 경우 보호무역주의의 거센 압력으로 인한 수출의 난항을 겪게 될 것으로 보인다.

1) 한국무역의 역사와 발전과정

한국무역의 시작은 1945년 해방과 동시에 시작되었다고 볼 수 있으며, 1960년대와 70년대를 거쳐 성장기를 맞이하게 되었다. 그러나 시장에 대한 많은 부작용을 낳게 되었으며 이를 개선하기 위하여 1980년대 초부터 1990년에 시장의 다변화를 통한 질적 성장을 꾀하였다. 그리고 1998년 이후 현재까지 한국무역은 세계화를 통한 무한경쟁체제 속에서 대외무역의존도가 높은 나라 가운데 하나로 성장하고 있다.

또한 한국은 세계화에 따른 여러 가지의 악조건 속에서 무역환경이 호전되지 않고 있음에도 불구하고 기존의 기술수준과 글로벌경쟁력을 바탕으로 현재 한국의 무역은 2008년 말 8천억 달러를 초과, 2010년 말에는 1조 달성을 목표로 성장하고 있다.

〈표 2-2〉는 한국의 무역의 현황을 열거한 것이다. 1999년의 8.1%의 무역증가율은 2010년에는 31.3%로 나타났으며, 2021년 10월 기준으로 32%로 수많은 변화와 발전을 거듭한 결과 30% 정도의 수출의 증가율을 나타낼 것으로 사료된다. 특히 우리나라가 선진국 대열에 들어서면서부터 2007년도를 중심으로 무려 25.7%로 20%의 급성장을 이뤄내기도 하였다.

〈표 2-2〉 한국의 년도 별 수출입 증가율

(단위 : 천불)

연도	수출		수입		수지
	금액	증가율	금액	증가율	금액
2021 (01~10월)	2,697,495,314	32.0	2,182,941,160	30.7	514,554,154
2020	2,592,231,761	3.8	2,069,397,852	0.4	522,833,910
2019	2,497,951,835	0.4	2,060,785,481	-2.7	437,166,354
2018	2,488,544,077	9.2	2,117,142,583	18.3	371,401,494
2017	2,279,162,136	6.8	1,789,999,733	17.5	489,162,402
2016	2,134,872,317	-6.4	1,522,886,366	-4.9	611,985,951
2015	2,280,437,122	-2.7	1,601,598,427	-18.4	678,838,694
2014	2,343,222,126	6.0	1,963,105,197	1.1	380,116,929
2013	2,210,771,856	7.8	1,941,465,999	6.8	269,305,857
2012	2,050,109,239	7.9	1,817,344,026	4.3	232,765,213
2011	1,899,314,102	20.3	1,741,624,120	24.9	157,689,981
2010	1,578,444,201	31.3	1,393,909,267	38.9	184,534,934
2009	1,202,047,365	-15.9	1,003,892,748	-11.3	198,154,617
2008	1,428,869,189	17.3	1,131,468,686	18.3	297,400,503
2007	1,218,155,477	25.7	956,261,491	20.8	261,893,986
2006	969,323,615	27.2	791,793,900	19.9	177,529,715
2005	762,326,760	28.4	660,221,766	17.7	102,104,994
2004	593,647,174	35.4	560,811,175	35.8	32,835,999
2003	438,472,557	34.6	413,095,616	39.9	25,376,941
2002	325,642,067	22.1	295,302,905	21.2	30,339,162
2001	266,661,113	7.0	243,567,050	8.2	23,094,064
2000	249,239,664	27.7	225,095,142	35.8	24,144,522
1999	195,176,531	8.1	165,779,093	18.1	29,397,438
1998	180,515,543	-	140,385,350	-	40,130,194

자료: 한국무역협회(무역동향)

하지만 수입은 1999년도에 18.1%로 시작하였으나 2000년대에 와서는 35.8%로 수출보다 훨씬 수입이 많았던 때가 있었다. 그러나 점차 수입은 줄어들고 2010년에 들어와 수출과 수입이 거의 비슷한 30%의 수준을 보이고 있어 대외무역의존도가 높은 반면 수출 또한 상당부분 성장세를 보이고 있어 국가경제와 무역의 점차적인 발전추세의 모양새를 가추고 가고 있는 것으로 판단해 볼 수 있다.([그림 2-2] 참조).

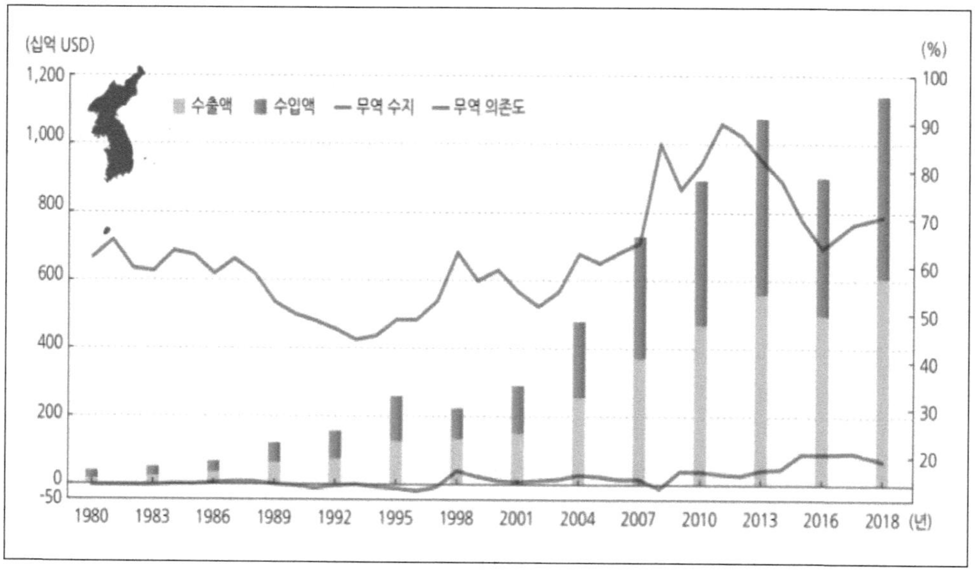

주: MTI 3단위 기준

[그림 2-3] 한국의 무역수지와 무역의존도(한국무역협회, 2018년)

2) 한국무역의 시대별 발전내용

한국무역의 발전과 경제성장은 1945년의 해방, 1950년의 6.25 전쟁을 통해서 수출을 위한 생산시설의 파괴와 농업중심의 산업구조, 부존자원의 빈약, 잉구과잉 등의 빈곤의 악순환이 계속된 후진경제의 상황이었다. 경제발전을 위하여 외국원조에 의존하는 시기였다. 1945년부터 한국의 무역의 발전은 거의 외국의 원조에 의존하였으나, 1960년대를 거쳐 1970년대의 한국의 무역은 수출산업, 제조업을 중심으로 대기업의 편향된 경제성장을 꾀하려 하였다.

특히 보조금이나 환율 등의 정책적 수단을 통하여 정부의 개입 하에 수출산업이 활성화되었으나 이에 따른 부작용도 있었다.

1970년대의 이러한 수출주도 산업의 육성으로 인하여 1980년대의 한국의 무역은 다소 균형을 잡아가고 있었다. 특히 저임금의 노동집약적 산업의 비교우위는 있었으나 고도의 성장에 따른 부작용으로 인하여 민주화를 통한 시장의 자율에 의한 경제발전의 추진이었다. 기존의 수입에 의존하였던 상품에 관해서는 R&D

등의 방식으로 합작투자의 개념을 도입한 질적 성장을 도모하였다. 이때부터 한국의 무역은 크게 4가지의 중대한 과정을 거친 셈이다. 즉, 1945년부터 1960년대 초의 빈약한 무역의 시작을 바탕으로, 1970년대에 들어와 무역의 성장을 가져올 수 있었으며, 1980년대에 이르러 비로소 무역의 다변화에 따른 균형 잡힌 수출과 수입의 정책적인 작업을 한 셈이다. 특히 1998년도 이후의 세계화의 거센 개방의 물결을 타고 한국의 무역은 대외무역의존도가 높아지게 되었다.

1996년 OECD 가입과 1997년 IMF의 발생은 한국무역과 한국의 경제에 세계화와 지역화를 통한 개방화, 정보화, 다변화의 추세를 따를 수밖에 없는 입장에 서게 된 것이다. 지금 한국은 세계화에 영향으로 대외무역의존도 12위를 오르내리고 있다. 수출입 품목도 다양화되어 가고 있으며, 주로 IT산업을 중심으로 반도체와 선박 및 자동차를 비롯한 산업에 주력하여 한국경제가 선진화를 통한 무한경쟁시대에 노출되어 있다. 향후 한국의 무역은 성장잠재력을 확보하여 원천기술의 확보 및 무한경쟁에서의 경쟁의 우위를 확보해야 할 것이다.

3) 한국무역의 현 상황

한국무역에 관한 WTO의 국별 수출통계에 의하면, 2009년도의 한국무역은 세계 수출순위 9위를 마크하였으나 2010년에는 7위로 통계자료를 내 놓았다. 특히 WTO의 발표내용 가운데 한국은 중국과 함께 금융위기의 어려움을 겪었으나 IMF 이전의 수준을 훨씬 초과한 것으로 집계 되었다. 우리나라와 수출규모가 비슷한 이탈리아, 벨기에의 상반기 수출실적은 2008년에 비해 20%이상 감소를 기록하였으나 한국은 3.5%의 증가추세를 나타내 보였다.

한국의 무역이 WTO의 집계내용에 보는 바와 같이 고도의 성장을 이룩할 수 있었던 것은 경기회복세를 타고 IT제품의 수출, 신흥개도국의 수출다변화, 유럽의 불안정한 회복 등이 주요원인으로 분석되었다. 우리와 처지가 비슷한 이탈리아, 벨기에 등의 국가들이 수출경기에 대한 대처능력과 주요수출 품목인 IT제품의 수출가격의 변화와 환율 등의 글로벌적인 요인이 작용할 것으로 판단된다. 또한 미국을 비롯한 서구유럽의 국가들이 수출에 대한 관심을 높게 가질 것으로 보인다. 향후 한국무역의 발전적 전망은 중국의 내수시장을 비롯한 신흥시장으로의 진출과 수출시장의 다변화를 통한 지속적이고 장기적 차원의 수출품목과 수출구조의 개선에 노력을 경주하여야 할 것으로 사료된다. WTO의 보고 자료에 의하면, 한국무역의 수출순위 상승원인은 반도체와 LCD의 수요회복이 빠른 수출상품 구성과 중국을 비롯한 신흥개도국의 수출지역 다변화 영향, 유럽지역의 경기회복부진으로 인한 수출회복 지연 등을 주요원인으로 꼽았다.

[단위 : 억 달러(전년동기 대비 %)]

구 분	2020년	2021년		2022년 전망
		1~10월(실적)	연간(예상)	
수 출 (증가율)	5,125 (-5.5)	5,233 (26.0)	6,362 (24.1)	6,498 (2.1)
수 입 (증가율)	4,676 (-7.1)	4,963 (29.6)	6,057 (29.5)	6,154 (1.6)
수 지	449	270	305	344
무역규모	9,801	10,197	12,419	12,652

[그림 2-4] 한국수출입 현황/전망(한국무역협회 국제무역통상연구원, 2021년)

4) 한국무역 구조와 미래적 전망

한국무역은 2010년 전반기에 세계 수출순위 7위를 유지할 수 있었다. 특히 한국과 순위 다툼을 하고 있는 주요 국가는 이탈리아, 벨기에 두 나라이다. 한국과 비슷한 수출경쟁국들은 수출주력시장과 수출품목, 수출가격, 환율변동 등의 수출환경에 민감하다. 특히 이러한 수출의 각종 환경이 세계경기 변화를 따라 수출순위가 바뀌는 등의 사례들이 빈번하게 발생되고, 교차되어 왔다.

한국무역의 발전과 장기적인 차원의 전략적 대책마련이 시급하며, 주변국의 동향이나 세계시장의 수출환경 탓으로 돌릴 수는 없다. 한국의 무역이 세계에서 차지하는 비중이 막중하기 때문이다. 한국무역은 중국의 고성장과 미국의 경제회복둔화, 유럽지역의 경제회복지연 등이 지속될 전망이여서 당분간 수출에 큰 지장은 없을 것으로 판단된다.

2020년 수출입의 정리(산업통상자원부)에 의하면, 무역규모 세계 8위로 수출액 무역규모가 사상 최고치를 경신하였다고 하였다. 우리나라는 중국, 미국, 독일, 네덜란드, 일본, 홍공, 프랑스, 한국의 순으로 8개월 연속 수출실적 1위를 보이고 있으며 역대 해당 무역액 1조 달러를 돌파하였다.

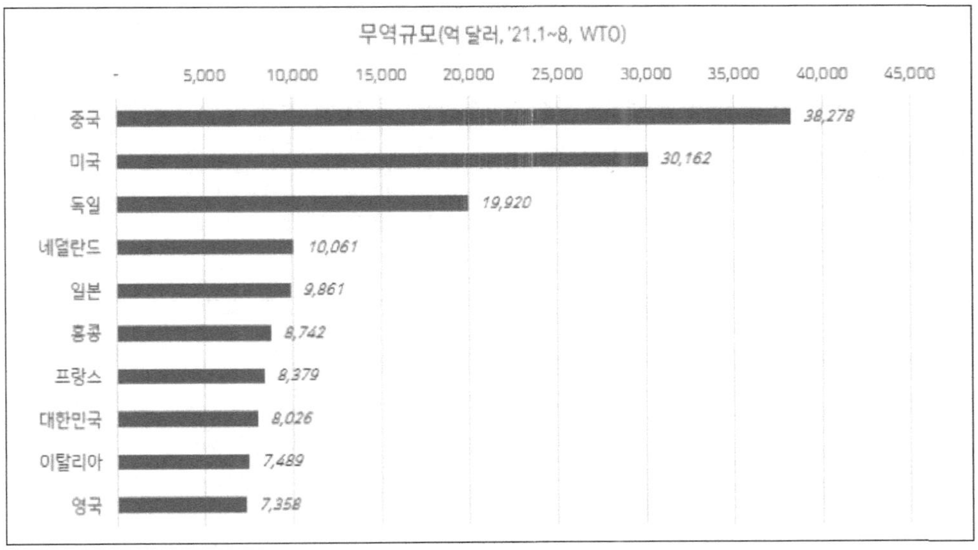

[그림 2-5] 2021년 10월 수출입 실적 정리/비교(산업통상자원부)

특히 세계 주요 무역국가들 가운데 자동차 부품을 제외한 품목상승과 반도체, 전기차, 바이오헬스 등의 수출주력 품목의 변화와 발전을 보이고 있다. 다시 말해 우리나라는 수출입의 구조에 있어서도 수출 주력품목의 변화를 가져와 선진국형의 수출입 구조로 변모해 가고 있다는 점이다. 향후 우리나라가 수출품목으로 주목을 받고 있는 품목은 금융시장의 펀드, 주식 등의 실적이 추가로 반영될 것으로 보여 증시 추가 반영 가능성도 엿볼 수 있다.([그림 2-5] 참조)

한국의 주요 수출대상국은 4개국이 아시아 국가이다. 우리나라가 1980년대 중반 이후 2008년까지의 수출은 11~15권을 유지할 수 있었다. 그러나 2010년 상반기 경기회복과 수출호조를 통하여 상승되면서 수출의 높은 순위를 차지할 수 있을 것으로 내다보았다. 특히 2020년 이후 미국과 유럽의 선진국 경기 회복이 본격화될 것으로 판단할 때, 수출규모가 비슷한 국가들의 경쟁이 다소 치열해질 것으로 보이며, 유가 및 원자재의 가격이 상승하여 다소 어려운 국면을 맞이하게 될 것으로 판단하였다.

하지만 중장기적은 수출구조와 IT제품의 수출구조 개선 등을 통하여 수출실적에는 큰 변동이 없을 것으로 보인다. 2021년 한국무역의 주요 전망으로는 제조업의 내수는 다소 둔화될 것으로 보이지만 IT는 상대적으로 높은 회복세를 통한 증가추세로 나타날 것으로 전망된다. 특히 수출은 원하 절상의 제약적 조건요인이 있기는 하지만, 글로벌 기업의 경쟁력 강화와 중국을 비롯한 개발도상국에 대한 아시아 주요 4개국의 수출이 활발한 증가추세를 보일 것으로 보인다.

또한 신흥개발도상국과 아시아 주요 무역국과의 시장 다변화가 절실히 필요하다. 또한 미래적인 산업 확보와 신산업 개발의 투자를 촉진시켜 나가야 할 것이며, 친환경적인 소비 분위기 조성 등 내수 진작책도 아울러 필요할 것이며 심각한 경영문제의 산업에 있어 구조조정이 필가피한 실정이다.

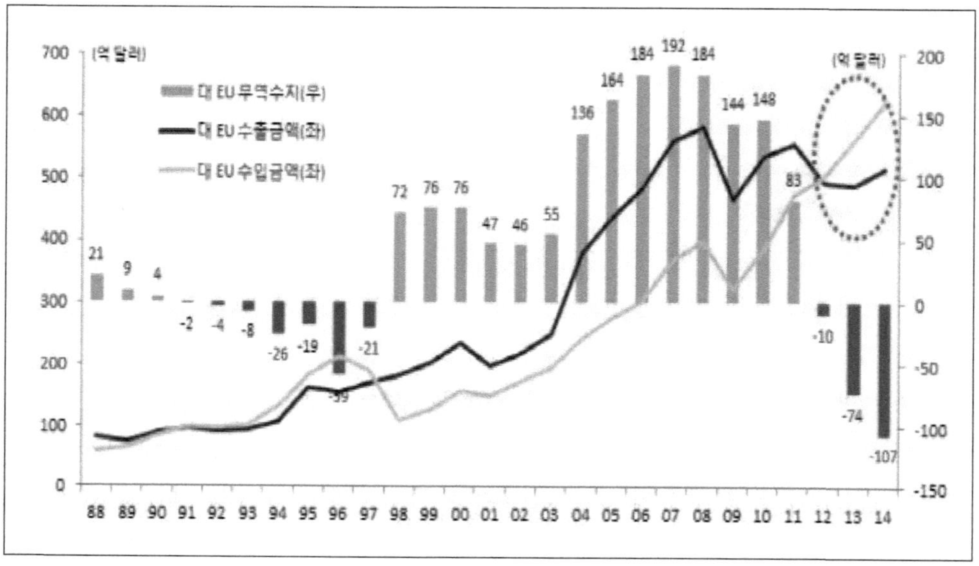

[그림 2-6] 국별 수출증가율 추이(한국무역협회)

한국은 대외 지향적 개발전략을 추진하는 전반적 과정 속에서 수출보다 수입의 증가로 인한 글로벌수지의 불균형을 해소하기가 좀처럼 쉽지 않은 국가이다. 한국의 무역구조와 수출입구조 및 수출입 시장의 편중현상 및 무역역조 현상 또는 주력산업의 경쟁력 약화 등은 한국이 해방이후 수출을 시작하면서부터 주력산업을 발전시켜 나아왔으나, 선진국형의 산업발전과 육성 및 보호정책에 있어서 급작스런 경제발전을 통하여 미쳐 재원과 기본적인 틀을 형성할 시기적인 경향이 없었기 때문이다.

세계화의 경향으로 전 세계를 시장으로 하여 수출입의 활력은 주었을지 모르지만 세계화의 경향으로 인한 무한경쟁시대에 돌입하게 되어 한편으로는 자국의 산업보호와 육성을 위한 보호주의 경향을 강하게 띠게 될 것이고, 후진국과 개발도상국은 여전히 선진국의 강한 경제적 힘과 마찰을 빚어야만 이겨낼 수 있는 실정이어서 고전주의 경제학자들의 이론인 절대우위, 비교우위, 상호수요설 등의 이론들을 통한 절대적 비교우위를 갖춘 경쟁력 있는 주력상품 개발과 자국 산업의 발전을 동시에 꾀할 수 있는 전략적인 대책마련이 시급한 실정이다.

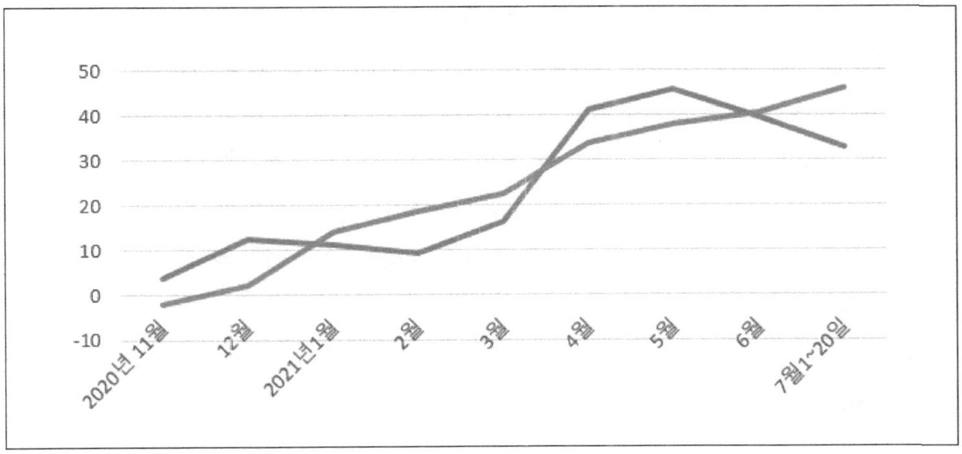

자료 : 관세청

[그림 2-7] 2020년 월별 수출입 증감률

2020년도 우리나라의 수출입의 증감률에 따르면(관세청), 하반기에 접어들면서 수입이 수출보다 늘어나게 되었다. 그리고 무역의 적자로 돌아설 것이며 그 주원인은 국제 원자재 값의 상승과 2008년 글로벌 금융위기 이후 처음으로 겪는 일이라고 언급하였다. 특히 작년 같은 기간 대비 수출은 32.8억$로 증가추세를 보이고 있지만 반면, 수익은 365억 달러로 지난해 보다 46.1%인 115억 $로 나타났다.

제2절 한국 무역관리제도의 변화

무역관리(trade control)란 무역과 관련하여 국가가 제도 및 기구 등을 통한 제반의 법규에 의한 수출입 관련 거래를 통제, 제한하는 것을 말한다. 세계화를 통한 통합과 표준화의 영향으로 인하여 자유무역을 통한 자국의 산업보호와 글로벌 수지의 균형을 이루기 위하여 각 나라마다 자국보호의 보호주의 성향을 띠고 있다는 점이다.

우리나라의 대외무역법 제1조에서는 무역관리의 목적에 대하여 이 법은 대외무역을 진흥하고 공정한 거래질서를 확립하여 글로벌수지의 균형과 통상의 확대를 도모함으로써 국민경제의 발전에 이바지함을 목적으로 한다고 규정하고 있다. 특히 한국무역은 대외의존도가 80%이상이나 되는 만큼 정부의 무역관리가 국민경제와 연관되어 있음을 쉽게 파악할 수 있다.

따라서 우리나라의 무역관리제도의 주요 내용은 다음과 같다. 먼저 무역관련법규에 의한 관리로는 대외무역법, 외국환거래법, 관세법, 기타개별법으로 구별되어 있으며, 또한 무역관리 기구에 의한 관리로는 주무관청, 위임위착기관이나 자문심의기관으로 분류하고, 거래상품에 대한 관리로는 수출입공고, 별도공고, 수입선 다변화 품목공고, 통합공고에 의한 관리, 그리고 수출입행위에 대한 관리는 수출입승인과 쿼터제도를 활용하고 있다.

1. 무역법규와 기구에 의한 관리

1) 무역법규에 의한 관리

우리나라의 무역관련 법규는 무역거래의 총괄 법으로 3대 법규로 나타난다. 첫째, 기본법으로 대외무역법이 있으며, 둘째, 수출입대금의 결제방법을 관리하는 외국환거래법, 셋째, 수출입물품의 통관절차와 과세절차를 규정하는 관세법이다.

이밖에도 관련의 60여종 개별법이 있다. 이러한 법은 1987년 6월 29일 공포하고 동년 7월 1일부터 시행하였으며, WTO발족과 OECD의 가입으로 인하여 1996년 11월에 전면적 개정된 바 있다. 그리고 무역관계법에 있어 불공정무역행위조사 및 산업피해 구제에 관한 법률, 중견기업 성장 촉진 및 경쟁력 강화에 관한 특별법 등이 추가로 언급되고 있다.

2) 무역기구에 의한 관리

무역관리는 무역관련 법규에 따라 국가 및 행정기관, 민간기간에 의하여 이루어진다. 무역관리의 총 담당은 산업자원부장관이나, 무역관리를 신속하고 능률적으로 운용하기 위하여 무역관리에 관한 권한을 소속기관장, 행정기관장, 민간단체장 등에게 위임 또는 위탁하여 관리하고 있다.

무역관계위원회로는 국무총리 직속의 무역진흥위원회와 산업자원부 소속의 무역위원회가 있고, 무역관리에 관한 유관단체로는 무역정책심의회 및 대한무역진흥공사 등이 있다. 그리고 한국무역협회, 한국무역대리점협회, 수출물품구매업자협회 등의 민간단체가 있다.

2. 무역객체의 관리

수출입물품에 대한 관리제도는 수출과·수입에 대한 직접적인 규제방식으로서 개별품목의 수출입제한 여부에 대한 종합관리체계이다. 이에 따라 수출입과 관련한 품목이 규제사항과 관련이 있는지의 여부를 파악한 후에 충족할 수 있으며, 수출입 물품관리체계는 대외무역법에 근거한 수출입공고, 수출입별도공고, 수입선다변화품목공고와 각종 개별법에 의한다.

1) 수출입공고

외교통상부장관이 물품의 수출입에 관한 공고하는 것을 말하며, 수출입공고의 표시방법은 우리나라가 GATT에 가입함으로써 1967년 7월 25일부터 허용품만 표시 즉, 수출입금지 품목을 표시하도록 하고 있다. 그리고 수입선다변화정책으로 인하여 자유무역과 WTO의 체제하에서 갈수록 완화 내지는 무의미할 조항으로 보여 폐기할 수밖어 없을 것으로 보인다.

2) Quota제도

쿼터제도는 수입상품을 일정한 기준에 따라 국가별, 수입업자별로 상품이나 금액을 사전에 할당하는 이른바 수입할당제이다. 선진국의 경우 특히 미국,EU 등에서 보면, 무역수지적자, 실업률증가를 억제, 자국의 사양 산업을 보호를 목적으로 비관세장벽을 강화하여 수입을 철저하게 규제하고 있다. 그 중 하나인 비관세장벽인 quota제도이다.

하지만 UR협상 결과에 따라 생겨난 WTO협정문에는, 이러한 quota제도는 협정문 발표 후 4년 이내에 철폐하도록 규제함에 따라 쌍무협정에 의한 무역규제 장벽으로부터 탈출할 수 있게 된 것이다.

3. 수출입 행위에 대한 관리

상품의 수출입 및 수출입대금의 영수, 지급의 자유로운 무역질서의 유지를 위하여 자기책임 하에 성실하게 무역거래를 이행하여야 한다. 그러나 헌법과 글로벌법규의 승인 하에 의무를 이행한다. 하지만 생물자원의 보호 등을 위하여 지정하는 물품 및 무역균형을 촉진하기 위하여 필요한 경우 물품의 수출입을 제한할 수 있다.

수출입물품에 대하여 수출입을 이행하기 전에 외교통상부장관으로부터 수출입 승인을 받도록 하였으나, 1997년부터는 수출입승인대상의 관리체계를 전환하여 수출입이 제한되는 물품에 한하여 사전에 수출입을 승인받도록 하였다.

또한 수출입승인 대상물품을 수출입하고자 하는 자는 장관에게 승인을 신청하여야 한다. 그러나 외교통상부장관은 수출입승인권한을 승인대상품목에 대하여 추천 등을 행하는 기관에 위탁하였으므로 무역업자는 해당 추천기관에서 추천과 함께 승인을 받을 수 있다.

전자문서교환체제 등 과학적인 무역업무처리기반을 구축할 필요성이 대두 되었다. 이와 같이 질서 있고 효율적인 무역업무처리가 가능하도록 외교통상산업부장관은 전산관리체계를 개발·유지하도록 하면서 개발·유지에 필요한 경비의 일부를 이를 위하여 필요한 정보를 제공한 기관에 지원할 수 있도록 하고 있다.

제3절 우리나라의 무역관리와 관련법규

1. 무역의 관리

한 나라의 경제발전과 성장은 무역을 통하여 달성될 수 있다. 무역으로 인한 경제적인 손실과 이익의 부분에 관하여 정부가 개입하여 관리할 필요가 있으며, 대외무역관리 차원에서 다루어지고 있다. 자원이나 기술이 부족한 개도국이나 후진국에서는 선진국의 해외직접투자를 활용하여 발전함과 동시에 발전과 성장을 꾀할 수 있다. 하지만 어느 시점에 있어 그 나라가 자국의 기술획득과 기술숙달 등으로 선진국의 제품을 모방생산하게 됨으로써 수입국이 아닌 수출국으로 나타나게 된다.

따라서 점차 세계화, 다양화, 정보화, 표준화의 대세에 발맞춰 나아가기 위해서는 자국의 무역을 잘 관리해야만 한다. 일반적인 무역관리의 형태는 정부의 개입에 의한 관세와 수량제한, 수입과징금제, 수출입의 금지 및 제한 등의 조항을 두고 관리하고 있다. 또한 수량을 제한함은 관련 국가와의 무역수지에 관한 적자부분과 정한 한도 내에서의 무역을 위하여 국가별, 품목별 수입수량을 한정하여 허용하는 제도적 장치이다.

이밖에도 수입과징금과 수입담보금제도를 도입하여 수입업자에게 부담을 증가시킴으로써 수입을 억제하는 정책을 쓸 수 있다. 그리고 수출입의 금지 및 무역업의 허가와 수출입의 승인 더 나아가 수출보조금 및 수출자율규제를 통하여 수출에 대한 우위 제공과 수입 제한적 조치를 취하고 있다. 때에 따라서는 수출과 수입의 관계에서 지역이나 상품별로 상호 연결시켜 수출입을 허용하는 태도를 보이기도 하며, 무역의 결제관리에 있어서도 수출 또는 수입과 관련하여 금융결제조건을 강화하거나 영향력을 행사하기도 한다.

2. 무역 관련법규

1) 대외무역법

대외무역법은 우리나라의 글로벌무역에 있어서 수출입에 대한 기본적이면서도 일반적인 법이라고 할 수 있다. 하지만 대외무역법은 특별하게 규정하고 관리하고 있기 때문에 일반적인 법보다 우선시하여 적용하고 있다. 대외무역법은 대외무역 관리를 위한 기본적인 법으로써 공정한 무역을 통한 산업의 능률성 제고와 글로벌무역 환경의 변화에 부응하기 위한 방편으로 제정되었다. 특히 개방화, 글로벌화로 인한 무역제도의 선진화에 기여하기 위하여 글로벌경쟁력을 높일 수 있는 수단으로 널리 활용하고 있는 법이다.

우리나라의 대외무역법은 종전의 무역거래법, 산업설비수출촉진법, 수출조합법을 통합하여 1986년에 제정되었으며, 2008년 12월 26일자로 일부 개정된 바 있다. 대외무역법은 무역거래자에 의한 물품과 대통령령이 정한 용역, 전자적 형태의 무체물(이하 물품)의 수출입을 말한다. 특히 무역거래자인 수출입업자나 이를 위임하여 수출 또는 수입을 하는 자 등이 수행하는 수출입의 행위와 관련한 모든 거래 행위를 대외무역법에서는 무역이라고 규정하고 있다.

외국환거래법에서 정하는 지급수단, 증권 및 채권을 화체한 서류 외의 동산과 같은 유체물과 컴퓨터 프로그램 등의 전자적 형태의 무형물을 수출입할 경우를 통틀어 무역이라고 말하고 있다. 2000년 1월부터 무역고유번호의 신청 및 부여는 우편이나 팩스, 전자메일, 전자문서교환 등의 방법을 통하여 신청 및 교부받을 수도 있다.

대외무업법의 목적은 대외무역진흥과 공정거래 질서의 확립, 글로벌수지의 균형과 통상의 확대를 도모함으로써 국민경제 발전에 이바지 하고자 함이다. 그리고 수출입관리를 위한 일반법으로서 글로벌적인 무역거래에 있어 최소화 및 위임입법적 성격을 띠게 된다.

2) 관세법

관세법이란 관세선을 통과하는 통과세를 말한다. 즉, 통관과세이며 모든 물품이 국내로 영입되거나 해외로 반출되는 입출의 행위를 관장하는데 이를 통관(Customs Clearance)이라고 하며, 관세법은 수출입통관과 수입의 물품에 관한 관세를 말한다. 관세법 상에는 무역에 관한 직접적인 사항의 언급은 없다. 다만 무역거래의 주체는 대외무역법 시행령 제3조와 제4조에 의거하여 관세법 하에서 무역이란 관세선(Custom Line)을 통과하는 물품의 수출입을 의미한다고 규정하고 있다.

관세법 제2조의 경우 수출은 내국물품을 외국으로 반출하는 것이며, 수입은 그 반대의 개념이다. 외국물품이라 함은 외국에서 우리나라에 도착한 물품으로 제241조 제1항에 의거 수입신고 전의 물품과 제241조 제1항의 규정에 의거 수출신고 된 물품, 또는 제241조 제1항의 규정에 의거 수출신고가 수리된 물품을 말한다.

3) 외국환거래법

외국환거래법은 대외적인 자금의 지급과 영수에 관한 기본적인 법이라 볼 수 있다. 외국환과 외국환거래를 목적으로 글로벌수지의 균형, 통화가치의 안정, 외화자금의 효율적 관리를 위한 법이다. 대외무역법과 관세법 및 외국환거래법을 무역의 3개 기본법이라고 한다. 외국환거래법은 우리나라가 1998년 9월 18일에 제정하여 1999년 4월 1일부터 시행하고 있다.

외국환거래법은 거주자와 비거주자의 구분, 환율, 외국환은행, 환전영업자, 외국환 수급계획, 외환 평형기금, 용역거래, 자본거래에 대한 제한 등에 관한 사항을 담당한다. 그리고 대외거래의 자유보장과 시장기능의 활성화를 위한 일과 글로벌수지의 균형 및 통화가치의 안정을 도모하는데 목적을 두고 있다.

외국환거래법의 특징은 원칙자유, 예외규제 법체계와 권한의 위임, 속인주의, 글로벌성 등의 특징이 있다. 외국환이란 수출입에 따른 무역대금결제의 수단을 말하며, 거래법상의 거주자와 비거주자는 구별한다. 거주자란 국내에 거주하여 경제활동을 하는 모든 사람들을 말하며 이때 국적은 구별하지 않는다.

4) 전자무역의 촉진과 사무자동화에 관한 법률

동법은 전자무역의 기반을 조성하여 무역정보의 신속한 유통과 처리시간 단축 및 비용절감을 꾀하고 산업의 발전과 국가경쟁력 확보를 위한 목적으로 제정된 법이다. 특히 무역정보의 신속한 처리를 통한 비용절감과 글로벌경쟁력을 높임과 동시에 국민경제발전을 위하여 제정되었다. 그리고 전산망 보급과 개발 및 이용에 관한 기반조성을 통하여 전자상거래기본법을 통한 전자문서화를 실현함으로써 신뢰성과 공정성을 확보함은 물론 건전한 거래질서를 확립할 목적으로 제정되었다.

5) 기타 무역관계법

무역관리와 관련된 법으로는 이밖에도 수출검사법, 수출보험법, 외자도입법, 농수산물수출진흥법, 중재법, 수출자유지역설치법, 해운업법 등이 있다. 무역거래기반 조성에 관한 법률은 무역거래의 기반조성을 체계적으로 함과 동시에 균형적인 무역거래를 통한 국민경제의 발전을 꾀하기 위함이다. 그리고 불공정 무역행위조사 및 산업피해구제에 관한 법률은 불공정거래를 통한 무역의 행위와 수입의 증가 등, 국내산업의 피해를 조사, 구제하고 세계무역기구와 협력기구들을 수행하기 위한 목적이다.

또한 무역거래기반 조성에 관한 법률로서, 무역전시산업부문, 전자무역, 무역정보 및 통계의 생산, 유통과 무역인력의 양성, 공급에 관한 사항도 있다. 이는 2000년 제정의 법률 제6227호이다. 이러한 법률은 무역거래를 함에 있어 생산된 제품에 한하여 해외의 유통마케팅을 통한 판매를 말하고 있으며, 경제인프라 구축에 관한 구체적인 사항은 구축되지 않았다. 그리고 무역전시산업은 마케팅보다 저렴한 가격에 의한 수출입의 형태로 무역정보의 생산 유통과 함께 발전시켜야 하나의 과제에 속한다. 글로벌 시장에 걸 맞는 다양한 소비자들의 만족효과를 높이기 위해서는 글로벌 표준체계를 갖춘 전자무역의 도입과 성행이 날로 발전하고 있어, 우리나라의 잘 발달된 정보통신체계를 활용하여 관련 분야의 전문가 양성과 함께 선두적인 위치에서 발전시켜 나가야 할 부분이다.

제 3 장

세계화와 글로벌무역의 이해

제1절 세계화속 글로벌무역의 의의와 개념

1. 무역의 기원과 의미

1) 무역의 생성과 발전

인간의 삶에 필요한 것들을 수없이 반복하여 사용해 오는 가운데 점차 축척된 지식을 통하여 숙달된 삶의 행위에서 잉여물이 남게 되었다. 그리고 남은 잉여물을 처분을 위한 원시적인 교환의 행위가 태동하였다. 특히 자신이 소유하지 못한 것에 대한 욕구충족의 한 방편으로 잉여물을 서로 교환하기 시작하면서 물물교환의 형태를 곧 무역의 기원으로 보는 것이다.

무역은 인간이 사회적 활동을 함에 있어, 생산자이면서 소비자이며 또한 소비자이면서 생산자인 셈이다. 즉, 인간행위의 기본적인 동기가 바로 경제활동의 시작이며, 경제행위를 통하여 교환과 매매 및 무역을 수행하게 되었다. 무역의 생성과 발전은 욕구충족을 위한 인간의 교환적 행위가 점차 발달하여 국경의 범위를 벗어나게 되고 이에 따라 점점 더 넓은 지역으로 그 범위를 확대하여 경제행위를 하게 되었다. 그러므로 무역이란 나라와 나라사이의 국경을 초월한 교환행위의 수단인 무역이 시작된 것이다.

2) 무역학의 기원과 발전

무역이라는 말의 사전적 의미는 영어의 'TRADE'에 속하는 말이다. 이 말의 뜻은 발걸음(tread), 발자국(track)이란 단어들에서 유래되었다. 무역이란 용어의 시작은 서양에서 기원전 2500~1500년경의 이집트와 바빌로니아, 앗시리아 등에서 시작되었고, 동양에서는 고대 중국의 고전인 〈사기〉와 〈십팔사략〉에 나오는 「이물상무역」과 「무역의복회전수주」라는 말로 한자의 '무(貿: 무역할 무)'와 '역(易: 바꿀 역)'의 의미에서 매매, 교환의 뜻을 찾아볼 수 있다.

따라서 무역이란 단순한 'Trade'가 아니라 'Global, International Trade'라는 말로 사용해야 맞는 것이다. 다시 말해 글로벌상거래(International Commercial Transaction)로 재화와 용역의 교환을 위한 상행위 즉, 상거래 활동이이며, 글로유통 및 글로벌 마케팅 등의 용어로 사용하고 있다.

3) 무역과 무역학의 개념

무역의 발전은 공동체적인 삶을 통한 자급자족의 사회에서 조그마한 조직체인 작은 국가의 개념으르 나타나게 되었다. 작은 국가의 단위와 단위들의 물물교환의 행위를 통하여 교역이 시작되었다. 무역이란 단어와 무역학이라는 학문적 발생은 거의 동시적 개념으로 받아들이고 있다. 무역학이라는 학문자체가 국내유통과 글로벌유통을 포함한 개념이서 광범위한 여러 분야와 함께 어우러져 있다는 것이다.

오늘날 발달된 무역의 근본적인 내용은 교역행위라는 점에서 벗어나지 않는다. 또한 인터넷을 통한 전자무역의 기술과 기법을 활용한 무역의 발전은 매매와 교환을 위한 하나의 수단에 불과한 것이기에 무역과 무역학의 태동은 함께 해 왔다고 볼 수 있다. 무역과 무역학의 개념에 있어, 좁은 의미로는 상품의 수출입에 국한하고 있다.

그리고 무역의 관점에 따라서 글로벌무역과 세계무역 및 외국무역, 대외무역으로 구별한다. 즉, 글로벌무역은 일정지역 내의 여러 국가와의 무역거래, 세계무역은 전 세계로 확산된 개념이며, 외국무역(Foreign Trade)과 대외무역은 주관적 관점에서의 자국과 타국과의 무역거래에서 자국중심으로 본 무역의 개념이다.

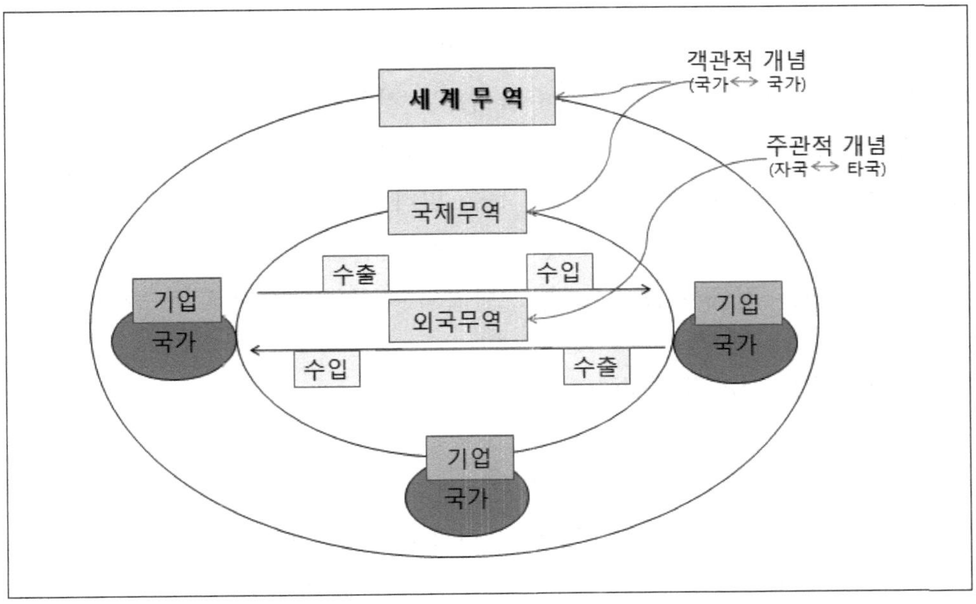

[그림 3-1] 무역의 개념과 형성

2. 무역의 의의와 필요성

1) 무역의 정의와 개념

무역은 글로벌상거래(International Commercial Transaction)로 물품(상품)이나 자본, 기술, 서비스, 지적재산권 등 유, 무형의 모든 상품거래를 통틀어 일컫는 말이다. 무역과 비슷한 뜻의 관련어휘로는 교역, 수출입, 통상, 무역통상 등으로 거래에 관한 사전적 의미로 표현하고 있다. 무역의 개념을 협의의 개념으로 볼 때, 단순한 상품과 재화의 수출입을 말하는데, 이때 상품만을 수출입하는 것이 아니기 때문에 산품이라는 용어를 사용한다.

수출입 물품은 재화와 용역의 수출입을 의미하는 개념이 포함된 것으로 대외무역법 제1장 총칙의 제1조에서는 대외무역의 목적을 언급하고 있다. 즉, 대외무역을 진흥하고 공정한 거래 질서를 확립하여 글로벌 수지의 균형과 통상의 확대를 도모함으로써, 국민 경제를 발전시키는 데 이바지함을 목적으로 한다고 언급하고 있다. 그리고 제2조는 "무역이라 함은 무역거래자에 의한 물품과 대통령령이 정하는 용역 또는 전자적 형태의 무체물의 수출과 수입을 의미한다."라고 명시하고 있다.

대외무역법(일부개정 2010.04.05. 법률 제10231호)에 의하면, 수출(Export)이란? 글로벌간의 매매, 교환, 임대, 증여목적으로 물품이 이동하는 것을 말한다. 그리고 수입(Import)의 경우는 매매와 교환의 행위이외에 임대차, 증여 등의 이유로 타국에서 자국으로 물품이 운반되어 들어오는 것을 말한다. 특히 수출입의 물품 가운데 무체물이란 전자적인 소프트웨어, 문자와 기호, 음성, 이미지 영상 등의 디지털방식의 제작물이나 자료, 정보 등을 말하며 이때도, 역시 지식경제부장관의 고시 기준에 준하여 포함하고 있다. 이외에도 관세법에서는 자국의 물품이 타국으로 반출되는 것을 수출이라 하고, 반입되는 것은 수입으로 규정하고 있다.

2) 무역의 필요성과 무역이론의 생성

(1) 무역발생의 상황과 이론적 근거

무역의 발생원인은 각 나라의 경제, 사회적 환경요소에 의해 다르게 나타난다. 그 이유는 자국에서 필요한 각종의 재화와 용역에 있어 공급과 수요의 불균형을 맞춰 나가기 위한 것이다. 특히 각 나라마다 산출물에 대한 생산비 투입이 서로 상이한 관계로 국내시장에서 한계와 이윤발생이 따르기 때문이다. 그러므로 무역이 경제적 효과인 생산과 고용유발, 소득발생, 수입발생 등으로 자유경제체제를 마련하게 된다.

또한 무역의 발생은 글로벌 국가 간 기술이나 자본력 등 모든 생산요소의 차이가 있을 수 있다. 이러한 격차를 활용하여 생산요소의 우위를 가지고 특정제품을 생산하여 다른 나라와 교환한다면 계속적인 무역의 이익을 발생시킬 수 있는 장점을 가지게 된다. 이것은 글로벌적 차원에서는 자원의 효율적 이용차원으로 생각하게 될 것이며 더 나아가 자원의 적정한 배분의 효과적 차원이라고 보게 된다. 이러한 이유에서 무역이 필요로 하게 되는 것이다.

(2) 무역이론의 흐름과 발전

글로벌무역의 발생이론으로서 비교생산비설은 국가 간 무역 발생의 원리를 설명한 것으로 고적학파 경제학자인 영국의 데이비드 리카도(David Ricardo)가 규명한 무역이론이다. 비교우위에 근거하여 무역을 설명한 것이 비교생산비설이며, 국가 간 자유무역이 각국 모두에게 유리하다는 근거를 제시하였으며, 국제분업 및 무역의 기초이론이 되었다.([그림 3-2] 참조)

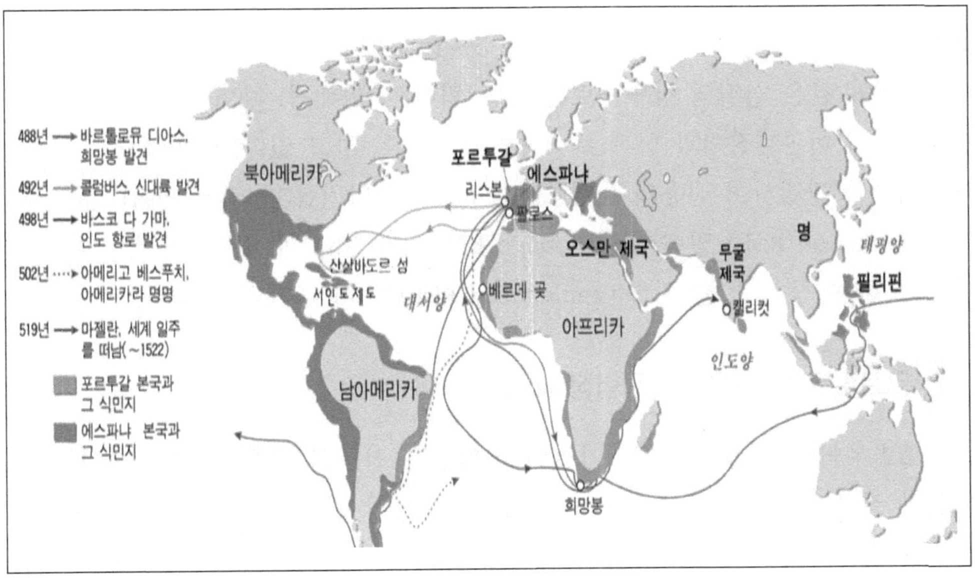

[그림 3-2] 해상무역의 시초와 루트

제2절 글로벌무역의 특징과 의미

1. 무역의 특징

무역은 글로벌간의 상거래로서 상거래를 통한 거래의 위험을 비롯하여 국내무역에서는 볼 수 없는 위험요인들이 많이 포함되어 있다. 구체적인 위험요인 중, 정치 및 행정의 장벽요인으로는 교역당사자국간의 정치체제의 상이점으로 인하여 거래관계가 성립되지 못하는 경우를 말하며, 또한 행정적인 정책의 차이로 인한 거래불가능의 경우이다.

언어 및 관습의 장벽요인은 글로벌무역에 있어서 언어와 관습의 장벽은 일반적으로 매우 곤란한 상태로 나타나는 일이 많다. 그리고 종교적인 이유로 일부 교역상품에 대하여 허용되지 않는 경우도 있다. 화폐의 장벽은 교역의 모든 나라들이 공통적으로 겪는 일 중의 하나이다. 각 나라마다 서로 다른 환을 사용, 환율도 각각 다르기 때문에 이에 대한 이자율 계산 등 금융적인 복잡한 문제가 때로는 교역의 걸림돌이 되기도 한다.

글로벌무역의 거래관계에 있어 가장 큰 문제가 관세문제이다. 각 나라마다 명목상 수입품에 대해서 부과하는 관세는 5~10 %에서부터 10~200 %까지 다양하다. 관세와 같은 성질의 장벽으로는 각종 쿼터, 외환배정, 차별운임, 국산품 구매조장 등 의 비관세장벽과 함께 무역장벽의 역할을 하고 있다. 이밖에도 수출물품대금회수와 관련하여 신용의 위험(Credit Risk), 상업위험(Physical Risk), 운송위험(Transportation Risk) 및 환위험(Foreign Exchange Risk)과 대금회수에 따른 위험을 비롯한 예상치 못한 위험(Contingency Risk) 등이 존재하고 있다.

1) 글로벌무역의 다양한 위험성 내포

글로벌무역의 위험요인 중, 기업의 위험성은 상품의 운송과정이나 보관 등의 위험과 상품대금의 지불 불능, 지불거절, 신용상의 위험 등이 존재하고 있다. 특히 글로벌 무역관계에 있어 상품가격의 폭락이나 상승으로 인한 문제라든지 예기치 않은 환율의 변동에 따라서도 기업은 위험을 감수해야만 한다.

수출물품의 운송과 보험 및 대금회수의 내용은 신용의 위험과 밀접한 연관성이 있으며, 신용위험은 매도인과 매수인의 관계에서 수입자가 수출자의 물품을 인수받은 후 그에 대한 대금을 지불하지 못하는 경우에 발생할 수 있는 위험이다.

또한 상업위험은 수입업자인 매수인이 부담하는 위험으로 수입업자가 주문한 수입물품을 적절한 시기와 장소 및 내용으로 받을 수 있을 것인가에 대한 위험을 말한다. 이밖에도 운송의 위험은 수출자의 수출물품이 수입업자에게 이동하는 과정에서 발생할 수 있는 위험을 말하며, 환위험의 경우 갑작스런 환율의 변동으로 발생할 수 있는 위험을 말한다.

2) 글로벌무역의 환경 및 글로벌 관습의 복합성

글로벌 무역은 거래의 장소가 외국이라는 점에서 보이지 않는 위험과 적지 않은 복합적 요소들이 동시에 작용하고 있다. 즉, 하나의 물품을 수출하거나 수입함에 있어 단순한 상품의 이동에 따른 처리절차로 인식하기 쉽지만 무역 대상국의 정치, 경제, 사회, 환경 등의 요인으로 인하여 복잡한 관계에 처하게 된다.

수출과 수입을 위한 기초적인 단계로 거래의 핵심으로 볼 수 있는 무역계약과 이를 실현하기 위한 운송계약, 보험계약, 금융의 환계약 등 아주 다양하고 복잡한 분야를 통하여 무역이 성사되고 있음을 알 수 있다. 하지만 계약으로만 모든 무역거래가 완결하게 성사될 수는 없는 입장이다. 이를 위한 표준마련의 하나로 설립된 글로벌무역기구와 수출입물품의 협약(UN협약)을 통하여 통상의 양식을 이해하고 숙지해야 하는 중요한 문제에 부딪히게 된다.

이밖에도 나라와 나라사이의 환경문제, 언어소통문제, 정치경제문제, 문화의 차이 등 다양한 상관습과 문화의 이해하고 활용할 수 있는 체계적인 교육과 훈련이 필요하다. 특히 전자문서교환(EDI)방식의 전자적 수단에 의한 무역이 성행하고 있어, 이를 위한 글로벌 상거래의 표준이라고 할 수 있는 UN의 글로벌상업회의소(IOC: International Chamber of Commerce)의 표준안들이 사용되고 있다.

3) 글로벌무역의 해상의존성 존재

무역의 해상의존성은 중세시대부터 무역해운 및 보험과 밀접한 관계성을 가지고 발전하게 되었다. 이는 육지 및 해상에서도 널리 통용되었던 무역의 운송수단이었다. 해상운송이 무역운송의 주된 운송수단으로 등장하게 된 것은 대량으로 물품을 운반할 수 있는 체계가 가능했기 때문이다.

글로벌 무역의 시초는 해상무역을 근거로 하여 주변국가의 해상무역과 밀접한 관계성을 띠고 있었다는 것이다. 무역이라고 하는 용어 자체가 해운의 수단으로 활용하고 있으며, 대륙 국가들에 있어서도 대부분의 무역을 거의 해상무역에 의존하고 있다.

4) 글로벌무역의 산업관련성

글로벌 무역은 무역거래 관련국의 국민경제와 고용확대, 축소 또는 기술의 향상과 발전, 글로벌 수지의 균형 등 다양한 역할을 수행하고 있다. 즉, 무역을 통하여 자국의 경제성장과 수출정책 및 국가경제의 발전을 꾀할 수 있는 이점을 갖고 있기 때문이다.

무역 당사자들의 권리와 의무 등을 규정하는 법률적 행위로 강제성을 가지고 세계무역을 관장하는 글로벌 물품매매에 관한 통일법, 글로벌 물품매매계약의 성립에 관한 통일법, 등이 전 세계적으로 적용하고 있다. 그러나 일부 제3세계 국가와 사회주의 국가에서는 이러한 법들이 제대로 반영되지 않고 있다는 허점이 있지만 비엔나협약(CISG)에 가입된 국가는 해당 조항에 따른다.

2. 글로벌무역의 주체와 현대적 의미

글로벌무역의 현대적 의미를 살펴보면, 경제활동의 주체(가계, 기업, 정부)를 대상으로 재화와 서비스를 교환하는 경제행위가 국내에서 이루어지면 국내거래, 글로벌 간에 행해지면 글로벌거래 또는 글로벌무역(International Trade)이라 한다. 하지만 글로벌거래(글로벌무역)는 한 나라의 경제주체가 다른 나라의 경제주체와 재화 및 생산요소, 서비스 등을 거래하는 행위이므로 무역은 글로벌간의 교환거래이다.

글로벌 간의 상품 유통이 한 나라의 범위를 벗어나 글로벌간의 이루어지는 거래이기 때문에 글로벌무역 또는 외국무역이라고 하였다. 이러한 글로벌무역 즉, 글로벌 거래관계를 통하여 수출입의 원활한 유통을 이루어 국가와 국민경제의 발전을 꾀하고 있다. 글로벌무역에 상품(Goods)의 질을 높여 나가는 것도 경쟁의 한 방편이겠으나 관련 종사자의 전문성이 절실히 요구되고 있으며, 특히 전자문서표준화시스템을 통한 전문성과 표준성, 다양성, 신속성을 갖춘 인재를 필요로 하고 있다.

특히 최근에는 전자무역의 또 다른 한 분야로 크게 발전하고 있어 기존의 종이서류에 의한 무역방식과 전자문서표준화에 따른 무역의 방식에서 인터넷을 통한 디지털 경제로의 발전을 꾀하고 있다는 점에서 무역은 점차 나라의 개념이 아니라 글로벌 유통 또는 글로벌 마케팅의 개념으로 소비자중심을 향한 새로운 내용으로 변화, 발전되어가고 있다.

3. 무역의 학문적 성격과 특징

1) 무역학의 학문적 성격

무역의 성격은 국가 간의 상거래이기 때문에 무역 관련 모든 나라가 서로 무역을 통하여 상호의존적인 관계성을 갖는다. 우리나라가 대외무역의존도가 높다는 말은 대외무역을 통하여 무역관련 모든 산업이 발전하고 이에 따라 수출정책, 수입정책 등 경제발전을 달성한 것이므로 이를 적절하게 관리하고 운영하는 것은 중요한 일이기 때문이다. 수출과 수입의 관계에서 수출대금의 회수와 수입물품의 적기 인수 및 관련물품의 소화 등은 중요한 문제이다. 또한 무역관련 운송과 보험, 금융의 기능들도 동시에 발전을 거듭하고 있다.

따라서 무역학의 학문적 성격은 글로벌간의 상거래에 관한 여러 가지의 이론적인 내용과 실제적인 무역실무를 동시에 다루는 학문으로서 실천학문이라고도 할 수 있다. 글로벌무역의 거래에서 발생되는 갖가지의 현상들에 대한 연구를 통하여 타 학문과의 연계성을 갖고서 현실의 문제점들을 해석하고 적용하는 학문이라고 할 수 있다. 무역학은 실증과학의 체계를 갖춘 글로벌 통상의 정책과 각종의 정부정책, 산업정책 등을 총 망라하여 이에 대한 학문적 체계를 아울러 연구하는 학문이라고 지칭할 수 있다.

2) 무역학의 대상과 범위

무역학의 대상과 범위에 있어서 학문적인 체계와 그 내용에 관한 구체적인 언급을 하지 않아도 이러한 상적인 기능을 학적으로 어떻게 이끌어 그 대상과 범위를 결정하느냐에 따른 학자들 간의 논란의 여지가 끊이지 않고 있다. 무역학의 분야와 범위는 글로벌 경제적인 분야와 글로벌적인 상거래에 대한 경영학적 분야, 상학적인 분야와 이에 대한 법적인 분야, 과학기술의 발달로 인한 네트워크상의 무역 등을 망라하고 있다. 무역학의 내용은 다양한 분야의 내용을 포함하고 있어, 이에 대한 정확한 체계와 범위설정을 하기에는 다소 난감한 부분들이 있지만 무역학은 글로벌간의 상거래에 관한 경제, 경영, 법학, 상학 등의 분야를 포함하고 있다는 것은 부인할 수 없을 것이다.

무역학은 글로벌무역의 현상을 구조적인 측면에서 글로벌경제(International

Economics), 무역상무(International Commerce), 글로벌경영(International Business) 등의 분야로 결정지을 수 있지만 무역거래의 매매계약이나 해외시장 개척, 운송, 보험, 커뮤니케이션, 이문화 협상, 지역연구, 관련의 정책, 대금결제, 클레임 등 거래에 관한 일련의 과정들에 대한 전반적 사항을 무역학의 영역과 대상으로 보는 것이다. 또한 세계화로 인한 표준화, 정보화, 현대화 등의 다양한 상관습과 언어 등도 함께 포함하여 무역학의 연구대상과 범위에 포함하여 연구해야 할 내용들이다.

제3절 세계화에 따른 글로벌무역이론의 발전

1. 글로벌무역의 개념

글로벌무역은 국내에서 거래되는 개념과는 달리 글로벌 거래이기 때문에 제약의 요소들이 많다. 신용위험(Credit risk)이나 상업위험(Physical risk), 운송위험(Transportation risk), 환위험(Foreign Exchange risk), 비상위험(Contingency risk) 등이 그 예이다. 자국과 외국과의 거래에서 수출과 수입에 따른 상품매매, 교환에는 대금결제의 위험은 늘 존재하고 있다.

글로벌무역의 발생원인과 필요성에 있어서는 무역의 시작부터 현 단계에 이르기까지 끊임없이 발전하고 변화되고 있다. 글로벌상공회의소, 글로벌법협회 등과 같은 협의기구에서 심의, 조사, 검토하여 내 놓은 것이 글로벌 규칙 즉, 글로벌 관습법이다. 무역의 필요한 이유는 국가 간에 분업이 존재한다는 개념이다. 즉, 생산의 단가가 서로 다르기 때문에 국내외 소비자들이 혜택을 보게 된다는 개념이다. 그리고 이러한 생산을 통한 고용 창출의 효과를 얻어 실업자문제와 국내산업의 발전을 꾀하게 된다.

더 나아가 무역은 상호의존성을 바탕으로 국내에서의 기업과 기업 그리고 해외에서의 다양한 협력과 연합을 통한 글로벌 기업의 탄생을 불러일으킨다. 그러므로 무역은 상호의존관계 가운데서 파급효과를 통한 윈-윈 관계이며, 이러한 관계를 통한 국부창출의 효과를 얻게 됨으로써, 글로벌무역의 발전을 꾀한 전 세계가 세계화를 통한 하나의 거대한 국가개념으로 발전하게 되는 셈이다.

2. 무역의 발전과 역사

1) 고대의 무역

고대무역의 발전은 인류의 문명과 함께 시작되었다. 고대인들은 환경과 자원의 활용 즉, 생활기술의 발달에 따라 점차 잉여물을 남기게 되었다. 잉여물을 통하여 부족국가를 형성하게 되었고 점차적으로 거대한 문명의 국가들을 세우게 되었다. 고대문명에서 물물교환의 형태로 문명의 발달과 함께 점차 그 범위를 확대하여 나갔다.

고대무역은 페니키아인들을 비롯한 레바논 해안지대에 거주하던 해양성 민족으로 B.C 2000년경부터 지중해무역의 중심역할을 감당하였다. 이들의 주요 교역품은 일상의 생필품과 노예매매를 통한 중계무역에까지 미치게 되었다.

2) 중세의 무역

중세무역의 특징은 중세사회가 로마제국의 몰락으로 인한 봉건사회의 형태에서 비롯되었기 때문에 지배와 피지배계급을 통한 신분사회의 모습으로 나타났다. 지배와 피지배계급에 의한 사치품과 공예, 장식품 등이 유행하였으며, 고급의 면직물, 향료 등이 주요 거래품목이었다. 이들은 주로 원격지 무역을 통한 이태리, 스페인, 아프리카북부, 시리아, 흑해연안과 연결되어 북부내륙의 대도시로 이동하는 무역의 통로를 만들었다.

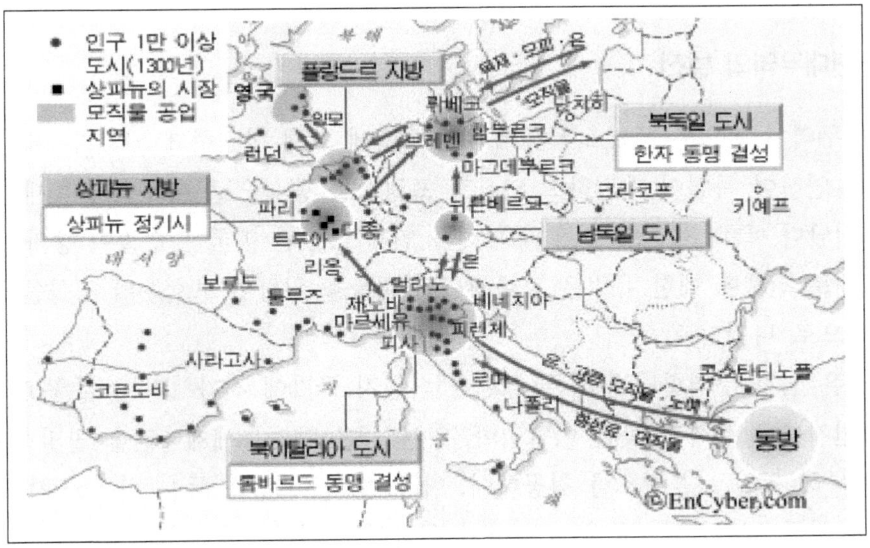

자료 : 오리진워키

[그림 4-1] 중세의 무역과 교류

또한 14세기 말에서 16세기 초 유럽의 상업도시의 발달로 인하여 독일 상인들은 한자동맹(Hanseatic league)을 결성하여 중계무역에 종사하였다. 주요품목은 모피와 소맥, 목재, 소금, 모직물, 향신료 등으로 서유럽과 동유럽으로 각각 수출하기도 하였다.

3) 근대의 무역

근대무역은 16세기의 중상주의를 시작으로 전근대사회에서 근대사회로의 발전을 추구하였으며 특히 식민지정책으로 인한 무역의 주도권을 잡은 영국을 중심으로 발전하였다. 이러한 여파는 18세기 중엽까지 계속되었으며 18세기는 산업자본주의시대로서 19세기에 걸쳐 일어난 영국의 산업혁명의 결과였다. 16세기를 전후하여 중세봉건주의 몰락으로 인하여 무역과 상업으로 인한 상업자본이 준비되었던 영국을 비롯한 유럽 국가들은 공산품을 수출하고 1차 상품과 원재료의 확보를 위해 상업의 중심지를 대서양연안과 서유럽의 해상으로 점차 진출하면서 확대 발전되게 되었다.

따라서 관세중심의 무역에서 자유무역의 형태를 취한 자유시장의 경쟁에 의한 제품가격을 중심으로 자유경쟁체제로 전환하였다. 특히 제국주의와 식민주의 등장은 1870년대를 전후하여 영국과 독일은 끊임없는 식민지 정책으로 펴 나갔다. 이들의 식민지정책은 원료확보와 자국의 생산품을 식민지국가에 판매하여 이익을 추구하는 쟁탈전 형태의 강제적인 무역거래를 하였다.

4) 현대무역의 발전

현대무역의 발전은 제1, 2차 세계대전 이후에 크게 발전하게 되었다. 제1차 대전으로 인하여 독일이 패전하고 영국과 프랑스를 중심으로 제국주의적 세력충돌이 일어났다. 특히 이러한 전쟁의 피해를 입지 않았던 미국은 수출이 증가하였으나 반대로 전쟁에 패한 유럽은 자국경제의 회복을 위하여 보호주의 경향을 띤 무역정책으로 나왔다.

영국은 점차 무역확대에 따른 공황을 식민지 국가에 전가시키는 일을 해 왔으나 식민지를 보유하지 못한 이탈리아, 일본 등은 제2차 세계대전을 발발하게 하였다. 특히 독일은 폴란드를 침공하여, 미국, 영국, 프랑스 등을 비롯한 자유민주주의 국가들로부터 약소국을 보호하기 위하여 노력하였다. 이때 남북무역, 동서무역의 형태로 자유진영과 공산진영으로 크게 이원화되었다. 이때 미국 주도하에 글로벌 통화기금이 성겨나고 외환자유화가 선언되는 등의 쾌거를 불러일으켰다.

현대무역의 발전은 1990년대에 들어와 지역단위의 개념으로 새로운 형태의 모습을 취하게 되었다. 세계화의 거센 물결로 인하여 글로벌무역이 성행하게 되었으며 특히 자본의 이동과 함께 무역이 확대되었다. 마침내 1994년 5월 마라캐쉬에서 UR협상이 시작되어 지난 47년간 세계무역을 관장했던 GAT T대신 WTO라는 새로운 무역기구가 등장하였다.

3. 글로벌무역이론의 발전

1) 글로벌무역이론의 개념

글로벌무역 이론의 발전적인 내용을 파악하기 위하여 우선적으로 무역의 발생원인을 살펴보아야 할 것이다. 왜냐하면 무역이론은 무역의 발생원인과 무역의 발전에 따른 형태의 변화 그리고 무역으로 인하여 빚어진 내용들을 파악하고 분석하는 일이기 때문이다. 물론 무역이라는 말 그 자체만으로는 나라와 나라사이의 교환관계로 볼 수 있으나 단순한 잉여물의 교환관계가 아니라 복잡한 관계가 내포되어 있고 이를 또한 이론적인 무역의 학문적 성격과 맞춰볼 때 더욱 더 복잡한 통상적 관점을 포함하고 있기 때문이다.

무역의 발생원인은 크게 자연적 조건과 사회적 조건으로 나눈다. 자연적 조건이란 천연자원이나 기후, 풍토, 지질 등의 이유로 인한 무역의 발생을 말하며, 사회적 조건의 차이로 인한 무역의 발생이론이다. 사회적 조건의 차이라고 하면, 무역 상대국의 생활습관, 수준, 과학기술, 관련 생산기술, 임금의 격차 등이다.

무역의 발생이론에 있어 으뜸이 되는 이론은 리카도의 비교우위론이다. 물론 이 보다 앞서 아담스미스나 고전학파의 절대생산비설(절대우위론)이 있다. 아담스미스는 국부론에서 분업의 원리에 의한 자유무역을 주장하였는데, 이는 국가간의 절대 생산비의 차이로 인하여 글로벌무역이 발생한다고 보았다. 그 이유는 생산비가 싼 재화를 수출하고 비싼 재화는 수입함으로써 이익이 되기 때문에 무역이 발생한다고 본 것이다. 후에 이들의 고전적인 무역이론을 반박하고 나온 사람이 핵셔와 오린이다 이들은 스승과 제자사이로 국가 간 무역발생의 원인 및 무역패턴의 결정요인을 각국의 요소부존량 비율의 차이와 생산량간의 요소투입비율(요소집약도)의 차이로 설명하였다.

따라서 발생이론은 잉여물의 처리와 부존자원의 획득을 위한 것과 투입재화와 생산비의 차이 및 재화의 이동에 따른 경제적 이익, 시장의 원리 등에 따른 변화와 발전으로 인하여 이론의 발전과 더불어 체계화 된 것이다.

2) 글로벌무역이론의 역사적 배경

글로벌간의 무역에 있어 재화와 용역의 교환거래가 있었던 역사적인 문헌들을 통하여 살펴볼 때, 인류의 역사는 수렵, 농업시대를 거쳐 공업, 상업시대로 접어들게 되었으며, 공업과 상업 위주의 경제체제로 전환하게 되었다. 가족단위의 자급자족과 분업 또는 교환의 상호의존 제도를 통해 교환의 영역이 더 넓어지면서 시장을 확보하기 위하여 노력하게 되었다.

특히 영국의 A. 스미스는 그의 저서 국부론에서 그 나라의 발전은 시장규모의 크기에 제한을 받는다고 하였으며, 이는 시장이 너무 협소하면 경제발전을 꾀할 수 없음을 나타낸 것이다. 또한 4대강 유역의 개발 즉, 나일강 유역의 고대 이집트 문화, 티그리스·유프라테스 강의 메소포타미아문화, 인더스와 갠지스강의 인도문화, 황하강 유역의 중국 문화가 활발히 전개되고 있었고, 서양문화권은 지중해를 이용한 활발한 국가 간의 교역이 성행되고 있었다.

서기 200년 로마인의 무역시대에는 동방의 사라센제국과 육로를 통한 중국까지의 무역이 성행하였는데, 후에 15세기경 지리적으로 무역확대 및 상품의 교류가 더욱 활발해졌다. 16~18세기의 중상주의의 사상과 부의 원천은 글로벌무역에 있다는 생각으로 본국과 식민지국간의 결속강화로 해외무역을 확대시켰다. 그 후 18~19세기를 거쳐 영국의 산업혁명과 대량생산으로 인하여 무역이 비약적으로 증가하게 되었다. 특히 19세기의 영국, 독일, 미국은 경제적 세력의 쟁탈전을 벌이기도 하였다.

(1) 자본주의 성립이전의 글로벌무역(초기단계)

기원전의 페니키아인이 이집트와 지중해에서 교역을 행한 이후 그리스로마시대에는 동방과의 교역을 시작으로 중국과도 무역을 하였다. 특히 이때의 주요 교역품은 주로 노예, 귀금속 같은 보석류, 고급직물 등이었다. 후에 로마가 멸망하고 중세 봉건사회에서 무역이 주춤하였다가 십자군원정 후에 베네치아는 이탈리아 북부지역의 무역으로 지중해를 차지하였다. 주요교역은 주로 대중화된 향신료 같은 것도 있었으나 주로 상류층 중심의 사치품 위주였다.

구체적으로 15세기말 지리상의 발견과 산업혁명으로 인하여 발전하였다. 무역의 활동무대는 지중해와 발트 해에서 아메리카대륙(신대륙)과 아시아에까지 확대되었다. 이때 지리상의 발견에서 주역이 된 포르투갈과 에스파냐가 새로운 시장으로 나아가기 시작하였다. 이때의 교역품은 주로 모직물 수출로 유럽은 모직물 공업이 성행하였으며 교역의 중심이 영국, 네덜란드로 이동하였고, 이는 특히 자본주의적 공업생산의 발전에 큰 공헌을 하였다.

(2) 자본주의 성립이후의 글로벌무역(발전단계)

영국에서의 산업혁명을 통하여 면공업이 수공업에서 기계공업으로 전환됨으로써 대량생산이 가능하게 되어 일반대중화에 성공하였다. 글로벌무역은 변화와 발전단계로서 18~19세기 영국에서 시작된 산업혁명의 효과로 일대 변혁을 이루었다. 영국은 주로 완제품을 수출하는 대신 수입품은 면화, 원료 등이었고, 가공무역이 성행하여 근대적 무역으로 발전하였으며, 글로벌분업이 체계화 되었다.

세계무역 발전의 요인은 글로벌 금본위제의 확립이었다. 금본위제를 일찍 수립한 영국에 이어 19세기 후반에는 대다수의 국가가 금본위제로 이행하였다. 영국은 무역과 해운업, 글로벌 금융업에서 세계의 중심지로 발전하였다. 하지만 1870년대 초까지 영국은 세계무역의 주도적 입장에서 70년대의 불황기를 전후하여 서서히 쇠퇴하기 시작하였고, 독일과 미국은 공업발전의 주력인 철강업의 발전과 더불어 제조공업품 수출이 증대하였다.

자유무역의 경향은 점차 고율관세 부과와 국내산업 보호추세로 인하여 덤핑이 성행하였다. 이때 영국에서는 자본수출을 확대하였다. 제1차 세계대전 후 미국은 유럽 국가들이 전정으로 경제력을 소모하던 시기에 생산력을 증진시켜, 전후 수출에서는 영국을 앞질러 가기 시작하였고, 이때 캐나다와 일본이 새로운 공업국으로 무역무대에 진출하였다.

한편 러시아는 1917년의 혁명을 통하여 자본주의 세계시장에서 모습을 감췄다. 글로벌무역은 점차 자유무역과는 거리가 멀어졌고, 2000년대에 부활된 금본위제는 1931년 영국의 금본위제의 정지 상태로 인하여 각국은 해외경제 변동에 의하여 경제, 통화의 혼란을 차단하고 자국경제의 안정을 도모하려는 국가주의적 정책으로 무역과 글로벌자본이동에 제한을 가하게 되었다.

무역에 대한 규제는 고전적 관세뿐만 아니라 수입할당제·외환관리·구상무역 등 보다 더 직접적 정책 수단을 취하게 되었다. 제2차 세계대전 후 분열된 세계경제는 자유무역을 효율적으로 수행하기 위하여 글로벌통화기금(IMF)과 관세 및 무역에 관한 일반협정(GATT)이 생겨나게 되었다.

(3) 제2차 세계대전 후의 글로벌무역(정착단계)

IMF·GATT체제의 기본이념은 원칙적으로 자유무역을 통한 글로벌무역거래를 추진하고자 하였다. 그러나 전쟁 후에도 여전히 수입을 제한하는 나라들도 있었으며, 미국을 제외한 대다수 국가가 전쟁 후의 경제부흥을 위한 수입급증과 충당의 자본이 필요로 하였다. 그러나 그 뒤에 유럽이나 일본에서 부흥이 진척되고 1950년대 중반에는 달러 부족도 해소되어 자유무역으로 진척을 보이기 시작하였다.

세계무역 동향에 영향을 준 또 하나의 문제는 지역경제통합의 출현이며, 그 전형적 예인 유럽경제공동체(EEC)로 인한 지역경제통합화였다. 1960년대 세계무역의 특징 가운데 또 하나는 세계경제에서 주도적 역할을 하였던 미국의 상대적 지위하락과 기축통화로서 달러의 위기를 불러 일으켰고 글로벌유동성 문제를 발생시켰다. 달러를 지탱하고 IMF체제를 유지하려는 각국의 노력에도 불구하고 달러위기는 결국 1971년 여름에 달러와 금의 교환(금태환제도)을 중지하기에 이르렀다.

제2차 세계대전 후 20여 년간 세계무역의 바탕이었던 IMF체제가 붕괴된 것이다. 그 후 1971년 스미스소니언 합의는 1년 남짓 만에 무너지고, 주요 국가들은 1973년 변동환율제도를 이행하였다. 주 요인은 2번에 걸친 오일쇼크를 통하여 세계경제와 무역의 방향을 전환하게 된 동기가 된 셈이다. 이에 따라 석유수출국기구(OPEC) 국가들에 의한 석유가격의 무분별한 인상은 석유소비국으로 하여금 글로벌수지 적자와 경제성장의 둔화를 불러일으키게 되어 결국 스태그플레이션을 일으켰다. 즉, 보호무역의 경향을 띠게 되었다.

(4) 세계화로 인한 글로벌무역

세계화의 주된 영향은 무역을 하나의 국가관점에서 시작하게 되었다. 다시 말해 생산요소의 이동이 자유로워짐에 따라 자본까지도 자유롭게 입출할 수 있게 되면서부터 세계화의 진전은 글로벌무역의 체제로 나타났다. 이때 글로벌무역은 아주 독특하면서도 다양한 관계로 이어져 자국의 경제적 이윤 창출을 위한 다양한 방법을 모색할 수밖에 없게 되었다. 이른바 협상과 통상의 관점으로 무역의 정책을 변경하는 한편 교환적인 관계에서도 통상적인 관점이 크게 두각을 나타나게 되어 보호무역과 자유무역의 또 다른 관점의 무역성향이 나타난 셈이다.

세계무역이 급격하게 증가하고 발전할 수 있었던 주요 원인은 하나의 물품을 만들기 위해서 전 세계적인 작업 즉, 전 세계의 공동 작업으로 이루어지는 점에서 찾을 수 있다. 이는 수직전문화(Vertical specialization)의 결과라고 할 수도 있겠으나, 분명한 것은 하나의 물품을 만들기 위해서 여러 국가의 공정을 거치는 것이다.

세계가 고민하고 있는 경제적 위기에서 세계무역의 발전에 관한 관심이 매우 높아지고 있다. 1930년대에 있어 무역수요 급감은 가격의 붕괴와 보복적인 파괴적 행동으로 보호무역주의를 채택한 때문이다. 제2차 대전 이후 세계무역량은 최고수준으로 위축되었으며, 이러한 현상은 특히 1982년 이후 무역 규모가 감소추세로 나타났다. 그러나 1990년부터 2006년까지 무역은 점차회복세를 타고 매년 6%의 증가추세로 돌아섰다.

제 4 장

세계화시대 한국의 무역정책

제1절 세계화와 무역정책

1. 세계화시대 무역정책의 의의

1) 무역정책(Trade Policy)의 개념

무역정책은 각국의 정부가 특정 경제의 목적 달성을 위하여 자국의 대외경제활동과 관련된 제반의 정책 및 관련의 수단 등을 의미한다.

첫째, 협의의 개념은 단순한 무역거래의 활동으로 빚어지는 관세와 비관세 정책, 환율정책, 외환관리정책, 수출입관리정책 등과 글로벌무역기구와의 연계성 있는 정책들을 말한다.

둘째, 광의의 개념은 글로벌무역과 관련한 모든 경제정책과 재정정책, 통화정책, 가격관리정책 등의 모든 경제관계의 정책들을 포함하여 말하는 것이다.

무역정책은 무역과 관련된 한 나라의 경제정책으로 국민경제의 발전을 도모하기 위한 제반의 정책적 조치라고 할 수 있으며, 각국의 경제정책의 총체적인 사항들을 포함한 개념이라고 볼 수 있다. 즉, 무역정책은 자국의 생산과 고용의 증대 및 자국 산업의 보호 및 육성을 위한 노력과 수출증대를 통한 산업의 활성화, 한정된 자원의 효율적 배분 등의 목적으로 국민의 후생증진을 위한 정책이다.

2) 세계화로 인한 무역정책의 변화와 특징

세계화를 통한 글로벌무역은 국경 없는 무한경쟁의 시대에 돌입함과 동시에 다변화, 글로벌화, 표준화되었다. 이에 따라 무역정책 또한 무역거래의 선진화를 이루기 위해서 다변화, 차별화, 규제되어야 할 이유가 있다. 하지만 역사적인 글로벌무역의 변천과정이나 내용을 통하여 볼 때, 무역은 자유와 보호의 두 갈래에서 관세, 수량, 기술 또는 무역 절차상의 규정, 외환관리 등의 여러 무역정책을 통하여 상호보완적 관계에서 무역이 이루어졌다.

또한 무역정책으로 인하여 세계경제의 침체와 비효율성을 통한 후생의 감소효과와 손익이 발생하기도 하였다. 전 세계는 무역의 자유화를 통한 각국의 이익을 최대한 보장하는 범위 안에서 규제 없는 무역활동을 원활히 하고 자 하는 것이다. 세계화의 관점에서 볼 때, 무역의 자유로운 흐름은 수출입의 균형을 통한 무역의 이익을 주었으나 전통적인 산업구조의 조정, 대외경쟁력 강화 조치로 인하여 무역의 적자를 보는 쪽이 생겨나게 되었으며 이런 피해를 입는 국가의 입장에서는 실업률의 증가, 산업의 정체, 국내통화의 공급 감소 등의 원인으로 인한 불경기가 가속화될 것이다.

따라서 대외무역의존도가 높은 나라일수록 더욱 심각한 현상이 초래될 것이므로 정책을 통한 국민경제의 발전과 국가 산업의 균형적 발달을 꾀하고자 하는 것이다. 이러한 차원에서의 글로벌정책은 글로벌수지의 균형발전을 위하여 필요한 것이며, 무역 상대국과의 효율적인 무역거래를 하고자 하는 것이다. 무역정책은 무역거래를 통한 수출국과 수입국 모두에게 영향을 미치게 됨으로 대외무역 거래를 통한 자국의 발전만을 위한 무역규제와 관세정책 및 비관세정책을 통한 무역정책을 펴나가게 되는 것이다.

일반적으로 무역정책은 여러 가지를 취할 수 있다. 즉, 수입에 대한 규제와 지원방식을 달리할 수도 있는 반면, 수출에 관해서도 규제나 지원방식을 취할 수도 있다. 어떤 방식을 취하든지 정부의 개입의 개입이나 정책을 통한 효율적인 자원배분과 후생수준의 증대를 위하여 최적의 무역정책을 펴나가야 하는 것이다. 무역정책은 무역수지 균형, 안전고용, 물가안정을 꾀하기 위하여 대외균형정책의 일환으로 재화와 용역의 글로벌적 실물거래에 대해 사용하는 정책적인 수단이라고 할 수 있다.

2. 무역정책의 주목적과 목표

무역정책의 주목적은 경제성장과 고용증대 및 국내산업의 보호와 육성, 국내수지 개선, 자원의 효율적인 배분을 통한 국민경제의 발전을 꾀하는 것이 주된 목적이다. 이는 경제정책을 근거로 하고 있으며, 무역을 통한 경제발전과 성장을 이루고자 함이다.

개발도상국의 입장은 국내 산업을 보호하고, 공업화를 육성하여 교역조건과 글로벌수지를 개선하는 한편, 완전고용, 물가안전, 자원분배의 효율화를 통한 발전이다. 그러나 선진국의 입장은 산업보호, 완전고용, 물가안정, 효율적자원분배의 개발도상국과 같은 입장이지만 여기에 글로벌무역의 질서유지 즉, 세계무역에 있어서의 주도권을 갖겠다는 것이라고 볼 수 있다.

무역정책의 중요한 목표 가운데 또 하나는 경제성장이다. 경제성장은 모든 나라들이 동시에 갖게 되는 공동의 목표라고 하겠다. 이밖에도 자국의 경제발전과 관련한 많은 요인들이 있겠으나 무역정책의 주요수단으로서의 목적과 목표를 요약하여 보면, 국내산업의 보호와 육성, 글로벌수지의 개선노력, 자원배분의 효율화, 완전고용 및 고용증대, 물가의 안정, 경제성장을 통한 사회적 후생증대에 그 목적을 두고 있다.

1) 국내산업 보호목적

무역정책의 목표가운데 국내산업의 보호는 가장 직접적이고 일반적인 조치라 할 수 있다. 경제발전 단계가 상대적으로 뒤처진 국가에서 자국의 유치단계에 있는 산업을 보호·육성하여 여타국과의 동종 산업과 경쟁할 수 있도록 하기 위한 것이다.

현실적으로는 매우 힘들고 위험한 일일 수도 있다. 유치산업 선정에 있어 선별의 어려움과 선정된다 하더라도 얼마만큼의 발전과 성과를 거둘 수 있을지, 또한 언제까지 관련 산업을 보호해야만 하는지에 관한 명확한 답이 없다. 그리고 집중적인 산업보호로 인하여 타 업종과의 연계성이 없을 뿐만 아니라 독과점 형태의 좋지 못한 모습으로 나타날 우려도 있다.

2) 사양산업 보호정책

한 나라가 사양 산업을 보호하기 위하여 유치산업보호 정책을 편다면, 일정기간 동안은 비교우위를 갖게 되겠으나 계속적인 비교우위를 확보한다는 보장이 없다. 그러므로 사양 산업의 보호정책은 후진국이나 개발도상국에 접합한 정책이 아니라, 선진국에서 주로 사용하는 방법이며 주요 정책의 내용은 이미 비교우위가 있었던 산업이 개발도상국이나 후진국으로 인하여 비교우위를 빼앗기게 된 경우에 이를 회복하려는 취지에서 비롯된 것이다.

따라서 사양 산업은 일반적으로 노동집약적인 산업들인 경우가 많으며 이러한 산업이 글로벌 경쟁력을 잃게 됨에 따라 많은 고용자들을 감축해야 하는 일이 발생할 경우 이를 정부에서 보호해야 한다는 주장이다. 그러나 이러한 정책은 유치산업보호와 마찬가지로 근린궁핍화 정책으로서 무역 상대국가로부터 보복을 초래할 수 있어 무역 관련의 당사국 모두에게 피해가 될 우려가 있다.

3) 글로벌수지 개선의 목적

글로벌수지란 일정기간 동안 일국의 거주자와 세계 각국의 거주자들 사이에 발생한 모든 경제적 거래를 체계적으로 분류하여 집계한 자료이며, 글로벌수지는 평균의 원리에 의하여 균형점을 찾는 것이 일반적이다. 한 나라에서 계속적인 무역의 불균형 상태를 보이고 있다면 이를 개선하기 위하여 무역정책을 강하게 들고 나올 것이다.

수출을 통한 수입을 함으로써 국내물가와 국민 후생복지 증진을 위한 바람직한 방향이며 또한 외국의 상품들을 수입함으로써 세계 경제화 세계 속에서의 국민의 생활을 통한 안정된 수요와 공급을 창출해 나갈 수 있을 것으로 보는 것이다.

4) 교역조건 개선

교역조건 개선이란 수출되는 상품과 수입하는 상품의 가격 차이를 표시하는 것으로써 수출품의 평균가격과 수입품의 평균가격의 비율을 말한다. 대부분 수출상품 1단위와 수입상품의 교환으로 얻어지는 단위수를 표시하는 것으로 교환비율이 수출국에 유리할 경우는 수출국교역조건의 유리화, 그 반대의 조건인 경우 수출국교역조건의 악화타고 표시한다.

교역조건을 산정하는 목적의 하나는 무역에서 얻어지는 이익을 계량하는 데 있으나, 교역조건의 유리화 또는 악화는 무역이익의 증감과는 별개의 것이다. 따라서 교역조건을 개선하기 위하여 외국상품의 수입을 제한하거나 수량을 제한하는 조치 등을 취하지만 수입하는 쪽의 경제가 수입에 의존하는 수준이 높은 경우 이를 제한함은 자국의 산업과 국민경제에 막대한 지장을 초래할 수도 있다.

제2절 무역정책의 변천 및 유형

1. 17~18세기의 무역정책(중상무역 주의); 중상주의 정책

1) 중상주의 무역정책의 배경

중상주의(mercantilism, commercial or mercantile system)는 15세기 말부터 18세기 중후반에 있어 경제조직이 와해되고 산업혁명으로 인하여 자리매김을 할 즈음 이를 뒷받침하기 위한 제반의 이론적 체계들을 말하며, 후에 자유주의적 단계에 이르기까지의 이론으로 서유럽 제국에서 채택한 경제정책과 경제발전의 이론이다. 이 정책은 절대왕정이 타도되어 산업자본이 국정을 지배하게 되는 명예혁명(1688)

때부터 약 100년 사이에 걸쳐 원시적 축적의 체제로서 추진되어 온 정책이다.

중상주의는 근대자본주의가 산업혁명에 의해 지배를 확립하기까지의 초기 단계에서 원시적 축적을 수행하는 데 사용된 여러 정책과 이를 뒷받침한 이론체계로서, 경제정책으로서의 중상주의의 핵심은 초기 산업자본을 위해 국내시장을 확보하고, 국외시장을 개척할 목적으로 수행되는 보호주의 제도로서 외글로벌 완제품의 수입금지와 제한, 외국산 원료의 수입, 국내 상품의 수출장려, 국내원료의 수출금지 등의 조치를 직접 입법 및 관세정책으로 실행하였다.

2) 중상주의 정책의 특징

중상주의 무역정책의 특징은 금과 은을 획득하여 국가의 힘으로 사용하려고 했던 만큼 시대와 국가에 따라 정책적인 내용들을 달리하여 왔다. 중상주의 정책의 기본방향은 중금주의, 무역차액, 산업보호의 정책으로 나타났다. 그리고 무역의 흑자를 위해 보호무역주의를 통한 수출중심으로 식민지를 개척하여 판로확보 차원에서 저렴한 원료공급까지 확대하였다. 특히 중상주의로 인하여 금, 은의 채굴로 수입이 장려되고, 반면에 금과 은의 수출은 금지하는 정책은 중금주의에 바탕을 둔 것이다.([그림 4-2] 참조)

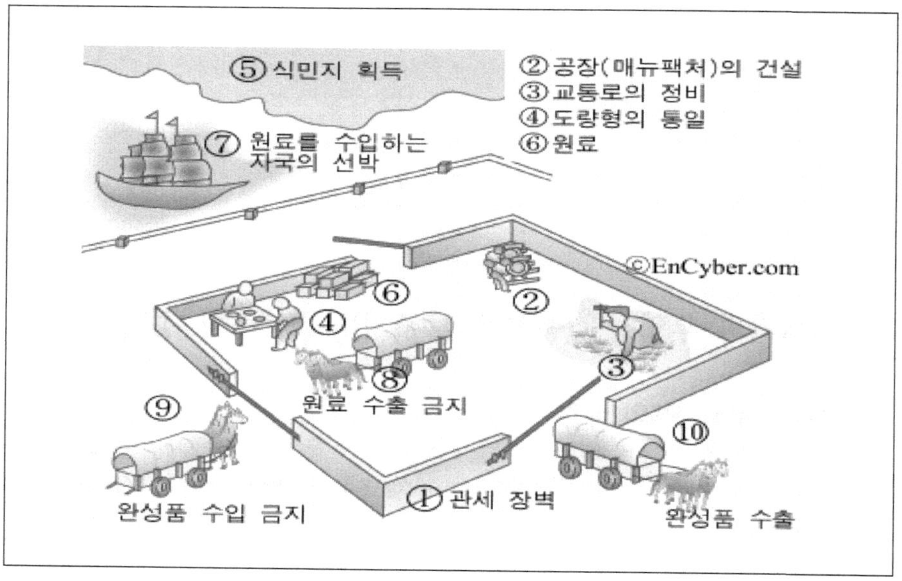

[그림 4-2] 중상주의 경제개념

3) 중상주의 정책이론의 허구성 비판

중상주의의 학설은 중금주의 정책(금과 은의 유입을 위한 수출촉진, 수입억제)으로 시작하여 무역차액 정책(무역거래에서의 차액획득), 산업보호정책(국내시장 확보, 외국시장 확충의 산업자본 축적)으로 점차 발전한 것이다. 중상주의는 자본인 상업자본의 유통으로 시작되었으며 대부분 상인계급에서 나타났다.

중상주의의 개념으로 인하여 국익을 위해서 상품시장의 확대와 원료공급지 확보에 중점을 두었던 국가들은 경제 식민지 쟁탈전을 벌이게 되었다. 이처럼 중상주의는 상업에 중점을 둔 사상으로서 유럽의 절대왕정국가들이 외국의 완제품의 수입을 규제하면서 원료 및 반제품은 수입을 허용하여 이를 생산하여 수출하였으므로 상업주의의 원천이 된 셈이다. 하지만 문제는 국익을 판가름하는 요인이 금, 은과 같은 귀금속에 두었다는 점과 화폐로 구입되는 재화를 강조했다는 점에서 오류와 허점을 드러내게 된 것이다.

우리가 흔히 알고 있는 중상주의는 상업을 중시하는 경향을 보았으나 이는 중금주의라는 개념으로 나타난바 자국의 이윤 확보를 위한 경제적 부흥을 이뤄낸 선진국 중심으로 시작되어 보이지 않는 종속관계의 무역거래를 표방한 하나의 경제식민지적 관점으로 무역이 성행하게 되었다고 보는 것이다.

2. 19세기의 무역정책(자유무역주의); 자유주의 정책

1) 자유주의(Liberalism) 무역정책의 배경

중상주의 정책으로 즉, 중금주의 정책과 무역차액정책, 산업보호정책에 반박하고 나타난 이론이 자유무역정책이다. 자유무역정책은 Adam Smith에 의해 제창, David Ricardo, Mill에 의하여 발전된 이론으로 글로벌분업론, 자유경쟁설, 소비자 이익론이다.

자유무역 사상은 18세기 후반의 중농주의 학파였던 케네(Quesnay)에 의해 시작되었으며, 같은 맥락으로 프랑스의 콜베르(Collbert)는 공업중심의 중상주의 정책에 대한 반발로 자유방임의 고전적 자유주의를 부르짖게 되었다. 물론 국가중심의 보호와 간섭을 배제하고 중농주의(농업을 중시함)에 입각한 무역만이 국가의 부를 이룰 수 있다고 주장한 것이다.

이와 같은 사상은 후에 아담스미스는 중상주의자들의 화폐 그 자체에 관한 국부의 개념을 비판, 국부는 화폐를 통하여 얻어지는 재화라고 본 것이다. 특히 그의 글로벌분업론은 무역이익을 발생시킬 뿐만 아니라 무역의 발생에 있어서 절대 생산비의 차이가 발생한다는 주장과 이어 리카도에 의한 비교생산비설에 의해 체계화 하여 발전하게 되었다.

2) 자유주의 무역정책의 전개

(1) 글로벌분업론

Adam Smith의 자유무역이론 세 가지 가운데 글로벌분업론은 자유무역을 통하여 이익을 얻게 된다는 주장이다. 즉, 자국의 우위상품은 특화하여 생산수출 하는 한편 자국에서 생산하는 것보다 저렴하게 수입할 수 있는 상품에 관해서는 수입을 하게 된다면, 두 나라 모두가 글로벌교역을 통한 무역의 이익을 가질 수 있다는 이론이 글로벌분업론이다.

글로벌분업이 성행하려면 국가의 간섭, 무역의 장벽요인을 제거하여야 한다. 만약 국가의 간섭이나 관련의 장벽요인이 발생한다면 생산자원의 능률향상과 생산량의 증대에 차질을 빚게 됨으로 자유무역을 수행하기가 어렵게 된다. 글로벌분업은 그 나라의 경제발전 단계에 따라 상이하게 나타나기 때문에 무역의 유형이나 기능면에 있어 각국이 서로 상이하다는 역사성을 파악하여야 한다는 점이다.

(2) 자유경쟁론

아담스미스의 두 번째 자유무역이론인 자유경쟁론은 자유무역을 통해서 수출입의 효율적인 글로벌무역 거래가 이루어진다면, 국내산업의 발전과 경제성장을 통한 생산기술의 향상, 제품의 품질 향상, 물가안정 등의 효과를 얻을 수 있다는 전제하에 근대적인 산업구조를 구축하기 위해 자유무역을 추진해야만 한다는 주장이다.

영국의 경우 무역으로 인한 국력신장과 자국의 무역보호를 위한 제반조치를 갖추었다고 보기 때문에 다른 나라와의 무역은 보이지 않는 경쟁 하에서 실시하게 됨으로서 결국 자유무역은 후진국에게는 결코 달갑지 않은 무역정책이었다.

(3) 소비자이익론

생산의 최종목적은 소비를 위하여 생산하게 되는 것이기 때문에 소비자를 최우선으로 생각하고 제품을 생산해야 한다는 것이다. 최근에는 이러한 개념으로 소비자 감동창출 즉, 고객감동과 고객만족을 위해서 노력하고 있다. 하지만 국내생산만으로 소비자의 기호나 수요를 만족시킬 수는 없다.

무분별한 수입정책은 국내 상품과 비교하여 값싸고 질 좋은 제품이라고 하지만 국내 상품만을 고집하게 된다면 국민은 질이 좋지 못한 국내 상품을 소비하게 됨으로서 소비자가 그 피해를 본다는 것이다.

3) 자유주의 정책이론에 관한 비판

18세기 중엽 영국 중심의 산업혁명은 글로벌무역에 있어 커다란 변화와 발전을 가져왔다. 기존의 수공업 상태에서 공장제 기계공업으로 인한 대량생산의 잉여물은 수출을 통하여 해결할 수밖에 없었다. 이때 영국은 무역자유화를 위해 관세법 제정(1822년~1846년; 하스킨슨, 필)을 통하여 원재료 수입의 수입관세 폐지, 제조상품의 관세 인하의 조치를 취하였다.

관세인하 조치로 인하여 곡물관세에 있어 지주들과 자본가들과의 치열한 다툼이 있었으며, 맨체스터 상업회의소를 주축으로 관세폐지 운동을 전개하여 1846년 곡물관세가 폐지되었다. 이러한 배경 하에 영국과 프랑스가 코브덴 슈발이에 조약(Cobden Chevalier Treaty)을 체결하여 관세폐지 및 인하정책으로 자유무역의 통상조약을 확대해 나갔다. 그 후 영국과 프랑스를 주축으로 독일, 이탈리아, 오스트리아, 벨기에 등과의 통상조약 체결로 유럽제국과도 자유무역을 통한 통상부분을 확대하였다.

하지만 1870년을 전후하여 유럽의 국가들의 자국 보호주의 경향을 띤 보호주의 무역으로 인하여 자유무역은 사실상 보호무역으로 바뀌고 말았다. 왜냐하면 자유무역으로 인하여 생산요소의 자유로운 이동은 산업간 생산요소의 전환이 용이하다는 이점이 있는 반면, 산업간 생산성과 임금의 격차로 인하여 자원의 최적배분을 실현할 수 없게 될 뿐만 아니라 생산과 소비의 최적상태가 실현될 수 없다. 따라서 생산요소의 자유로운 이동을 통한 비교생산비원리는 허구성을 들어내고 말았다.

또한 각국의 산업구조 및 무역패턴은 서로 상이할 수밖에 없으며 경제적 여건에 따라 어떤 상품에 특화할 수도 있다. 이때 각각 공산품, 농산품을 특화한다 할지라도 공산품과 농산품의 자본투입 및 가격의 차이는 갈수록 격차가 벌어지게 되고 농산품을 생산한 후진국의 경우 자본과 기술의 부족은 선진국을 따라갈 수 없게 됨으로써 결국 후진국의 불리한 조건과 입장에 처하게 된다.

3. 19세기 후반의 무역정책(보호무역주의); 보호주의 정책

1) 보호주의(Protectionism) 무역정책의 등장

보호무역 정책은 18세기 중엽부터 19세기에 나타난 무역정책으로 세계화의 영향을 입은 독일과 미국에서 영국의 산업혁명과 공업화를 통한 글로벌무역의 자유화가 타당성이 있음을 인식하면서도 자국의 산업을 보호유치 할 목적으로 보호무역 정책을 강화하면서 시작되었다. 그 당시 미국의 해밀턴(Hamilton)은 공업보호론, 독일의 리스트(List)는 유치산업 보호론을 통하여 보호무역을 주장하였다.

후에 마노이레스쿠(Manoilesuc)는 생산성이 높은 공업보호 육성책을 또한 해겐(Hagen)은 임금 격차론을 통하여 이들은 각각 무역반대론, 관세옹호론을 주장하였다. 특히 미국과 독일 등의 나라에서는 영국이나 프랑스에 비하여 산업이 발달하지 못한 상태이기 때문에 선진 영국과 경쟁을 통하여 자유무역을 한다면, 후진국의 국내 산업은 위협을 받기 때문에 이를 보호, 육성하기 위한 대책으로 보호론을 주장하게 된 것이다.

2) 보호주의 무역정책이론의 전개

(1) 해밀턴의 공업보호론(산업분화론, 보호무역주의)

해밀턴이 주장한 공업보호론은 그의 저술한 「제조공업보고서: Report on manufacture, 1791)」내용에서 공업이 생산력을 가진다는 내용을 강조하고 있다. 해밀턴의 보고서에서는 미국이 공업화를 해야만 하는 원리적 부분과 공업보호, 피 보호 공업의 선정과 관련한 실태조사의 내용이며, 미국의 공업이 유럽제국과 비교할 때 보호정책을 실시하지 않으면 성장가능성이 희박하다는 판단에서 제조업의 육성책이 필요함을 강조하게 되었다.

또한 해밀턴은 보호무역으로 수입제한조치 등을 취할 경우 유럽의 공산품에 대한 미국의 수요가 증가하여 미국의 농산품에 대한 유럽의 수요가 감소될 것이므로 이에 대한 적절한 조치와 교역조건에 대한 개선책을 사전에 마련해야 한다는 것이었다. 해밀턴의 주장에 의한 미국의 공업보호를 위해 취해야 할 조치사항은 다음과 같다

첫째, 미국의 공업은 유럽제국과 비교하여 유치한 단계이므로 보호정책을 필요로 한다.

둘째, 공업이 농업보다 생산력과 이익이 높으므로 공업을 육성해야 한다.

셋째, 공업보호를 위해 관세부과, 수출입금지, 보조금, 장려금, 면세, 발명 장려, 상품검사 등의 정책스단이 필요하다.

넷째, 보호해야 할 공업의 선정은 일정한 기준을 마련하여 신중을 기해야 한다.

(2) 리스트의 유치산업보호론

독일의 리스트는 유치산업보호론을 주장하였다. 유치산업보호론의 근거는 미국의 해밀턴의 산업보호론의 이론을 바탕으로 시작되었으며, 국민경제의 광범위한 이론체계에 입각하여 경제발전 단계설과 국민성을 중시하여 실천적 이론체계를 구성하였다. 특히 리스트는 자유무역의 이론이나 무역정책에 반기를 들고 국민의 필요에 의한 유치산업보호론을 주장한 것이다.

유치산업보호론(Infant industry argument for protection)이란 일 국가에 있어 미래에 성장 가능성이 있는 산업의 발전을 위한 성장촉진정책의 하나이며, 세계화의 영향을 바탕으로 영국을 비롯한 전 세계의 모든 나라들이 계속적으로 영국과 자유무역을 하게 됨으로써 자국의 산업은 영국의 원료에 의존하여 결국 영국으로부터 원료공급국의 상태에서 벗어날 수 없을 것이라는 주장이다.

왜냐하면 독일의 경제정책은 농업과 공업을 중시하는 경향의 단계이나 영국은 농업과 공업, 상업을 중시하는 한 단계 앞선 자유무역을 통한 거래를 원하기 때문에 독일은 이러한 영국과의 무역에서 무역정책을 달리해야 한다는 주장이다.

따라서 유치산업보호론은 산업의 보호와 육성책으로 나타난 현재의 보호 경향으로 인한 손실부분은 차후에 성장, 발전된 산업으로 인하여 충분한 보상이 될 것이기 때문이다. 그러므로 조금이라도 손실을 줄일 수 있는 산업을 보호, 육성할 수 있는 산업을 선택하여 보호할 필요가 있다는 제한적 보호론을 주장하였다. 그러므로 유치산업보호론은 자유무역과 보호무역의 양면성을 띠고 있으나 자유 무역론을 반대하고 보호 및 육성책을 펴나간 점에서 자유무역주의와는 다른 개념이라고 볼 수 있다. 리스트의 유치산업보호론의 주장내용은 다음과 같다.

첫째, 내부경제의 존재가 유치산업론의 핵심이다.

둘째, 영국의 산업독점에 대항하기 위한 대책마련이 필요하다.

셋째, 경제성장을 위하여 농업과 공업의 균형시장이 필요하다.

넷째, 농업생산만을 고집한다면 글로벌무역거래에서 불리한 입장에 처하게 된다.

(3) 밀의 보호무역론

해밀턴의 공업보호론과 리스트의 유치산업보호론을 통하여 자유무역을 반대하고 보호무역을 주장한 밀(Mill)은 리스트의 주장과 동일한 유치산업의 보호와 육성을 주장하였다. 밀은 그의 경제학 원리에서 유치산업보호에 관한 내용을 전개하였다. 유치산업의 보호는 일차적으로 외국의 어떤 산업이 경쟁의 우위에 있어 수입할 수밖에 없는 입장이라면, 자국에서 이를 잘 습득하고 생산할 수 있는 체제가 정비되었을 때까지만 관련의 산업을 보호할 필요가 있으며, 이후에는 관련의 무역정책을 완화, 철폐해야 한다는 것이다.

하지만 이러한 보호관세와 같은 성격은 실제의 소비자들에게 자유무역의 상태보다도 더 심각한 가격의 부담을 안게 됨으로 소비를 감소시킬 뿐만 아니라 손실을 가져올 수도 있다고 보았다. 결국 밀의 주장대로라면 현재에는 기술수준이 저조하고 생산경쟁력 면에서 매우 불리하지만 일정시점에서 기술을 습득하여 생산성이 높아져 글로벌적인 수준에 도달할 수 있다고 판단되는 것을 보호 대상으로 해야 한다는 주장이다.

이밖에도 밀의 주장보다는 좀 더 세분화한 바스테이블의 주장은 유치산업의 선정기준은 일정한 보호기간이 경과한 후 별도의 보호 없이 자립할 수 있어야 하며, 보호기간 중에 발생한 손실부분에 있어서는 그 산업의 성장부분에서 발생한 것이므로 장래의 이익으로 충분히 보상이 가능한 사업을 보호 대상으로 선정해야 한다고 주장하였다.

3) 보호주의 무역정책에 대한 비판

보호주의 무역은 정부가 상품, 서비스의 교역과 자국의 국내산업, 글로벌수지, 국내고용 등에 관한 인위적인 조치를 취해야 한다는 경제사상을 말한다. 보호무역은 글로벌무역이 시작되면서부터 존재해 왔다고 볼 수 있다. 다만 나라와 무역정책에 의하여 조금씩 그 개념을 달리하였을 뿐이다. 1816년 미국은 관세법을 개정하여 보호무역정책을 실시하였으며, 독일은 1879년 철, 섬유류, 화학제품 등을 대상으로 관세법을 개정하여 보호무역을 시작하였다. 이때 유럽제국은 관세인상조치를 취하였고, 1898년 독일은 공산품, 농산물에 관해 보호무역을 강화해 나갔다.

보호무역의 이론은 독일의 경제학자였던 리스트에 의해 자유무역이론과 그 정책의 타당성을 배척하고 경제정책에 관한 국가의 간섭과 역할을 중시하여 보호무역 정책을 주장하였다. 미국의 해밀턴은 공업을 보호해야만 성장의 가능성이 있다고 판단하였으며, 이를 위하여 정부가 정책적으로 나서야 한다는 주장으로 공업보호론 즉, 산업분화론을 주장하여 국가의 독립확보, 국민경제의 발전도모, 농업의존을 공업화로 분산, 수요창출을 통한 안정된 시장 확보를 주장하였다. 보호무역은 자유무역의 경향을 띤 19세기 중반까지도 계속되었으며, 미국은 계속적으로 수입관세를 높여 보호정책을 지켜나갔다. 특히 미국은 보호무역을 고집하였고, 1929년 대공항을 통하여 고관세부과로 인한 보호무역을 확대해 나갔다.

따라서 보호무역의 유치산업보호론으로 인한 보호정책은 해당 산업이 보호. 육성되어 대외경쟁력을 갖추었다고 해도 해당 산업의 보호조치를 취소할 경우, 오히려 경제적 손실을 가져올 수도 있다. 유치산업이 어느 분야 어떤 것인지의 구별이 쉽지 않으며, 유치산업보호를 위한 무역정책으로 관세부분을 남용하는 경우가 많다. 이는 일정수준으로 성장한 기업이라 할지라도 관세부분의 장벽을 두껍게 한다면 전 세계적인 무역에 악영향과 글로벌무역질서가 왜곡될 수도 있어 글로벌수지의 균형이 파괴될 가능성이 많다.

4. 20세기 전반의 무역정책(보호무역주의 확산); 보호주의 정책

1) 보호주의 무역정책의 특징

17-18세기 시민혁명을 통하여 고전적 자유주의를 채택한 서유럽 여러 나라들은 자유주의적 경향의 시장경제원칙을 통해 경제적 발전을 추구하였다. 그러나 서구 자유주의 경제체제 하에서 생산수단을 가지지 못했거나 경제적 능력이 부족했던 국가들은 점차 선진국의 발전 논리에 걸맞게 돌아갈 수밖에 없었다.

보호무역론을 주장한 이론적 근거인 글로벌수지개선론은 양차대전 동안 수많은 논의의 통상정책을 실시해야 한다는 주장이었다. 보호무역주의의 대표적인 특징으로 고용 증대론은 내세워 수입제한조치를 통하여 국내생산물로 수요를 전환하게 된다면 고용기회와 수준향상으로 나타날 것이라는 통상정책으로 케인즈는 관세에 의한 보호조치를 할 경우 자유무역보다 증대된다고 주장하였다.

또한 소득배분론에 있어서도 보호무역을 통하여 노동희소국에서 노동집약재의 수입에 대하여 관세를 부과할 경우 노동의 수요와 가격이 상승하여 임금인상의 결과를 초래할 것이라는 내용으로 스톨퍼와 사무엘슨 은 미국의 노동자의 실질 임금수준의 보장을 위해 보호관세가 필요하다는 주장을 하였다. 또한 교역조건을 개선하여 보호무역 정책을 펴나가야 한다는 주장은 밀, 마샬, 에지워스, 타우식 등으로 수입품에 관한 관세부과는 자유무역의 경우보다 훨씬 유리하다는 주장이다.

2) 보호주의 무역정책의 내용과 특징

보호주의 무역정책이 자리를 잡게 된 것은 1930년대로 세계 공항이후 미국을 비롯한 세계 주요국들이 경제공항에서 벗어나려고 수출증가, 수입억제를 통한 보호무역정책을 실시하면서부터이다. 19세기의 보호무역주의의 확산 내용으로 주목할 만한 것은 자국의 산업을 보호. 육성하려고 하는 관세정책의 강화와 직접무역의 제한조치, 외환관리제도 등을 도입하였다.

20세기 전반의 보호무역 정책은 보복성을 띤 무역 강화 정책으로 인하여 세계무역량은 점차 감소추세로 나타나 제2차 세계대전을 통하여 한 차원 더 높은 보호무역의 경향으로 나타났다.

5. 1945년~1970년대 초반의 무역정책(자유무역주의 확산); 신자유주의 정책

1) 신자유주의(New-Liberalism) 무역정책

자유주의 무역정책은 제2차 세계대전이 끝날 즈음 각국의 경제부흥을 위해 무역의 자유화를 통한 발전을 추구하려 하였다. 이때 자유무역의 문제점 해결을 위해 케인즈의 수정이론을 바탕으로 자본, 노동의 자유와 권리를 국가에서 관리하여 복지정책과 경기 침체로부터 유효수요를 증대시킬 목적으로 등장하게 되었으며, 이를 케인즈주의, 수정자본주의, 개량(자본)주의라고 불렀다.

신자유주의(N대-Liberalism)는 케인즈의 수정주의에 대한 반박으로 등장하였으며, 정부가 자본의 흐름을 개입하며 경제활동을 간섭하는 것은 오히려 부정적이라는 개념에서 정부의 간섭이 통제 없는 자유로운 무역을 주장하였다. 케인즈의 자유주의 이론과도 맞지 않다. 따라서 이를 신자유주의 경향이라고 부르게 되었다.

2) 신자유주의 무역정책의 내용과 특징

신자유주의에 있어서의 핵심적인 발전 내용은 생산, 가격, 고용 등의 경제수준을 결정하는 통화요인을 중요시하면서 물가조절, 자원배분, 시장기능을 통한 활성화를 주장하였다. 그러므로 정부의 개입보다는 오히려 자유로운 경제활동을 주장하였다. 특히 1970년대 세계 경제가 두 차례의 석유파동으로 인하여 스태그플레이션, 실업난 가중 등의 위기감 속에서 돌파구 마련을 위하여 신자유주의를 부르짖게 되었다. 정부의 규제완화, 세금축소, 공기업의 민영화, 노동시장 유연화, 복지정책 축소 등으로 조치를 취하였고 자본가들의 지지를 받았다.

신자유주의는 20세기 들어와 새롭게 탄생한 글로벌무역기구의 GATT로 인하여 경제통상 부분에 있어서 무역 확대와 WTO를 통한 세계화의 영향으로 무역의 개방을 통한 발전을 꾀할 수 있었다. 무엇보다 자본 활동의 자유와 시장 개방을 통한 이윤추구의 자유화를 선언하게 된 것이다. 하지만 신자유주의는 개념과 현실을 왜곡하였으며 없는 사람과 있는 사람과의 조건을 동일한 점과 지나친 경쟁주의로 인하여 약자들이 소외되는 현상을 초래하였다.

6. 1970년대 초반~1990년대 초반의 무역정책(신보호무역주의); 신보호주의 정책

1) 신보호주의(New-Protectionism) 무역정책

신보호주의는 제2차 대전 이후 미국 중심의 선진국들이 GATT를 통한 협정과 IMF와 같은 글로벌기구를 통해 무역자유화에 일조하였으나 1970년대의 두 차례 석유파동으로 인하여 세계 각국이 스태그플레이션이라는 경기불황과 침체에 빠지게 되었다.

기존의 보호주의가 경제개발에 뒤쳐진 국가들을 중심으로 유치산업 강화에 있는 것이었다면, 신보호주의는 신흥공업국들과의 경쟁결과 선진국들이 비교우위를 잃지 않고 자국의 사양 산업을 보호할 목적과, GATT 체제 하에서의 낮아진 관세 장벽보다 비관세장벽을 통한 발전을 꾀하였다.

2) 신보호주의 무역정책의 내용과 특징

신보호주의 무역정책의 특징은 보험과 저작권, 특허권 등 각종 서비스 분야를 포함하여 자국시장을 보호하려는 한편, 상대국의 시장은 적극적으로 개방하려고 하는 정책으로 나타났다. 때문에 GATT의 규정을 무시하여 무역 분쟁을 불러 일으켜 이에 대한 해결책으로 제8차 우루과이라운드 협상이 등장한 것이다.

신 보호무역 정책은 사양 산업을 보호 대상으로 삼고 있다는 점이며, 그리고 주로 관세수단에 의단 무역정책을 비관세 장벽으로 나타나 수출자유규제, 시장질서 협정 등 비관세 장벽을 중점으로 다루었다는 점이다.

7. 1990년대 초반~현대의 무역정책(세계주의); 다자주의 및 지역주의 무역정책

1) 다자주의(Multilateralism) 무역정책

다자주의 무역정책은 세계화를 통한 모든 나라들이 다변적인 협조와 협의에 의한 상호다변적인 체제로 글로벌경제기구를 통한 자유무역과 무역확대를 꾀하여 통화가치 안정을 도모하여 보호주의를 배척하고 자유주의적 경향으로 나아가고자 하는 것을 말한다.

특히 미국의 브레튼우즈 협정에 따라 IMF체제, IBRD, GATT 등의 무역장벽의 철폐를 통한 자유무역 실현이었다. 그러나 자국의 이익을 고려한 선진국과 일부 비교우위의 국가들로 인하여 GATT의 한계점을 드러내, WTO의 결성을 보게 되었고 새로운 세계무역기구를 통하여 이를 실현하고자 하였다.

〈표 4-1〉 자유무역주의 및 신자유주의경향

차수(연도)	장소 (명칭)	협상 주제	참여국 수
1차 (1947)	제네바(제네 라운드)	관세	23
2차 (1949)	안시(안시라운드)	관세	13
3차 (1951)	토르퀘이(토키 라운드)	관세	38
4차 (1956)	제네바(제네바 라운드)	관세	26
5차 (1960-61)	제네바(딜론 라운드)	관세	26
6차 (1964-67)	제네바(케네디 라운드)	관게 및 반덤핑 조치	62
7차 (1973-79)	제네바(도쿄 라운드)	관세 및 비관세 조치	102
8차 (1986-94)	제네바(우르과이 라운드)	관세, 비관세조치, 규범, 서비스, 지적재산권, 분쟁 해결, 섬유, 농업, WTO창설	123

〈표 5-1〉에서 세계 제2차 대전이후 무역의 필요성 통하여 무역장벽을 철폐하고 자유무역을 통한 관세 및 무역에 관한 일반협정(GATT)을 체결하였으나 국제기구와 같은 강력한 권한이 없었기 때문에 무역분쟁을 쉽게 해결하지 못했다. 그후 1980년대 오일 쇼크 이후 신자유주의가 태동하게 되었고 점차적으로 규범과 절차를 내세워 다자주의가 생성된 셈이다. 후에 WTO가 새롭게 출범하는 계기를 마련한 셈이다. 하지만 2000년대 이후 신보호부역주의가 기승을 부리게 되었다.

2) 다자주의 무역정책의 내용과 특징

다자주의 무역정책의 핵심은 무역자유화를 통한 무역확대, 무차별의 원칙(최혜국 대우), 수량제한조치 금지, 공개주의 및 협상원칙주의를 바탕으로 전개해 나갔다. 그러나 GATT는 다음과 같은 조항에 있어 무역제한을 인정하였다. 즉, 글로벌 수지 유지를 위한 목적의 수입제한, 농수산물의 수입제한, 개발도상국의 특정산업 보호를 위한 수입제한, 국가무역기업 보호를 위한 수입제한, 국가 안전보장을 위한 수입제한, 긴급조치에 따른 수입제한, 의무면제에 따른 수입제한 등에 관하여 무역제한을 예외적으로 인정하였다.

다자주의의 특징으로 무차별의 원칙은 최혜국대우(MFN: Most-Favored-Nation Treatment)란 GATT가맹국 간에 관세의 차별대우가 존재할 수 없다는 조항이다. 그러므로 무차별대우이며 무역제한 철폐에 따라 무역가맹국 전체에 동등하게 적용하기 위한 목적이었다.

이밖에도 다자주의의 특징으로 수량제한의 금지와 공개주의 및 협상원칙을 포함하고 있다. 수량제한 즉, 쿼터의 금지로 차별제한을 두지 않을 것과 공개주의와 협상주의는 무역장벽에 관한 GATT의 영향력을 발휘하여 공개적인 협상과 통상정책을 통한 무역장벽의 감소를 이끌어내기 위함이었다.

3) 지역주의(Regionalism) 무역정책

GATT 및 WTO의 체제 하에 글로벌무역의 경향은 세계화, 지역화의 개념으로 경제적 이해관계를 목적으로 인접국가 또는 밀접한 관계국과와 서로 블록화 하는 경향을 띠고 있다. 물론 WTO는 GATT의 제24조에 의거 관세동맹과 자유무역지대 협정 등의 지역무역협정에 관한한 허용하고 있다. 이에 따라 WTO 회원가입국 가운데 평균 5개의 지역무역협정에 참여하고 있는 추세이다.

하지만 이러한 내용은 WTO의 최혜국대우 원칙에 위배되는 사항이지만 세계화를 통한 세계경제의 발전을 꾀할 수 있다는 점에서 묵인하고 있는 실정이다. 이를 위하여 1996년 2월 지역무역협정위원회(CRTA: Commitee on Regional Trade Agreement)를 설치하였으며, 도하개발어전더(DDA)협상을 적극 활용하여 지역무역협정 개선을 추진하고 있다.

4) 지역주의 무역정책의 내용과 특징

지역주의의 특징은 역내우선주의, 역외차별주의 등이다. 역내우선주의는 지역주의를 통한 경제통합체로서 우선적 대우를 부여하는 것이며, 역외차별주의는 각 가맹국이 그 경제통합체에 가입하지 않은 역외 제3국에 대해 통상 등 모든 부문에 걸쳐 차별적 조치를 취하는 경우이다.

차별적 조치로는 공통관세제도 설치를 통한 역내국에 대해 관세를 면제하거나 낮은 관세율을 적용하고 역외국에 관해서는 고율의 관세를 적용하는 것을 말한다. 지역주의의 무역정책은 지역경제통합체의 형성, 확대, 심화되는 추세를 말한다.

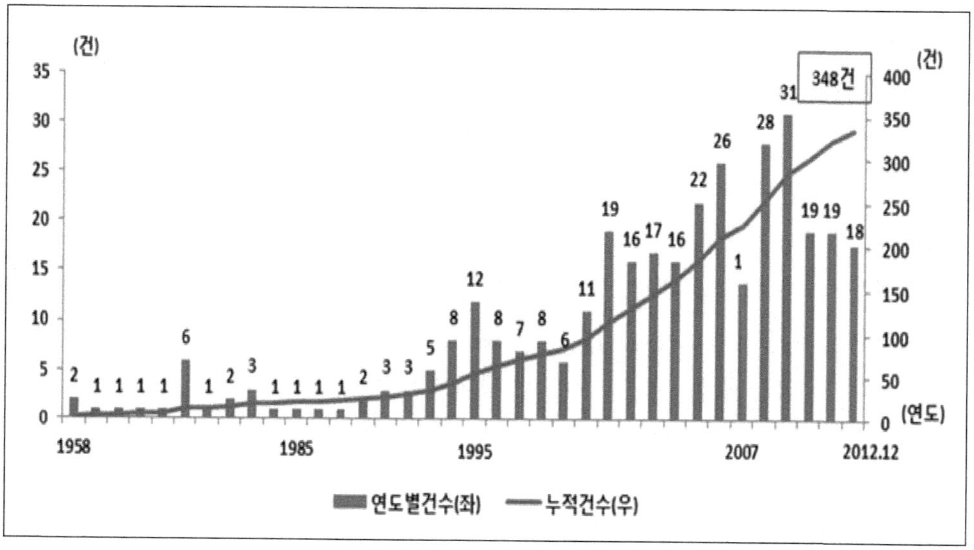

자료 : WTO

[그림 4-3] 세계 지역무역협정 발표 현황

[그림 4-3]은 WTO의 자료를 바탕으로 지역무역협정(RTA), 자유무역협정(FTA), 관세동맹(CU; Customs Union), 개도국간 협정(RSA), 서비스협정(EIA)을 포괄하는 내용을 담고 있다. 이는 자유무역협정이 체결될 시 아울러 다른 협정도 동시적인 관점으로 체결하려고 노력하고 있는 모습을 볼 수 있다.

제3절 무역정책의 수단

무역정책(Trade Policy)은 정부가 특정의 경제정책을 추진하기 위하여 대외경제 거래에 직접적으로 개입하는 경제적 조치를 말한다. 무역정책의 목표는 완전고용(Full employment), 물가안정, 글로벌수지 균형, 경제성장의 촉진, 소득분배의 개선, 특정산업 보호, 교역조건(Terms of Trade)개선, 자원의 효율적 배분 등을 목적으로 하고 있다. 무역정책은 대내적으로 완전고용과 물가안정을 꾀하고, 대외적으로는 글로벌수지의 균형을 위한 것이다.

1. 관세정책(Tariff, Customs, Customs duties)

1) 관세의 개념

한 나라의 관세제도는 정치와 외교뿐만 아니라 경제적인 요인을 포함하고 있으며 해당의 관세율은 각국이 서로 상이하게 부과하고 있다. 관세란 국가가 재정수입을 목적으로 관세영역을 통과하는 물품에 대하여 법률조약에 의거 강제적으로 징수하는 조세이며, 일국의 관세선을 통과하는 물품에 대하여 부과한다. 흔히 관세는 수출입물품에 부과하는 것이 원칙이나 수시세의 개념으로 법률과 조약에 의하여 부과. 징수되는 간접소비세의 성격을 띤다.

관세영역이란 과세법의 효력이 미치는 영역으로 경제적 경계이며, 정치상으로는 국가영역과 반드시 일치하는 것은 아니다. 자유항, 보세지역, 자유무역지대 등이 있는 국가에서는 국경선내에 관세선이 있으며, 관세동맹을 체결한 국가에서는 관세선이 동맹국의 국경선까지 확대될 수 있다. 과세대상의 물품은 유체물을 포함하여 특허권, 실용신안권, 의장권의 가치가 가격에 포함되어 있는 경우 무체물에도 관세를 부과한다.

2) 관세의 성격

관세는 수입을 억제하고 국내산업의 보호와 재정수입을 목적으로 부과된다. 특히 수입품목 가운데 원자재, 생필품 관련의 물품은 사치품이나 완제품보다 낮은 관세를 부과하고, 성격은 조세성격, 소비세성격, 특수성격으로 나뉜다.

〈표 4-2〉 관세의 성격

구 분	내 용
조세적 성격	- 징수 주체는 국가 - 법률 또는 조약에 의거 부과. 징수 * 국가에 의해 강제징수
소비세적 성격	- 소비를 관세의 주 대상을 함 - 관세의 부담은 소비자에게 전가 * 원자재 및 생필품보다 사치품이나 완제품에 중과
특수성격	- 관세영역을 출입하는 물품에 대하여 부과 - 경제정책의 수단 * 대물세, 수시세의 성격

〈표 4-2〉에서 관세는 법률이나 조약에 의하여 부과 및 징수된다. 우리나라는 헌법 제59조에 명시되어 있으며, 조세법률주의의 원칙하에 규정에 의해서만 가능하다. 그러나 대부분의 국가에서는 경제변화와 신속한 조처를 취해야 할 필요성이 있기 때문에 일정 범위를 정하여 행정권이 관세율을 조정할 수 있는 탄력관세제도를 사용하고 있다.

첫째, 관세는 조약에 의거 부과 또는 감면하는 경우가 있다. 관세에 관한 글로벌협정에는 국내법에 의해서 부과되는 관세를 감면, 인하 하도록 규정하는 경우는 있으나 새로운 관세부담을 부과하는 경우는 거의 없다. 관세는 재정권에 의한 징수로 국가가 곧 과세권의 주체이다.

둘째, 관세는 소비세의 성격이며 관세의 궁극적 대상은 소비이다. 소비세의 기본성격인 소비를 많이 하면 세금도 많아진다. 소비세의 개념은 생산을 위한 원재료, 기계 등의 사용, 영업을 위한 기구 등의 설치 등도 관세의 경우에는 소비의 개념에 포함된다.

일반적으로 관세의 부담은 전가된다. 소비세는 소비의 최종단계인 소비자에게 전가되는 것으로 간접소비세의 성질이며, 생필품이나 원자재보다 사치품과 완제품에 중과세를 부과한다. 이러한 목적은 국민생활의 안정과 정책적인 목적 하에 나온 것이다.

셋째, 관세는 일반 내국세와는 달리 관세만이 갖는 독특한 성격이 있다. 관세는 수입물품에 대해 부과한다. 그러므로 일반 세법과 같이 과세대상의 종류가 한정되는 일이 없다. 관세를 확보하기 위해서 모든 물품을 과세대상으로 취급하지 않을 수 없기 때문이다. 그리고 관세는 관세영역을 전제로 하며, 재정 수입뿐만 아니라 경제 정책의 수단으로 매우 효과적인 것으로 정책상으로 중요하다. 또한 관세는 대물세, 수시세의 성격을 갖는다.

3) 관세정책의 유형

(1) 과세의 기회(상품 이동)에 따른 분류

① 수입관세(Import duties)

오늘날의 관세제도에 있어 국경관세제도의 확립으로 인하여 내국관세제도가 소멸되어버렸다. 현대적인 의미의 관세는 주로 수입관세 부분을 말하기도 하며 일반적으로 관세라고 말할 때, 수입관세를 의미한다. 즉, 글로벌적인 상품거래에 있어 부과되는 수입세이다. 이러한 수입세의 부과목적은 국내산업의 보호, 고용확보, 교역조건 유지 및 개선, 글로벌수지 개선, 재정수입의 증대에 있다.

② 수출관세(Expcrt duties)

수출관세는 재정 수입의 확보를 위하여 수출상품에 부과하는 관세이다. 수출관세를 부과하는 이유는 전략물자 및 자국의 공업생산에 필요한 원료의 국외 유출과 특정상품의 유출로 인한 국내 물가의 상승을 방지함과 동시에 재정 수입의 증대를 추구하고 있다.

수출관세의 부과로 인한 부작용은 자국 상품의 수출가격이 상승함에 따라 대외경쟁력을 떨어뜨림에 따라 특별한 경우를 제외하고는 부과하지 않는다. 수출관세를 부과하고 있는 대표적인 나라들은 브라질(커피), 쿠바(담배), 스리랑카(차), 에스파냐(코르크), 이탈리아(유황) 등으로 이와 같은 상품들은 대개 독점적 상품들로 자국의 재정수입을 증대한다 해도 수출에 지장을 받지 않는다.

③ 통과관세(Export duties)

통과관세는 한 나라의 관세영역을 통과하여 다른 나라로 운송되는 상품에 관세를 부과하는 것이다. 통과관세가 중상주의 시대에 있어서 자국 상품의 판로확보를 목적으로 자국 내를 통과하는 것을 저지하기 위한 목적으로 부과하기도 하였다. 그러나 1921년 바르셀로나 협정에 의거 통과세를 부과하지 못하게 하였고, GATT에서는 통과상품에 관한 관세와 비관세를 면제할 것을 규정하였다.

(2) 과세의 목적에 따른 분류

① 재정관세(Revenue duties)

재정관세는 주로 정부의 재정수입을 위하여 수출상품에 부과하는 세입관세이며 통상적으로 15~30%의 저율의 관세를 부과한다. 하지만 재정관세는 순수하게 재정상의 수단에 불과하며 무역정책 차원에서 별 의미가 없다. 재정관세는 내국세로 국가재원의 어려운 처지에 있는 동남아시아 국가에서 주로 채택하고 있다. 결국 재정관세의 결정은 관세 및 세율의 결정시 재정적인 상황을 고려하여 과세의 표준을 잡는다.

② 보호관세(Protective duties)

보호관세는 국내 산업의 보호와 육성을 목적으로 부과하는 관세이며 재정관세보다 세율이 높은 것이 특징이다. 보호관세로 인하여 재정수입은 줄어들 뿐만 아니라, 수입부분도 아울러 줄어든다. 보호관세는 국내의 유치산업과 기존산업의 발전을 위하여 수입되는 외국상품에 부과하는 관세이다. 그러므로 보호관세는 목적과 보호대상에 따라 다르게 나타난다.

유치산업을 목적으로 한다면 유성관세, 공항의 악영향을 방지를 목적으로 한다면 공항관세, 국내 시장을 방위하기 위한 목적의 방위관세, 외국상품의 수입을 억제하기 위한 금지관세 등으로 구분하기도 한다. 이밖에도 농업관세, 공업관세, 일시관세, 계속관세, 계절관세 등이 있다.

(3) 관세율 결정방식에 따른 분류

① 종가세(Ad valorem duties)

종가세는 수입상품의 가격을 과세표준으로 하여 세율을 결정하는 것으로, 수입상품에 관한 가격의 결정에 있어서 미국을 포함한 소수국가에서는 FOB(본선인도조건) 수출항 가격인 경우 종가세를 중심으로 부과한다. 그리고 우리나라를 포함한 다수의 국가에서는 CIF(운임, 보험료포함 인도조건) 수입항 가격을 과세의 표준으로 삼는다.

종가세의 단점은 수입상품에 대한 가격을 중심으로 관세율을 결정하는 방식이기 때문에 수입상품의 가격변동이나 가격책정에 대한 애로가 있으며, 이로 인하여 과세부과의 기준을 책정하기 곤란한 점이 있어 공평성이 결여된다는 단점이 있다.

② 종량세(Specific duites)

종량세는 수입상품의 수량을 과세표준으로 하여 부과하는 관세이다. 종량세는 어떤 절차와 요건이 따로 필요 없는 장점이 있으며, 가격의 변동에 따른 관세결정과, 중량 산정이나 계량의 표준화 마련에 관한 애로점이 있어 공평성이 떨어지는 단점이 있다.

③ 혼합관세(Combined duties) 와 복합관세(Compound duties)

혼합관세는 동일한 수입상품에 대한 관세를 책정함에 있어 종가세 또는 종량세의 두 가지를 병행하여 부과하는 방법이다. 따라서 종가세와 종량세를 겸하여 부과한다는 의미에서 복합 관세이며 또한 혼합관세의 성격을 띤다.

혼합관세의 부과 목적은 저가의 외국상품으로부터 국내 상품을 보호하기 위한 것이었으나 우리나라는 1973년도에 이를 폐지하였다.

④ 선택관세(Alternative duties)

선택 관세는 사전에 지정된 수입상품에 관하여 종가세와 종량세를 책정해 놓고, 수입상품의 상태와 가격변동, 재정상태 등을 감안하여 종가세 혹은 종량세를 선택하여 관세를 적용하는 방법이다. 주로 사용하는 방법은 가격의 하락에 관하여는 종량세를 그리고 가격의 상승에 관하여는 종가세를 선택하여 효과적으로 활용하기 위함이다.

(4) 관세성격에 따른 분류

① 국정관세(National duties)

한 국가의 국내법에 정한 일정율의 관세를 부과하는 것으로 관세 자체가 조세의 성격이므로 징수방법이나 세율은 사전에 법에 의하여 정하여진다. 우리나라는 법에 의하여 기본세율, 잠정세율, 탄력세율 등으로 정하여져 있다.

② 협정관세(Conventional duties)

한 나라가 다른 나라와의 조약이나 협정에 의하여 특정상품의 세율을 사전에 정하여 두는 관세이며, 조약이나 협정에 유효기간, 세율 등을 정하여 두고 이를 적용하여 관세를 부과하는 것이다. 하지만 필요에 따라 세율이나 기타 관련의 조약 내용을 개정할 수 있다.

(5) 관세방법상의 차등에 따른 분류

① 상계관세(Compensation duties)

상계관세란 수출국에서 수출을 위하여 제조 및 생산과 관련하여 직접 또는 간접적으로 보조금(subsidy), 장려금(bounty)을 받은 산품이 수입될 경우 국내산업에 실질적으로 피해를 받거나 받을 우려가 있을 경우 이를 보호하기 위한 수단으로 수입국에서 조치하는 일종의 할증관세의 성격이다.

② 보복관세(Retaliatory duties)

보복관세란 외국에서 자국 상품에 대하여 부당하게 수입관세, 차별대우 등을 취하는 경우 이에 대응하기 위한 수단으로 관련국이나 기타 외국으로부터 수입되는 상품에 대하여 보복적으로 부과하는 관세이다. 보복관세의 종류는 국가할증관세, 해운장려관세, 간접수입할증관세이며, 국가할증관세는 자국의 국기가 아닌 외국의 국기를 단 선박에 의한 수입물품에 대해서 높은 관세를 부과하는 것이다.

해운장려관세는 해운을 장려할 목적으로 낮은 관세를 부과한다. 그리고 간접수입할증관세는 국내의 물가 안정을 위하여 원산국 이외의 국가에서 수입되는 산품에 대하여 높은 관세를 부과하는 관세이다.

③ 덤핑방지관세(Ante-dumping duties)

덤핑방지관세는 자국 상품의 수출증대를 목적으로 수출가격을 낮추거나 수입국에서 수입증가를 방지하여 자국의 산업 보호차원에서 기본관세 이외에 덤핑 마진금액 이하의 관세를 부과하는 경우이다.

이때 덤핑 판정의 기준은 수입가격이 수입국의 시장가격 또는 원가이하의 경우, 수입가격이 수출국의 시장가격 또는 원가이하의 가격 등으로 나타날 때 취하는 관세이며 현재 WTO에서 수출국의 시장가격을 기준으로 덤핑판정을 하고 있다.

④ 특혜관세(Preferential duties)와 호혜관세

특혜관세는 특정국가나 특정지역으로부터 상품을 수입할 경우 통상관계 개선을 위해 관세할인을 적용하는 경우이며 이를 특혜관세라고 한다. 특혜관세는 식민지 특혜관세, 글로벌특혜관세, 호혜관세, 일반특혜관세 등이 있다.

특혜관세는 본국의 식민지 국가에 대하여 할인세율을 적용하는 것이며, 글로벌특혜관세는 정치, 경제적인 특별한 관계의 국가에 관한 혜택을 말한다. 호혜관세는 관세동맹국간 상호관세 상의 특혜를 주는 것이다.

⑤ 편익관세(Beneficial duties)

편익관세는 협정세율의 적용을 받지 못하는 특정국가의 특정상품에 대하여 협정세율의 범위 내에서 자국에 유리한 쪽으로 세율을 적용하여 관세의 편익을 주는 제도이다.

⑥ 할당관세(Tariff quota)

할당관세는 특정상품에 대하여 국가가 정한 일정수량에 한하여 수입할 경우 저율의 세율을 부과하고, 수량을 초과한 경우에는 고율의 관세를 부과하는 이중관세제도이다.

⑦ 긴급관세(Emergency duties)

긴급관세는 특정산품의 급격한 수입증가에 따라 자국의 산업에 중대한 피해를 가져올 경우를 대비하기 위하여 사전에 준비하기 위한 것으로 특정수입품의 관세율을 높여 부과한다.

⑧ 조정관세(Adjustment duties)

조정관세는 저렴한 가격의 무분별한 수입으로 인하여 자국 산업의 피해가 우려될 경우 이를 보호하기 위한 수단으로 일정기간 동안 관세율을 상향조정하는 제도이다. 그러나 조정관세를 통하여 물가상승, 수입억제로 인하여 외국과의 통상마찰을 일으킬 수도 있다.

⑨ 물가평형관세(Price stabilization duties)

특정상품의 수입가격이 국내가격보다 월등히 낮은 경우 이를 조정할 목적으로 부과하는 관세이다. 물가평형관세는 국내물가의 안정과 특정상품의 공급, 특정수입상품의 가격등귀를 억제하기 위하여 일정한 기준가격을 정해 놓고 기준가격에 평형시킴으로써 국내 산업을 보호, 육성하고 소비자를 보호하려는 목적의 관세이다. 이러한 관세의 종류에는 차액관세, 활척관세, 계절관세 등이다.

(6) 관세의 세율에 따른 분류

① 단일세(Single duties)

단일세는 동일한 상품에 대하여 어떤 국가이든지 차별을 두지 않고 법률에 정한 일정의 세율을 적용하는 관세이며, 국가의 차별을 두지 않고 일정의 세율을 적용한다는 점에서 고정관세, 자치세이다.

② 다수세(Multiline duties)

다수세는 단일세와는 반대의 개념으로 동일한 상품에 대하여 두 가지 이상의 관세율을 적용하는 것으로서, 상대국가가 자국 상품에 대하여 유리하거나 또는 불리하게 처리할 때를 대비하여 설정해 놓은 관세제도이다.

(7) 기타관세

① 차별관세

차별관세는 특정한 경우 특정국가로부터 수입되는 산품의 품목에 대해 다른 산품보다 낮은 세율을 적용하거나 더 높은 세율을 적용하는 것을 말한다. 차별관세는 주로 동서무역이나 남북무역 등에서 차별을 둔 관세의 성격으로 중상주의로부터 제2차 세계대전 이전에 이르기까지 주로 활용하였으나 현재 최혜국대우의 약관이나 WTO협정에 의거 적용빈도가 줄어들고 있다.

2. 관세의 경제적 효과

관세의 경제적인 효과와 국민경제적인 효과를 발생하게 됨으로 관세의 부과는 곧 생산, 소비, 후생, 교역조건, 수입, 국민소득, 고용증대, 글로벌수지개선 등의 효과를 얻을 수 있다. 관세의 경제적인 효과에 있어서는 킨들버거(C. P. Kindleberger)에 견해에서 보면, 보호효과, 소비효과, 재정수입효과, 재분배효과, 교역조건효과, 경쟁효과, 소득효과, 글로벌수지효과 등으로 설명하였다. 관세는 국민경제에 여러 가지 파급효과를 낳는다. 즉, 부분균형분석(수요와·공급곡선)에 의한 도출은 그림과 같이 표시할 수 있다.

[그림 4-4]에서 소국(관세 부과국가)은 무역상대국의 수입수요조건과 수출공급 조건이 일정하다. 관세 부과국은 글로벌시장의 가격을 변동시키지 못하는 가격순응자(Price-taker)이다. 그러나 관세의 부과는 그 부과액만큼 국내가격을 인상시킨다.

[그림 4-4]에서 P를 글로벌가격, P′를 관세부과 후의 국내가격이라 하면 관세는 P′−P폭이 된다. 그리고 국내 수요곡선(D)와 국내공급곡선(S)이라고 할 때 관세에 의하여 그 상품의 국내가격이 오르면 국내의 소비는 Q_3에서 Q_2로 감소된다. 이를 관세의 소비효과라고 말한다.

관세의 보호효과는 국내가격이 오르면 생산에 임하지 않았던 생산업자도 생산에 참여함으로 인하여 완전경쟁시장 하에서는 가격과 한계비용이 같게 되는 점까지(Q_0 ~ Q_1) 국내생산은 증가추세를 보이기 시작한다. 따라서 이러한 국내산업의 보호효과를 위한 관세가 보호관세이다. 단위당 관세가 P′－P, 수입량이 Q_2-Q_1이므로 관세수입은 [그림 4-4]에서와 같이 "c"와 같은 넓이가 된다. 이때 "c"를 관세의 수입효과라고 한다.

수입관세 또는 재정관세는 이러한 수입을 목적으로 부과하는 관세이며, 관세에 의한 국내가격의 인상은 그 제품을 사용하는 소비자 즉, 소비자 잉여를 감소시키는 한편 생산자 잉여(이윤)를 증가시키는 결과를 낳게 된다. 이때 소비자 잉여 감소분의 일부는 생산자 잉여로 이전되었으며 이를 재분배효과라고 한다 [그림 4-4]에서의 "a" 부분이다.

소비자 잉여의 감소분 중 [그림 4-4]의 "c"부분은 관세인데, 나머지의 "b"와 "d" 부분은 관세에 의하여 한계비용이 높은 생산의 증가에 따른 생산효율의 손실과 한계효용이 낮은 다른 재화로의 소비전환에 따른 경제적 후생의 손실을 나타낸다. 이때 "b"와 "d"의 부분을 관세의 대가라고 한다. 관세의 글로벌수지효과는 관세의 부과에 의한 수입의 감소가 글로벌수지를 개선시키는 효과이다. 수입량의 감소가 Q_3-Q_2, Q_1-Q_0이고, 글로벌가격이 P이므로 글로벌수지효과는 [그림 4-4]에서 "f+g"의 넓이가 된다.

관세를 통한 글로벌수지효과로 직접적인 효과 외에 국민소득에의 파급효과를 통한 간접적인 효과도 고려할 필요가 있다. 또한 수입의 감소는 국민소득을 증가시키고 국내의 고용을 개선시키는 데 효과가 있다. 이와 같은 효과가 관세의 고용효과이다. 고용효과의 크기는 수입 감소의 승수효과로 나타낸다.

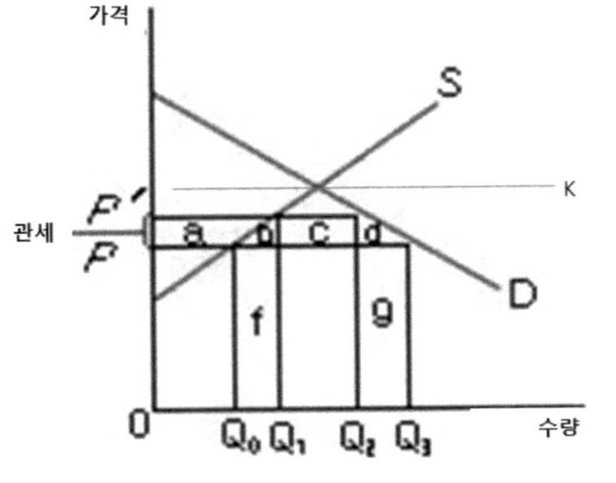

[범례]
D : 국내의 수요곡선
S : 국내의 공급곡선
P' : 국내가격
P : 관세부과후의 국내가격
P'과 P : 관세

[그림 4-4] 관세의 효과(부분균형)

한 나라가 소국이 아닌 경우, 관세에 의하여 그 나라의 수입량이 감소되면 그 상품의 글로벌가격이 인하되어 그 나라의 교역조건이 개선될 수 있다. 이것이 관세의 교역조건효과이다. 교역조건효과의 크기는 그 나라의 수입수요의 가격탄력성과 외국의 수출 공급의 가격탄력성에 달려 있다.

1) 소비억제효과(Consumption effect)

(1) 관세의 소비억제(가격효과) 및 가격상승효과

관세의 가격효과는 자국(large country)의 입장에서 관세를 부과하면 수입재의 가격을 상승시키며 수요를 감소시키며(관세부과 → 수입재의 가격상승 → 수입수요 감소), 반대로 외국의 경우에서는 수입국의 수입수요 감소 → 수출재 초과공급 → 수출재 가격하락 → 수출공급 감소의 효과를 얻게 된다.

수입국이 대국인 경우 가격설정자(price maker or price setter)로서 관세부과가 수입재 가격을 하락시킴으로써 수입국의 교역조건 개선→자국의 독점력(monopsony, 수요자 독점) 영향을 얻게 된다.

[그림 4-5]에서 관세를 부과하기 전에는 균형가격, 균형무역량로 나타나지만 관세부화에는 수입국(자국)의 경우 국내가격, 수입가격, 관세 등으로 나타나고, 수출국(외국)의 경우는 수출가격으로 무역의 균형량은 로 표시하게 된다. 또한 관세부과 후 수입국의 국내가격은 교역조건 개선, 외국은 수출가격이 하락하여 교역조건 악화된다.

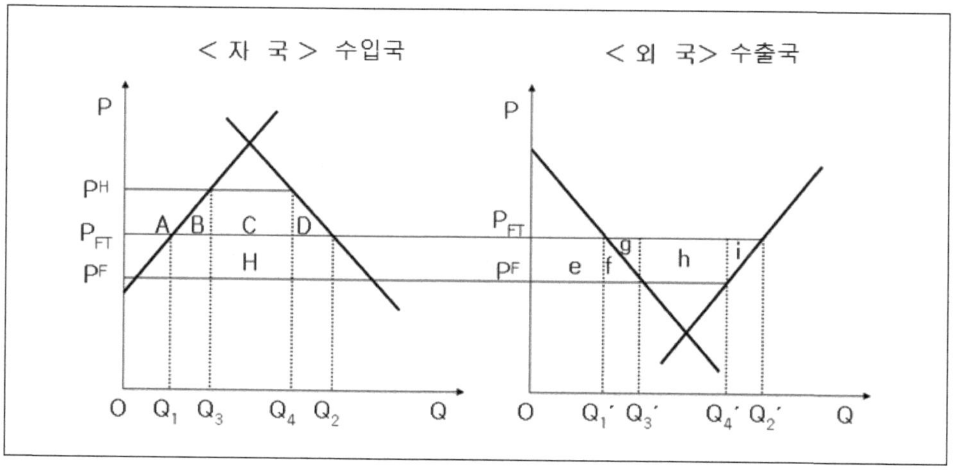

[그림 4-5] 관세의 경제적 효과(소비억제효과=가격효과)

관세 부과국이 소국(small country)이면 수입가격으로 고정되어 있기 때문에 관세를 부과한 만큼 국내가격이 상승할 뿐 교역조건의 개선효과는 나타나지 않는다. 소국은 가격순응자(price taker)로서 해당 재화의 세계시장 가격에 영향을 미치지 못하기 때문이다.

(2) 관세의 경제적 효과(소국과 대국의 경우)

관세의 경제적 효과 가운데 수량 제한의 효과에 있어, 소국과 대국의 효과는 차이가 있다. 즉, 소국과 대국의 구분은 경제적인 부를 축적하여 힘을 가진 선진국과 그렇지 못한 후진국으로 구별할 때, 소국의 입장에서 관세를 부과하게 될 때마다 후생손실이 발생하게 된다.

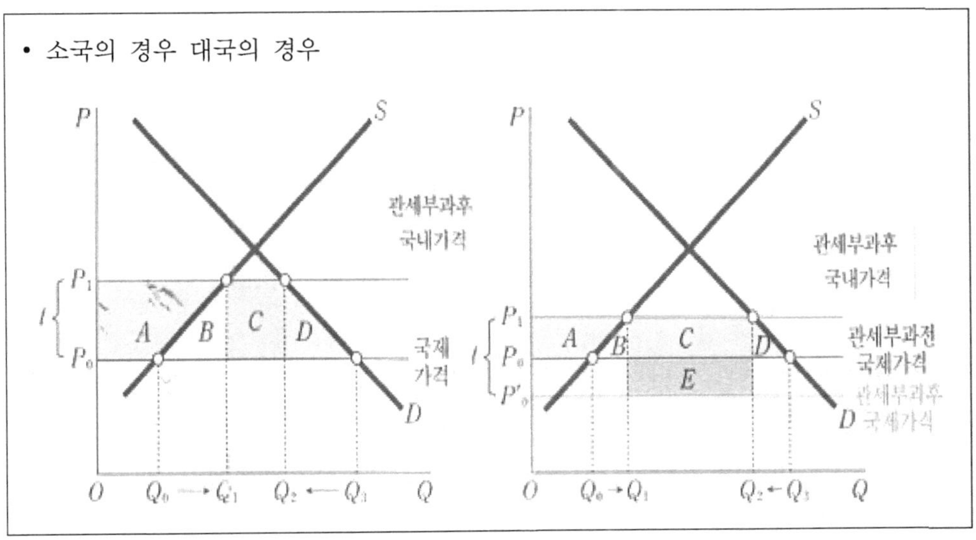

[그림 4-6] 관세의 경제적 효과(소국과 대국의 효과비교)

[그림 4-6]에서 브면, 소국에서 대국으로 수출을 한다고 할 때, 대국의 수요에 대한 가격탄력성이 클수록 대국이 부과하는 관세율은 낮아진다. 왜냐하면 가격탄력성이 큰 경우는 수요의 그래프가 수평을 이루는 상태인 것이다. 또한 가격탄력성이 무한대일 때, 최적의 관세는 "0"이 된다. 대국이 관세를 부과할 경우, 관세가 상품의 교역감소토 글로벌시장에서 가격이 정도가 크기 때문에 관세부과 이전보다 더 낮아지는 현상이 발생할 수도 있다. 이때를 가리켜 메츨러의 역설이라고 한다.

2) 국내산업의 보호효과

관세의 경제적 효과 가운데 국내산업의 보호효과는 수입상품에 [그림 4-7]에서 수입을 규제 및 억제하기 위하여 t(관세율)만큼의 관세를 부과하여 가격을 P_2로 상승시키면 국내생산량은 OQ_1에서 OQ_3로 Q_1Q_3만큼 증가하게 된다. 이때 증가부분 만큼 국내 산업은 보호를 받게 된다. 따라서 관세율이 높을수록 보호효과는 높아진다.

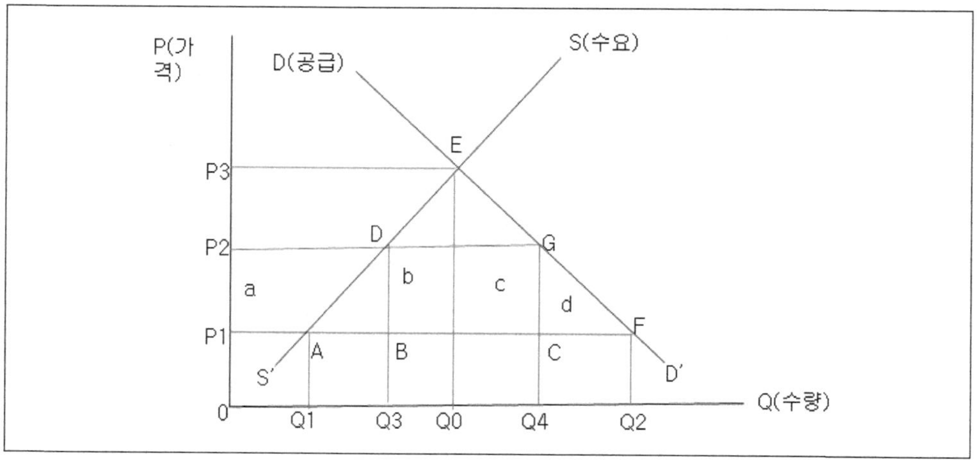

[그림 4-7] 관세의 경제적 효과(국내산업 보호)

일정한 관세의 부과로 나타나는 생산효과의 크기는 국내의 공급곡선의 기울기와 탄력성(가격변화에 따른 수요 및 공급변화의 정도)에 달려있다. 국내공급곡선의 기울기가 완만하면 공급의 가격탄력성이 크고 약간의 관세에도 불구하고 생산효과를 가져오게 된다.

3) 재정수입의 증대효과(Revenue effect)

재정수입의 증대효과란 관세를 부과하여 재정수입을 증가하는 경우를 말하며, 주로 산업보호와 물가통제 등의 수단으로 사용하는 일종의 무역정책이라고 할 수 있다. 재정수입을 얻기 위하여 관세를 부과한다면 고율의 관세인 경우 수입이 억제되어 재정수입은 감소추세로 나타날 것이다.

재정수입의 증대효과에 관한 설명은 [그림 5-7]에서 P_2와 P_1에서 관세를 부과할 경우 나타나는 관세수입의 표시는 Q_3Q_5인 D와 G의범위에서 총재정수입(b+c)을 얻게 된다.

4) 경쟁효과(Competitive effect)

경쟁효과란 관세장벽에 의한 외국과의 경쟁이 차단된다면, 당해 산업은 독점의 기회를 얻을 수 있으나 침체로 인한 발전을 꾀하기 어렵다. 관세의 경쟁효과는 어떤 의미에서는 반 경쟁효과라고 할 수 있다.

EU는 시장 확대를 통한 규모의 경제를 실현하고 있다고 하지만 다른 한편으로는 경쟁의 제고로 가맹국의 국내기존 독점산업을 해체하면서 비능률적인 기업을 능률적인 기업으로서의 흡수, 합병시킴으로써 산업을 재편성하여 외국과의 경쟁에서 이길 수 있었던 것이다. 관세장벽의 제거에 의해서 경쟁이 촉진될 수 있다는 것을 알 수 있다.

5) 소득재분배효과(Redistribution effect)

소득재분배효과란 실질소득이 소비자에게서 생산자에게로 재분배되는 것이다. 즉, 관세부과는 소득의 재분배효과를 가져온다. 관세를 부과함으로써 소비자에게는 잉여의 감소를 가져오지만 생산자에게는 잉여의 증가를 가져올 뿐만 아니라 정부의 재정수입도 증가한다.

관세를 부과할 경우 [그림 4-7]에서 a+b+c+d 만큼의 소비자 잉여는 감소하게 된다. 소비자의 잉여는 감소하지만 생산자(a)와 정부(c)로 전환되며, 이를 소득의 재분배효과라고 한다.

하지만 b와 d의 두 삼각형의 면적은 관세부과로 인하여 경제전체를 볼 때 (-)의 효과가 발생하게 되는데 이를 관세의 비용이라고 한다.

6) 수입대체효과

수입대체효과는 국내에서의 생산도 가능하지만 수입가격이 낮은 경우 외국으로부터 수입을 하게 될 때에 부과하는 관세이다. 이때 국내 상품보다 가격이 높아 수입은 억제되고, 억제된 수입량만큼 국내에서 추가 생산하여 생산의 증대와 고용확대 및 생산으로 인한 소득의 증가를 가져오게 된다. 이를 수입대체효과 또는 소득효과라고 한다.

관세가 부과되지 않을 경우 총수요량은 OQ_2, 국내공급량 OQ_1, 국내수입량 Q_2Q_1이 된다. 그러나 t율의 관세를 부과할 경우 총수요량은 OQ_2에서 OQ_4로 감소하게 되며, 국내공급량은 OQ_1에서 OQ_3로 증가하여 수입량 Q_4Q_3로 축소된다. 그러므로 수입대체효과는 Q_3Q_1만큼 발생한다.

7) 글로벌수지와 교역조건 개선효과

관세를 부과함으로써 글로벌수지개선효과를 높인다는 것은 수입상품에 대한 관세부과로 인하여 수입을 감소시키는 반면 국내의 생산량 증가를 통한 글로벌수지 개선의 효과를 얻고 자 하는 것이다.

3. 비관세장벽

1) 비관세장벽의 개념과 성격

비관세장벽(NTB: Non-Tariff Barrier) 또는 비관세조치는 수입상품에 대하여 비용을 증가시키거나 수량을 제한하는 등 외국수출업자, 국내수입자 관세조치 이와 관련의 모든 무역장벽을 말하며, 인위적인 규제조치로서 수출업자에게 보조금, 금융특혜 등을 통하여 수출을 촉진하고 수입을 억제하고자 하는 관세이외의 무역장벽이다.

비관세장벽은 후생수준, 실질수준을 저하시켜 글로벌무역의 악영향을 초래한다. 비관세장벽은 제1,2차 세계대전 중 전시경제의 수행을 위해 수량제한정책 등을 통하여 시작되었으며, GATT체제이후 더욱 성행하여 제6차 관세입하협상인 케네디라운드의 정식안건으로 등장하였다. 1973년 비관세장벽에 관한 개선책 연구를 시작으로 GATT에서 무역교섭위원회를 통한 교섭이 진행되어 왔으며, 1979년 GATT의 정식기구에 편입되었다. 비관세장벽은 선진국들의 산업보호, 체제 불균형, 세계시장의 경쟁조건의 이해관계 등이다.

2) 비관세장벽의 특성

비관세장벽은 신보호무역의 수단으로 채택되고 있는 비관세장벽의 특징은 다음과 같다.

첫째, 비관세장벽을 규제하고 자하는 대상국가, 대상품목, 수량, 가격 등 각종 수입요소에 대해 차별적 또는 선별적으로 그 효과를 발휘할 수가 있다. 구체적인 이유는 그 유형에 따라 영향이 미치는 품목의 범위가 각각 상이하며, 일부 비관세장벽의 종류는 시간에 따라 유동적이며 판단에 따른 제한을 받기 때문에 효과적, 종합적으로 품목별로 계량화하기가 곤란하다.

둘째, 비관세장벽은 내용이 매우 이질적이어서 그 적용 및 운용 시 각 국가의 상이하고 체계적으로 복잡하기 때문에 측정이 곤란하다. 비관세장벽은 운영의 신

축성으로 인하여 품목, 가격, 수량 등에 관하여 통관관련국의 자의와 재량권이 크기 때문에 각국 정부에서 선호하는 무역정책수단의 하나이다.

셋째, 비관세장벽은 불확실성 및 위험성을 가지고 있다. 수출국과 수입국에 관한 정보수집과 수시 변경의 제도적 변칙운영 등으로 인하여 불확실하며 위험하다. 때문에 수출을 위한 자국에서의 제한성을 정확하게 판단하기 곤란한 점이 있으며, 수입정책의 수시변경으로 인하여 수출업자를 당황하게 할 수도 있기 때문이다.

넷째, 개발도상국에서의 차별적인 성격으로 인한 협상의 어려운 점들이 있다는 것이다. 비관세장벽은 모든 나라에 동일하게 적용하는 것이 아니라 차별적, 선별적인 수입요소를 갖고 있기 때문에 효과를 발휘하는 것이며 이를 위해 개도국에 미치는 영향은 선진국에 비해 매우 불리한 조건이다. 비관세장벽에 따른 철폐, 완화 등의 협상에 있어서도 복잡하고 불확실성의 요인을 내포하고 있기 때문에 협상이 이루어진다 해도 그 자체가 비관세장벽의 철폐를 보장해 줄 수 없다는 것이다.

3) 비관세장벽의 유형

(1) 수입제한을 위한 비관세조치

가격에 영향을 미치는 비관세조치로는 수입과징금제, 수입예치금제, 수출자율규제, 차별적 정부구매 등이다.

① 수입과징금제

수입과징금(Import surtax)제도는 수입의 억제, 국내산업의 보호, 글로벌수지의 개선 등의 목적을 위하여 수입품에 부과되는 조세의 일종이다. 수입과징금은 외국상품의 수입규제를 통한 다양한 목적으로 부과되지만 무역정책의 목적을 달성하기 위하여 부과하기도 한다. 특히 GATT체제 하에서 보호무역의 정책적 수단으로 수입할당제도보다 한층 더 빈번하게 실시되었다.

수입과징금을 통한 직접적인 목적은 수입과징금에 의하여 수입품의 가격을 상승시켜 수입량을 감소시키는 효과를 얻게 된다. 즉, 수입수요의 가격탄력성, 수입과징금의 세율, 당해 산업의 경쟁상태, 국내수요압력 및 공급탄력성, 수입과징금 조치의 실시시간, 외국수출업자의 반응, 심리적 요인, 수입과징금 적용 대상품목의 비율 등이다. 수입과징금이 부과되면 불요불급품목이나 사치성 소비재의 수입은 억제될 것이나 농산물 및 공업원자재 수입은 억제되기 어렵다.

② 수입예치금제

수입예치금제(Advance deposit requirement)는 수입의 수요를 억제하고 글로벌 수지의 개선을 위한 목적이며, 수입업자가 외국상품을 수입하는 경우에 수입대금의 전부, 또는 일부를 사전에 관계금융기관에 예치하도록 하는 제도이다. 이러한 제도를 수입담보금제, 수입적립금제도라고 한다.

수입예치금제를 통하여 수입을 하는 경우 수입업자 또는 수입승인 신청 시 수입대금에 관한 일부, 또는 전부를 관계금융기관에 납부하자면 자금의 압박과 금융적인 부담으로 인하여 자연적으로 수입을 억제하도록 하는 제도이다. 수입예치금을 통하여 예치율, 예치기간, 적용대상품목, 금융시장상태, 정부의 신용정책, 대외신용상태, 수입수요의 탄력성, 국내제품의 공급가능성 등에 따라 각각 다르게 반영된다.

③ 수출자율규제

수출자율규제(VERs: Voluntary export restraints)란 수입국과 수출국 또는 수출국과 수입국이 일정기간 동안 수출량의 상한선에 대하여 합의를 하고 이를 수출국이 자율적으로 이행함으로써 수출량을 제한하고 자하는 것이다. 그러나 수출자율규제는 일반적으로 수입국측의 정부나 업계의 강력한 요구에 의해 수출상한선에 관한 협상, 협의가 이루어지므로 수출국이 자율적으로 규제하는 쪽으로 보는 것이다. 따라서 수출자율규제는 수입국의 수입증가로 인한 시장교란을 방지할 목적으로 수출국에서 자체적으로 실시하는 제도이다. 수출자율규제조치가 미국 등 선진공업국의 시장교란방지책의 수단으로 많이 이용하는 것은 수입억제의 목적의 장점이 있기 때문이다. 수입억제효과를 극대화 할 수 있을 뿐만 아니라, 정책채택의 관리나 무역보복조치를 회피할 수 있다.

④ 차별적 정부구매

차별적 정부구매(discriminatory government procurement)는 정부에서 필요한 물자와 공공사업을 추진하는데 필요한 물자의 구매를 국내생산물에 우선적으로 적용시키는 반면에 외국의 생산물에 대하여 구매상 차별조치를 취하는 것을 의미한다. 차별적 정부구매에 의하여 외국생산물 공급자에게 차별조치를 취하는 것은 국내기업에게 보조금을 지급하는 경우와 동일한 효과를 얻게 된다.

차별적 정부구매에 필요한 비용은 국가의 재정으로 조달되기 때문에 재정충당을 위하여 조세부담을 증가시켜야 하기 때문에 필요한 생산가격이 증가하여 자동적으로 소비자가격이 상승하여 국내 소비자의 효용수준은 그만큼 떨어질 것이다.

(2) 수량제한을 통한 비관세조치

① 수입할당제도(Import quota system)

수입할당제도는 수입되는 외국상품에 대하여 일정기간 동안 수입의 수량, 가격을 기준으로 하여 수입을 할당하여 일정한 부분에 한해 수입을 허용하는 수입제한조치이다. 수입할당제는 국내유치산업의 육성, 기존산업의 보호, 글로벌수지의 개선을 위해 사용하는 보호무역의 전형적인 형태로 주로 선진국에서 자국의 사양산업인 농업을 보호하기 위하여 활용하며, 개도국에서는 제조업의 수입대체를 촉진하고 글로벌수지의 개선을 위해 주로 활용한다.

수입할당제는 협정할당과 자주할당으로 구분하는데, 협정할당(bilateral quota)은 수출국과의 협정에 따라 수출국의 정부, 산업단체에 수출량의 업자간 배분을 위임하는 제도이며, 자주할당(unilateral quota)은 수입국이 수입량을 일방적으로 결정하는 제도를 말한다.

② 수입금지제도

수입금지제도는 경제 또는 비경제적인 이유들로 인하여 특정상품에 대한 수입을 금지시키는 수입억제조치이다. 수입금지 조치는 관세나 수입할당제로 감당할 수 없는 수입억제효과를 얻고자 할 때 실시하며, 주로 국방관련, 보건위생, 소유권보호 등의 비경제적인 이유들로 사용하는 조치이다. 경제적인 이유로는 글로벌수지가 악화되었을 경우 이를 대비하여 사치품, 불요불금품목에 대하여 잠정적으로 수입금지 조치를 취하기도 한다.

(3) 수출장려를 위한 비관세조치

① 수출보조금제

수출보조금제(export subsidy system)는 국가나 공공단체에서 국내생산물 수출을 증가시키기 위하여 국내 수출산업이나 수출업자에게 재정적 지원혜택을 부여하는 것을 말한다. 수출보조금의 경우 각국에서 여러 가지 형태로 지급되고 있으며, 이는 수출량을 증대시키기 위한 조치이다. 수출산업이 국가 또는 공공단체로부터 보조금을 받을 경우 생산되는 상품의 생산비 인하로 인한 경쟁의 우위로 인하여 수출증대의 효과를 얻을 수 있게 된다.

수출보조금제도는 수출품목마다 일률적으로 발생되는 것이 아니라 품목에 따라 다르게 발생한다. 하지만 수출보조금을 받을지라도 가격의 탄력성이 낮은 품목이나 수출경쟁이 심하지 않은 일부 품목에 관해서는 수출보조금의 효과는 크게 기대할 수 없게 된다.

② 무역금융제도

무역금융제도는 수출입의 거래와 관련하여 생산, 구매, 대금결재에 필요한 자금을 융자해 주는 것을 말한다. 특히 무역금융은 수출을 촉진하기 위하여 수출업자와 수출관련의 생산업자 및 수출상품의 선적에 이르기까지 각 단계마다 수출에 필요한 자금을 융통해 주고 그 대금은 수출 후에 수출한 대금으로 변제하도록 하는 정책적인 금융이며 수출을 활성화하거나 수출증대의 목적으로 사용하는 무역금융이다.

수출금융은 자금규모와 금리면에서 일반대출금리보다 저리로 융자의 혜택을 얻을 수 있지만 반면에 해당서류와 관련의 절차가 까다롭다. 그러나 일정의 자격요건을 갖춘다면 무제한 자금을 공급받을 수 있으며 이는 수출과 관련하여 대외경쟁력을 높이고 수출증대를 꾀하기 위함이다. 그러므로 무역금융은 각 단계 및 소요별 자금을 융통받을 수 있으며, 내국신용장제도를 운용하여 직접 수출자, 국내의 수출용 공급자에게 무역의 금융혜택을 받도록 하고 있다.

③ 보세제도(Bonded systerm)

보세제도는 가공무역, 중계무역의 효율성을 높이기 위하여 일정한 지역을 제한하여 수입세의 부과를 한시적으로 보류하는 것을 말하며, 수입되는 상품이 보세지역에 보관되어 있을 때 해당상품에 수입세가 포함되어 있음을 말한다. 보세지역은 보세창고, 보세공장, 지정보세지역, 보세장치장 등이다.

보세제도의 장점은 관세보류의 상태로 단순한 통과무역의 절차와 원료관련 상품의 수입을 원활히 할 수 있어 가공에 유리하다. 또한 수출입화물의 통관절차를 순조롭게 처리할 수 있고, 통과기능과 징수기능 등이 확보되어 가공, 중계무역에 유리하다.

④ 수출보험제도(Export insurance system)

수출보험제도는 글로벌무역거래에 있어 무역거래의 위험인 해상위험, 비상위험, 신용위험, 기업위험 등으로부터 수출자와 수출품생산자 또는 수출관련의 금융기관 등이 수출로 인하여 손실을 보상해줌으로써 수출 진흥을 위한 비영리적 정책보험이다. 수출보험제도의 기능은 수출거래상의 불안제거기능, 신용수단의 제고기능, 무역관리제도의 기능, 수출진흥정책상의 기능, 신용조사기능이 있다.

수출보험은 수출대금의 미회수위험을 담보함으로써 사고발생시 손실을 보상받게 됨으로 신용수단의 증대의 기능이 있다. 신용조사를 통한 각종 위험으로부터 사전에 방지할 수 있어 수출업자와 관련의 모든 자들을 보호하는 기능을 갖는다. 그리고 수출진흥정책상의 기능으로 국가에서 비영리로 실기함으로써 저렴한 보험료 부담과 유리한 조건에서의 손실을 보상받을 수 있으며, 무역관리제도로서의 기능은 수출보험 자체가 담보위험의 범위, 보상율, 보험료 등의 무역 관련의 위험으로부터 사전에 방지할 수 있는 일종의 무역통제방식이 되는 것이다.

(4) 수출입균형정책

① 바터무역(Barte- Trade)

바터무역이란 금전거래가 없는 물물교환 방식의 무역이다. 즉, 수출업자와 수입업자와의 무역거래에 있어서 대금결재를 화폐로 하지 않고 수출과 수입에 관련된 액수만큼을 상호 수입 또는 수출함으로써, 무역의 균형을 유지하려는 일종의 물물교환방식의 무역이다. 원재료를 수입하여 생산가공한 상품을 원재료 구입대금으로 변제하는 조건방식의 무역이다.

바터무역은 바이벅과 구상무역의 방식이 있다. 바이백은 플랜트를 수출하고 그 제품을 수입하는 것과 같이 수출입상품과 관련이 있는 물물교환의 무역이며, 구상무역은 협정을 통하여 일정기간 동안 수출입을 균등하게 하는 조건적 무역으로 수출입시 대금결재가 없고 무역차액이 제로라는 점에서 무역의 균형을 이루는 것이다.

② 수출입 연계제도(Export-import link system)

수출입연계제도란 정부가 수출입에 개입하여 일정조건의 교환을 목적으로 허용하는 제도이며, 연결방식에 따라 수출의무제, 수입권리제로 구분된다. 수출의무제란 수출을 목적으로 원료를 수입하여 일정기간 내에 원료를 가공, 생산하여 상품을 수출할 것으로 조건으로 하는 정부허가의 방식이며, 수입 권리제는 상품수출실적에 따라 차등을 두어 해당 물품의 수입에 관한 범위, 내용 등의 권리를 부여해 주는 방식을 말한다.

③ 협정무역(Agreement Trade)

협정무역이란 쌍무협정에 의하여 무역당사국 상호간에 수출입의 균형과 무역장애를 완화하기 위한 목적으로 체결하는 무역이다. 쌍무무역을 통하여 상호간에 수출입의 양적 비율을 유지할 수 있을 뿐만 아니라 무역상품의 종류와 수량을 결정하여 무역거래를 함으로써 교환비율이나 무역금융 결제에 관한 협정으로 인한 무역의 균형을 유지할 수 있다.

협정무역은 무역거래의 상태가 불분명하거나 무역거래에 애로사항이 많은 복잡한 지역이나 무역에 따른 여러 장애요인들이 많은 경우 사전에 협정을 통하여 시행하는 무역제도이다.

제4절 한국의 무역정책

GATT체제 하에서의 무역을 주도해왔던 세계무역기구는 WTO의 출범이후 서비스 및 지적재산권의 새로운 분야를 포괄적으로 담당하게 되었다. WTO체제는 단순한 GATT와는 달리 의사결정, 분쟁해결의 절차 등에 있어서 법적인 구속력이 강한 글로벌무역기구이며 글로벌무역의 활성화를 위해 노력하고 있다.

우리나라의 무역정책은 대외무역법(1987년 제정), 관세법(1949년 제정), 외국환관리법(1963년), 무역거래기반 조성에 관한 법률(2000년 제정)에 근거하여 무역정책을 시행하고 있다. 따라서 이러한 관련의 무역정책은 한 나라의 정부가 자국의 특정 경제적 목적을 추구하기 위하여 수출입과 관련된 대외적 경제활동에 개입하는 행위라고 명시하고 있다.

초창기에 자유무역의 시장원리만으로 글로벌경쟁력을 확보할 수 없었을 뿐만 아니라 정부 주관하의 무역정책은 경쟁력 확보에 많은 어려움이 있었으나 주어진 무역환경의 변화에 잘 대응할 수 있었기에, 자국 산업의 보호와 육성을 통한 수출산업의 경쟁력을 점차 갖춰 나갈 수 있게 된 것이다.

1. 한국의 대외무역법

1) 1950년~1960년대

1950년대에는 품목별 수출입면허제와 수입할당제가 실시되었다. 따라서 정부의 허가, 면허를 가진 자만이 수입관련업을 할 수 있었으며 수입제한의 품목은 수입을 할 수 없었다. 1960년대에는 각 연도의 분기별 무역계획에 의거하여 양적규제, 임시특별관세, 수입링크제도, 그리고 AID자금수입에 대한 임시초과이득세의 부과 등으로 구성되었다.

1960년대 초기에는 양적규제를 실시하여 적극적인 허용품목 등재방식(Positive

list)제도의 시행으로 수입가능 품목과 수입금지 품목으로 구분하여 실시하였다. 1960년대 중반에는 규제를 완화하여 수출입링크제가 폐지, 수입쿼터 품목과 실수요자 품목도 점차 축소되었다. 1960년대 후반부터 1970년대 중반까지는 수입자유화 조치가 이루어졌다.

수입자유화 정책으로는 1960년대에 있어서는 비관세수단으로 수입규제를 하였으나 1967년 7월에 수입자유화정책의 일환으로 기존의 허용품목 등재방식을 불허품목 등재방식으로 변경하여 실시하였으나 수입의 급격한 증가로 인하여 수출입개별공고에서 제한품목을 쿼터 및 비 쿼터품목으로 분류하여 수입규제를 하였다.

2) 1970년~1980년대

1970년대 중반 이후 선진국의 경제회복, 중동건설시장 진출증대 등으로 인하여 경상수지가 개선됨에 따라 수입규제를 완화하여 나갔으나, 기계류는 수입대체를 위하여 1976년 주요산업시설에 대한 국산화 규정을 제정하여 규제를 강화해 나갔다. 1980년대는 글로벌화 추세로 인하여 수출입은 더욱 활성화 되었다.

우리나라 경제의 글로벌화 과정은 1960년대 초부터 시작되었다고 하지만 1970년대 말까지는 수출확대를 통한 경제성장에 주력하였다. 1970년대 말부터 정부주도형 경제정책의 한계 등으로 인하여 인플레이션, 산업체질 약화 등에 대한 문제의식이 팽배하게 되자 대외개방정책이 적극 추진되었다. 이에 따라 1978년 수입자유화, 1984년부터는 수입자유화 계획 예시제를 시행하였다. 이를 통하여 대외통상마찰을 줄이고 대내적으로는 관련기업으로 하여금 개방대책을 사전에 마련토록 하였다.

3) 1980년대 이후 2000년대

우리나라의 수입자유화는 1986년부터 글로벌수지가 흑자를 통하여 더욱 활성화되게 되었으며, 대외무역 법령도 무역거래법과 수출산업설비촉진법, 수출조합법을 통합하여 대외무역법으로 제정하였다.

1980년대 무역정책의 특징은 수입정책의 중요성에 대한 인식의 변화로 말미암아 무역자유화를 통한 시장경제원칙을 중시하는 정책으로 나타났다.

1990년대 이후의 수입정책은 1980년대의 기본적 틀을 유지하여 나갔다. 특히 1995년 WTO의 출범, 1996년 OECD가입, 1997년 말 IMF관리체제 돌입 등으로 무역정책을 강화해 나갔다.

2. 한국의 관세정책

1) 시대별 관세정책

(1) 1945년~1960년(도입기)

우리나라의 관세정책과 관련의 법은 1949년 관세정률법과 보세창고법 등 9개 법령을 통합해 관세법을 제정하였다. 1950년의 물가안정, 밀수차단, 재정수입 등이 주요 정책의 목표였으나, 1957년 전후 경공업 중심의 수입대체산업의 성격을 띠게 되었다.

특히 기간산업 설비와 음식료품에 대한 관세를 인하하는 반면, 사치품 등의 품목에 관하여 관세를 인상하여 평균세율이 약 31%로 상향 조정되었다. 세율조정 결과 관세세입이 전체 조세수입에서 차지하는 비중은 점차 증가하여 1960년 20.6%로 증가하였다.

(2) 1960년~1970년(정착기)

1962년 제1차 경제개발계획을 통하여 재정수입, 밀수근절을 포함한 국내산업 보호를 위한 차원으로 확대되었다. 수입억제와 수출용 원자재 확보를 위해 자본도입 등을 확대해 나갔다. 또한 수출산업을 육성하기 위해 수출용 원자재 사전면세, 보세공장확대, 수출자유지역, 수출통관 간소화, 관세감면 등의 세제혜택을 부여하였다.

1967년 GATT에 가입함과 동시에 제2차 경제개발계획을 발표하였다. 이에 따라 관세정책은 수입자유화와 변동환율제도에 대한 보완책으로 긴급관세, 상계관세, 할당관세, 편익관세 등 탄력관세제도가 도입되었다. 그 당시 최고관세율을 250%까지 부당하게 징수하여 수입을 억제하여 국내 산업을 보호, 육성하였다. 따라서 재정관세가 아닌 국내산업 보호라는 미명아래 관세로 인한 재정기여도는 1967년 19.6%에서 1971년 12.8%로 하락하였다.

(3) 1970년~1980년(성숙기)

1970년대는 제3차 경제개발계획(1972~76년)이 발표된 시기로 철강, 자동차, 조선 등 6개 중화학공업 육성을 위한 특별법이 제정되었다. 특히 1970년 후반에는 100억 달러 수출을 달성하였다. 그리고 반덤핑, 상계관세, 관세평가 등 10개 분야와 관련된 도쿄라운드가 타결되면서 수입규제정책은 완화되었다. 수입감시제 및 예시제가 수입추천제와 수출입링크제로 대체되었고 독과점 품목과 경쟁력 향상 품목의 수입이 허용되었다. 또한 무역규모와 업무량으로 인하여 관세행정을 정책기능과 집행기능으로 이원화하여 정책업무는 재무부, 집행업무는 관세청으로 분리 담당하였다.

(4) 1980년~1990년(안정기)

1980년대는 중화학공업에 대한 과잉투자로 균형 있는 발전을 꾀할 수가 없었으며, 정부는 이에 따른 수입규제 완화, 시장원리 적용 등을 통한 글로벌경쟁력을 강화해 나갔다. 특히 1983년, 1988년 두 차례에 걸친 관세율 인하 예시제를 시행, 1970년대 30.6%에 이르던 평균 관세율은 1980년대 21.4%, 1990년대 7.9%로 대폭 하락하였다.

차등관세율에서 균등관세율체제로 전환하였다. 관세환급제도에서는 1985년 선환급, 후정산제도인 개산환급제도를 시행하였다. 보세구역제도의 신설로 보세물품의 관리를 간소화하였고 간이보세운송과 반입 전 수출입신고를 허용하였다.

(5) 1990년~2000년(변혁기)

1990년대에는 글로벌화, 다변화 추세로 인하여 관세제도의 대변혁을 가져왔다. 무엇보다 1990년 GATT 18조(개도국 조항) 졸업으로 무역정책을 사전적 관리에서 사후적 관리로 전환해야 했고 WTO 출범, OECD 국가 수준으로의 관세율 인하와 함께 특정산업을 지원하는 관세율정책에서 탈피해 균등관세율제도를 정립하였다.

통관절차도 전산화와 함께 1996년 수출입면허제를 수출입신고제로 전환하는 등 선진적인 관세제도의 기반이 구축되었다. 보세제도와 보세장치에 있어서도 반입의무의 폐지와 규제완화를 시행하였으며 1998년 이후 종합보세구역과 관세자유지역이 신설되었다.

2) 관세감면제도와 관세율 정책

우리나라의 관서감면제도는 1950년부터 글로벌협약에 따라 협약감면과 각종 정책적 판단에 의한 기업 감면이 있다. 기업 감면은 기능에 따른 일반감면과 특정성이 큰 산업 감면으로 구분한다. 1970년대에는 중화학공업 대부분에 관세부담을 경감하였으며, 그 감면액은 관세 징수액의 20%를 상회하였다. 1983년 정부는 기능별 감면제도로 전환하고자 9개 중공업에 관한 55~70% 감면과 주요 산업 감면은 감축하되 기술개발 주도산업, 환경보존 그리고 방위산업 설비투자에 대한 지원을 5년간 한시적으로 시행하였고, 선박·항공기와 부분품, 제철제강, 농약과 배합사료에 대해서도 관세를 경감하였다.

1990년 감면제도를 통하여 일반기술보다는 첨단기술에 대한 감면을 확대하였고, 공장 자동화기기에 대한 감면제도를 신설한 바 있다. 이에 따라 1980년~1990년 사이에 관세감면의 중요성은 관세징수액 대비 약 19.5%에서 9.1%로 줄어들었다. 특히 1990년 이후 4년간 상위 10개 대기업이 산업별 감면의 70% 이상을 차지하고 있었다.

정부는 1998년까지 산업감면을 단계적으로 감축하여 폐지하려 하였으나 투자비용 절감을 통한 설비투자를 제고하고 생산성과 품질향상 등 글로벌경쟁력을 강화한다는 명분 아래 지금도 지속되고 있다. 대기업 40%, 중소기업 50% 감면을 허용하고 있으며, 감면액은 2003년 당시 475개 품목에 대하여 1,000억 원을 상회하였다.

우리나라의 관세율 정책은 해방 이후 1950년대에는 전시 재정수요와 전후 복구자금수요를 확보하는 재정관세 운영에 중점을 두었고, 1960년대에는 경공업 중심으로 국내 산업을 보호하고자 높은 관세율 정책을 통한 수출증대를 목표로 추구하였다. 관세율 정책은 단순가공 위주의 경공업제품 수출 촉진(1960년대), 중화학공업화의 촉진(1970년대), 산업의 균형발전(1980년대), 민간주도형 경제체제의 확립(1990년대)등으로 산업정책과 같이 변천, 조정되어 왔다.

3) 탄력관세제도

우리나라의 관세정책 가운데 탄력관세 제도는 상계관세, 보복관세, 계절관세, 편익관세, 할당관세, 긴급관세, 조정관세, 덤핑방지관세, 특별긴급관세가 있다. 이 가운데 상계관세, 보복관세, 계절관세는 부과 실적이 없으며, 최혜국 대우를 부여하는 편익관세에는 러시아, 에티오피아 등 23개국에 대하여 WTO 양허세율과 동일한 세율을 적용해 주고 있다. 특히 할당관세는 물가안정을 위하여 글로벌원자재가격에 따라 주로 관세율을 인하할 목적으로 1980년대부터 활용하기 시작하였다.

1983년 3년 기한의 조정관세는 1990년 일몰규정 폐지되었다. 1990년 GATT 18조를 졸업한 후 산업피해구제 제도를 활용하는 등, 수입제품의 급속한 유입을 막기 위하여 조정관세를 활용하여 왔으나, 이를 통한 잦은 통상 분쟁으로 인하여 덤핑방지관세, 특별긴급관세 등을 활용하게 되었다. 1986년 GATT 반덤핑협약에 가입함으로써 덤핑방지관세의 적용을 받게 되었으며, UR협상으로 농산물 관세화에 따라 특별긴급관세가 1995년부터 76개 품목에 적용되게 되었다.

3. 한국의 비관세정책

비관세장벽(NTB: non-tariff barriers)은 자국의 산업보호와 글로벌수지의 개선을 위하여 수입되는 외국의 상품에 대한 수입규제를 말하며 관세이외의 제반 수단을 말한다. 비관세장벽의 주요수단은 수입물량통제, 수입할당제, 수출입링크제, 수입예치금, 보조금, 긴급수입 제한조치, 수입절차상의 제한 등이 있으며, 최근에는 현지화 비율(local content)규정, 기술장벽, 노동환경, 생명환경 등이 무역장벽의 수단이 되고 있다.

GATT 체제 하에서 관세율이 인하되면서 관세는 실질적 무역제한 수단으로서의 위치가 약화되었다. 1970년대 이후 케네디라운드 협상과 일반특혜관세(GSP)의 실시에 따라 비관세장벽을 강화하는 방향으로 나타났다. 우리나라의 비관세정책은 수출입허가 품목통제, 가격통제, 수입억제, 구상무역제 수입할당제, 수출입링크제도, 수입한도제, 수입담보금 적립제도, 수입품목 네거티브 리스트 시스템, 수입감시제도, 수출용 원자재 사전승인제도 등 다양하게 활용되었다.

1) 수입담보금제도

수입담보금은 수입신용장 개설담보금과 무신용장 담보금으로 구분한다. 수입담보금제도는 기본 관세율 등의 기준에 따라 적립율을 차등 적용하여, 담보금 면제에서부터 최고 한도로 200%까지를 규정하였다. 1971년 생사 등 국산가능 원자재의 수입을 억제하기 위하여 10~20%의 수입담보금을 적립하게 하였으며, 수입담보금 적립이 면제되었던 수출용 및 외화표시 군납용 원자재 수입의 경우 10%의 담보금을 적립하게 하였다. 이러한 담보금 적립율은 1970년대 초반 연차적으로 인상되었다.

1972년에는 수입담보금 적립율을 전반적으로 인상하였다. 1973년 유류파동으로 인한 원자재 가격의 급등으로 인하, 1973년 12월부터 1974년 11월까지 3차례에 걸쳐 수출용 원자재 수입담보금의 적립율을 5%까지 인하, 1974년 12월에는 다시 15%로 인상 조정하였다. 1974년 수입을 억제하고 통화환수를 위한 목적으로 취해졌던 일반 수입품에 대한 90일 간의 담보금 거치조치는 1975년초 단계적으로 폐지되었다. 다만 수입담보금제도는 일부 완화되었다. 1976년까지 일람출급조건으로 수입하는 경우 수입금액의 100%~110%(사치품의 경우 200%)까지 수입담보금을 부과할 수 있도록 하였다.

하지만 1977년 이후부터는 크게 인하하였다. 1979년 1월 1일부터는 관세율 50% 이상 및 일람출급조건 방식의 수입에 대해서는 수입담보금 적립을 면제하고, 수입금액의 5%~50%의 담보금 적립의무의 연지급수입의 경우는 적립률을 5%~20%로 대폭 인하하였다.

2) 수입할당제

수입할당제는 수입상품을 정해진 기준에 따라 수입대상 국가별, 수입업자별로 할당해 수입 수량, 금액을 제한하는 조치로서 수입쿼터제(import quota)라고도 불린다. 수입할당제의 목적은 국내 유치산업의 육성, 기존산업의 보호, 글로벌수지의 균형유지를 위하여 실시한다.

수입할당제는 세계공황 시 프랑스가 1931년 처음 실시한 이후 세계 각국에서 공황대책 또는 프랑스에 대한 대항조치로서 사용하였다. 우리나라는 수출입 허가품목 통제와 가격통제, 수입억제를 위해 1949년 2월부터 1955년 8월까지 수량, 금액을 제한하는 수입할당제를 실시하였다. 우리나라는 해방 이후 소비재는 원조로 충당하고, 산업건설용 물자는 민간무역을 통해 도입하고자 하였기에 무역통제가 절실히 요구되었다. 긴급을 요하는 물자는 수입을 하되 원조되는 물자의 도입과 수급을 조절하기 위하여 수입할당제를 실시하였다.

3) 수출입 네거티브 리스트 제도

1967년 GATT 가입과 무역거래법 제정을 바탕으로 종전의 허용품목등재방식을 불허품목등재방식(negative list system)으로 무역정책의 변화를 가져왔다. 불허품목등재방식이란 허용품목등재방식과는 달리 수출입기별공고 상에 수출입 금지품목과 수출입 제한승인품목을 명시하여 수출입을 제한하여, 수출입기별공고 상에 명시되지 않은 품목에 대해서는 통상당국의 허가 없이 자유롭게 수출입을 할 수 있게 하는 무역승인 편제방식을 말한다.

불허품목등재방식에 의한 수출입기별공고의 실시 목적은 개방경제체제를 지향함으로써 그 동안 관세장벽, 비관세장벽의 국내산업의 체질을 개선, 글로벌경쟁력을 강화를 통한 수출증대를 통한 세계경제의 균형발전을 꾀하려 하였다.

4) 수출입링크제도

수출입링크제도는 수출실적이 있는 수입업자에 대해서만 수입권을 부여하는 제도이다. 즉 특정 상품이나 상사의 수출장려를 목적으로 수출실적에 준하여 수입을 허가하는 제도로 1960년부터 시행되었다. 무역법에 의해 등록되어 있는 무역업자는 은행에 외환을 예치한 후에 수입과 관련하여 외화를 사용할 수 있었다.

수출진흥법이 제정된 이후로는 은행에 외화유치를 한 무역업자라 할지라도 수출실적이 없으면 외화사용을 통한 수입을 할 수 없도록 하였다. 이러한 수출입링크제도는 수출을 장려하고 글로벌수지의 개선을 통한 한정된 외화를 효율적으로 활용함으로써 물자수급의 차질을 방지, 국내산업 보호, 수입조정 정책을 펴 나갔다.

수입억제조치 하에서 수출증진을 위하여 보세가공 수출시 수입한도를 종래의 가득액 중심에서 수출총액으로 인상하여 보세가공 수출을 장려하였다. 이러한 전면 링크제는 1964년 5월까지 실시되었다가 쿼터제의 실시와 더불어 쿼터 배정을 위한 수단으로 이용된 것이다. 그러나 1965년 3월에 변동환율제도의 도입과 IMF 협약에 따라 수출실적 링크제와 수출보너스제도는 폐지되었고, 제한품목에만 쿼터제가 적용됨으로써 수입과 관련된 직접적인 제한조치는 크게 완화되었다.

5) 자본시장 글로벌화 중기계획

자본시장 글로벌화 중기계획은 외국인에 대한 국내 자본시장 개방을 통하여 내국인의 해외증권투자 확대를 아울러 도모하기 위함이다. 개방의 방안은 자본시장을 통한 이익의 극대화와 국민경제의 부담완화 하여 사전에 전제조건을 명시하고 연차별로 개방일정을 사전 예고, 실시하여 내국인의 대외진출을 적극적으로 도모하여 자본시장 글로벌화를 균형 있게 추진하고자 하였다.

자본시장의 개방은 1989년에는 외국인 투자펀드를 확대하고, 경제여건을 고려해 자금용도 등의 발행제한을 완화하며, 해외주식전환사채, 신주인수권부사채, 주식예탁증서 등 다양한 금융상품의 발행을 유도하였다. 특히 1990년에는 국내증권과 해외증권에 동시 투자가 가능하도록 혼합펀드를 설정하여 수익증권을 내·외국인에게 판매함으로써 해외증권 발행을 지속적으로 확대해 나간다는 취지였다.

1990년에는 일반법인의 해외증권 투자를 허용하며, 기관투자가의 외화 보유한도의 철폐, 해외증권 투자 펀드의 다양화, 기존 해외증권 투자 펀드의 추가 설정, 국내외 혼합 증권투자 펀드 설정의 허용 등을 추진, 1991년에는 일반법인의 해외증권투자 제한을 완화하고, 국내증권사의 해외사무소 추가 설치를 허용하며 국내

증권사의 글로벌업무 허용 범위를 확대하였다.

1991년에는 해외증권 전환에 따라 외국인에게 증권투자를 허용, 1992년에는 외국인 직접증권투자를 일반 외국인에게 확대하여 허용하기로 하였다. 1991년~1992년에는 외국증권사의 국내지점 설치를 허용하여 지점 수, 영업범위, 영업기금 등은 증시규모, 국내 증권 산업의 경쟁력 등을 고려하여 결정하기로 하였으며 신규 합작 증권사 설립도 허용하였다.

4. 시대별 한국의 무역정책

1) 해방 후 1950년대의 무역정책(모색기)

우리나라의 무역정책은 해방 후 1950년대까지 초보적인 단계로서 모색기라고 평가한다. 부족한 물자를 수입으로 충당할 수밖에 없어 수입을 통한 이익을 남기는 것 외에 다른 방법이 없었던 시기였다. 그러나 무분별한 수입과 밀수의 성행으로 불법적인 거래가 성행하였다. 수출에 있어서 물자의 부족과 국내의 부족한 부분을 채우기 보다는 해외로의 수출을 통한 보다 높은 이윤을 기대하게 되었다.

해방 직후 모든 경제관계의 운영을 미군정의 관리 하에 이루어졌다. 한국 정부는 1947년 제정된 군정법령에 의거 무역관리 체계를 만들었다. 하지만 이때의 정치적 혼란으로 법령의 실효성을 거두지 못하였고, 상황에 따라 처리하는 방식으로 고시와 공시가 무역관리의 근거가 되어버렸다. 한국정부가 자주적인 무역관리를 시행하게 된 시기는 1957년 12월에 공포된 무역법이었다.

(1) 1950년대의 주요내용

1950년부터 수출장려를 위한 수출 진흥정책을 마련하여 산업기반을 조성하여 경제적인 후진성에서 벗어나 자립을 추구하는데 목표를 두었다. 이러한 정책을 시행하기 위하여 특혜외환제도(1951년), 구상무역제도(1952년), 수출장려 보조금제도(1954년) 등의 정책적 조치가 취해졌다. 물론 이 시기에도 수입과 관련하여 수입쿼터제도(1949년), 특별외화대부제도, 대일 수입규제조치, 용공지역에 대한 수입금지 조치 등이 있었다.

수입쿼터제도는 수입수량과 금액을 일정한 범위 내로 제한하는 방식이었으며, 수입허가품목, 수입금지 품목을 지정했던 그 이전의 수입규제 방식과는 달랐다. 수입쿼터제도의 목적은 국내 경제에 필요한 물품의 수량만큼 수입하여 정부의 물자수급계획에 부응시키는 데 있었으나, 과당경쟁으로 수입되어 가격이 폭락한 소비성 인기품목의 국내가격 폭락을 방지하는 데에도 그 목적이 있었다.

〈표 4-3〉 한국 무역정책 법의 변천

제 · 개정일	주요 내용
제정 (1986.12.31)	• 산업피해조사제도 • 디자인보호제도 • 무역정책심의회 설치 • 국산원료 · 기재의 사용촉진을 위한 수입승인 • 수입조합 설립 • 상표권 · 의장권 침해물품 수출입행위에 대한 불공정수출입행위
개정 (1992.12.8)	• 무역업이 허가제에서 등록제로 전환 • 무역에 관한 특별조치 사유로 조약 및 국제법규에서 정한 국제평화와 안전유지 등의 의무 이행, 인간 · 동 · 식물의 건강 및 환경보전을 위해 필요한 경우를 추가 • 통상진흥시책 수립 • 원산지 증명서 제출, 원산지판정기준 신설 • 덤핑방지관세 및 상계 관세의 부과를 위한 산업피해조사 및 판정
개정 (1994.12.31)	• 무역대리업 등록제에서 신고제로 전환 • 산업설비수주계획 신고 및 산업설비수출기금 폐지 • 섬유 및 의류에 대한 수입제한조치 신설
전문 개정 (1996.12.30)	• 무역업 등록제에서 신고제로 전환 • 수출입승인제도가 Positive System에서 Negative System으로 전환(사실상 폐지) • 전자문서교환체계 등 과학적 무역업무 처리기반 구축조항 신설 • 원산지 표시의 사전확인 및 이의제기 • 선적전검사제 도입
개정 (1999.2.5)	• 수입선다변화제도 폐지 • 수출입이행사항 확인 폐지 • 수출입조합 설립인가제 폐지 • 무역정책심의회 폐지
개정 (2000.12.29)	• 전자적 형태의 무체물을 수출입의 범위에 포함 • 전자무역중개기관 지정 및 취소 제도 • 산업피해조사제도를 「불공정무역행위 조사 및 산업피해구제에 관한 법률」로 '01.2.3 개정
개정 (2003.9.29)	• 용역을 무역의 범위에 포함 • 전문무역상사 지정제도 도입 • 수입원료 사용 국내생산물품 원산지 판정기준 도입 • 전략물자 수출통제 실효성 확보 • 조정명령 발동 요건의 명확화
개정 (2007.1.3)	• 전략물자의 범위 정비 • 전략물자의 국내유통 관리 도입 • 전략물자의 이동중지 및 중개허가 도입 • 전략물자관리원 설립 도입
개정 (2009.4.22)	• 종합무역상사 및 전문무역상사 지정제도 폐지 • 무역에 관한 조약의 이행을 위한 자료제출과 비밀유지의무 • 해외진출지원센터 설립 • 전략물자의 국내관리제도(확인 · 신고 · 통보의무)폐지
개정 (2010.4.5)	• 수입 후 단순가공을 통해 물품 등의 원산지 표시를 손상하거나 변형한 자는 그 물품의 당초 원산지 표시를 의무화 • 원산지 표시 의무 위반자 벌칙 강화 • 플랜트 수출 촉진을 위한 제도개선 등의 근거 마련

자료 : 지식경제부

무역관리제도에 있어서는 무역관리와 무역거래의 모법인 무역법이 1957년 12월 18일 법률 제460호로 공포되었다. 무역법 시행령은 1958년 3월, 그 시행세칙은 5월에 각각 공포되었다. 무역법의 목적은 수출 진흥 및 수입조정을 통한 무역거래의 촉진과 글로벌수지의 균형 및 국민경제의 발전에 역점을 두었다. 상공부에서 수시로 고시와 공고를 통한 무역관리를 할 수밖에 없었으나 체계적인 법률적 근거가 없었으므로 무역관리의 혼란을 초래하였다.

또한 무역업자 등록제도는 1950년 2월에 처음으로 시행되었다. 무역업자 등록제도의 시행목적은 무역업자를 통하여 기준에 맞게 무역업자의 신용제고와 무역거래 질서를 확립하는데 있었다. 무역업자 등록제도는 1955년 8월에 폐지되었다가 1957년 3월에 무역업자 등록요령이 제정 공포됨에 따라 다시 부활되어 시행하다가 1958년 7월 무역법에 따라 신고제로 변경하여 시행되었다.

(2) 1950년대의 정책의 특징

한편, 수출입 허가품목이 최초로 지정된 것은 1949년이었으며 1955년도의 개편을 통하여 1957년에 비로소 1957년 무역법이 제정 공포되었으며 다시 개편되었다. 그리고 수출입허가품목에 있어서도 지정되었으며, 12월 25일 상공부 고시에 따라 폐지되었다.

수출허가품목은 공산품, 농산물, 수산물, 광산물, 임산물, 축산물 등 6개 항목으로 분류되어 지정되었고, 수입허가품목은 이 중 수산물을 제외한 5개 항목으로 분류되어 지정되었다. 1955년 수입허가 지정은 외화사용과 관련하여 정상 수입품목과 특수 수입품목으로 구분되어 시행되었다. 수출입 허가품목의 지정은 1957년 무역법이 제정 공포하였고, 관련 법령은 수입은 국내산업의 보호 및 육성을 위한 경제발전에 필요한 품목으로 제한하였다.

2) 1960년대 무역정책(정비기)

1960년대의 무역정책의 주요내용은 1961~1968년의 무역관련 법령과 체제정비를 가져왔다. 1957년 무역법이 제정된 이후 1961년 9월에 수출조합법이 제정, 그 해 9월에 수출장려보조금 교부에 관한 임시조치법 제정, 1962년 3월 수출진흥법 제정, 10월에는 수출검사법이 각각 재정되었다. 특히 1967년 무역법, 수출진흥법, 수출장려보조금교부에 관한 임시조치법이 통폐합되어 무역거래법이 제정되었다.

이에 따라 무역거래법은 수출입허가제로 변경되어 강화되었고, 무역계획이 수출입기별공고로 명칭이 변경되었으며 수출입 특례조항이 신설되어 외화획득 행위의 범위가 규정되었다.

(1) 1960년대의 주요내용 및 특징

1967년 한국이 GATT에 가입함으로써, 수출입기별공고 상에 수출입 금지품목과 수출입제한 승인품목만을 명시하여 수출입기별공고 상에 명시되지 아니한 품목은 자동적으로 수출입할 수 있도록 하였다. 이러한 제도의 목적은 종래 관세장벽, 비관세장벽의 과도한 보호를 받아 비정상적으로 성장해온 국내산업의 체질을 개선하고 글로벌경쟁력을 강화함으로써 수출증진 및 수입자유화를 통한 국내소비자 보호와 글로벌무역의 균형적 발전을 꾀하기 위함이었다.

3) 1970년대 무역정책(정착기)

1970년대의 주요 무역정책으로는 외화가득률 제고, 수출입절차 간소화, 종합무역상제도 실시 등이 핵심이었다. 외화가득률의 시항은 1969년 수출소득 증대를 위한 목적으로 시행되었다. 1970년대 들어와 수출 진흥시책의 핵심과제로 수출의 질적 향상을 개선해 보고자 하였다. 외화가득률의 제고를 위한 상공부의 정책적 조치는 국산원자재의 사용 확대, 국산화 가능한 원자재의 수입규제, 수출용원자재의 임가공 비 축제 실시, 수출용원자재의 수입 담보금 적립률 면제 및 인하, 수출지원금융의 적용 확대, 외화대출 금리의 유동화 등이었다.

(1) 1970년대 주요내용 및 특징

1970년대의 주요내용으로는 수출입의 절차를 간소화하였다. 수출입의 절차를 간소화하기 위하여 수출입 절차를 단순화, 합리화하여 무역업계의 시간, 인력, 경비상의 부담을 줄여 무역거래를 촉진시켰다. 그 결과 일반 수출의 경우 40종의 구비서류 50통이 18종, 26통으로 줄었고, 수출용 원자재 수입의 경우도 46종, 69통의 구비서류가 22종, 37통으로 줄어들었다. 이 조치에 따라 1971년 2월 수출절차상의 애로사항을 협의하고 수출입업무의 능률화를 도모하기 위해 수출절차 간소화 위원회가 설치되었다.

1975년 종합무역상사의 지정에 관한 요령이 공고되어 처음으로 시행되게 되었다. 종합무역상사가 도입된 것은 한국의 무역상사가 영세성의 규모와 경쟁과다로 인하여 무역에 관한 전문성이 결여되었기에 해외시장변화에 대한 적응력이 미약하였다. 이로 인하여 해외시장 개척과 수출여건 마련에 활력을 주고 자 하였다. 종합무역상사는 수출실적, 자본금, 수출상품 품목 수, 해외지사 수, 수출대상국 등을 참작하여 선정되었다.

4) 1980년대 무역정책(강화기)

1980년대 무역정책은 중공업제품의 수출을 촉진하기 위해 중공업제품의 수출기반 조성, 획기적인 수출 지원체제 확립, 산업설비의 수출촉진 등이었다. 중공업제품의 생산기반 확충을 위하여 창원 등에 대단위 종합기계공장이 건설되었고, 기계류 등 중공업제품의 수출지원을 강화하기 위하여 연불수출금융이 장기 저리로 융자되었다.

산업설비의 수출 촉진을 위하여 1978년 제정된 산업설비수출촉진법에 따라 플랜트 수출절차가 일원화되었다. 산업설비 수출에 대해서는 5년 동안 소득세가 50% 감면되었다. 수출보증보험제도, 중장기연불수출보험제도, 산업설비 수주활동의 강화를 위한 산업설비 수출 진흥기금이 마련되었다.

수출지원체제의 개선을 위하여 무역관계 법령의 개정, 무역관계 제도의 개선 등의 시책이 적극적으로 실시되어 수출입 거래의 효율적인 관리, 수출지원체제의 확립 등을 위하여 무역거래법 시행령이 1980년 8월, 1981년 10월, 1982년 4월에 각각 개정되어 수출입허가요건의 개선, 수출입거래방식의 개선 등이 시행되었다. 수출보험제도의 개선책으로 부보대상의 확대, 수출어음보험 상사별 임의포괄 보호제도의 도입, 수출보험 종목의 확대 등이 실시되었다.

(1) 1980년대 주요내용 및 특징

1980년대 초반에는 수출지원시책으로서 수출입절차 간소화 조치가 적극 추진되었다. 1980년, 1981년, 1982년에 각각 무역거래법 시행령과 무역관리규정을 개편하였다. 특히 대내적으로 산업구조가 고도화되는 추세를 맞이하여 수출입절차의 간소화를 하였고, 1980년대에 이르러 국내외 제반 여건상 수출에 대하여 더 이상 직접적인 지원이나 각종 혜택을 부여하기가 어려웠으므로 수출입절차의 간소화하여 수출을 지원하고자 하였다.

1986년 12월 대외무역법을 제정, 1987년 7월 1일부터 시행되었다. 대외무역법의 시행은 국내외 무역환경에 적절하게 대응하기 위해 마련된 무역기본법으로서 공정한 거래질서를 확립, 글로벌수지 균형, 통상확대를 통한 국민경제의 발전에 주력하고자 하였다. 대외무역법은 1970년, 1972년, 1975년 세 차례에 걸쳐 부분적으로 개정되어 시행되었다.

특히 1980년대에 있어서 수입물품 관리제도의 합리화는 수입물품의 관리 제도를 체계화하였다. 1967년에 제정된 무역거래법 하에서의 수입물품 관리는 수출입기별공고, 특별법 등에 따라 시행되었다. 이와 같이 대외무역법이 제정됨에 따라 수출입 관리체제는 수출입공고와 통합공고의 이원체제로 운영하게 되었다.

1986~88년 무역수지 흑자로 인한 해외부문 통화량 증가로 인한 물가상승 압력을 완화하기 위하여 무역금융규정을 개정하여 대기업에 대한 무역금융 융자단가를 인하, 완제품 구매자금을 폐지, 일부 수출지원 자금의 융자한도도 감축하였다.

5) 1990년대 무역정책(선진화)

1990년대의 무역정책은 1980년대 후반까지 계속적으로 증가했던 우리나라 주력 수출품의 주요 세계시장 점유율이 1990년대 들어서면서 점차 떨어졌다. 주요 원인은 한국의 제조업이 선진국의 수준에 뒤지며 중국 등 후발 개발도상국에 의하여 주요 수출시장을 잠식당하였기 때문이다. 이러한 대내외 환경변화에 따라 수출지원정책의 기본방향을 설정하였다.

(1) 1990년대 주요내용 및 특징

1990년대의 주요내용과 특징은 다음과 같다.

첫째, 무역관련 제도를 글로벌규범에 맞춰 수출 지원제도를 선진화하여 수출승인제도나 수출 추천 제도를 단계적으로 폐지하는 한편, 통관절차를 대폭 간소화하는 작업을 추진하였다.

둘째, 수출상품구조를 중화학, 기술집약적 제품위주로 고도화여 경공업 제품도 고부가가치화를 모색한다. 수출유발효과가 큰 자본재 및 부품소재의 수출기반 확충을 모색하기 위한 조치로 대외협력기금 및 연불수출금융의 활용을 통하여 동남아국가에 대한 플랜트 수출을 지원하였다.

셋째, 품질, 독자브랜드 등 비가격경쟁력을 향상시킴으로써 독자적인 해외마케팅 체제를 갖추어 나갔다. 급속한 수출증대 과정에서 생산기반은 상당히 확보되었으나 고유상표와 유통망 등 독자적인 해외마케팅 기반이 부재하여 대외 여건의 변동에 지나치게 영향을 받는다는 인식하에 이러한 정책방향이 설정되었다. 특히 우루과이 라운드(UR) 협상의 종결과 함께 이를 반영하기 위한 무역 관련제도의 개편으로 총 24개 국내법을 개정함으로써 WTO 협정을 국내제도에 수용하였다.

1996년에는 수량규제의 대상의 제품이 HS 10단위를 기준으로 81개 품목으로 줄어들었다. 한편, 수입조치와 관련하여 투명성을 제고하였으며, 수입추천제도 등 수입 규제적 성격이 강한 제도를 폐지하였다. 관세와 관련하여 관세양허 비율을 91.2%로 증가시켰으며, 양허스케줄의 목표시한인 2004년을 기준으로 양허관세율을 평균 8.2% 수준으로 인하시켜 1995년을 기준으로 HS 4단위 기준 34개 품목에 대하여 조정관세를 부과하였다.

6) 2000년대 무역정책(개방화)

2000년대의 한국 무역정책의 핵심은 수출금융지원은 무역금융과 수출신용보증, 수출보험 등을 강화하였다. 특히 2000년대에는 세계화를 통한 글로벌무역거래의 활성화에 기여하기 위하여 시장개방, 자본이동 확대, 기술 확산 등의 무역으로 확대하여 높은 성장을 이루었다.

2000년대 들어와 FTA를 통한 지역주의의 강한 결속력 등을 통하여 지역 내 무역이 급증하게 되었다. 중국제조기업의 활성화로 인하여 제조업 중심의 외국인투자 증대로 인한 생산력의 증대로 급격한 성장과 경제의 성장을 꾀할 수 있었다. 또한 중국의 발전은 저임금과 시장 확보를 통한 대 중국 투자의 급증으로 인하여 공업화로 인한 원재료, 부품소재의 수출이 증가하였다.

따라서 한국의 무역은 수출주도형 고도성장으로 인하여 광범위한 정책의 수출 활성화 정책을 펴 나가게 되었다. 그리고 대외통상을 통한 변화와 산업구조의 고도화, 수출지원제도의 지속적은 변화를 통해 자유무역과 공정무역을 지향하였다.

2000년대의 한국 무역의 주요 정책은 무역지원제도로 수출금융지원, 해외시장조사 및 해외마케팅 활동 지원, 인터넷 마케팅 지원, 각종 시장정보 제공, 수출컨설팅 지원, 디자인 지원과 무역교육 등 다양한 차원에서의 무역확대 정책의 활성화를 위한 제도적 장치와 노력에 심혈을 기울이게 되었다.

7) 최근의 한국무역정책과 방향

우리나라가 2012년도 세계 7위의 수출 강대국으로 자리매김을 하였다. 세계경기 둔화로 수출 5,482억 달러, 수입 5,195억 달러로 무역수지의 흑자를 기록하면서 2009년 이어 4년 연속 흑자를 기록한 것이다. 하지만 갈수록 문제가 되는 것은 채산성의 악화이다. 즉, 수출입의 규모는 커지고 있는 반면 국내의 경기는 썩 좋은 상태가 아니기 때문이다. 우리나라가 가공수출로 인한 수지여부를 판가름 하게 된다는 것은 순 상품 교역조건의 수지에서 나타난다[순상품교역조건지수= (수출단가지수/수입단가지수)×100].

교역조건의 개선은 수출입의 상태에서 값싸게 원료를 구입하여 제품을 생산한 후 이를 판매한 경우에 나타나는 현상으로 적자, 또는 흑자의 상태로 나타나게 된다. 그러나 세계화의 영향으로 최근 계속되는 원가상승세를 타고 수출이 둔화되어 수입단가의 상승과 함께 충격을 받지 않을 수 없게 된 것이다. 그러므로 소량수출의 고가전략으로 그 방향을 전환해야 할 필요성을 느낀다. 따라서 우리나라가 무역구조의 변화를 통한 채산성을 높이고, 수출입의 구조를 전환시켜 세계무역의 주역으로 한 단계 질적인 변화를 추구해야 할 것이다.

제 5 장

세계화의 영향과 통상기구의 변화

제1절 세계화시대의 글로벌통상

1. 글로벌통상의 개념과 중요성

1) 글로벌통상의 개념

(1) 글로벌무역을 위한 교역활동

글로벌통상은 글로벌적인 상거래를 통한 매매와 교환의 행위를 말한다. 여기서 상거래란 상적거래 즉, 수출입을 통한 유·무형의 교환적인 거래와 더 나아가 자본과 노동을 포함한 모든 교역조건의 서비스와 지적재산권을 포함한다. 또한, 글로벌 국가 간의 교역활동으로 글로벌무역과 동등의 개념을 갖지만 무역을 할 수 있도록 하는 모든 상거래 활동에 관한 제반의 지원활동을 무역통상 또는 글로벌통상이라고 말한다.

글로벌통상은 한 나라와 다른 나라와의 경제활동을 함에 있어 제반의 문제점을 찾아 통상협상하려는 것을 말한다. 더 쉽게 풀이하자면 두 나라 사이의 무역거래를 원활히 하기 위하여 장벽부분을 제거하고 잘 통할 수 있도록 서로 협의하거나 협상하는 과정을 통하여 주어진 글로벌무역의 상황을 자유롭게 활동할 수 있도록 만들어가는 활동을 글로벌통상이라 한다.

(2) 글로벌경제활동의 의사결정

글로벌통상의 개념은 글로벌적인 상거래 또는 글로벌경제활동을 자유롭게 하기 위한 의사결정이라고 할 수 있으나 완전한 자유적 거래는 보장받을 수 없다. 왜냐하면 한 국가에서 다른 국가와의 상거래 개념에서 볼 때, 자원배분과 교환적인 요인이나 정치와 사회 및 문화적인 요인도 함께 작용하고 있기 때문이다.

통상의 개념은 경제주체의 합리적인 의사결정을 통하여 자유로운 상거래 활동을 보장하기 위하여 필요한 제반의 요소들에 관한 활동을 하는 것으로 볼 수 있다. 통상은 국가와 국가 사이의 경제적 교류에서 비롯되는 제약요인을 제거하기 위한 여러 가지 협상 활동을 말한다고 할 수 있다. 따라서 의사결정이란 단순한 무엇을 위한 선택적인 행위라 할 수 있지만 글로벌경제활동을 위한 의사결정은 상적거래를 통한 이윤의 창출의 하나로 볼 수도 있다.

(3) 글로벌통상정책의 경제정책 차원

정책적인 차원에서의 글로벌통상정책의 본질을 살펴보면, 글로벌통상 정책(International Commercial Policy)은 경제정책의 하나로 각국의 자국의 경제정책 목표를 완성하기 위한 대외경제활동의 하나로써 글로벌통상의 각종 규제사항에 관한 조정 및 통상과 협상을 통한 정책을 펴 나가는 것을 말한다.

이때 글로벌통상 정책의 간섭조치 정도에 따라 자유주의 통상정책과 보호주의 통상정책으로 구분하며 흔히 자유주의 통상정책을 자유무역정책이라 하고 반면에 보호주의 통상정책을 보호주의 무역정책이라고 한다.

자유무역은 글로벌통상에 있어 상품과 서비스의 거래가 자유롭게 이루어지는 것을 말하고, 보호주의 통상정책에서는 정부가 개입하여 자국의 산업보호, 고용증대, 글로벌수지의 개선을 통한 교역조건 개선, 관세수입할당제 등과 같은 조치를 취하는 통상정책수단을 말한다.

2) 글로벌통상의 대상과 특성

(1) 글로벌통상의 대상

글로벌통상의 대상은 재화(상품과 서비스 포함의 지적재산권 등)와 서비스의 매매, 교환의 관계가 성립되는 재화의 교환관계라고 할 수 있다. 따라서 글로벌통상의 대상은 교환적 거래 관계가 있는 모든 나라는 글로벌통상의 주체가 되는 셈이다. 즉, 글로벌통상기구의 회원국이 될 수 자격이 있다는 말과 같다.

세계무역기구에서 사용하는 국가와 비국가단위의 회원은 독립된 관세영역을 포함하는 것으로 해석하고 있다. 글로벌무역거래에 있어서도 글로벌교역 활동을 통한 상거래 관계의 성립과 운송, 보험 등의 여러 서비스 등을 포함하고 있다.

글로벌통상의 주체는 개인과 기업 및 정부와 글로벌기구를 포함한다. 글로벌통상은 나라와 나라 간의 글로벌거래 질서의 확립이지만 국가 간의 통상협상을 통한 장벽제거 노력이다. 그러므로 통상마찰에 있어서 국가의 이익을 전제로 글로벌적 분쟁이 발생하였다. 글로벌 무역의 분쟁을 조정하고 협상하기 위한 조처를 취하는 것이 글로벌통상이며 국가 정책적 대립으로 국민감정의 대립에 이르기까지 광범위하게 전개된다.

(2) 글로벌통상의 특징

글로벌통상의 특징은 자국의 무역보호를 위한 제반의 조치와 국민경제적 차원에서의 활동을 함과 동시에 개별경제정책적인 차원에서의 종합적인 성격을 띠게 되며, 이해관계의 모든 통상에 관여하여 이해조정과 함께 협상조치를 취하는 바, 일종의 외교적, 정책적인 글로벌적 성격을 띠고 있다.

따라서 글로벌통상은 글로벌기구에 의하여 이루어지는 글로벌적인 상거래 활동 즉, 글로벌경제활동을 말한다. 글로벌통상의 본질적인 활동을 자유롭게 하기 위한 제반의 조치사항으로 통상협상과 조약 등을 무역협정이라고 하며, 대부분 통상협상이라고 하면 통상조약이나 비준의 성격보다 단기성을 띠고 있으므로 단회적인 사항의 경제활동을 위한 내용들을 통상협정이나 협상이라고 하고, 광범위한 사항과 장기적 차원에서의 조건들을 통상조약이라고 하는 경우도 있다.

〈표 5-1〉 국제통상과 국제무역의 구분

구분	국제통상	국제무역
정의	-국제상거래의 활성화를 위한 활동	-국가 간의 재화와 용역, 서비스, 생산요소의 교환
영역	-국가와 국가	-개인과 기업
활동	-국가 간의 상거래 제약요인 제거	-국가 간의 상거래활동
목적	-국가의 이익	-개별경제 단위의 이익추구
주체	-국가와 국제기구	-개인가 기업
특징	-국제적인 교환, 매매를 위한 상거래를 위한 경제교류 활동	

2. 글로벌통상의 본질과 역할

(1) 글로벌통상의 본질

글로벌통상의 본질적인 역할은 글로벌무역거래를 위하여 자국의 상품과 서비스를 매매, 교환의 행위에 있어 이들의 활동을 원활하게 하려는데 그 목적을 두고 있다. 글로벌거래를 통하여 국내의 소비자와 경제적 활동의 만족을 얻고 자 하는 것이다. 글로벌무역을 통하여 국내 소비자들의 효용의 증대를 위해 통상의 역할을 잘 감당해 주어야 한다.

글로벌통상의 본질적인 역할은 국내소비자들의 효용증대와 생산자 이익증대 및 글로벌무역을 통한 국내의 고용증대와 소득향상에도 기여하게 된다. 수출상품의 생산 활동 참여는 고용증가효과와 함께 국민경제활동의 증대를 가져오게 되며, 고용증대의 효과를 유발하게 되는 것이다. 따라서 글로벌통상의 역할은 소비자의 효용증대, 생산자의 이익증대를 통한 국민 경제의 성장과 국내 소비자 물가의 안정을 통한 추가적인 효과를 기대할 수 있게 된다.

(2) 글로벌통상의 역할

글로벌통상의 역할은 국내 소비자들의 효용증대를 가져온 것은 자국의 상품을 외국에 수출하여 얻어진 결과로 인한 국내 소비자들의 만족 증대라고 한다면, 국내의 생산자들은 보다 값싸고 질 좋은 다양한 상품을 수출하려고 할 것이다. 수출을 위한 수입은 생산원가와 기타 생산의 요소와 생산제품 즉, 상품에 영향을 주게 됨으로 생산자의 이익과 직결되는 일이다. 그러므로 생산자 이익을 증대시키려면 원재료의 수입이나 해외의 현지생산인 글로벌기업의 형태를 통한 원가절감, 매출증대를 통한 생산자 이익증대를 꾀하게 된다.

더 나아가 세계화의 물결을 타고 글로벌통상의 범위는 점차 좁혀질 전망이므로 문화, 환경, 정치적인 요소 등 한 나라의 개념으로 통합되고 표준화된 경향으로 나타나게 될 것이다. 그러므로 글로벌통상의 역할을 통한 본질적 차원에서의 글로벌무역의 결과라고도 할 수 있다. 그러나 단순한 수출입의 구조변경이나 무역정책은 통상의 전반적인 해결책이 아니라는 점에서 점차적으로 통상정책은 무역협정, 무역분쟁 해결 등의 새로운 해결구도를 잡아 나가야만 한다.

우리나라는 2018년 이후의 통상정책에서 다소 통상정책을 통한 국제통상질서 구축에 상당한 노력을 기울이고 있다. 기존의 무역정책을 보다 광범위하게 다자간의 무역진행과 국제사회의 각종 규범 및 관계 질서의 유지와 회복에 한층 더 촉각을 곤두세우고 있다. 근본적인 이유는 수출입의 구조와 세계경제의 침체에 힘입어 수출입의 양적 지속세를 유지하기가 쉽지 않아졌음을 알 수 있다. 특히 새로운 신흥국가들의 무역참여도가 높아지고 있고, 원자재의 가격 상승 등은 우리나라의 통상정책에 새로운 경쟁우위 확보에 심혈을 기울여야 할 것으로 보인다.

제2절 글로벌통상의 정책변화와 통상기구

1. 글로벌통상 정책의 변천과정

1) 근대의 글로벌통상 정책

(1) 중상주의 통상정책

16~17세기의 왕권강화로 인한 귀금주의의 탄생은 독립된 권력을 소유하여 중앙집권체제로의 발전과 부국강병, 경제발전 등의 국가존립의 중요한 역할을 하였다. 이때의 무역은 막강한 정부의 개입으로 인한 경제발전 초기단계의 유럽 여러 국가들이 부를 증강시키기 위해 이 방법을 채택하였던 사상, 경제정책을 일컫는 말이다.

중상주의 통상의 특징은 초기에는 중금사상으로 화폐를 금, 은과 동일하게 취급하였으나 후기에는 무역거래를 중시하는 경향을 띠게 되었다. 이러한 중상주의의 상업 자본은 국가의 특권적인 독점체제 아래 국내의 유출을 저지하려는 사상과 정책이었다.

(2) 자유무역주의 통상정책

자유무역주의 통상정책은 정부가 글로벌통상에서는 정부가 개입하지 않은 범위 안에서 자유로운 상거래를 통한 상품과 서비스가 글로벌적으로 이동할 수 있도록 허용하는 것을 말한다. 물론 자유경쟁의 바탕아래 18세기 후반 프랑스에서 중농주의가 일어남으로써 영국 고전학파의 자유무역사상에 입각하고 있음을 알 수 있다. J. B. Say(세이)의 경제사상을 반영한 것으로 보호조치의 정도에 따라 달라질 것이라고 보았고, 프랑스, 독일, 미국을 비롯한 영국에서도 학계와 정계에서 일조함으로써, 19세기의 세계문명의 장을 열어 나갔다.

자유무역은 상품과 서비스 등이 국가의 인위적인 간섭이나 보호 및 통제를 받지 않는 범위에서 자유롭게 글로벌무역 거래를 행하는 것을 말한다. 자유무역의 이익은 자유무역을 실시하는 국가와 전 세계의 자원이 최적배분 됨으로 인하여 경제적 후생수준이 향상되어 무역의 이익을 낳게 된다고 보았다.

자유무역을 통한 비교우위산업의 특화는 비교열위의 상품을 수입함으로써 자원의 최적배분을 효율적으로 관리할 수 있어 경제적 후생수준도 향상되거나 높아질 것으로 보는 것이 자유무역 즉, 자유무역의 통상정책이라고 할 수 있다. 그러나 자유무역의 지속은 일부 선진국의 경우 개도국이나 후진국들의 수출입의 지속적인 성장으로 자국 내의 기초산업에 대한 심각한 침해 현상을 가져올 수 있다.

2) 보호무역주의 통상정책

보호무역은 글로벌무역 상거래 있어서 정부가 상품과 서비스의 이동에 간섭하는 것을 말한다. 보호무역주의의 통상은 주로 자국의 산업보호, 수출장려 및 수입규제정책, 글로벌수지의 개선을 위하여 취하여지는 통상정책으로 자국의 산업보호는 국내의 경제활동과 국내시장 및 국내의 제품이 글로벌 제품의 수입으로 인한 타격을 사전에 막는 행위이며, 각종 수입에 대한 규제조치를 취하거나 수출보조금을 지급하는 등의 정책을 펴기도 한다.

또한 수출장려 및 수입규제의 통상정책은 정부와 지방자치단체가 국내 상품의 수출만을 증대하고 반면에 수입은 억제하는 정책적인 사항이며, 수출을 장려하는 근본적 이유는 국내고용과 물가안정, 국내산업 보호를 통한 국민생활의 향상을 꾀하자는 것이다. 글로벌수지의 개선은 수출을 통한 외화획득의 이슈를 수입을 통하여 다시 유출되는 것을 막으려는 것인데 이를 통하여 국내통화의 안정적 가치를 유지하려는 목적에 있다.

3) 신보호주의 통상정책

제2차 대전 후 자유무역주의를 바탕으로 글로벌경제 질서 확립, 관세인하 및 비관세장벽을 낮추는 등 자유무역의 경향을 띤 새로운 보호무역주의가 등장하였다. 근본적인 이유는 1970년대에 발생한 두 차례의 석유파동과 스태그플레이션 현상 등으로 인한 것인데 스태그플레이션은 인플레이션과 경기침체가 동시에 일어나는 현상으로, 세계 각국은 이를 해소 완화하기 위하여 산업을 보호하는 보호무역주의를 선회하게 되었던 것이다.

제2차 세계대전 이후 GATT-IMF체제를 주축으로 하는 자유무역주의는 정치, 경제, 군사, 외교에서 우위에 있던 미국이 1970년대 들어와 글로벌수지 적자와 재정적자 등으로 인한 조치이다. 특히 EC, 일본 등의 성장으로 미국이 차지하는 비중이 감소하게 됨으로써, 미국은 자국 산업보호의 보호주의 경향을 띤 글로벌통상정책을 실시하게 된 것이다.

2. 글로벌통상 기구

1) 지역화의 영향으로 생성된 기구들

(1) UNCTAD(UN무역개발기구)

제2차 세계대전 이후 경제협력을 위한 무역개발기구인 UNCTAD와 OECD가 등장하였다. UNCTAD는 유엔무역개발협회, 글로벌연합통상개발회의, 글로벌연합무역개발협의회, UN무역개발기구(UNCTAD: United Nations Conference on Trade and Development) 등의 용어로 널리 사용되고 있으며, 약칭으로 UNCTAD(운크타드)이다.

글로벌연합통상개발회의는 제2차 세계대전 이후 아시아 및 아프리카의 크고 작은 나라들이 독립함으로써, 급속한 인구증가, 취약한 경제구조 등의 개선을 위해 설립된 글로벌연합의 보조기구이다. 그 당시의 세계무역을 담당하였던 GATT(관세 및 무역에 관한 일반협정)등은 주로 선진국 중심의 경제기구였기 때문에 이에 대한 반발이 거세지면서 남북문제의 근본적인 개선이 시급하였다.

특히 1962년 7월에는 아시아, 아프리카, 중남미의 국가대표가 모여 새로운 무역기구의 설립을 요구하던 때를 같이하여 1964년 3월부터 6월까지 제네바에서 UN 주최 하에 글로벌경제회의가 개최되었으며, 이 회의가 바로 제1회 유엔무역개발회의였다. 참가국은 121개국으로 선진국시장에 대한 후진국의 접근문제, 저개발국 수출품에 대한 특혜관세 부여문제, 교역조건의 개선문제 등이 주요의제로 논의되었다.

유엔무역개발기구(UNCTAD)의 주요 기능은 선진국과 개발도상국 또는 개발도상국 상호간의 무역 증진을 위할 것과 글로벌무역 및 경제개발문제에 과한 원칙적인 정책의 결정을 주장하였다. 즉, 관련분야에서의 글로벌연합 조직의 타기관이 행하는 활동에 관한 조정, 검토에 참여할 뿐만 아니라 각국 정부 및 유럽경제공동체(EEC)등의 지역경제 집단의 무역정책과 관련하여 조화를 이룰 것 등이었다. 글로벌연합개발계획(UNDP)의 실행기관으로서 기술협력, 정보교환 등의 업무를 관장하게 되었다.

(2) OECD(경제개발협력기구)

경제협력개발기구(OECD: Organization for Economic Cooperation and Development)는 제2차 대전 직후 유럽의 경제부흥을 위하여 미국의 마셜플랜에 따라 1948년에 결성된 유럽경제협력기구를 바탕으로 1961년 9월 30일 발족했다. 처음 18개 유럽국과 미국, 캐나다 등 20개국이 회원국으로 그 후 일본과 호주, 멕시코, 폴란드 등 8개국이 가입과 동시에 우리나라는 1996년 7월 6일 심사를 통과, 10월 19일 29번째 회원국이 되었으며 2010년 현재 33개국으로 기록되어 있다.

세계 제2차 세계대전이 끝났을 당시 주요 전장이었던 유럽 각국은 대부분의 생산시설이 파괴되었다. 이러한 유럽의 경제적 피폐를 모면하기 위해서 당시 미국의 마샬 국무장관은 1946년 6월 전후 유럽경제재건에 있어서 유럽 전체에 대해 미국이 원조해야 한다는 성명을 발표했다(마샬플랜).

성명에 따라 원조를 받아들이게 된 유럽 각국은 협력체제의 정비가 필요하여 1948년 4월 마샬플랜을 수용하기 위하여 OEEC(유럽경제협력기구)를 출범시키게 되었다. OEEC는 약 12년에 걸친 활동을 통해 유럽경제의 부흥과 발전, 역내 무역자유화 촉진, 유럽 자유주의국가 간의 경제협력의 큰 공헌을 하였다.

1950년대 후반 OECC는 미국은 유럽의 국가들이 피 원조국이 아닌 대등한 동반자로의 자유주의 경제권의 발전에 대한 공헌을 희망하게 되어 OEEC를 대서양에 걸친 선진 각국의 경제협력기구로 개편하려는 움직임이 나타났다. 그 결과 1960년 12월 OEEC의 18개 회원국에 추가로 미국과 캐나다를 받아들여 20개국 각료와 당시 유럽공동체(EEC), 유럽석탄철강공동체(ECSC), 유럽원자력공동체(EURATOM)의 경제협력개발기구조약에서 OECD가 탄생하였다.

(단위 : %)

	2011년		2012년		2013년
	5월	11월	5월	11월	11월
GDP 성장률	4.6	3.7	4.5	3.8	4.3
민간소비	3.5	2.6	3.6	3.2	3.8
총고정자본형성	-0.4	-1.5	5.9	4.6	4.6
수출	11.7	11	11.2	7.9	9.8
수입	8.5	8.1	10.9	7.7	9
(순수출)	1.9	1.7	0.3	0.3	0.6
실업률	3.5	3.4	3.4	3.4	3.4
소비자 물가	4.2	4.4	3.5	3.6	3
경상수지(對 GDP)	1.9	1.8	1.6	1.3	1.1

자료 : OECD 경제전망.

[그림 5-1] OECD 한국경제전망

OECD의 주요 목적은 그 설립조약 제 1조에 있는 바와 같이, 재정금융상의 안전을 유지하여 고도의 경제성장 지속 및 고용 증대, 생활수준 향상의 도모하며, 특히 경제발전 과정에 있는 각 지역의 건전한 경제성장에 대한 기여(개발도상국 원조), 글로벌적 의무에 따라 다각적이고 무차별적인 기초에 선 세계무역 확대에 대한 기여(자유롭고 다각적인 무역 확대), 등의 3가지로 요약할 수 있다. 또한 최근에는 환경문제, 자원에너지문제, 노동, 사회정책, 과학기술, 교육 등의 분야에 적극적인 활동을 벌이고 있다.

[그림 5-1]의 OECD 한국경제전망에 따르면, 한국의 경제성장률은 2013년도 2.2%, 2014년엔 3.1%로 조정했으며, 2014년도의 성장률은 4.4%로 전망하였다. 이에 따라 한국경제에 미치는 영향은 세계경제의 불확실성으로 둔화된 성장률을 나타낼 것으로 내다보았다. 특히 한국경제에 위협적인 중국의 경제상황, 가계부채 등으로 인하여 국제통화기금(IMF), 한국개발연구원(KDI), 한국은행, OECD 등은 경제성장률 하향조정과 저성장세의 추세로 전망하였다.

(3) GATT(관세 및 무역에 관한 일반협정)

GATT(General Agreement on Tariff and Trade : 관세 및 무역에 관한 일반협정)은 세계 제2차 대전 후 상호 약속한 관세인하율과 관세인하의 효과를 확보하는데 필요한 무역에 관한 조약이 GATT규정이다. GATT의 기본원칙은 자유무역주의 원칙, 최혜국대우원칙(무차별주의), 다자주의원칙의 3가지 있다.

자유주의 원칙은 모든 회원 가맹국은 관세 상의 차별대우를 받지 않는다는 규범이며, 최혜국대우원칙(무차별주의)은 각 회원국 간 관세 상의 차별대우를 하지 않는다는 것, 다자주의원칙은 당사국간의 문제 발생 시 당사국간 해결되지 않을 경우 GATT 가맹국이 참여하는 다자주의의 원칙에 따라 해결한다는 것이다.

제2차 세계대전 중부터 경제적인 면에서 각국 간의 협력 체제를 바탕으로 1944년 글로벌통화기금(IMF), 세계은행(IBRD)이 창설되었고, 이어서 글로벌무역기구(ITO)의 설립이 예정되었다. GATT는 1945년 세계무역 및 고용의 확대에 관한 제안을 발표한 것이 계기가 되었으며, 1948년 쿠바의 수도 아바나에서 글로벌무역기구헌장(아바나 헌장)으로 채택되었다. 이 헌장은 글로벌무역에 관한 제반사항에 대한 각국의 정책기준이 될 수 있는 원칙을 정해 놓았으며, 또한 실시 기관으로서의 글로벌무역기구의 설립을 규정하고 있었다.

글로벌무역기구헌장의 기초 작업과 병행해서 1947년에 제네바에서는 미국이 제안한 관세인하 문제를 토의하기 위하여 23개국 대표가 모여 다각적인 관세교섭을 벌여 모든 참가국에게 평등하고 무차별로 적용될 관세양허표(사정이나 형편을 잘 헤아려 용서하거나 허용하는 것)를 작성하였는데, 여기에 글로벌무역기구헌장 중에서 관세와 무역에 관계되는 실현 가능한 조항만을 골라 만든 것이 관세 및 무역에 관한 일반협정이다.

처음에는 글로벌무역기구가 성립될 때까지의 잠정적인 협정으로 만들었으나 그 후 글로벌무역기구헌장의 하나로 관세인하, 수입제한의 완화, 차별대우의 폐지 등, 글로벌무역기구가 수행하게 되었다. 1993년 우루과이라운드(UR)의 협정으로 제2차 세계대전 이후 글로벌통상질서를 지배해 온 GATT체제는 폐지되고 세계무역기구(WTO)가 발족되어 강력한 세계통상의 질서를 세워나가게 된 것이다.

① 케네디 라운드(Kennedy-Round)

GATT를 바탕으로 1947년 관세교섭이 여러 차례 진행되었다. 그러나 세계무역이 날로 확대되어짐에 따라 국별, 상품별, 관세인하 교섭만으로 관세인하 실현의 한계점에 도달하게 되었다. 이때 미국 케네디 대통령에 의한 관세 일괄 인하방식이 시행되었고, 수출경쟁이 치열해짐에 따라 보호무역주의로 나타나게 되었는데 이것이 케네디 라운드이다.

케네디 라운드는 1973년 도쿄라운드가 진행되어 종전의 관세 일괄 인하방식을 수정하여 여러 나라 사이의 관세율 격차를 조정하는 조화방식(Harmonization)과 비관세장벽에 관한 교섭이 시작되어 1979년 1월에 시행되게 되었다. 주요내용은 관세인하에 관한 각서교환, 비관세장벽의 완화내지는 폐지를 위한 수입허가 절차 간소화, 제품규격의 글로벌적 통일규칙 설정, 상쇄관세의 적용금지 및 정부조달에 있어서 외국기업이 참가할 수 있도록 하였다.

② 동경라운드(Tokyo-Round)

동경라운드는 1973년 9월 동경선언에서 비롯되었다. 이 선언은 1979년 4월 12일에 실질적인 타결을 보게 되어 만 5년이나 지나서야 타결을 본 셈이다. 동경라운드는 세계자원 파동과 인플레이션, 선진국의 장기적 경기침체 등으로 인한 신보호무역주의가 대두되면서부터 무역에 관한 원활한 소통을 위하여 GATT에서 동경라운드를 필요로 하게 되었다.

GATT에서는 케네디라운드에서 이미 무차별, 호혜와 다자의 자유무역을 적용하고 있었지만 선진국과 후진국 사이의 무역에서는 관심을 두지 않은 탓에 1970년대의 선진공업국간의 교역에 따른 경쟁의 심화로 인하여 시장 확대에 관심을 갖게 되었다. 하지만 선진국들은 보호주의를 지양하고 후진국에 대하여는 자유무역을 주장하는 경향으로 나타났으며 비관세장벽, 긴급수입제한 조항을 인정하는 새로운 무역체제가 필요하게 된 것이다.

따라서 동경라운드는 세계무역의 확대와 자유와, 전 세계 모든 국가의 생활수준과 복지향상, 개발도상국 무역에 대한 추가적 이익의 확보를 위하여 동경라운드가 생성되게 된 것이다. 특히 GATT는 각국에서의 비관세장벽에 관한 850여건을 받아 보조금 및 상계관세협정, 관세평가협정, 정부조달협정, 수입허가절차협정, 덤핑방지협정 등의 타결을 보았다.

또한 개도국에 대한 우대협정을 체결하였는데, 남북 간 무역협정의 중요성을 인식하여 특혜조치를 취할 수 있도록 하였다. 이때 GSP(일반특혜관세제도)에 합법성을 부여하고 비관세장벽을 포함한 각종 협정에 개도국 우대사항을 추가하였으나 개도국 졸업조항을 채택하여 신흥공업국들에 대한 특혜에 있어서 명문화하였다.

③ 우루과이 라운드(Uruguay-Round)와 WTO 발족

우루과이라운드는 1986년 7월 21일부터 1993년 12월 15일까지의 다자간무역협상으로 제8차의 협상을 말한다. 우루과이라운드의 배경은 신보호주의의 만연과 GATT기능의 약화, 그리고 새로운 무역부문의 대두, 개발도상국들의 추가적 요구에 관하여 다양한 범위의 협상이 벌어졌다. 특히 기존의 관세장벽과 비관세장벽 및 서비스, 지적재산권, 무역관련투자, 원산지 규정, 분쟁해결절차 등의 주요사항이 협상대상으로 채택되었다.

UR의 특징은 종래 물품무역에서 금융, 정보, 통신 등 용역무역으로 그 대상을 확대하였다. 특히 열대산품에 관한 포괄적인 시장접근 안이 개선되었고 종전의 2국간의 관세교섭을 일률적 가트방식을 적용, 용역무역의 투명성제고, 내국민대우, 최혜국 대우의 개념을 합의하였다.

GATT가 글로벌적 협조 하에 1948년 창설 이래 1990년까지 세계교역량이 연평균 8.2%이상씩 증가하는 세계후생증진에 힘을 쏟았다는 것이다. 그러나 문제는 선진국 중심이여서 개발도상국을 비롯한 후진국에서는 경제적 격차와 구조의 이질성으로 인하여 GSP제도를 시행하기도 하였으나 개발도상국들은 근본적인 개혁을 주장하여 마침내 신글로벌경제질서(NIEO: New International Economic Order)를 낳게 되었다.(〈표 5-2〉 참조)

〈표 5-2〉 관세 및 무역에 관한 일반협정의 결과

명칭	기간	참가국가	주요내용	배 경
딜런 라운드	1961.5. ~ 1962.7.	23	-4,400개 공산품의 관세인하 (평균 7% 인하) -협약 관세율 규정준수	-제2차 세계대전 이후 세계경제의 부흥과 무역의 확 대를 위해 브레턴우즈협정(1944년)을 체결과 금융 분야에서는 IMF, IBRD, 및 GATT 탄생 -세계화를 통한 자유무역의 확대선언(무관세 주장) -케네디라운드로 선진국의 공산품에 대한 관세율은 대략 10% 수준으로 낮춤(공산품 관세인하 일단락) -개도국 경제개발로 세계 경제무대 진출 시작 -한국 GATT가입(1967년)
케네디 라운드	1964.5. ~ 1967.6	56	-일 만개 공산품의 관세율 일률적인 하(35% 인하) -글로벌 반덤핑협정 체결 -덤핑판정 -조사절차/반덤핑관세 부과요건 마련 -소맥의 최저가 인상 및 개도국에 대한 식량원조 실시	
동경 라운드	1973.9. ~ 1979.7.	99	-비관세장벽제거 협정 -각 국의 자의적 관세평가기준 통일 -공산품 수출보조금 금지 -반덤핑협약 강화 -수입허가절차 및 규정 간소화 -표준, 인증제도 글로벌규격화 추진 -민간항공기 무세화 등 -2만 4천개 공산품 관세인하 -미국(31%)/EC(25%)/일본(50%) 인하 -개도국에 대한 우대 및 의무부과 -일반특허관세(GSP)합법화 -개도국졸업조항 신설	-개도국에 대한 선진국의 경계심 고조 -개도국의 덤핑공세에 대응강화 -신흥공업국에는 선진국의 관행을 확대적용 -1970년대 두 차례 오일쇼크로 선진국 경기침체 -자국 산업보호/글로벌수지의 신보호무역주의 대두 -GATT의 자유무역정신 퇴색 -미국 경제력 약화, 일·EC의 영향력 증대로 세계경제의 다극화, 블록화 추진 -관세인하만으로는 무역규제가 어려워지자 비관세 장벽 제거에 초점

명칭	기간	참가국가	주요내용	배 경
우루과이 라운드	1986.9. ~ 1993.12.	117	-공산품의 무관세, 관세조화 등을 통한 관세 대폭인하 및 수입수량 제 한 완화 등 비관세조치 완화 -농산물의 예외없는 관세화 원칙 -최소시장접근/특별세이프가드 인정 -농산물에 대한 보조금 감축 -금융, 건설, 통신 등 서비스 분야 의 교역을 확대의 자유화 약속 -지적재산권보호강화 -정부조달시장 개방 확대 -WTO 신설	-무역불균형 심화 -미국의 재정적자, 일본의 흑자 누적, 개도국 외채 -유럽통합·NAFTA 결성 등 블록화 심화 -동서냉전체제 붕괴 신 글로벌 경제 질서의 필요성 -금 융, 유통, 통신, 수송 등 서비스무역 급증 -첨단기술상품의 무역증대: 지적재산권 마찰 빈발 -글로벌화 기업에 따른 다국적 기업 규율제정 필요 -GATT기능 약화 -미국의 슈퍼301조 등 강대국의 쌍무협상압력 강화

(4) WTO(세계무역기구)

1948년에 출범한 GATT가 몇 차례의 다자간 통상협상을 거치면서 발전하여 온 것이 글로벌무역기구 즉, WTO이다. WTO(WTO: World Trade Organization)는 제8차 다자간 무역협상인 UR협상을 통하여 글로벌기구로서 설립이 추진되었으며, 1994년 4월 모로코의 마라케쉬에서 111개국이 서명하고 1995년 1월 1일 발효됨으로써 WTO체제가 공식 출범한 것이다.

세계무역기구(WTO)는 제2차 세계대전 이후 글로벌교역의 주체가 되었던 GATT체제의 한계를 극복하고 1990년대 이후 새로운 글로벌교역질서의 형성을 위해 추진되었다. WTO는 새로운 무역기구 설립 및 제도적, 절차적 구조를 명시한 핵심적 내용으로 UR협상 결과를 반영하였고, 과거의 GATT가 상품분야에만 치중한 것과는 대조적으로 WTO 및 관련 협정문은 서비스와 함께 발명, 창작, 고안 등 무역관련 지적재산권까지 관장하게 되었다.

세계무역기구는 기존의 GATT체제의 한계를 뛰어넘어 새로운 차원의 글로벌무역질서를 효과적으로 규율하기 위한 세계무역기구를 창설하게 되었다. 각료회의에서 세계무역기구 설립을 위한 마라케쉬협정과 우루과이라운드 다자간무역협상

결과를 구현하는 최종의정서에 서명함과 동시에 WTO가 출범하게 된 것이다. 그러므로 WTO는 기존의 GATT와 UR(우루과이라운드)의 다자간 무역협상의 결과로 창설된 셈이다.

WTO는 출범함과 등시에 통화, 재정, 외환분야는 글로벌 통화기금(IMF: International Monetary Func), 경제개발 분야는 글로벌부흥개발은행(IBRD: International Bank for Reconstruction and Development)과 함께 50만의 쾌거를 이룬 셈이다. WTO의 출범은 국경 없는 다자간의 경쟁, 무한경쟁시대로의 본격적인 진입, 자유무역주의 이탈에서 다시 자유무역주의로의 회귀, 새로운 통상의제에 대한 다자간 논의 등이다.

따라서 WTO의 기본원칙은 최혜국대우원칙, 내국민대우원칙, 시장접근보장의 원칙, 투명성의 원칙으로 3대 주요기능은 협상, 이행감시, 분쟁해결이다. WTO는 다자간 무역협정을 세계무역기구 설립을 위한 마라케시협정 제3조와 제8조에서 6개항의 내용을 명시하고 있다.

첫째, 제3조 제1항의 내용으로 WTO 설립협정의 이행과 관리 및 운영체제의 제공하는 기능을 한다. 세계무역기구는 WTO의 협정 내용과 복수국가의 무역협정의 이행, 관리, 운영을 위한 기능을 동시에 담당한다.

둘째, 제3조 제2항으로 회원국 간의 후속협상을 위한 대화의 장을 열어 나간다. WTO는 설립협정의 부속서에 포함된 협정사항과 회원국들의 다자간 무역관계에 관한 사항에 관하여 추가적 토론의 장을 마련해 주고 협상결과에 관한 이행의 틀을 제공해 주는 기능을 한다.

셋째, 제3조 3항의 내용으로 분쟁해결양해의 시행이다. WTO는 설립 협정의 부속서 2에 기록되어 있는 분쟁해결 규칙 및 절차에 관한 양해(DSU: Dispute Settlement Understanding)를 시행하는 기능을 갖는다.

넷째, 제3조 4항으로 무역정책검토제도의 시행이다. 이는 부속서 3에 나오는 무역정책검토제도(TPRM: Trade Policy Review Mechanism)를 시행하는 기능을 한다.

다섯째, 제3조 5항으로 IMF와 IBRD 등과의 협력이다. WTO는 세계경제정책 결정에 관하여 상호협력 하는 기능을 한다.

여섯째, 제8조 1항으로 WTO는 법인격으로 기능 수행할시 필요한 사법적 기능을 발휘함과 동시에 WTO가 글로벌법상 권리와 의무이행의 주체로서의 법적인 기능을 담당할 수 있다.

〈표 5-3〉 GATT체제와 WTO체제 비교

구 분	GATT 체제	WTO 체제
성격	-국제협약 성격 -기존 GATT분쟁 해결(분야별) 산재	-법인격 WTO 설립 -분쟁해결 전담의 상설기구(신설)
관세 및 비관세장벽	-관세인하 주력 -비관세장벽은 선언적 규정정립	-관세인하/특정분야에 대한 일률적인 관세철폐/하향평준화 달성 비관세장벽 철폐 강화(회색조치의 철폐)
국제무역 규범	-상품(공산품 위주)	-농산물(규율 강화) -섬유류(GATT체제로 흡수)
NEW 규범 설정	-서비스, 지적재산권, 투자조치에 대한 규범 없음	-서비스, 지적재산권, 투자조치도 규율대상에 포함, 서비스 협정/투자조치 제정, 지적재산권 관련 국제규범(제정)
무역규범화	-보조금 협정(불투명) -반덤핑협정(남용/자국중심 운용) -다자간 무역규범 미비	-보조금(정의 설정/규율 강화) -반덤핑조치 기준/부과절차의 명료화 -세이프가드 협정/원산지 규정/선적전 검사협정 등(제정)

〈표 5-3〉의 GATT와 WTO의 체제비교에서 WTO의 의사결정은 GATT체제와 마찬가지로 합의제를 기본원칙으로 하고 있다. 그러나 합의에 의해 규정되지 아니한 합의사항에 관하여는 과반수이상의 다수결의 표결방식을 취한다. 이는 전체 가맹국의 3/4의 동의할시 합의제를 요구하는 내용을 제외하고 수정, 보완, 탈퇴 등을 자유롭게 할 수 있도록 하였으며 의사결정에 있어 단순합의제의 GATT보다 훨씬 신속한 처리가 가능하게 된 것이다.

제3절 세계화와 글로벌지역주의의 등장

1. 글로벌지역주의 의의

세계경제의 통합(Economic integration)은 국가 간의 상품, 노동, 자본거래를 통한 경제교류에 작용하고 있는 여러 가지의 장애요인들을 점차 제거해 나감으로써 두 개 이상의 복수국가들이 단일화 경제를 추구해 나가는 과정이다. 그리고 무역의 자유화를 통한 금융, 통화, 재정, 교육, 산업, 문화 등에서 상호보완적인 관계를 통한 경제적인 통합조직체라고 할 수 있다. 무역자유화는 인접국가와의 통합과 협력을 통한 범위를 점차 확대해 나가면 모든 국가와의 경제거래를 자유롭게 할 수 있을 것이라 보고 그 범위를 확대시켜 나가는 것이며 이를 지역주의(Regionalism), 블록화(Blocs)로 경제통합을 이루어 가는 것이다.

미국을 주축으로 제2차 대전직후 탄생한 GATT-IMF체제를 중심으로 세계경제 질서를 유지해 왔으나 1970년대 미국의 경제적인 입장이 상당부분 약화되고 그 자리에 독일, 일본을 거쳐 아시아의 신흥공업국가들의 등장으로 인하여 이들 국가의 지위가 상당부분 높아졌다. 이와 함께 등장한 세계 경제질서가 다자주의(Multilateralism), 글로벌리즘(Globalism), 지역화(Regionalism)가 새롭게 나타나기 시작하였다. 특히 다자간무역협상이 새롭게 인접 국가를 중심으로 블록화 되어 가는 추세를 보였다. 점차 EU, NAFTA, ASEAN, AFTA의 지역경제통합체의 성격을 띠게 되었다.

지역주의는 경제통합이라는 배타적 경제블록을 통한 세계적 양상이 된 것은 1956년 EEC의 결성과 그 성공이 계기가 되었다. 하지만 경제통합은 시대와 상황에 따라 서로 다르게 나타나고 통합의 개념도 견해가 다양하기 때문에 경제통합이 무엇인가를 일관되게 정의하기는 쉽지 않다.

특히 차별대우 가운데 무역거래 시에 있어서 경제통합을 형성하는 국가를 우선적으로 무역장벽의 제거에서부터 시작하는 것이 보통이다. 통합되는 경제단위 간 차별제거의 정도에 따라 경제통합의 형태를 자유무역지대, 관세동맹, 공동시장, 경제동맹, 완전경제통합으로 구분한다. 경제통합은 현실적으로 시장규모 확대를 통한 경제적 이익과 자유무역의 이익, 그리고 강력한 무역협상력의 확보를 통한 가맹국의 이익 확보를 목표로 한다.

WTO체제하에서 다자간 교역체제 강화로 인해 국가 간에 야기될 수 있는 피해를 선진국들이 경제통합의 강화를 통하여 해결하고자 할 경우 경제통합을 통한 지역주의는 다자주의의 중대한 제약요인으로 작용 할 수도 있다. 경제통합은 통합을 통해 각국의 자원이용 효율화 규모의 경제를 통한 이윤극대화를 위한 무역전화효과를 바탕으로 점차 확대, 복잡화되어 갈 전망이다.

2. 글로벌지역주의의 형성

글로벌경제통합 즉, 글로벌지역주의는 상호협의와 협력을 바탕으로 경제발전을 꾀하고자 하는 목적을 가지고 있다. 국가 간의 경제적 발전을 위하여 지역적 경제통합의 필요성이 대두되었다. 특히 제2차 세계대전 후 사회주의 경제권이 형성되었으며, 자본주의 국가들은 수출시장의 축소와 수출경쟁의 치열함, 무역장벽의 내용으로 나타나기 시작하였다. 제2차 대전 후 저 개발도상국들의 독립으로 인하여 선진국과 저개발국가간의 경제블록이 깨어지게 되었다. 선진국들은 수출시장을 잃었으며, 수평적인 경제개발을 통하여 경제적 이익만을 추구하는 경향이 뚜렷하게 나타났다.

전자, 석유화학, 원자력의 발달은 생산기술의 개발을 통한 생산의 규모와 방대하여 글로벌적 연관성은 더욱 커지게 되었다. 그러므로 자유무역화의 추진은 제2차 세계대전 후의 세계경제에 있어, 중요한 과제로 등장하였으며 무차별, 호혜주의를 원칙으로 자유무역화를 추구하여 왔다. 경제통합이라는 말의 정의는 틴버젠(J. Tinbergen)의 경우 경제가 최적상태로 운영되는 것을 저해하는 인위적 장벽을 제거하는 바람직한 경제구조를 형성하는 것으로 보았고, 뮈르달(G. Myrdal)은 기회균등의 서구적 이상을 실현하는 것으로 보았다. 또한 벨라 발라사(Bela Balassa)는 지역통합 연구에 관한 5가지로 주장하였다. 발라사의 5가지 경제통합의 내용은 자유무역지역, 관세동맹, 공동시장, 경제동맹, 전면적 경제통합이다.

3. 경제통합의 형태

1) 경제통합의 배경과 의미

경제통합(Economic Integration)이란 말은 1949년 10월 31일 폴호프만이 유럽경제협력기구의 연설에서 비롯되었다. 일반적으로 경제통합이란 지리적으로 인접한 두 개의 국가와 또는 그 이상의 국가들이 서로 대등한 위치선상에서 경제의 이익의 공동추구를 목적으로 동맹관계를 결성하고 가입된 회원국에게는 차별적인 대우를 철폐하여 자유 무역권을 부여하는 것이다.

경제통합의 목적은 지리적 인접, 역사의 공동성, 문화적 배경, 경제적 긴밀성 등 이해관계를 공유하는 특정 국가들을 대상으로 무역상의 무차별원칙을 적용하자는 것이 경제통합의 핵심적 내용이다. 경제통합은 인접한 국가와의 상호의존적인 관계를 통한 무역자유화를 이루어 나가는 것이며, 개별경제주체 간 차별이 존재하지 않는다는 입장이다.

2) 경제통합의 효과와 유형

경제통합의 효과는 자유무역과 관세동맹 및 공동시장, 완전통합 등의 내용으로 축약할 수 있다. 더 나아가 경제통합의 유형은 시간과 형태에 따라 급진적인 형태와 유럽연합과 같이 경제적인 이익실현과 문제점 극복을 바탕으로 정치적인 통합까지 추구하는 점진적인 형태로 분류할 수 있다.

또한 경제통합은 형태별로 제도적인 유형과 기능적인 유형으로 분류할 수도 있으며 제도적인 경제통합(Institutional)은 경제주체간의 통합조건과 형태결정의 합의 후에 통합하는 형태를 말하며 기능적 형태의 경제통합(Functional)은 제도적인 결합장치와는 관계없이 개별 국가 간의 산업이 서로 상호연계, 보완적 관계에서 경제적인 결속을 강화해 나가는 형태를 기능적 형태의 통합이라고 한다. 그리고 경제통합의 형태에 의한 유형은 발라사의 주장에 의한 경제통합의 5가지 내용은 다음과 같다.

첫째, 자유무역지역(FAT)이다. FTA는 경제통합의 형태 가운데 가장 기초적인 형태이며, 가맹국간의 무역에 방해요인으로 작용하고 있는 관세, 수입수량할당제를 폐지하여 지역 내의 무역을 자유롭게 하자는 것인데, 역내관세 및 수량제한을 폐지하자는 목적으로 통합된 기구는 북미자유무역협정(NAFTA: North American Free Trade Agreement)이 그 대표적이다.

둘째, 관세동맹(Customs Union)은 자유무역지역에서의 관세와 수입수량할당제 폐지 외에도 관세협정을 체결하여 대내적으로는 관세 및 수량제한을 철폐하고 대외적으로는 역외 공동 관세를 적용하는 형태로서 3국의 경제동맹이다.

대표적인 관세동맹으로는 벨기에, 네덜란드, 룩셈부르크의 관세동맹인 베네룩스 관세동맹과 브라질, 아르헨티나, 우루과이, 파라과이 등 남미 4개국이 결성한 남미공동시장(메르코수르: MERCOSUR)이 관세동맹의 대표적이다. 그리고 관세동맹의 특징은 FTA가 한 단계 발전한 것으로 역내무역 자유화를 통한 비회원국에 대해서도 공동관세율을 적용한다. 결국 국가 간 경제통합의 단계는 자유무역협정(FTA)– 관세동맹(Customs Union) 더 나아가 공동시장(Cummon Market)– 경제공동체(Economic Community)– 단일시장(Single Market)으로 발전한다.

셋째, 발라드 주장의 3번째 내용은 공동시장의 개념이다. 공동시장은 자유무역으로의 역내관세와 수량 및 관세부분 보다 범위가 훨씬 넓은 것은 공동시장(Common Market)의 개념으로 2국 이상이 역내 공동체를 결성하여 역내 생산요소 이동 자유화를 실현하기 위한 목적으로 이는 중국과 미국의 공동시장이 그 대표적이다.

넷째, 경제동맹(Economic Union)의 형태로 공동시장을 더욱 발전시킨 단계로서 재정금융 통상노동 등 경제정책 조정을 위한 단계가 된다. 이 단계에 해당하는 것은 EU 즉 유럽연합니다. 유럽연합은 역외공동관세로서 협정국이 협정국 외의 국가와 거래 관계발생 시 협정국 모두 같은 관세를 적용하는 것이다. 경제동맹은 경제정책 전반에 걸친 각국 정부가 사전에 긴밀한 협조 하에 정책면에서 조정할 수 있도록 하는 종합형태이다.

다섯째, 경제통합의 형태는 자유무역을 바탕으로 관세동맹과 공동시장의 개념을 거쳐 화폐 및 경제동맹의 과정을 통한 완전경제통합(Complete or Total Economic Integration)의 단계로 나타나게 되는데 이 가운데 가장 이상적이고 완전한 경제통합의 형태 즉, 전면적 경제통합이다.

〈표 5-4〉 경제통합의 단계별 유형과 특징

단 계	내 용
제1단계 : 자유무역지역	협약국가 간 무역 관세 철폐(역내관세 철폐)
제2단계 : 관세동맹	자유무역지역, 역외 공동관세 부과
제3단계 : 공동시장	관세동맹, 생산요소(노동, 자본)의 자유이동
제4단계 : 경제동맹	공동시장, 경제정책 협력 및 공동 경제정책 수행
5단계 : 완전한 경제통합	경제동맹, 가맹국 상호 및 초국가적 기구를 설치, 사회 및 경제정책의 조정, 통합, 관리(정치적 통합 포함)

경제통합은 단순한 경제조정의 정책적인 수단에 머물지 않고 모든 경제정책을 통합, 통일의 개념의 하자는 것인데, 이를 위해서는 각국의 주권으로부터 독립한 행정기구의 설치를 필요로 한다. 그러므로 경제통합의 형태는 자유무역지역, 관세동맹, 공동시장, 경제동맹, 완전경재통합의 단계로 발전함과 동시에 이러한 개념에 따라 동맹적인 관계의 단계가 높아지는 것으로 알 수 있다.

3) 경제통합의 현황

(1) 유럽연합(EU)

유럽연합은 1951년 유럽석탄철강공동체 설립에서 비롯되었다. 그 당시의 서독

(독일)과 프랑스, 이탈리아, 네덜란드, 벨기에, 룩셈부르크 6개국은 유럽석탄철강공동체를 결성, 경제성장에 주요 자원인 석탄과 철강을 공동으로 관리하였다. 1956년 로마조약이 발효되어 유럽경제공동체와 유럽원자력공동체를 설립하였다.

〈표 5-5〉 주요 경제통합체 현황

	1967년	1984년	1995년	1997년	1999년	2002년	2008년	2010년	2015년
주요일지	아세안 창설	회원국 확대			ASEAN 완성	AFTA 공식 발효	ASEAN 헌장 발효	관세철폐	
대상국가	ASEAN 5	브루나이	베트남	라오스 미얀마	캄보디아			ASEAN6	CLMV
회원국	5개국	6개국	7개국	9개국	10개국			인도네시아 말레이시아 싱가포르 태국 필리핀 브루나이	캄보디아 라오스 미얀마 베트남

자료: ASEAN Secretariate

주목적은 관세를 철폐하고 세제를 통일하는 한편 자본과 노동의 역내 이동을 자유로이 할 것을 협의하였다. 1967년 유럽석탄철강공동체, 유럽경제공동체의 통합 발전하였으며, 1973년 오일파동으로 더욱 통합을 활성화하게 되었다.

그 후 1993년 마스트리히트조약 발표이후 유럽연합을 공식적으로 발표하게 되었다. 주요기관으로는 집행위원회 이사회, 유럽의회, 유럽사법재판소, 유럽중앙은행 등이 있다. 특히 1991년 12월 마스프리히트조약에서 단일통화를 바탕으로 유럽경제 및 통화통합을 하게 되었다.

(2) 북미자유무역협정(NAFTA: North American Free Trade Agreement)

제2차 세계대전 이후 세계경제를 주도했던 미국은 1980년대에 소비지향적인 경제구조와 생산성 저하에 따른 제조업 부문의 글로벌경쟁력 약화로 재정과 무역적자가 확대되면서 전 세계적으로 미국의 지위가 하락하는 추세를 보였다. 미국은 지리, 역사, 경제적인 상호의존도가 높은 북미지역의 경제통합을 추진하게 된 것이다. 1988년 미국과 캐나다간의 체결된 자유무역협정을 바탕으로 1990년 미국과 맥시코간의 자유무역협정을 시작으로 캐나다를 포함하여 북미자유무역협정을 체결하게 된 것이다.

북미자유무역협정은 유럽연합과는 달리 문화적 배경이 비슷한 미국과 캐나다를 중심으로 경제통합을 이룬 것이 특징이다. NAFTA는 미국주도 하의 지역경제 통합의 형태로 미국은 EU의 출범에 따른 북미지역의 경제를 통합하여 위치를 굳건히 하자는 것이다.

NAFTA의 주요내용으로 상품교역규범, 서비스, 투자, 부속협정, 기타분야로 구별, 상품교역규범은 관세 및 비관세장벽의 철폐로 A분야에 해당하는 상품은 즉시 관세를 철폐하고, B분야에 해당하는 상품은 5년 내에 점진적으로 철폐를, C분야의 상품에 관해서는 10년 이내, C+에 해당하는 부분은 15년 이내에 단계적으로 관세를 철폐하도록 규정하였다. 또한 상품교역규범 가운데 산지규정은 상대국 수입품의 원산지를 규명하여 관세특혜의 적합성 여부를 판정하기 위한 제도이지만 글로벌적 통일의 규정은 없다.

서비스 교역규범으로는 금융서비스, 통신, 육상운송 등 부문별 규정을 두고 있다. 서비스 대외무역은 내국민대우, 최혜국대우, 무차별원칙을 적용하고 기존의 무차별적 수량제한에 관하여는 상대국의 요청에 의해 협상할 수 있으며, 서비스 교역에 대한 규제나 제한수단으로 서비스교역에 대한 각종 허가, 증명을 요구하지 말 것을 규정하였다.

투자규범으로서 역내국의 투자나 투자조건에 대해 원칙적으로 내국민대우를 부여함과 동시에 역외국의 투자에 관해서는 최혜국대우를 부여하였다. 부속협정으로는 환경협력에 관한 북미협정, 노동협력에 관한 북미협정, 세이프가드(긴급조치)에 관한 NAFTA 역내국간의 양해사항 등이 포함되어 있다.

(3) 아시아·태평양경제협력체(APEC: Association of Southeast Asian Nations)

APEC은 1960년대 말 태평양경제협의회(PBEC: Pacific Basin Economic Council)로 시작되어 1970년 이후 일본을 중심으로 아·태평양경제협력 구상이 제안되었으며, 1980년 태평양경제협력위원회(PECC: Pacific Economic Cooperation)의 창설과 함께 본격화 되어 의견수렴과 협상의 과정을 통한 협력의 원칙, 정부참여의 중요성에 관하여 언급하였다. 후에 APEC의 발전에 큰 공헌을 한 셈이다.

APEC는 1989년 11월 호주의 켄버라에서 4가지 주요의제를 논의하였다. 주요논의 내용은 첫째, 세계 및 아시아·태평양지역의 경제발전과 둘째, 세계적인 무역자유화, 셋째는 개별분야에 있어 지역협력의 가능성과 넷째, 아시아·태평양 협력의 향후 방향에 관한 논의 사항이었다. 그 후 1991년 3월 서울선언에서는 아시아·태평양지역주민 공통의 이익과 지역성장 발전의 지속적인 발전과 세계경제의 공헌 및 지역경제와 세계경제를 위한 재화, 서비스, 자본, 기술 등의 교류를 통한 상호 의존적인 관계진전이었다.

아시아·태평양과 세계경제를 위하여 개방적, 다자간 통상질서를 강화하며, GATT 원칙에 따라 재화와 서비스교역 및 투자에 대한 장애요인을 제거하기로 하였다. 1994년 인도네시아의 보고르에서 채택된 무역자유화, 무역투자 원활화, 개발협력을 기하도록 결정하였다. 주요 추진내용은 APEC가 1989년 출범이후 경제협력 사업을 중점으로 추진되어 오다가 1994년 보고르 선언을 계기로 무역과 투자의 자유화, 원활화(TILF)를 통한 경제기술, 협력을 바탕으로 전개하였다. 1965년 오사카 행동지침(OAA)채택 및 1996년 마닐라 실행계획(MAPA)채택으로 본격적인 무역과 투자자유화 및 원활화가 추진되었다.

2003년 제1차 SOM에서는 경제기술협력(EECOTECH: Economic and Technical Cooperation)의 4대 과제를 채택하였으며 이는 세계경제로의 통합, 대 테러 능력배양, 지식기반 경제발전, 세계화의 사회적 측면 고찰이었다. 그리고 2005년에는 SCE(SOM Steering Committee on ECOTECH)로 재편되었으며, 2006년 제3차 SOM에서는 새롭게 목표를 설정, 그 목표는 지속가능한 성장 및 공평한 발전, 역내 국가 간 경제적 격차 감소, 그리고 경제 및 사회복지 증진과 역내 공동체 의식 심화였다.

2010년까지 아시아·태평양 지역의 자유로운 과학기술 인력의 교류를 위해 공동노력을 아끼지 않아야 할 것이다. APEC체제의 특징은 시장주도의 통합과 상호보완성의 활용 및 APEC의 기본 골격인 무역 및 투자의 자유화 실현을 위한 노력과 경제, 기술협력을 바탕으로 인적자원의 개발과 산업과학화 기술, 중소기업, 경제적 인프라구축, 에너지와 통신 및 관광, 무역과 투자정보, 무역진흥, 해양자원보존, 수산업과 농협기술의 총 13개 과제를 각 분야별로 제시하였다.

(4) 동아시아국가 연합(ASEAN: Association of South-East Asian Nations)

동남아시아 국가들은 외부환경에 변화에 공동으로 대처하고 지역 내의 경제협력을 바탕으로 1967년 ASEAN(방콕)을 창설하게 된 것이다. 1960년대 중반부터 본격화된 베트남 전쟁, 인도차이나 공산화, 동남아시아 국내의 문제 등 지역협력체 차원에서 동남아시아를 둘러싼 글로벌정치적 갈등의 공동대응 필요성이 증대되었다. 이때 말레이시아, 싱가포르, 인도네시아, 태국, 필리핀의 5개국을 중심으로 창설되었고, 후에 브루나이(1984년), 베트남(1995년), 라오스(1997년), 미얀마(1997년), 캄보디아(1999년)가 가입하여 10개국이 되었다.

초기에는 역내 외 전쟁방지, 갈등처리 메커니즘 형성이 주류였으나 외교와 안보차원의 문제가 해결된 후 역내협력을 바탕으로 경제성장을 도모하게 되었다. 특히 1993년 ASEAN 6개국은 아세안자유무역지대(AFTA)설립을 추진하여 2008년까지 역내 공산품에 대한 관세율을 5% 이내로 인하하는 것에 합의한 바 있다. ASEAN의 특징 가운데 가장 큰 특징은 회원국간 경제규모 및 발전수준, 정부형태, 사회문화적 배경 등이 매우 상이하다는 것이다.

ASEAN은 지역협력체에서 찾아볼 수 없는 독특한 운영체제인 아세안방식에 의거 국가주권에 대한 존중과 상호내정 불간섭, 회원국의 정책에 대한 공개적 비판금지, 비공식적이고 유연한 외교, 협의 및 합의에 의한 정책결정 등으로 특징지을 수 있다. 또한 무역적 측면에서는 전 세계적인 경제블록화가 가속화되는 가운데 1992년 ASEAN자유무역지대(AFTA)추진은 세계시장에서의 경쟁력과 역내교역 규모를 확대하는 계기가 되었다.

1994년 공동유효특혜관세(CEPT) 협정발효로 회원국의 예외품목을 제외한 모든 역내 상품무역 관세가 0~5%로 인하되었다. 1999년 제3차 비공식적 정상회의에서 결정된 내용에 따라 ASEAN선발 6개국은 2010년 1월부터 모든 적용품목의 관세를 철폐하는 한편 베트남, 캄보디아, 미얀마, 라오스 4개국은 2015년 1월부터 관세철폐를 시행할 것을 계획하였다.

하지만 ASEAN의 역내교역 비중은 유럽의 1950년 수준에 불과하며 ASEAN 각국의 역내교역 비중은 1990년부터 2008년까지의 인도네시아, 필리핀, 미얀마 3국의 역내교역이 가장 두드러지게 증가추세를 보였다. ASEAN 경제통합의 원인은 유럽의 경제통합에 비해 ASEAN의 경제통합은 최근에 부각되기 시작하였으며, FTA를 통한 단일시장이 추구는 ASEAN의 내부적, 외부적 환경의 변화원인을 찾아보게 된다. 그리고 ASEAN 국가들 간의 통화협력의 필요성은 1997년~1998년 동아시아 금융위기를 계기로 증대되었다.

〈표 5-6〉 각 지역 무역협정 범위

<table>
<tr><th>역내
관세철폐</th><th>역내 공동
관세부과</th><th>역내 생산요소
자유이동 보장</th><th>역내 공동
경제정책 수행</th><th>초국가적
기구설치/운용</th></tr>
<tr><td>자유무역협정
(NAFTA, EFTA 등)</td><td></td><td></td><td></td><td></td></tr>
<tr><td colspan="2">관세동맹
(베네룩스 관세동맹)</td><td></td><td></td><td></td></tr>
<tr><td colspan="3">공동시장(EEC, CACM, CCM, ANCOM)</td><td></td><td></td></tr>
<tr><td colspan="4">경제동맹(EC)</td><td></td></tr>
<tr><td colspan="5">완전 경제통맹(EU)</td></tr>
</table>

제4절 세계화와 자유무역협정(FTA)

1. FTA의 의의

FTA(자유무역협정: Free Trade Agreement)는 무역 당사국과의 상거래에 있어서 상품 및 서비스의 이동에 관한 관세와 기타 무역장벽의 철폐를 목적으로 협정된 글로벌조약이다. FTA는 관세동맹의 지역무역 협정의 하나이며, 경제통합의 형태인 동시에 지역주의의 가장 중요한 수단이다. 자유무역협정은 협정 발효와 동시에 전 품목에 관세를 철폐하는 것이 원칙이지만 당사자 간 협상을 통해 조정이 가능하다. 기존의 WTO 세계무역기구체제의 무역협정은 모든 회원국들에 공통적인 분모를 찾아 무역협정을 맺는 일종의 최혜국대우원칙을 고수하기 때문에 협상 자체가 장기간 소요되고, 합의점을 도출하는데 난점이 있다.

또한 협정이 허용하는 범위에서는 관세나 무역제한을 유지할 수 있기 때문에, 각종 무역장벽이 생길 수밖에 없다. FTA는 양자주의 또는 지역주의를 기본으로 하는 특혜무역체제이기 때문에 회원국간합의를 통해 낮은 관세나 관세철폐를 중심으로 수출입제한을 적용하여, 결과적으로 회원국 간의 무역장벽이 축소되어 서비스의 교역투자가 늘어남으로써 회원국의 경제발전과 후생을 증대시키는 특징이 있다.

따라서 WTO는 FTA의 보호무역주의적 색채에도 불구하고 FTA가 지속적으로 확대될 경우에는 궁극적으로 전 세계의 무역 장벽이 제거될 것이라는 이유로 FTA를 예외적으로 인정하고 있다. 자유무역협정은 1960년 창설된 유럽자유무역연합(EFTA)과 1994년 미국 캐나다 멕시코의 3개국의 지역화인 북미자유무역지대(NAFTA), 1992년부터 싱가포르, 말레이시아, 인도네시아, 필리핀, 브루나이, 태국 등 아세안 6개국이 2008년을 목표로 추진 중인 아시아자유무역지대(AFTA) 등이 있다.

1) FTA의 장점과 단점

FTA의 장점은 회원국 간의 무역장벽이 축소됨으로써 시장이 크게 확대된다는 점이다. 특히 우리나라와 같이 좁은 시장구조에서 큰 효과를 거둘 수 있는 부분이다. 따라서 비교우위 상품의 수출이 촉진되고, 뿐만 아니라 협정대상국은 물론 역외 국가들의 투자를 촉진하는 효과도 거둘 수 있다.

FTA의 단점으로는 협정대상국에 비해 현저히 경쟁력이 뒤처진 산업의 경우에는 침체를 초래할 수 있다는 점과, 실질적으로 경쟁력이 없는 상품이 역내 관세철폐만으로 경쟁력을 획득함에 따라 자원배분이 왜곡될 수 있다. 자유무역협정이 체결된 이후 1990년대에 있어서 무역장벽 철폐와 지적재산권, 경쟁정책, 정부조달 등 경제활동에 관한 다양한 분야의 규정을 포함하게 되었다.

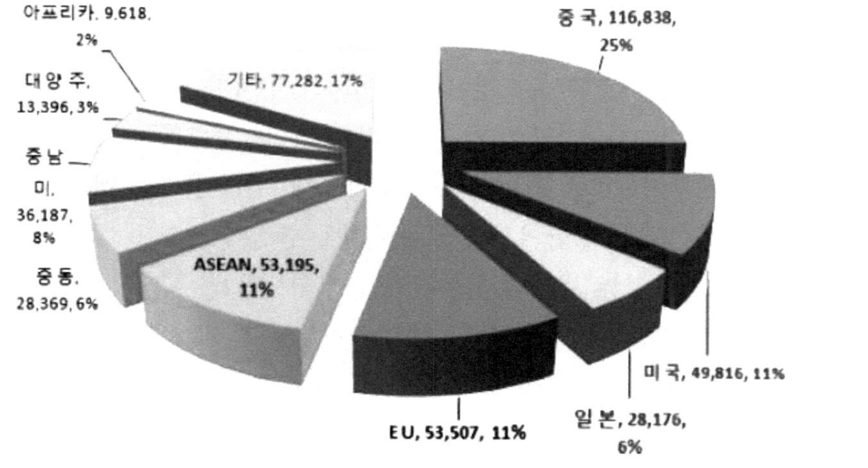

[그림 5-2] 자유무역협정의 변화추이

최근에는 전자상거래, 노동기준, 환경 등의 새로운 분야에 걸쳐 확대 적용하게 되었다. 특히 FTA의 주요 관심사는 관세와 수량제한 철폐를 중심으로 서비스무역에 관한 내국민대우를 하는 것을 골자로 하여 원산지규정, 긴급수입제한조치, 반덤핑조치, 보조금과 상계조치, 예외와 유보사항, 분쟁해결 등의 규정에 관한 자유무역협정의 핵심적 처리사항이다. 특히 자유무역협정은 투자보장협정, 조세조약, 상호인증협정, 경제협력협정, 통관절차 간소화, 정보공유, 데이터베이스의 정비, 인력과 사회 및 문화의 교류, 무역촉진 원활화 등을 위한 제반의 조치를 첨가하는 자유무역협정의 규정사항이 계속 증가하고 있는 셈이다.

2) FTA로 인한 영향

자유무역협정은 특정국가간에 배타적인 무역특혜를 서로 부여하는 협정으로 가장 느슨한 형태의 지역경제통합 형태이다. 지역무역(RTA: Regional Trade Agreement)의 대종을 이루고 있으며 WTO의 통계자료에 의하면 2010년 현재 GATT 및 WTO에 발효 중인 RTA는 총 285건으로 나타났다. 현재 발효 중인 FTA는 276건으로 지역협정을 체결 시기별로 보면, 1947년~1994년까지 91건, 1995년 이후 2010년 4월까지의 통계자료에 의하면 185건이 체결되었고 최근 지역주의의 광범위한 영향 아래 있음을 시사하고 있다.

[그림 5-2]에서 한국은 FTA로 인한 미국과 EU보다 크게 나타날 전망이며, 2010 기준 대중국 수출은 1,168억 달러로 452억의 흑자를 가져왔다. 특히 관세율을 점차 낮춰 0%로 할 경우 기존의 9.7%인 관세율에 비해 약 55억 달러의 이익을 있을 것이라는 기대치를 보인다.

2. FTA의 추진배경

한국의 급속한 경제발전은 대외교역을 통하여 이루어진 것을 부인할 수 없는 현실이다. 한국은 GATT와 WTO의 다자무역체제의 가장 큰 수혜국 중의 하나이다. 그 이유는 한국은 다자간 무역을 통하여 시장의 확대를 가져왔고 이에 따른 경제성장을 이룩한 것이다. 그러므로 지속적인 발전을 위해서는 WTO를 중심으로 한 다자체제와의 지속적인 지역체제와 교역을 통한 다양한 세계시장과의 통합화를 이루어 나가는 일이다.

현재 FTA를 중심으로 지역주의는 더욱 가속화되어 통상환경의 다변화를 추구하고 있다. 특히 각국의 FTA의 체결 경쟁은 날로 심각하여 DDA[1)](도아개발어젠

다: Doha Development Agenda)협상이 합의도출의 난항을 겪고 있어 많은 국가들이 양자 간 지역협정에 의존하는 경향이 뚜렷해졌다. 따라서 한국의 FTA체결은 1992년 EU 출범과 1994년 NAFTA를 바탕으로 지역주의는 더욱 확산되었다. 최근에 비교적 소극적인 움직임을 보였던 일본, 중국은 FTA에 관하여 앞 다투어 체결하려는 조짐이 보인다.

〈표 5-7〉 2021년 한국의 FTA 체결 현황

2021년 1월 1일 현재

발효(17건)	서명·타결	협상 중	여건 조성
한·영 FTA (2021.1.1.) 중미(2019*) 콜롬비아(2016) 베트남(2015) 뉴질랜드(2015) 중국(2015) 캐나다(2015) 호주 (2014) 터키(2013) 미국(2012) 페루(2011) EU(2011) 인도(2010) 아세안(2007) EFTA(2006) 싱가포르(2006) 칠레(2004)	역내포괄적경제동반자협정(RCEP): 서명(2020.11) 한·인니 CEPA: 서명(2020.12) 한·이스라엘 FTA: 타결(2019.8)	한·중·일 FTA 한·에콰도르 FTA 한·MERCOSUR FTA 한·필리핀 FTA 한·러시아 FTA 한·말레이시아 FTA 한·캄보디아 FTA	한·우즈벡 STEP 한·PA FTA 한·EAEU FTA 〈검토 중〉 포괄적·점진적 환태평양 경제동반자협정 (CPTPP)

* 부분 발효((2019)니카라과, 온두라스, 코스타리카, (2020)엘살바도르)
** 한·영 FTA 발효(2021.1.1.)로 우리나라는 56개국과 17건의 FTA를 발효.

1) 2001년 11월 9일~14일까지 카타르(Qatar)의 도하(Doha)에서 열린 세계무역기구(WTO) 제4차 각료회의에서 합의되어 시작된 다자간 무역협상 '도하개발의제', '도하개발어젠다'라고 불림.

3. FTA의 추진목적과 방법

FTA의 추진목적은 우리나라가 GATT와 WTO로 대표되는 다자무역체제의 가장 큰 수혜국가로서 경제발전의 대부분이 대외무역에 의존하고 있는 전형적인 무역국가이다. 최근 FTA 즉, 자유무역협정을 중심으로 한 지역주의(Regionalism)의 가속화로 인하여 GATT와 WTO체제보다 강하게 확산되고 있는 추세이다. 1992년 EU출범과 1994년 NAFTA의 발효를 계기로 지역주의가 세계적으로 확산되어 FTA 네트워크 역외국가로서의 피해를 최소화 하는 한편, 새로운 신 시장 개척을 위해 FTA의 확대를 서두르고 있다.

한국은 전략적인 FTA 추진을 위해 상품, 서비스, 투자, 정부조달, 지적재산권, 기술표준 등 광범위한 FTA의 협상을 모색하고 있다. 한국의 FTA는 2003년 이후 정부는 적극적이며 본격적인 FTA추진을 해 오고 있다. FTA추진에 관한 사항은 한국무역협회, 외교통상부 등에서 해당 자료들을 찾아 최근의 지식을 습득할 수 있다.

4. 한국의 FTA 추진상의 효과

한국의 FTA의 효과는 일본보다 더 큰 효과를 거둔 것으로 평가하고 있다. 한국이 체결한 FTA의 국가 중 체결직전 보다 1.2~3.2배로 증가하였고, 수출액은 1.2~4.배로 증가하였다. 실제로 한국이 싱가포르와 FTA체결 후 전체 교역 증가율은 1.5배 상승하였으나 일본은 0.7배에 그쳤으며 칠레와의 전체 교역증가율은 한국은 1.7배였으나 일본에 비하여 0.7배에 그친 것으로 나타났다.

FTA의 체결을 통한 효과는 정태적 효과와 동태적 효과로 구분할 때, 정태적 효과는 무역창출효과, 무역전환효과를 포함하고 있다. 정태적, 동태적 분석이란 효과(효용, Efficiency)를 예측하는 통계적 기법으로 정태적 분석(static, stationary)이란, 일시적 현상을 분석하는 것이며, 동태적 분석(dynamic)은 장기적이며 발전 지향적 분석을 말한다. 그러므로 정태적 분석은 단순(Simplicity)한 반면, 동태적 분석은 복잡(Complexity)한 분석 구조를 갖는다. 정태적 효과는 크게 두 가지로 구분한다. 첫째, 무역창출효과(Trade Creation Effect)는 관세의 철폐에 의한 상품의 생산이 경쟁력이 낮은 국가로부터 경쟁력이 높은 국가로 이동하고, 이에 따른 무역이 신규로 창출되는 효과를 의미한다.

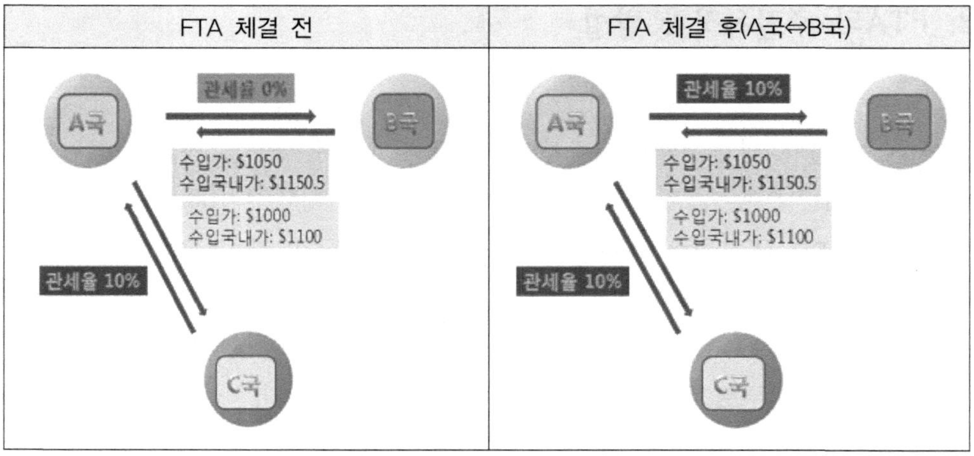

[그림 5-3] FTA의 체결 전, 후의 효과비교

무역전환효과(Trade Diversion Effects)는 FTA체결 이후 역내국가와의 관세가 철폐되고 역외국에 대해 상대적으로 높은 관세가 부과됨에 따라 수입관계는 역외국에서 FTA 체결국으로 전환되는 효과를 말한다.

[그림 5-3]에서 살펴보면, A국(한국)은 C국(벨기에)에서 B국(칠레)으로 수입거래를 변화시키고 C국이 FTA체결로 인해 A국과의 수출거래를 상실하게 됨을 알 수 있다. 즉, 한국과 칠레가 FTA를 발효하지 않았을 때는 기존의 벨기에(C국)와 거래가 왕성하였지만, 한국(A국)과 칠레(B국)가 FTA를 체결함으로써, 한국에서는 벨기에의 물품보다 칠레의 물품을 더 선호하게 된다. 이는 무역전환효과의 결과이며 실제로 칠레와의 거래로 인하여 한국에서의 미국산 포도주 시장이 2위였으나 FTA로 인하여 칠레가 그 자리를 차지하게 된 것을 알 수 있다.

FTA를 통해 특혜관세가 적용됨에 따라 FTA체결 이전보다 효율적으로 생산되고 수입되던 국가의 물품(역외국 물품)이 FTA체결을 통해 비효율적이고 높은 가격으로 생산되는 국가의 물품(역내국 물품)으로 대체되는 부정적인 효과도 나타날 수 있다.

둘째, 동태적 효과는 자유무역협정을 체결한 이후 어느 정도의 시간이 지남에 따라 서서히 나타나는 현상을 말하는데, 역내 시장규모의 확대에 따라 규모의 경제(Economies of Scale)를 실현함으로써 생산비를 절감하게 되는 것이다. 특히 기술이전 등이 촉진됨에 따라 고용창출, 소비자의 후생 증진 등의 효과가 있고 역내국간 통관절차, 투자제한조치, 기술장벽, 지적재산권 보호 등 불합리한 무역투자 규제가 개선되고 투명성이 강화되어 역내국간 통상 분쟁이 줄어들게 되며 사전에 예방할 수 있게 된다.

〈표 5-8〉 정태적 효과와 동태적 효과의 비교

구 분		내 용	효 과	
			가입국	역외국
정태적 효과	무역창출 효과	- 역내 무역장벽 철폐 이후 가입국 간 새로 무역이 발생	+	+ (간접적)
	무역전환 효과	- 역내 무역장벽 철폐 이후 기존 - 역외국(저비용 생산국)으로부터의 수입이 - 역내국가(고비용 생산국)로 전환되는 효과	-	-
동태적 효과	시장확대 효과	- 역내 무역장벽 철폐로 시장이 확대되어 규모의 경제가 발생	+	+ (간접적)
	경쟁촉진 효과	- 역내 시장 개방에 의한 경쟁압력의 강화로 생산성 향상 - 규제완화, 구조개혁, 경쟁증대로 산업구조 고도화	+	+ (간접적)

동태적 효과란 수역전환효과라고도 하는데 가령 미국에서 청바지를 10,000원에 수입해 온다고 할 때, 한국이 칠레와 경제통합을 한다면 칠레에서 청바지를 15,000원에 판매한다고 가정할 대, 미국대신 칠레와 거래해야 하기 때문에 5천원만큼의 높은 가격을 주고 칠레에서 청바지를 수입해 와야 한다는 결론이다. 따라서 자유무역협정의 결과 장점과 단점 즉, 정태적인 입장과 동태적인 입장이 동시에 존재한다고 보는 것이다. 그러므로 무역창출 효과는 국민경제의 후생을 증진시키지만, 무역전환 효과는 국민경제의 후생에 부정적인 결과를 줄 수 있다.

〈표 5-9〉 무역창출효과와 무역전환효과의 비교

구 분	무역창출효과	무역전환효과
역내무역규모	증대	증대
무역발생패턴	무역이 없다가 새로이 발생 (자급자족 → 수입)	무역은 지속되는 가운데 상대자만 변경(수입상황은 지속)
생산지변동	역내 고생산비국 → 역내 저생산비국	역외 최저생산비국 → 역내 고생산비국
비교우위원리	비교우위원리가 작동	비교우위원리에 역행
자원의 배분	효율적	비효율적
관세동맹의 성공조건 (회원국 입장)	무역창출효과를 최대화시키고, 무역전환효과를 최소화시킨다.	

5. 한국의 FTA 환경

1) 한·영 FTA

영국의 EU 탈퇴(브렉시트)에 대비하여 영국과 선제적으로 체결한 한·영 FTA가 2021년 1월 1일부터 발효되면서 기존과 큰 변동 없이 대영국 수출입 시 특혜관세를 적용받는 연속성을 확보하게 되었다. 한·영 FTA에 따르면 일정 요건을 충족할 경우 EU를 경유한 수출 역시 3년 간 한시적으로 직접운송으로 인정받아 특혜관세 혜택을 부여받게 된다.

〈표 5-10〉 2021년 한국 수출기업의 대영국 수출 여건

대영국 직수출 기업	EU 현지생산 대영국 수출기업
• 한·영 FTA 발효로 특혜무역 관계 지속 유지 • 요건 충족시 EU 경유 영국수출 역시 3년간(2021~2023) 직접운송으로 인정됨	• EU·영국 통관 시 무관세 지속 적용 (영·EU 미래관계 협상 타결) • 원산지규정 충족(EU산 인정)여부 체크 필요 -(세 번 변경기준, 특정공정기준) EU내 필수공정 수행 -(부가가치기준) EU역내 산 부분품 비중 점검

영국·EU간 미래관계 협상이 타결되었으나, 대영국 수출기업은 이행기간이 종료되는 1월 1일부터 통관, 인증 등에서의 변화에 유의해야 한다. 영국·EU간 역외통관절차 부활에 따른 영국 세관의 업무량 증가로 영국측의 수입통관이 지연될 가능성이 높다. 영국은 2019년 기준 전체 수입액의 49.1%가 EU로부터의 수입이다.

영국은 CE 인증을 대체할 독자적인 UKCA 인증을 발표했으나, 2021년 말까지 한시적으로 EU 공인기관의 적합성 평가를 받은 CE 인증의 효력을 인정한다. 단, EU는 이행기간 종료 후 영국 공인기관의 적합성 평가를 받은 CE인증의 효력을 인정치 않는다.

2) 2021년 발효가 기대되는 FTA

(1) 역내포괄적경제동반자협정(RCEP)

한국과 아세안 10개국, 중국, 일본, 호주, 뉴질랜드 등 15개국은 2013년 협상개시 후 8년간의 협상을 거쳐 RCEP에 서명하였다. RCEP은 한국이 체결한 첫 메가

FTA로, 첫째, 아세안, 중국 등 기존 FTA 체결국가와의 교역조건 업그레이드 및 수출기업의 선택지 확대, 둘째, 일본과의 첫 FTA 타결, 셋째, 회원국간 원자재-중간재-소비재 공급망 상 유기적으로 연결된 상호 보완적 무역구조를 활용한 상품무역 확대 효과가 기대된다.

RCEP은 세계인구와 GDP의 30%를 차지하는 메가 FTA로, 한국의 RCEP 회원국과의 무역비중은 49.2%를 차지하고 있다. 한국은 신속히 RCEP 비준을 추진할 예정이며, RCEP 발효조건을 감안할 때 2021년 하반기 RCEP이 발효될 것으로 예상된다. RCEP은 아세안 10개국 중 6개국 이상과 비아세안 5개국 중 3개국 이상이 국내 비준절차를 마치고 사무국에 비준서를 제출한 날로부터 60일 후 발효된다. 우리 기업들은 품목별·시기별로 기존 RCEP 회원국과의 FTA와 RCEP을 비교 분석하여 최적의 수출전략을 수립하는 데 RCEP을 적절히 활용할 필요가 있다. RCEP에서 보장하고 있는 누적 원산지조항을 활용한 수출전략 수립, 아세안 국가의 문화콘텐츠, 유통, 물류 등 서비스시장 진출 도모 등을 모색할 수 있다.

(2) 한·인도네시아 CEPA

한국과 인도네시아는 2019년 2월 한·인도네시아 CEPA 협상 재개를 선언, 2019년 11월 공식타결을 거쳐 2020년 12월 18일 서명을 마치고 발효만을 남겨두고 있다. 인도네시아는 인구 규모 세계 4위(2.7억명)이며 아세안 최대 경제규모(GDP 1.1조 달러)로 최근 비교적 높은 경제성장률(2019년, 5.0%)을 기록하는 잠재력이 큰 시장이다. 이로써 기존 한·아세안 FTA보다 인도네시아 시장의 개방 수준이 높아지면서 한국 기업이 중국과 일본 등 경쟁국과 관세 측면에서 동등하거나 우위의 경쟁력을 확보하게 된다.

양국이 모두 국내 비준을 무난히 완료할 것으로 예상됨에 따라 2021년 중 한·인도네시아 CEPA를 활용한 한국기업의 대인도네시아 수출확대가 기대된다. 품목별로는 플라스틱, 철강, 자동차부품 등의 대인니 수출확대가 기대되며, 발효 후 관세 즉시 철폐로 일본과 동등한 무관세 수출이 가능하다. 건설 및 자동차 산업 수요증가로 철강의 수입증가가 기대되며, 한·아세안 FTA에 비해 높은 수준의 양허를 달성하여 중국, 일본산과의 경쟁력을 확보할 수 있다.

(3) 한·이스라엘 FTA

한국과 이스라엘은 2019년 8월 한·이스라엘 FTA 협상의 타결을 선언한 이후 정식 서명을 준비하고 있다. 최근 이스라엘의 코로나19 상황 악화 등으로 어려운 환경이나, 2021년 상반기 한·이스라엘 FTA의 서명이 이루어질 것으로 기대하고 있다. 이스라엘은 중동 핵심시장이자 한국의 승용차, 가전, 휴대전화 수입국으로, 한·이스라엘 FTA는 한국이 중동국가와 체결하는 최초의 FTA라는 의미가 있다.

3) 2021년 타결이 기대되는 FTA : 한·캄보디아 FTA

한국과 캄보디아는 2020년 7월 양자 FTA 협상을 개시한 이래 코로나19의 확산에도 11월의 화상협상을 포함해 4차례의 공식협상을 활발히 이어오고 있다. 캄보디아는 개방 의지가 높고 2011년부터 줄곧 7% 이상의 경제성장을 이어 온 국가로, 한국의 주요 수입품은 음료, 편직물, 화물자동차 등이다. 한국은 캄보디아의 7위 수입대상국(1위는 중국, 2019)이며, 코로나19의 영향으로 한국의 대캄보디아 수출(2020.1~11)은 전년동기비 20.0% 감소하였으나, 최근 캄보디아의 코로나19 방역상황 개선으로 2021년에는 수입수요의 회복이 기대된다.

캄보디아와의 FTA가 타결, 발효되면 한·아세안 FTA 및 RCEP보다 수준 높은 시장 개방과 향후 한국 기업들의 진출 확대 계기가 될 것으로 기대된다.

4) 참여검토 : 포괄적·점진적 환태평양경제동반자협정(CPTPP)

미국 바이든 행정부의 출범에 따라 CPTPP 관련 논의가 주요국을 중심으로 활발해지고 있다. 미국 대선 종료 후 주요 싱크탱크들을 중심으로 바이든 행정부가 CPTPP 복귀를 검토해야 한다는 의견이 제시되고 있다. 미국 입장에서 RCEP 타결은 아시아 지역에서 중국의 영향력 확대로 해석할 수 있으며, 이에 대응하기 위해 미국도 무역뿐 아니라 정치, 안보적 관점에서도CPTPP 복귀를 적극 검토해야 한다는 것이다.

중국의 시진핑 주석이 CPTPP 가입 검토 의사를 밝힌 이래 최근 중앙경제공작회의에서도 CPTPP 가입을 적극 검토할 계획임을 밝혔다. 2021년 8대 경제정책 핵심 과제 중 하나로 '전면적 개혁개방'을 내세우고, 높은 수준의 대외개방 추진을 위해 CPTPP 가입을 검토하겠다고 선언하였다. 한국 정부 역시 미국의 CPTPP 복귀 움직임, 기존 회원국에 대한 시장접근성 개선 정도, 우리 산업과 시장의 민감성 등 요소를 종합적으로 고려하여 CPTPP 가입을 신중히 검토할 것으로 보인다. 그러나 미국은 코로나19 방역 및 국내투자 확대 등 국내이슈 해결 전까지 신규 무역협정에 참여하지 않겠다는 입장이며, 중국 역시 CPTPP 가입을 위해서는 노동, 환경, 투명성 등 다양한 기준을 충족해야 하는 과제가 있다.

[그림 5-4] 한국의 FTA 네트워크

2. 시사점

한국은 2021년 1월 현재 56개국과 17건의 FTA가 발효 중이며, 이들 국가들과의 무역 비중은 70%(2019년 무역통계 기준)를 육박하고 있다. 2021년에 RCEP, 한·이스라엘 FTA 발효 시 FTA 발효국과의 무역 비중은 77.1%까지 상승될 전망이며, 한국의 10대 수출대상국 중 홍콩, 대만, 멕시코를 제외한 모든 국가와 FTA를 발효 중이거나 체결상태에 있다. 거대 경제권과 FTA를 체결한 한국은 향후 잠재력이 있는 신흥국과의 FTA 추진 및 기존 FTA의 질적 업그레이드에 중점을 두어야 할 것이다.

한·아세안 FTA 체결 이후 베트남(2015년 발효), 인도네시아(2020년 서명)와 양자간 FTA를 통해 기존 FTA를 업그레이드한 것처럼 신남방 국가들, RCEP 회원국과의 양자 FTA 추진을 통해 시장개방 수준을 높여 나갈 필요가 있다. 양자 FTA, 복수국간 FTA, 메가 FTA 등이 중첩되어 발효되는 상황에서 한국의 기업들은 가장 유리한 조건의 FTA를 선별하여 활용해야 한다. RCEP이 발효되면 중국, 베트남, 싱가포르, 말레이시아 등 주요 수출대상국으로의 수출에 활용할 수 있는 FTA의 선택지가 늘어나는 만큼, 수출기업은 품목 및 시기별로 FTA 활용전략을 세밀히 점검해야 한다.

우리나가 FTA의 체결을 통하여 수출입의 우위를 확보하기 위한 전략은 다른 그 어떤 나라들보다 복잡하고 다양하다. 최근의 무역협회의 통계자료(2018)에 의하면, 한국은 세계화의 추세에 걸맞는 다양한 국가 즉, 미국을 비롯한 EU와 FTA를 체결하고 있으나 양허대상이나 양허기간 등에 있어 국민경제 발전을 고려할 수밖에 없는 요인들이 많다. 이를 위해 정부의 다양한 FTA 지원기관들의 통합된 업무지원 및 활용을 통한 제도의 일원화가 보다 절실히 필요하다.

제 6 장

세계화시대 한국의 통상정책

제1절 세계화시대 통상환경의 변화

1. 세계화를 통한 글로벌통상의 양상변화

1) 세계화와 시장

세계화의 거센 물결은 하나의 거대한 국가적 개념으로 통합화와 표준화를 추구하게 되었다. 전 세계의 인구는 하나의 거대한 국가의 국민적인 생활이나 문화, 환경 등의 거의 모든 삶을 표준화하기에 이르렀다. 하지만 세계화로 인한 문제는 선진국의 앞선 기술들이 들어와 자국의 산업을 발전시키고 문화와 삶의 질을 높여준 것은 국민이나 국가적 입장에서도 참 좋은 세계화의 혜택을 입고 있다고 하겠다. 그러나 전 세계적으로 자국의 산업과 문화 등의 모든 것들을 노출할 수밖에 없는 입장이어서 하나의 시장에서 일어나는 갖가지의 상행위들이 전 세계적인 성향을 띠고 있음을 알 수 있다.

따라서 자국의 산업과 국민경제의 발전에 더욱 목소리를 높이에 되었고, 이에 글로벌적인 상행위에 대한 거센 압력을 커버해야만 자국의 시장이 생존권을 보장할 수 있기에 이르렀다. 전 세계적으로 자국 산업과 자국의 시장보존과 국민의 경제적인 삶을 위하여 다각도로 노력을 기울이지 않으면 안 되게 되었다.

특히 FTA로 인하여 개방 압력의 힘이 동네 구멍가게에까지 그 영향이 미치게 되었다. 이러한 세계화의 거센 물결에 휩쓸려 허우적거리는 삶을 영위하지 않으려면 시장의 완전개방과 통상정책의 효율성을 가져 오는 것이 우선의 이슈가 되어버렸다.

2) 통상정책의 변화와 경제적 영향

세계 경제는 교통과 정보기술의 발달을 통하여 구사회주의 경제권의 시장경제로의 통합, WTO 다자협상에 의한 글로벌규범의 확산, 글로벌금융시장 통합, 지역주의 확산 등을 통해 개방화, 글로벌화 되었다. 그러나 석유와 철강에 대한 글로벌원자재 시장의 불안정으로 인하여 가격이 변동하는 등락을 거듭하고 있으며, 통상환경에 매우 불안한 요소로 작용되고 있다. 특히 이러한 세계시장의 방향과 흐름을 예측하기 힘들게 만드는 것이 중국이다.

중국은 세계의 시장에서 개방경제의 흐름을 타고 발전한 중국은 원자재 시장의 비중이 10년간 약 10%에서 25% 수준으로 증가하였으며, 이러한 추세를 바탕으로 계속되는 원자재에 대한 가격 안정을 꾀하기는 어려울 것으로 보이며, 글로벌유가 즉, 두바이유 기준의 중동 정세와 OPEC의 정책, 세계 경기 등에 따라 등락의 추세는 있어왔지만 계속적으로 추가 인상될 전망이다. 그러므로 세계화와 지역화의 영향은 전 세계적인 공급과잉을 낳았다. 공급과잉은 글로벌통상의 환경을 복잡하게 해 주었다. 수요부문이 성숙단계에 들어선 가운데 전 세계적으로 주요업종의 생산능력은 계속 증가해 공급과잉으로 나타나고 말았다.

특히 신흥시장 국가들의 중화학공업 중심의 수출주도형 성장전략으로 공급과잉을 더욱 빠르게 움직이게 되었으며, 선진국에서도 고령화 사회에 따른 구매력이 점차 감소추세로 돌아서게 됨에 따라 공급과잉은 피할 수 없는 일이 되었다. 공급과잉은 수출경쟁심화, 보호무역주의 강화, 환율전쟁, 세계경제 침체와 금융의 불안을 유발시켜 대외무역 환경을 악화시키게 된다.

따라서 자유무역을 지향하는 WTO가 출범하였음에도 불구하고 자국 산업보호를 위한 무역구제 수단은 날로 증가하고 있는 추세이다. 특히 반덤핑 제소가 크게 증가하였을 뿐만 아니라 UR을 비롯한 다자간 무역협상 및 양자 간 자유무역협정으로 인하여 관세인하로 자국 산업보호를 위해 상대적으로 반덤핑, 세이프가드, 상계조치를 최대한 활용하는 추세에 이르렀다.

또한 국내시장과 세계시장에서의 환경오염 유발 제품의 가격이 상승하게 되었으며, 이에 따른 가격의 경쟁력이 낮아져 수출은 물론 국내의 산업도 어렵게 만들고 있다. 환경라운드가 진행됨에 따라 생산요인의 공정이나 제품에 이르기까지 환경오염을 유발하는 제품들에 대한 경쟁에서 뒤쳐질 수밖에 없게 되었다.

그리고 블루라운드라고 일컫는 임금협상, 근로시간 조정 등에 관한 기준마련을 서두르고 있어 노동기준이 미비한 국가에서의 임금부분은 상승을 통한 가격상승을 도모하게 됨으로 경쟁에 큰 영향을 미칠 것이다. 여기에 관세율과 기타 시장에서의 제 조건을 추가한다면 생산되는 해당 제품에 큰 타격을 입게 될 것으로 보인다.

3) 글로벌통상의 변천과정

글로벌통상이란 18세기의 중상주의의 발생을 시작으로 중농주의, 자유주의, 보호주의, 다자주의, 지역주의, 신자유주의, 신보호주의, 중도주의 등으로 시대적 변화에 따라 통상의 이념이 발전하였다. 그러나 글로벌통상이라고 할 때 글로벌통상의 기본이념은 16세기 유럽의 중상주의이며, 당시의 화폐급증과 지불수단의 증대로 인하여 중상주의로 태동한 것이다. 이를 위하여 국가의 부는 수출입을 통한 국부 증대를 통하여 무역차액에 의한 정책 발전을 꾀하였다. 이러한 배경 하에서 수출장려, 수입억제, 중계무역, 관세정책 등이 나타났다.

중상주의는 시대적 변천에 따라 중금주의에서 무역차액주의 혹은 산업보호주의로 전화되었으며, 이 시기는 절대왕정시대로 시민혁명의 의회주의적 중상주의, 수공업에서 공장제수공업으로 변화, 상업자본의 지배에 대한 대외무역에 중점을 둔 농공업의 보호정책으로 변화되었다.

(1) 자유주의 통상

자유주의 통상은 산업발달로 인하여 글로벌통상의 증가로 말미암아 국부를 금은의 축척으로 보는 관점이 점차 흐려지고 무역차액의 증가에 있는 것이 아님을 아담스미스가 밝혔다. 그는 국민들이 매년 생산해내는 생산물의 양을 기준으로 삼았다.

특히 자유경쟁과 자유무역은 글로벌 분업을 촉진하여 자연적, 인위적인 생산조건을 달리하는 나라들과의 생산조건에 맞는 생산을 분담함으로써 세계경제 및 자국의 경제에 이익이 된다는 주장이다. 그러므로 자유주의는 후진국의 유치산업을 보호하기 위하여 보호주의가 태동한 것이다.

당시 영국의 자유주의에 대항한 독일, 미국이 자국의 공업보호를 위해 보호조성책을 주장하였으나 이를 위해 관세수출입금지 보조금 및 장려금 등의 정책적 수단을 제시하기도 하였다. 국내 산업을 보호할 목적으로 공업화를 통한 산업간 분업의 이익과 상호간 수요창출에 의한 안정된 시장을 갖는 것이라고 보았다.

(2) 보호주의 통상

보호주의는 정부가 상품과 서비스의 국가 간 이동을 통한 자국 산업보호와 글로벌수지 등을 고려하여 간접조치를 취할 수 있어야 한다는 주장이다. 국내 고용창출과 생산요소의 가격을 글로벌적으로 균등화시키는 것을 반대하고 관세부과로 인한 수입국에서의 무역이익과 특정 산업의 보호에 힘을 얻을 수 있다고 주장한 것이다. 국가 간 경제발전을 통한 산업구조의 상이함으로 인하여 자유주의 통상정책이 채택되고, 경제발전 단계가 같아서 산업구조가 동질적인 경우라면 보호주의 통상정책이 채택된 것이다.

결과적으로 변천과정의 특징은 1930년대 세계 제1차 대전 이후 대 공항이 찾아왔고, 제2차 대전 이후에도 자국중심의 보호주의적 무역이 글로벌전쟁의 시발점임을 깨달아 각 국의 협의 하에 글로벌경제기구를 설립하여 무역자유화를 통한 무역확대와 통화가지 안정을 도모하려 하였다. 이러한 경향의 움직임을 다자주의라고 한다.

다자주의는 GATT와 WTO의 생성이후 전 세계적으로 확산되어 글로벌통상의 뼈대를 형성하였다고 볼 수 있다. 하지만 이러한 통상의 이념에 반대하고 나타난 것이 지역주의이다.

(3) 지역주의 통상

지역주의는 특정지역의 나라들이 협정을 통하여 광역경제권을 형성한 후 무역자유화를 통한 산업그조의 조정과 통화재정 금융상의 상호공조정책을 펴 보자는 것이었다. 특히 다자주의는 상호동등의 자유경쟁을 그리고 지역주의는 역내국가가 상호 협력하여 역외국가에 대항하는 구조이다.

세계 통상정책은 제2차 대전이후 강대국이었던 미국의 주도하에 자유무역의 조짐을 보이기 시작하였다. 1970년 이후 두 차례의 석유파동으로 인하여 글로벌무역수지적자의 심화로 보호주의적 통상정책은 유럽으로 확대되었고, 이때의 보호주의를 신보호주의라고 하며, 고전적 보호주의보다 강력한 것이었다.

(4) 신보호주의 통상

신보호조의의 특징으로는 공정무역을 통한 비관세조치로 무역을 규제하는 것이다. 이러한 신보호주의의 경향 후에 새롭게 WTO의 체제 하에서 시장개방과 세계화를 통한 통합과 표준화로 나타나기 시작하였고, 이러한 통상이념은 1990년대까지 전 세계적으로 자유주의의 경향아래 무역이 성행할 수 있었다. 이를 신자유주의라고 부른다. 그러나 이러한 경향도 1990년 중후반부터 유럽에서 중도주의적 통상이념이 발생하였다. 중도주의란 자본주의 시장경제원리와 사회복지를 바탕으로 새로운 미래경제 사회의 개념으로 나타났다.

글로벌통상 이념의 변천은 그 시대의 요구에 걸맞게 변천하여 왔음을 알 수 있다. 시대적인 흐름을 타고 각 국에서 상업의 중요성을 통한 중상주의 발생과 산업사회로 인한 무역의 증가로 자유무역이 발생하였으며, 산업사회의 발달로 인한 자국의 상황에 맞게 발전시키고자 한 것이 보호주의이다.

또한 글로벌상황에 맞게 맞추고자 한 것이 자유주의와 보호주의적인 통상정책이었다. 급변하는 무한경쟁시대의 21세기는 글로벌상황의 다변화로 인하여 다자주의와 지역주의의 새로운 경향이 대세를 이루고 있다. 자유주의와 보호주의를 표방한 새로운 개념으로 다자주의와 자유주의의 틀 안에서 지역주의가 상존하고 특정한 분야에서 보호주의의 경향을 띤 이중적 구조로 나타나고 있다. 그리고 지금 유럽에서는 중도주의라고 하는 시대적 흐름의 새로운 무역형태가 자리를 잡아가고 있다.

2. 글로벌통상 환경의 변화와 한국의 통상정책

1) 글로벌통상의 환경변화

글로벌통상은 세계화의 영향으로 인하여 더욱 활발하게 전개되게 된 셈이다. 통상이전의 단순한 시장거래의 수직적이고 통합적인 차원의 조직에서 이제는 선택의 과제에 관한 범위를 벗어나 관계를 중시하는 계약의 관계로 발전하게 되었다. 그리고 경제의 선진화에 따라 서비스 산업으로 인한 협상의 중요성은 크게 증대되었다. 그리고 노동력의 글로벌화를 통한 이질문화에 관한 동질성의 추구하게 되었으며, 구성원들과의 효율적인 업무적 관계를 요청하게 되었다.

또한 정책의 효과를 제거하기 위하여 지역경제 협력을 추구하기 위해서 정부 간 협력이 필요하게 되었다. 정부 간 협력은 서로 다른 문화의 대표로서 문화 간 충돌의 가능성이 크다는 점이다. 하지만 글로벌통상의 애로점은 글로벌협상에 관한 당사자들 간의 협상성과와 과정 및 의사소통방법을 조사하고 이를 다른 나라 협상자 간의 협상과 비교하여 연구하여야 하며, 서로 다른 문화 간 상이한 가치체계로 인한 정보처리의 애로가 있다는 것이다.

2) 통상정책의 의미와 한국의 통상정책

국가 간의 경제활동을 목표로 이에 따른 제 문제를 해결하기 위한 수단이 글로벌통상이다. 글로벌통상이라고 할 때 통상적인 의미는 글로벌무역상의 장애요인들을 제거하고 무역의 원활화, 효율화를 위한 적극적인 자세의 협상을 말하며, 이러한 활동을 위한 대외 경제활동의 준비 및 활동의 전 과정을 글로벌통상이라고 한다.

통상의 정책은 대내적으로는 자국의 수출을 증대하여 국민경제생활의 활력을 불어넣고, 대외적으로는 수입을 억제하는 정책을 펴 나가는 것인데, 이때 각 국가 간의 무역에 관한 상호 이익의 부분에 관한 이해 조정을 필요로 하게 된다. 이러한 통상을 원만하게 해결하기 위한 정책의 하나가 통상정책이다.

일반적으로 통상이란 말은 무역과 연관된 한 개념으로 수출과 수입에 관한 내용으로 이해하여 왔으나, 통상정책은 통상과 관련된 국가전략이나 대외관계를 포함하는 폭넓은 의미로 사용하고 있다. 그러므로 통상이라 함은 경제정책의 하나이며, 대외정책의 일종으로 상대국과의 관계 개선을 통한 무역 대상국과의 상호 연관성을 띤 동시 발전적인 영향아래 있게 된다. 그리고 이러한 통상의 제 문제에 관하여 이해관계의 이해 조정을 위한 외교와 통상의 일상적인 규범을 통한 통상의 정책을 펴 나가고 있다.

한국통상 정책의 몬적과 목표는 우선적으로 국민경제생활의 활성화를 위한 것이기 때문에 당연 수출을 증대하고 수입을 억제하는 영향을 하게 될 것이다. 그리고 수출증대와 관련된 통상의 협정 및 체결, 경제관계의 각종 협정 체결 등을 통하여 정책적인 조치를 바탕으로 수출과 연계되지 않는 조처가 취해질 수 없는 것이다. 왜냐하면 수출증대를 위하여 수입을 억제하려고 한다면 무역 상대국과의 관계에서 국내산업의 산품이 무역 교역대상국가에서 얼마나 수입규제조치를 당하느냐 하는 것이다.

따라서 수출을 증대하여 국민경제와 나라 발전에 이바지 하게 됨으로써, 수출과 관련된 해외시장의 개척과 통상확대 및 자원 확보는 좀 더 적극적 자세로 추진할 것으로 보인다. 왜냐하면 자원 확보는 곧 원자재 공급확보를 통한 생산요소의 원가절감과도 밀접한 관계가 있는 것이며, 이를 생산하여 수출하여 상품대금을 받으려 한다면, 수요와 공급에 의하여 한국의 산품에 관하여 과연 얼마나 인정을 하고 있느냐 하는 문제가 나타나게 된다. 그러므로 외국으로 이전한 해외기업들로 하여금 경제, 기술협력 강화 등을 통하여 지속적으로 발전시켜 나가고 있다.

3) 글로벌무역기구에 참여중인 한국

우리나라가 글로벌무역기구에 참여하여 활동하고 있는 분야는 세계무역기구(WTO)와 경제협력개발기구(OECD), 글로벌통화기금(IMF), 글로벌부흥개발은행(IBRD), 유엔무역개발회의(UNCTAD), 글로벌연합(UN), 아시아태평양경제협력체(APEC) 등이다. 특히 1994년 45개국 연합국이 참가한 가운데 브레튼우즈에서 글로벌자유무역의 새로운 금융질서 확립을 위한 관세 및 무역에 관한 일반협정인

GATT와 글로벌통화기금인 IMF체제의 출범에 합의함으로써 세계화의 영향을 통한 통상과 투자에 큰 변화를 가져오게 되었다.

1950년대에 있어서 이러한 체제하에서의 자유무역주의와 글로벌통화질서의 안정을 통한 글로벌무역이 활발하게 진행될 수 있었다. 무엇보다 선진국들의 자유무역은 대외무역과 외환거래의 자유를 통한 획기적인 발전을 도모할 수 있었다. 우리나라도 여기에 동참하여 자본 및 외환자유화를 통한 IMF의 일익을 담당하게 된 것이다. 우리나라가 글로벌기구와 경제협력관계에 있어서는 1960년 후반부터 크게 진척되었다.

1961년 IBRD의 자매기구인 글로벌개발협회와 1964년의 글로벌금융공사에 가입함으로써 세계은행 그룹과 함께 금융개발에 커다란 유익을 주었다. 그리고 1964년 한국개발금융의 창립과 1974년 한국투자금융 창설에 힘입어 더욱 더 발전 추세로 나가게 된 것이다. 물론 1965년의 글로벌연합무역개발회의(UNCTAD)에 가입함으로 인하여 개발도상국의 산업화와 글로벌무역 참여에도 힘껏 동참하게 되었다.

특히 정부는 1967년 GATT에 가입한 후 글로벌상사분쟁 조정기구인 제네바조약 등 3개의 글로벌조약에 가입하였다. 또한 1990년 1월에는 수량할당 폐지, 관세와 비관세장벽 완화 등의 자유무역을 통한 GATT의 11조국으로 이행하게 되었다. 그리고 1989년 12개 청성회원국 중의 하나로서 아시아태평양경제협력체(APEC: Asia Pacific Economic Cooperation)에 참가하여 최대 규모의 지역경제 협력체로 활약하게 되었다.

우리나라는 1991년 제46차 UN 총회에서 북한과 함께 UN회원국으로 가입하여 세계 각국과 글로벌협력을 도모하였으며, 제2차 세계대전 직후 전쟁방지와 평화유지를 위해 설립된 글로벌기구인 UN에 가입하게 되었으나 우리나라는 UN에 가입하기 위하여 1949년부터 무려 46년 동안이나 가입을 위한 노력 끝에 이뤄낸 쾌거이기도 하다.

1990년대에 있어 대외경제와 관련하여 1995년에 세계무역기구(WTO)의 출범과 1996년 경제협력개발기구(OECD)의 가입, 1993년 자본과 외환시장의 자유화, 개방화를 추진하였고, 1996년에 OECD에 가입함으로써 자본시장과 외환시장의 선진화와 경제운용의 선진화를 도모하게 되었다.

하지만 우루과이라운드의 종결로 인한 WTO의 영향을 받게 되었는데, WTO는 모든 국가에 적용되는 단일원칙이다. WTO의 원칙의 핵심적인 내용은 상품과 서비스 및 생산요소의 이동이 세계화의 영향으로 인하여 전 국가에 자유로이 이동할 수 있게 되었다. 따라서 글로벌통상의 질서는 더욱 복잡하고 또 다른 경쟁을 낳게 되었으며 이로써 세계는 무한경쟁시대에 돌입하게 된 것이다.

4) 우리나라의 대외통상협력

(1) 양자 간 무역협정

두 나라간의 교역수행 조건을 설정하기 위해 협정을 체결하는 것이며, WTO회원국으로서 비차별, 시장접근 등의 혜택을 누리고 있는 입장이라면 별도로 양자협정을 체결하여 양자 간 무역촉진 및 무역진흥을 위한 것이다. 물론 양자 간의 협정에는 최혜국대우와 내국민대우의 큰 차원에서 살펴볼 수 있다.

최혜국 대우란 통상 항해조약 등에서 한 나라가 어떤 국가에 부여하고 있는 가장 유리한 조건의 대우를 상대국에도 부여하는 일이지만, 흔히 통상이나 항해조약에 규정되며 이러한 규정조항을 최혜국대우라고 한다. 따라서 사전에 조약에 규정한 조항대로 통상, 항해, 산업, 거주, 과세, 사법상의 권리 등에 대하여 인정된다.

내국민대우는 국가가 타국의 국민에 대하여 자국민과 차별을 두지 않고 동등한 대우를 하는 것을 말한다. 이러한 대우를 규정하는 조약의 규정을 내국민대우 조항이라고 하며, 특정한 사항에 대한 내외국인의 차별대우를 배제하려는 것이다. 일반 글로벌 법에서는 국가에서 그 영역 내에 거주하는 외국인의 법적지위를 자유롭게 보장한다는 원칙으로 내국민대우 조항을 조약에 규정하는 것으로 어떤 사항에 관한 내국민대우 부여의 조항을 개별의 통상항해조약이나 기타 조약의 규정에 의하여 결정하게 된다.

(2) 다자간협정

다자간협정은 무역 상대국과의 시장개방과 자유무역을 통한 무역활성화와 글로벌규범의 정립을 바탕으로 글로벌교역의 불확실성을 동시에 제거하자는 취지이다. 이를 통하여 GATT의 지속적인 노력으로 관세인하 협상으로 공산품에 대한 관세가 인하되었으며, 특히 1999년 평균 4%미만으로 자리를 잡았다. 이는 제2차 대전이후 처음으로 10년 동안 세계경제 성장률은 연평균 5% 정도였는데, 그와 같은 높은 성장률은 부분적으로 낮은 교역장벽의 결과였다.

상품의 교역량은 1950년도에 비하여 무려 16배가 증가하였고 생산량에 대한 상품수출의 비율은 15%로 약 2배 증가하였다. 최근 세계 각국은 반덤핑조치와 수입

긴급제한조치 등을 시행하게 되었으며, 협정상의 무역제한 조치를 남용하고 자국 시장을 보호하려는 경향이 짙어졌다. 이러한 자유무역이 보호무역으로 가려는 경향을 막으려는 차원이 다자간무역협정이다.

(3) 자유무역협정

자유무역협정은 FTA와 지역주의로 세계화의 영향으로 인한 글로벌경제의 조류가 되었다. 물론 WTO의 출범으로 인하여 세계화는 더욱 가속화 되었지만 세계무역은 놀라운 발전을 꾀할 수 있었다. 그러나 지역협정의 확산으로 인하여 FTA가 개방을 통해 경쟁을 심화시킴으로써 생산성 향상에 기여한다는 측면에서 무역부문의 중요한 개혁조치로 부상하고 있다. 특히 무역 및 외국인직접투자의 유입이 경제성장에 원동력이 되었으며, FTA체결로 인하여 더욱 더 큰 힘을 불어넣어 주었다.

따라서 지역주의의 확산으로 인하여 자유무역협정(FTA: Free Trade Agreement)은 특정 국가 간에 배타적인 무역특혜를 서로 부여하는 협정으로서 가는 느슨한 지역 경제통합 형태이며, 지역무역협정(RTA: Regional Trade Agreement)의 대종을 이루고 있다. 그러므로 FTA는 회원국 간 관세 철폐를 바탕으로 자유무역협정(FTA: NAFTA), 회원국 간 자유무역과 역외국에 대한 공동 관세율 적용 즉, 관세동맹(MERCOSUR)이다.

또한 관세동맹에 추가하여 회원국 간 생산요소의 자유로운 이동이 가능한 공동시장(Common Market), 단일통화로 회원국 간 공동의회 설치와 같은 정치, 경제의 통합수준의 단일시장을 꾀하게 되었다.

FTA로 인한 체약국에 따라 매우 상이한 양상을 띠고 있다. 전통적인 FTA와 개도국간의 FTA는 상품분야의 무역자유화 또는 관세인하에 중점을 두고 있는 경우가 많다. 최근 WTO 체제의 출범을 전후하여 FTA의 적용범위도 크게 확대되었다. 이밖에도 지적재산권, 정부조달, 경쟁정책, 무역구제제도 등 정책의 조화부문까지 협정의 대상범위가 확대되었다.

제2절 세계화시대 한국의 통상정책

1. 한국의 통상정책 변화양상

우리나라의 통상정책의 법적근거는 1956년 11월 28일의 한국과 미국의 우호통상 및 항해조약과 1960년 2월 19일의 대한민국 정부와 미국 정부 간의 투자보장에 관한 협정에 근거를 두고 있다. 특히 우리나라의 통상정책의 주요목적은 경제 및 무역의 발전에 두고 있음을 알 수 있다.

해방 후 대외원조에 의존할 수밖에 없었던 통상정책은 해외시장과 수출주도형 성장으로 인하여 2000년대에 들어와 세계 11위의 경제대국이요 아울러 세계 12위의 무역대국으로 점차 발전을 거듭하여 나가고 있다. 또한 양자 간 및 다자간 통상협력과 글로벌경제기구 가입 및 개발도상국과의 통상협력 등의 노력을 계속하고 있다.

〈표 6-1〉 우리나라 통상정책 변화양상

구분	정부수립 후 ~1950년대	1960~ 1970년대	1980년대	1990년대	2000년대
통상정책기조	외자유입	무역확대	개방화 자유화	다자주의추구	다자주의, 지역주의, 자유화
통상정책기본방향	-경제기반구축 -수입 위한 수출 -원조자금 확보	-중상주의정책 -경쟁위주 통상 -수출지원/수입규제	-자유무역정책 -통상마찰 심화 -소극적 통상정책	-상호이익 추구 -개방화/자유화 -글로벌정책 조정	-개방된 양자관계 추구 -경제교류 활성화 -산업간 협력 조성
통상정책세부방향	-자원수출을 통한 외자확보 -생필품 수입 확대 -다자협상(무관심)	-수출을 통한 경제 성장전략 추진 -수입규제/국내산업 보호정책 -다자협상 수동적	-무역확대 관심 -수입 적극검토 -통상마찰 노력 -시장개방 확대 -APEC 참여 -양자 간 협상 치중	-무역의 균형 확대 -수출과 투자를 통한 IMF극복 -외국인 투자 유치 -다자/지역협상 참여	-무역액 확대를 통한 IMF체제 극복 -다자관계/자유무역 -글로벌무역기구의 참여

구분	정부수립 후 ~1950년대	1960~ 1970년대	1980년대	1990년대	2000년대
통상 정책 목표		국내후생의 극대화	국내후생의 극대화	국내/세계경제 후생극대화	세계화/지역화로 후생강화
통상 환경		-GATT 운영 -UNCTAD정착 -만성적 글로벌 수 지적자국 (최빈)	-GATT무력화 -UR협상타결 지연 -선진국 보호주의 -UNCTAD를 통한 GSP공여지속 -3저 호황: 글로벌 수지흑자 -신흥공업국 지위	-WTO 출범 -뉴 통상이슈 부각 -국가 간 상호 의존 심화/세계화 급진전 -UNCTAD를 통한 GAP 공여 지속 -수혜대상국 제외 -OECD 가입국 -IMF지원대상국 -무역 세계10위권	-지역주의 강화 -신자유무역주의 성행 -다자주의 경향 -WTO/GATT 등의 글로벌무역 기구 강화

〈표 6-1〉에서와 같이 1960년대는 수출위주의 무역정책을 펴 나가고 있으며, 이때 수입은 자동적으로 증가할 수밖에 없는 입장이어서 무역 확대형 산업구조의 형식을 띠게 되었다. 이러한 통상에 합당한 자세는 쌍무 간 및 다자간 통상관계의 변하에 대처한 것이라 할 수 있다. 1970년대는 보호주의적 무역정책, 1980년대는 개방정책으로 70년대의 공업화 추진과정에서의 수입대체정책과 석유파동 등으로 인하여 보호주의 경향으로 잠시 정책을 강화하였다.

1980년대 제5공화국의 경제의 개방화, 자율화를 통한 보호조의적 무역정책을 탈피하여 수입자유화가 가속화 되었다. 1990년대 이후 WTO 및 OECD 가입으로 각종 제도와 정책을 글로벌규범에 맞춰나갔다.

2. 시대별 한국의 통상정책 내용

1) 정부수립 이후~1950년대의 통상정책

정부수립이후 1950년대 한국의 통상정책 근거는 한일통상협정(1950.6.2)과 한미우호통상 및 항해조약(1956.11.28), 한국과 독일간의 기술원조 협정(1958.10),

한국과 월남간의 관세협정(1958.11.5)이다. 대부분 1940년대와 1950년대는 세계화의 영향으로 인하여 범세계적인 협력기구들이 탄생하게 되었으며, 경제부흥과 무역확대가 주 관심사였다.

특히 1944년 IMF(글로벌통화기금)와 IBRD(글로벌부흥개발은행) 및 1948년 GATT(관세 및 무역에 관한 일반협정)의 탄생과 미국과 소련의 동서냉전의 격화로 인한 구호원조 및 개발원조가 활발하게 진행되었다. 우리나라는 6.25전쟁을 통하여 경제부흥과 대외원조 및 외국의 원조에 치중하게 되었고, UN을 비롯한 글로벌기구에 의존하였다. 그 후 1955년 IMF와 IBRD에 가입하게 되었다. 그러나 미국의 원조관계를 벗어나지 못하였고 결국 양자 간의 통상협정으로 1956년 한국과 미국의 우호통상 및 항해조약을 체결하였다.

〈표 6-2〉에서 1950년 6월 2일의 한일통상협정은 전문 4조로 한일무역계획으로 구성되어 있는 한일통상협정은 양국 간의 통상관계를 긴밀화 하는데 목적을 두었다. 1950년대의 한국통상의 특징은 우선적으로 미국의 외자통제규제(FACR: Foreign Assets Control Regulation)[2]로 인한 교섭을 추진하기도 하였다. 해방이후 한국의 통상정책 특징은 자주적 통상정책을 시행하였으나 1948년까지는 미군정기 동안 한국의 자주적 통상외교정책은 목소리를 내지 못하다가, 1948년 8월 15일 대한민국정부 수립 직후에 시작되었다. 그 후 1950년 6월 2일에 한일통상협정의 체결을 통한 첫 통상협정이라는 점에서 매우 성과가 높다고 하겠다.

첫째, 무역거래는 본 협정이 체결됨과 동시에 금융협정의 조건과 규정에 의한다.

둘째, 양국 간의 수출입은 한일무역계획에 표시된 금액까지 허가함을 원칙으로 한다.

셋째, 한일무역계획은 언제든지 상호합의에 의하여 수정 또는 확장할 수 있다.

넷째, 양국 간의 무역거래는 당사국의 수출입통제 및 외환관리 범위 안에서 행한다.

다섯째, 양국은 제3국과의 무역을 촉진시키기 위해 다각적 무역을 발전시킬 가능성을 협의한다. 1953년 휴전협정으로 전쟁복구사업이 추진되면서 대외통상 활동에 관심을 나타내기 시작하였다. 이를 바탕으로 1956년 11월 28일 한미우호통상조약 및 항해조약을 체결하였다. 조약체결의 주요내용은 다음과 같다.

첫째, 국민의 입국, 체제, 거주에 내국민대우와 최혜국대우를 부여한다.

---

2) 외자통제규제: 6.25전쟁을 통하여 미국 정부가 중국, 북한 등 공산국가에서 생산된 완제품 수입 또는 생산된 원자재를 이용하여 비 공산국가에서 제조하거나 가공한 수입을 금지하는 규제조치를 말한다.

둘째, 법인의 사업 활동과 자유직업 수행에 최혜국대우를 부여한다.

셋째, 신체보호, 자산의 공개수용, 재판권 및 과세에 내국민 및 최혜국대우를 부여한다.

넷째, 관세 및 해운에 최혜국대우를 부여한다.

다섯째, 외환관리에 내국민대우 및 최혜국대우를 부여한다. 따라서 1950년대의 한국 통상정책은 통상외교활동의 강화, 통상 및 경제관계 조약체결, 해외시장의 개척 등에 중점을 두었다. 통상외교활동을 강화하기 위하여 글로벌기구와의 경제협력을 추구하여 UN경제사회이사회 산하기구인 ECAFE(아시아태평양 경제사회위원회)의 정회원국으로 참여하였다. 경제협정의 관계에 있어서는 한국과 월남의 관세협정 및 독일과의 기술원조 협정을 체결하였으며 해외시장의 개척을 위한 해외수출시장 조사와 시장개척 방안이 강구되었다.

〈표 6-2〉 정부수립 후 ~1950년대의 통상정책(요약)

주요일자	통상관련 내용
1945년~1948년	미군정기 동안 한국의 자주적 통상정책 암흑기
1948년 8월 15일	대한민국 정부수립 후 통상정책의 황무지
1950년~1953년	6.25 전쟁동안 통상정책 전무
1950년 6월 2일	한일통상협정
1956년 11월 28일	한미우호통상조약 및 항해조약
1958년 10월	한국과 독일간의 기술원조 협정
1958년 11월 5일	한국과 월남간의 관세협정
1959년 5월	필리핀 무역 및 문화친선사절단 내한 통상문제 토의

2) 1960년대 통상정책

1960년대의 한국 통상정책은 세계화로 인한 자유무역주의와 다자간협상인 케네디라운드(1964~1967년)가 전개되었다. 이때 개도국들은 선진국의 개발협력과 무역장벽 완화를 요구한 결과 1964년 UNCTAD 즉, 유엔무역개발회의가 창설되었다. 1960년 미국과 투자보장협정 체결, 1965년 UNCTAD, 1967년 GATT가입(1967년)의 통상정책을 확대해 나가게 되었다. 특히 1950년대의 미국 일변도의 협력관계에서 탈피하여 다변적 관계를 추구하고자 하였으며, 1970년 말까지 21개국과 통상조약을 체결하고 42개 글로벌기구에 가입하는 쾌거를 올리게 되었다.

〈표 6-3〉 1960년대의 통상정책 관련근거

주요일자	통상관련 내용
1960.2.19	대한민국 정부와 미국 정부 간의 투자보장에 관한 협정
1961.2.24	한국과 필리핀 간의 무역협정
1961.3.3	한국과 대만간의 무역협정
1961.9.15	한국과 태국 간의 무역협정
1962.4.24	대한무역진흥공사법
1962.11.5	한국과 말레이시아 무역협정
1962.12.19	한국과 월남의 무역협정
1963.3.12	한국과 프랑스 간의 관세협정
1963.5.21	한국과 브라질 간의 무역협정
1963.5.13	한국과 태국간의 무역관 전시품의 면세통관협정
1964.4.29	한인무역협정
1964.6.1.7	한국과 미얀마 간의 무역협정
1964.10.16	한국과 캄프치아 간의 무역 및 지불협정
1964.12.3	글로벌장기면직물협정
1964.	한독의정서 및 재정원조에 관한 협정
1965.1	한미 면직물수출입에 관한 쌍무협정
1965.3.9	한국과 이탈리아 간의 무역협정
1965.4.9	한국과 서독간의 무역 및 해운협정
1965.9.21	한국과 오스트레일리아 간의 무역협정
1966.1.26	면직물 수출입에 관한 쌍무협정
1966.3.24	한일무역협정
1966.12.12	한국과 멕시코 간의 무역협정
1966.12.20	한국과 캐나다 간의 무역협정

〈표 6-3〉에서 1960년대 통상방향은 교역상대국과의 무역협정체결 및 통상외교 추진, 해외시장 개척 등이었다. 특히 동남아제국과의 교역을 증진시키고 경제적 유대를 강화하기 위하여 무역협정을 체결하는 등 최혜국대우의 무차별원칙에 입각한 교역증진 및 무역균형에 관한 논의가 활발하게 진행되었다. 1962년 수출을 위한 해외시장조사와 수출입거래 알선 등을 목적으로 대한무역진흥공사법이 공포되어 통상의 틀을 확립하게 되었다.

(1) 1963년~1964년 통상정책

1963년의 통상정책은 통상지역의 확장에 중점을 두었다. 작년까지 동남아제국과의 교역증진과 경제적 유대관계의 무역협정 체결로 집중하였으나 1963년부터는 유럽국가와 남미국가에까지 확대하였다. 이때 한국과 프랑스, 한국과 태국 등과의 무역협정을 체결하였다. 정부는 글로벌박람회 참가요강을 제정하여 수출상품의 해외선전을 통한 시장개척과 글로벌친선 및 국위선양을 도모하였다.

1964년 전 세계적으로 통상외교정책을 확대하여 한인무역협정과 한국과 미얀마간의 무역협정, 한국과 캄프치아 간의 무역 및 지불협정을 체결하였다. 또한 한국수출품의 해외선전 등을 위한 글로벌박람회 참가와 해외무역관을 증설하여 해당지역별 수출목표를 세워나갔고, 특히 중동지역에 해외시장조사단을 파견하였다. 하지만 이때부터 섬유규제가 시작되어 글로벌장기면직물협정에 가입하였다. 그러나 전 세계적로 통상의 범위를 확대한 결과 한국과 서독간의 재정원조에 관한 협정을 체결하여 국가 발전에 큰 원동력이 될 수 있었다.

(2) 1965년~1967년 통상정책

〈표 6-4〉에서 1965년의 통상정책은 전 세계와의 통상관계 수립으로 수출목표를 1억 7천만 달러로 정하고 한국과 이탈리아, 서독, 오스트레일리아와의 무역협정을 체결하였다. 1966년에는 한미 양국 간의 면직물 수출입에 관한 쌍무협정을 체결하였으며, 교역 확대에 중점을 두었다. 경제발전계획에 의한 공산품 생산량이 증가됨에 따라 공산품의 수출증대를 위하여 지역별 교역확대를 확장시킬 필요가 있었다. 이로 인하여 한일무역협정, 멕시코, 캐나다, 월남, 서독, 태국 등과의 통상문제 해결을 이한 경제 각료회담을 개최하여 성과를 얻었다.

특히 1966년 12월 GATT이사회로부터 정식가입의 수락을 받았으며 71번째 회원국이 되었다. 이로 인하여 한국통상은 GATT의 의무를 준수와 권리를 행사하면서 무역자유화를 위한 개방경제체제로 나아가게 되었다. GATT 가입으로 인한 케네디 라운드 참여로 18개 품목에 관한 관세인하를 양허 받았으며, 이외에도 뉴질랜드, 스웨덴, 파키스탄과의 무역협정을 체결하였다.

〈표 6-4〉 1960년대의 통상정책

주요일자	통상관련 내용
1960년대 주요통상정책	• 본격적인 통상정책 추진 시도의 해 – 교역상대국과의 무역협정체결 및 통상외교 추진, 해외시장개척 – GATT가입과 케네디라운드의 다자간협상 참가, UNCTAD총회와 그 특별 회의의 참가국이 되었다는 점
1962년	• 통상정책은 통상지역의 확장으로 동남아 중심의 통상정책 – 수출 진흥을 위한 해외시장 조사와 수출입거래 알선 등을 목적으로 대한 무역진흥공사법이 공포되어 수출 진흥의 법제상의 조치가 취해짐에 따라 통상의 틀을 확립
1963년	• 유럽과 라틴 아메리카까지 확대 – 필리핀, 대만, 태국, 월남, 브라질, 말레이시아, 미얀마 등과 통상협정을 체결
1964년	• 전 세계적으로 통상외교정책을 확대 – 한인무역협정과 한국과 미얀마간의 무역협정, 한국과 캄프치아 간의 무역 및 지불협정을 체결
1965년	• 통상정책은 전 세계와의 통상관계 수립
1966년	• 한미 양국 간의 면직물 수출입에 관한 쌍무협정을 체결 – 교역 확대에 중점
1968년	• 아시아 상공회의소 연합회총회가 서울에서 개최되어 지역협력 논의, 통상의 변화 발전모색 – 한일회담개최, 한국과 대만 간의 합동경제협력위원회 개최 등의 경제협력과 통상확대
1969년	• 수출목표의 달성을 위한 지역별 수출 진흥 확대회의의 개최 – 대일무역현안, 미국의 대한면직물수입규제의 저지 등 – 수입규제조치의 철폐와 대일보세가공품 수출에 대한 부가가치 관세의 적용교섭 – 퀴지니, 니제르와의 무역협정을 체결

(3) 1968년~1969년 통상정책

1968년 5월 6일 아시아 상공회의소 연합회총회가 서울에서 개최되어 지역협력이 논의, 한일회담개최, 한국과 대만 간의 합동경제협력위원회 개최를 통하여 경제협력과 통상확대 등의 변화와 발전을 꾀하게 되었다. 1969년 통상정책은 수출목표의 달성을 위한 지역별 수출 진흥 확대회의의 개최, 대일무역현안, 미국의 대한면직물수입규제의 저지 등이 주요현안이었다. 이때 수입규제조치의 철폐와 대일보세가공품 수출에 대한 부가가치 관세의 적용교섭이 있었으며, 튀니지, 니제르와의 무역협정을 체결하였다.

따라서 1960년대의 한국 통상정책의 주요 특징은 통상정책의 본격적인 추진을 시도하였다는 점이다. 1962년까지의 동남아 중심에서 1963년 유럽과 라틴 아메리카까지 확대하였다. 이때 필리핀, 대만, 태국, 월남, 브라질, 말레이시아, 미얀마 등과 통상협정을 체결하였다. 특히 1960대의 핵심은 GATT가입과 이에 따른 케네디라운드의 다자간협상 참가, UNCTAD총회와 그 특별회의의 참가국이 되었다는 점이다.

3) 1970년대 통상정책

1970년대 한국 통상정책의 특징은 전 세계를 대상으로 통상정책이 진전되기 시작했다. 1972년에는 무역거래법이 개정되어 사회주의국가에 대해 수출입이 허용되기 시작하였고, 1973년에는 1980년대의 수출목표인 100억 달러 달성을 위하여 통상외교정책이 활발하게 추진되었다. 그해 6월 23일에는 평화통일외교정책선언이 발표되고 한국의 대 북방 통상외교가 공식적으로 시작되었다는 점이다.

대외적으로는 미국경제의 약화, 일본 및 EU(유럽연합)의 대두로 세계무역이 다원화되었으며, 1970년대는 도쿄 라운드(1973~79년)가 개최되어 다자간 무역협상이 본격적으로 전개되기 시작하였다. 그러나 2차례에 걸친 석유파동의 결과로 신보호무역주의가 태동하여, GATT중심의 자유무역체제가 동요하기 시작하였다.

이 시기에 한국에서는 수출주도 성장전략이 본격적으로 성과를 나타냈기 시작하였다. 유럽, 일본 등 선진국과는 공공차관도입, 기술도입, 투자보장협정, 이중과세방지협정, 기술협력협정 등을 체결함으로써 경제협력을 강화해 나갔다.

(1) 1971년~1973년 통상정책

〈표 6-5〉에서 1970년대의 통상정책의 기본방향은 수출 진흥을 위한 통상외교의

적극적 추진, 해외시장확대를 위한 무역협정 체결, 수출품목의 확대 및 관세율의 인하를 위한 무역협정체결국과의 통상회담 등이다. 1971년 다양한 국가와의 통상외교정책 추진하여 해외시장의 편중성을 지양함으로써 무역환경의 변화에 대처하였다.

1972년에는 일본과 중국 간의 국교수립으로 미국과 중국 간의 경제적 접근이 촉진되었으며, 중국이 UN에 가입함에 따라 동서양 경제권 간의 경제적관계가 강화되었다. 그리고 스미소니언 글로벌통화제도의 탄생, 미국의 신보호주의 강화, 유럽경제통합체의 확립 등으로 섬유제품의 수출증대를 위하여 한미 간의 인조섬유 및 모직물의 교역에 관한 협정을 체결하였고, 캐나다와의 섬유회담을 개최하였으며, 영국간의 섬유류 협상을 개최하는 한편, 한미 어업 및 패류협정의 체결을 하였다.

1973년이 1980년대 100억 달러 수출을 위한 기반조성의 해로 설정하여 통상정책을 펴 나가게 되었다. 각종 통상관계협정의 체결, 통상관계회담의 개최 등을 통한 경제협력을 강화와 GATT, IMF, UNCTAD, IBRD 등 글로벌경제기구와도 경제협력을 강화하였을 뿐만 아니라, GATT의 다자간무역협상 각료회의에 참석하여 비 상호주의를 주장하였다.

제29차 GATT 총회에 참석해 루마니아의 한국에 대한 GATT 제35조의 특정국에 대한 GATT 비 적용조항 적용의 철폐를 요구하였다. 그리고 장기면직물협정을 대체할 다자간섬유협정의 섬유위원회에서 한국은 섬유류 수입제한조치의 남용방지 등이 반영되도록 교섭활동을 전개하였다.

〈표 6-5〉 1970년대의 통상정책 관련근거

주요일자	통상관련 내용
1970.12.31	무역거래법
1971.10.16	대미 섬유류 수출규제에 관한 한미 정부 간 쌍무협정
1972.1.4	한미 간의 인조섬유 및 모직물의 교역에 관한 협정
1972	한미 어업 및 패류협정

(2) 1974년~1976년 통상정책

1974년에는 세계적인 석유파동과 자원파동을 극복하고 수출용 및 내수용 원자재의 안정적 공급을 확보하기 위해 자원 확보를 위한 외교를 중점적으로 전개하였다. 자원학보를 위한 주요 자원보유국과의 협력관계 강화, 자원도입선의 다변화, 자원조사 및 정보수집활동의 강화로 설정하였으며, 이를 위하여 주요 자원보유국과의 협력기반의 조성 및 유대 강화, 자원사절단 등을 추진하였다. 그리고 코스타리카, 페루, 그리스, 인도 등과 통상, 경제, 기술협정 등을 체결했으며, 네덜란드와의 투자보호협정, 벨기에와의 투자보장협정, 튀니지와의 투자증진 및 상호보호협정, 스페인과의 수산협력협정, 서독과의 기술협력약정, 사우디아라비아와의 경제기술협정, 일본과의 대륙붕개발협정 등이 체결되었다.

또한 1차산품 등 자원의 장기적인 안정적 공급을 확보하기 조사단과 통상사절단을 파견하는 한편, 미국을 비롯한 영국, 스페인, 말레이시아, 호주, 캐나다, 우간다, 라오스 등 여러 나라로부터 통상사절단이 들어왔다. 수출시장의 확대를 위한 민간경제협력활동의 적극적인 지원하였으며, 통상관계각료회담도 종래 미국, 일본, 대만 등에서 벗어나 서독, 벨기에, 미얀마, 뉴질랜드, 캐나다, 월남 등으로 확대되었다.

1975년 정부는 통상정책의 목표는 국력신장이었다. 통상정책 면에서 종래 미국과 일본지역에 편중되었던 자본도입선을 유럽제국으로 전환하여 전개하였으며 이를 추진하기 위하여 경제 각료회담의 개최, 민간베이스 경제협력의 강화, 통상사절단 및 조사단의 파견 및 초청, 글로벌경제기구를 통한 통상외교활동의 강화, 외교망의 확충 등을 추진하였다. 1976년은 제3차 경제개발 5개년 계획의 마무리해로서 통상협정체결국, 글로벌경제기구 등과 관세장벽 및 비관세장벽의 완화, 쿼터량의 교섭 등을 추진하였다.

(3) 1977년~1979년 시대

1977년은 수출목표 100억 달러를 초과 달성하였다. 따라서 외국 및 글로벌경제기구와 경제협력의 기반을 공고히 하기 위해 전 외교 망을 총동원하여 통상 및 경제협력외교를 공고히 하였다. 1978년에도 전년에 이어 수출목표를 달성하고 경제협력기반을 확고히 하기 위해 통상외교 정책을 강화하였으며, 특히 무역환경의 개선과 수출 진흥을 위하여 필리핀과의 무역협정을 체결하였고, 시에라리온 등의 나라와도 협정을 체결하였다.

또한 통상관계협정국과의 우호관계를 돈독히 하고 통상확대, 기술협력, 기술교류를 증진시키기 위하여, 호주, 뉴질랜드, 노르웨이, 덴마크, 벨기에, 방글라데시 등 여러 나라와의 통상장관회담을 개최하였다. 또한 섬유류 등의 쿼터량을 조정하기 위하여 한미섬유회담을 각각 개최하였으며, 오스트리아, 캐나다와 각각 섬유회담을 개최하였으며 나아가 EC제국과의 철강 재협상회담을 전개해 나갔다.

1979년 통상활동 중점시책의 기본방향이 급변하는 글로벌경제 환경에 능동적으로 대처하기 위해 통상외교의 다변화, 수출시장기반의 확충, 신 시장 개척활동의 강화 등으로 설정하고 통상외교활동을 추진하였다. 지역별 경제협력활동이 강화되어, 수출 진흥 강화조치로서 예년처럼 공관별 수출목표가 할당되고 지역별 수출 진흥회의가 개최되었다.

한편 정부는 주요 선진제국에서 신보호무역주의가 만연되어 선발개도국에 대한 수입규제조치가 강화됨에 따라 글로벌경제기구와의 협력을 강화해 나갔다. 이때 UNCTAD의 정기선동맹협약에 가입하게 되었다.

4) 1980년대 통상정책

1980년대에는 신보호무역주의의 연장선에서 세계 각국 정부가 경쟁적으로 수출입에 대한 개입을 강화하여 다자간 무역체제가 점차 약화되었다. 이러한 보호주의의 확산을 저지하고 자유무역기조를 회복하기 위한 노력으로 우루과이 라운드(UR, 1987~1994년)가 전개되었다. 신흥공업국 중 선두주자로 평가받은 한국에 대해 선진국은 개도국 졸업론(GSP: 일반특혜관세 수혜 배제, GATT 18조 적용 배제)과 함께 세계경제에 대한 글로벌적 책임을 제기하였다.

한국 수출상품에 대한 선진국의 수입규제가 강화되었고, 공산품과 일부 농산물뿐 아니라, 금융, 보험, 지적재산권, 통신, 정부조달 분야에 대해서도 시장개방 요구가 크게 확대되었다. 다자차원 협상(UR)에서도 관세, 비관세, 농산물 분야 등 광범위한 분야에 걸쳐 시장접근 확대 요구가 본격화되었다.

한국의 통상정책은 시장개방과 무역자유화를 기본으로 다자·양자 차원 모두에서 협력기조를 유지하려고 하였다. 통상협력의 수단으로 무역실무회담, 통상장관회담 등 다양한 협의채널을 가동하였으며 정부 또는 민간 주관의 통상사절단과 시장개척단 파견을 크게 늘렸다. 선진국들의 수입규제조치에 대처하기 위하여 통상장관회의, 무역실무회담 및 쿼터회담이 개최되었고 보호무역주의 극복을 위하여 세계 각 지역에 통상사절단이 파견되었고 민간경제위원회가 개최되었다.

1980년에는 통상외교정책은 그 동안의 정책결과로 인하여 획기적인 발전을 꾀하였다. 특히 통상외교정책은 새로운 수출시장을 개척, 각종 수입규제조치를 완화시켜 수출증대에 큰 성과를 얻은 셈이다. 1980년대 통상외교정책의 기본방향은 글로벌무역환경의 변혁에 따른 대처 방안으로 특성적 통상활동의 적극적 추진,

전략시장진출에 대한 적극적 지원, 통상외교활동의 효율성을 제고하고 자 하였다. 또한 글로벌경제기구에 대한 통상외교활동으로서 GATT의 다자간 무역협상과 다자간 섬유협정(MFA)에도 참여하였다.

(1) 1981년~1983년 통상정책

1981년의 통상외교정책의 방향은 동일하였으나 기존과는 달리 대상국을 선진국, 신흥공업국, 개발도상국 등으로 분류하여 특성적 통상외교 활동을 추진하였다. 특히 GATT의 다자간 무역협상에 관세인하협정서, 기술 장벽, 보조금 및 상계관세, 관세평가, 무역관행규범 등에 가입하였다. 또한 GATT의 다자간 섬유협정에도 적극적으로 참여하여 MFA Ⅱ가 1981년 종료되고 MFA Ⅲ가 1982년 1월부터 1986년 7월까지 실시될 계획임에 따라 MFA Ⅱ에 입각하여 미국, EC제국 등 7개국과 섬유류에 관한 쌍무협정을 체결하였다. 그리고 UNCTAD 산하 각종 관련회의에 참석하여 석유 및 원자재의 안정적 공급을 위하여 미국, 일본, EC제국 등의 GSP 수혜 폭 축소조치에 대비하였다.

1982년에도 글로벌무역질서는 보호무역주의 경향으로 나타났다. 일부 선진국에서는 산업, 고용, 글로벌수지 등을 보호하기 위하여 관세장벽, 비관세장벽 등 무역장벽을 강화하여 수입규제조치를 강화시키는 한편 신흥공업국에 대해 시장개방을 압박하였다. 이러한 글로벌무역질서의 보호추세에 따라 GATT 각료회의에 참석하여 보호무역주의 극복, 분쟁해결절차, 위조 상품문제, 서비스무역 등을 협의하였으며 관련된 각료선언 채택에도 참여하였다.

그리고 MFA Ⅲ 타결에 참여하여 섬유류 쿼터 증가율의 기존 수준유지, 융통성 제한 반대, 수입급증 방지제도의 도입 반대, 역외 섬유류 임가공 무역의 반대 등의 입장을 표명하는 한편, UNCTAD의 GSP의 유지 등과 ESCAP 총회 및 77그룹 아시아지역회의 등에 참석하였다

1983년에도 계속적인 보호주의 강화로 인하여 통상정책의 방향을 대선진국 수입규제의 완화, 무역역조의 시정, 산업기술협력의 증진, 종합적 통상교섭능력의 제고, 정부통상협력과 민간경제협력의 연계 등에 두었다.

그 가운데 선진국의 수입규제조치를 완화시키기 위하여 영국, 프랑스, 네덜란드 등과 통상장관회담을 개최하였으며 섬유, 신발, 철강 등에 관한 쿼터회담을 개최하였고, 통상교섭대책위원회와 업계대표로 구성된 통상교섭대책협의회를 설치하였다. 무역역조를 막기 위하여 GSP 확대와 시장개방을 요청하는 한편 수입선 다변화를 적극적으로 추진하였으며, 산업기술협력을 증진시키기 위하여 미국, 유

럽제국, 일본 등에 현지투자와 제3국 공동 진출을 확대시키는 한편 기술이전의 촉진을 위한 민간경제협력위원회의 도모하였다.

(2) 1984년~1986년 통상정책

1984년에도 계속적인 보호무역주의 상태 하에 있었다. 선진국은 덤핑방지관세, 상계관세 등 전통적 무역정책수단을 통하여 수입규제조치를 강화조치 하였고, 수출자율규제, 시장질서협정 등 회색지대조치를 통해 수입규제조치를 강화해 나갔다. 특히 개발도상국에 대한 수입규제조치를 강화로 인하여 선진국들의 수입규제조치에 적극적으로 대처하기 위해 30차례의 통상장관회담, 22차례의 무역실무회담 및 쿼터회담, 20차례의 GATT 등 글로벌경제기구 주최의 글로벌회의에 참석, 14차례에 걸친 전자, 기계, 섬유 등 민간 무역사절단을 세계 각 지역에 파견, 30차례에 걸쳐 민간경제위원회를 개최하였다. 또한 1982년에 설치된 통상교섭대책위원회는 섬유제품, 섬유직물, 타이어, 합성수지, 철강, 전자, 신발, 피혁 등 8개 통상교섭전담반을 조직해 수입규제대책을 강구하였다.

1985년 미국에서 무역수지의 계속적인 적자해소를 위해 수입규제법이 제정되고 수입상품에 대한 덤핑제소가 증가됨에 따라 글로벌무역환경은 악화되었으며, 보호무역주의는 강세를 보였다. 특히 철강, 섬유, 신발 등 한국의 주력 수출상품은 큰 타격을 입었다. 이때 미국은 한국에 대하여 상품시장 뿐만 아니라 보험, 저작권, 상표권, 물질특허 등 서비스 시장의 개방을 강력히 요구하였을 뿐만 아니라 후발개도국은 연불수출, 정책수입 및 대응무역, 전대차관 및 원조 등을 요구하였다.

따라서 보호무역주의에 대한 근원적 대책 강구, 수입규제대응체제의 보강, 무역역조의 시정, 미수교국에 대한 시장 개척, 산업기술 협력차원의 통상외교 강화, 글로벌무역질서의 능동적 시장 개척, 민간통상교섭 및 시장 개척활동의 효율적 증진 등에 통상외교의 기본방향을 설정하였다. 보호무역주의에 대한 대책으로 교역상대국 제조업자와의 수출협조체제의 수립이 추진, 수입규제 사전대처 체제가 강화와 우회수출을 도모, 수입규제 대응체제를 보강으로 통상교섭 요원의 확충, 통상관계정보의 효율적 관리, 로비활동 체제의 강화 등이 추진되었다.

1986년은 한국 무역의 쾌거를 이룩한 해였다. 통상정책의 기본방향은 통상교섭의 강화, 수입규제조치의 사전예방 강화, 특성별 시장관리의 강화, 개발도상국과의 경제협력 강화, 글로벌무역환경 개선에의 참여 등이었다.

1985년 하반기부터 초래된 달러가치의 하락, 글로벌금리의 인하, 석유가격의 하락 등으로 다소 불안한 가운데 경상수지가 46억 달러의 흑자를 기록하는 등 획기적으로 개선되어, 대외채무의 잔액이 비로소 감소되기 시작하였다 또한 다자간 섬유협정 제4기(MFA Ⅳ)의 시작과 우루과이 라운드(Uruguay Round) 다자간 무역협상의 시작으로 인하여 무역자유화에 입각한 본격적인 협상이 추진되기 시작하였다.

개발도상국과의 경제협력을 강화하기 위하여 1986년 12월에 대외협력기금법을 통과시켜 대개발도상국 경제협력을 촉진시키고 남남협력을 강화시키려고 노력하였다. 글로벌무역환경 개선에 참여하기 위하여 1986년 5월 세계통상장관회의를 처음으로 서울에서 개최하는 등 우루과이 라운드에 적극적으로 참여하였다. 세계통상장관회의는 우루과이 라운드의 쟁점중의 하나인 보호무역주의 철폐 및 동결, GATT 기능강화 등에 의견을 접근시킴으로써 우루과이 라운드 출범의 기반을 조성하였다고 평가되고 있다.

(3) 1987년~1989년 통상정책

1987년 한국무역은 노사분규, 원화절상, 보호무역주의 등 국내외 경제여건의 악화상태였으나 통상외교정책은 대일무역역조 개선, 개발도상국과의 경제협력 강화 등이었으며, 교역상대국과의 통상 문제를 해결하고 협력을 강화하기 위하여 통상장관회담 등 각종 회담이 개최되었다. 그리고 수출상품 구조가 고도화되고 특정지역에 대한 무역편중 현상을 바로 잡았으며, 글로벌수지 흑자 관리대책을 발표하였는데, 그 내용은 수입 감시품목의 축소, 수입촉진을 위한 시설재의 도입 지원, 특별법에 의한 제한조치 완화 등 수입자유화 확대조치와 더불어 외화관리의 점진적 완화, 대기업에 대한 수출산업설비금융 및 무역금융의 단계적 축소 등의 금융관리조치였다.

1988년 통상외교정책의 무역불균형 시정, 수출시장 다변화, 통상마찰 완화, 수입자유화 확대, 선진국의 수입규제조치 극복, 사회주의국가와의 경제협력 추진, 선진국과의 산업기술협력 증진, 통상협력과 민간경제협력 증진이었다. 1989년 통상외교정책 방향은 통상마찰의 완화, 사회주의국가와의 경제협력 추진, 선진국의 수입규제조치의 극복 등이다. 특히 미국이 종전의 통상」 제 301조와 더불어 1988년 종합무역법상의 수퍼 301조를 통해 시장개방 압력을 강화함에 따라 이에 대한 통상외교 활동을 강화할 수밖에 없었다. 미국의 통상법 수퍼 301조의 동향은 미국의 산업보호를 목적으로 신 보호무역주의를 취하고 있다는 것과, 자국의 비교우위인 지적재산권에 관한 보호와 자국 산업의 보호를 위한 조치 강화에 나서고 있음을 살펴볼 수 있다.

5) 1990년대 통상정책

1990년대의 통상정책에 큰 영향을 끼친 사항은 UR의 타결과 함께 WTO 가입(1995년), OECD 가입(1996년), 외환위기 발생(1997년)이었다. 이러한 중요한 통상정책의 결과에 세계화의 영향으로 인하여 한국 경제의 변화와 무역제도의 선진화를 추구하게 되었으며 무엇보다 세계적인 개방 압력을 통한 통상국가로 지향할 수밖에 없었다. 그 가운데 WTO 가입에 따라 새로운 다자규범의 틀 속에서 자유무역의 원칙하에 자유경쟁으로 인한 큰 부담이었다.

또한 환경, 노동, 경쟁정책 등 종전의 국내경제 정책적인 다자차원의 글로벌 경제화가 통상 분야에서 나타나게 된 것이다. 이를 감당키 위하여 1998년 외무부를 외교통상부로 확대, 개편하여 통상교섭 본부를 새롭게 신설하여, 각 주무부처별로 통상교섭권을 분산시켰던 다원체제를 통상교섭본부로 일원화함으로써 통상협력의 추진체계에 커다란 변화를 주었다.

1990년의 통상정책의 기본방향은 1980년도와 동일한 개념이었다. 중국과는 상호 무역대표부 설치가 합의되었고 구소련과는 서울·모스크바 간 정기항로 개설, 샌프란시스코 한미정상회담 개최, 대소 자원조사단 파견, 한.러 간 항공·무역·과학기술협정의 가조인, 한.러 외무장관회담 개최 등이 이루어졌다. 중국, 러시아외의 동유럽 사회주의국가와의 경제협력이 적극적으로 추진하였으며, 주로 국교수립, 통상장관회담 개최, 통상사절단 파견, 무역대표부 상호설치, 박람회 및 상품전시회 참가, 통상 및 경제관계 협정체결 등이다.

(1) 1991년~1993년 통상정책

1991년은 한국과 북한이 동시에 UN에 가입하여 사회주의국가와의 통상외교에 변화를 주었다. 그 결과 구소련과는 항공협정, 어업협정이 체결되었고, 중국과는 컨테이너 정기 직항로의 추가 개설, 중국 무역전람회 서울개최가 있었으며, 그밖에 동유럽 사회주의국가와의 통상외교도 추진되었다.

1991년 통상외교정책의 중점은 EC와의 경제협력 강화였다. EC는 1992년 단일시장으로 통합, 1993년에 EFTA(유럽자유무역연합)와 EEA(유럽경제지역)로 확대, 동유럽 경제권을 통한 유럽강세로 나타나 통상외교정책이 필요하였다.

우루과이 라운드 다자간 무역협상에서 쌀시장 개방 억제를 위한 통상외교정책이 중점적으로 추진되었다. 이로 인하여 UR 농산물협상 타결 이후 농업부문에 대한 구조개선과 투자가 이루어졌다.

(2) 1994년~1999년 통상정책

1994년 6월 농어촌발전대책 및 농정개혁 추진 방안을 확정하고, 1998년까지 완결토록 수정, 1994년 2월 농어촌특별세를 신설하고 이를 재원으로 2004년까지 매년 1조 5천억 원씩 10년간 15조 원을 농어촌발전대책에 추가 지원하는 것으로 결정하였다. 1995년 세계무역기구(WTO: World Trade Organization)의 출범에 따라 상품분야 뿐만 아니라 GATT와는 달리 WTO는 상품, 서비스, 지적재산권 등의 광범위한 분야를 총괄하게 되었다.

상품분야에서도 일부 회원국 간에만 적용되었던 과거의 도쿄 라운드 협정 9개 중 5개를 다자화 시키고, 농산물, 섬유 등을 GATT로 복귀시킨 한편, 원산지규정, 선적 전 검사, 동식물 위생규정 등 기존의 GATT를 보완할 수 있는 규정들이 새로이 제정되었다. 뿐만 아니라, 상품분야의 무역규범에 대칭되는 서비스분야의 무역규범도 새로이 제정되어 WTO의 한 축을 담당하게 되었으며, 지적재산권분야 역시 3대 분야 중의 하나로 부각되었다. 이러한 WTO 체제의 출범 동기는 자연스럽게 공정무역의 추구가 중요한 목표로 설정되게 하였다.

WTO 체제하의 국내제도의 주요 개편내용은 다음과 같다. 1995년 관세법 및 그 시행령의 개정을 통하여 통관절차가 대폭 간소화되었는데, 수입허가제도를 신고제로 변경하였다. 이에 따라 위험물과 무역법을 위반하고 있는 제품을 제외하고는 수입검사 없이 신고만으로 수입할 수 있게 되었다. 수입신고 역시 입항 이전에 제출할 수 있도록 허락함으로써 보세지역에 하적하지 않고 곧바로 통관절차를 거칠 수 있게 되었다.

또한 쌀을 제외한 여타 농산물에 대한 비관세장벽을 자유화한다는 계획에 따라 쌀의 경우 최소시장접근을 통하여 부분적으로 개방되었으며 향후 그 비율을 확대하도록 양허하였다. 그리고 WTO 위생 및 검역협정에 입각하여 식물검역법을 개정, 동물전염병예방법을 개정하였다. 또한 세이프가드 협정과 일관성을 위하여 1994년과 1995년 무역법과 그 시행령을 개정하였다. 관세법의 개정 내용은 긴급관세 부과기준의 명료화, 잠정긴급관세 부과를 위한 조항의 설치 등을 포함하고 있다. 이는 1993년과 1994년에 이미 UR 협상 과정에서 협의된 반덤핑 코드에 국내법을 일치시키기 위한 일련의 조치를 실시한 것이다.

1996년 한국은 경제의 양적 성장 함에도 경제체질 및 운영의 전환을 요구받고 있는 상황에 처하게 되면서 OECD 가입을 추진하게 되었고, 수출 주도적 경제성장 전략으로 인한 대외무역의존도가 높아져 주요 선진국과의 정보교환 및 정책협조가 절실히 필요하게 되었다. 뿐만 아니라 1980년대 중반 이후 통상마찰 및 시장개방 압력으로 인하여 OECD를 통하여 회원국의 정책결정과정에 영향력을 행사하고 후진국과의 경제협력을 설립목적으로 하고 있다는 점에서 OECD 가입이 하나의 전략으로 나타났다.

6) 2000년대 통상정책

2000년대 FTA 추진정책은 지역주의에 대한 다자주의를 보완함으로써 결과적으로 무역자유화를 촉진시킨다는 인식으로 세계적인 FTA 확산으로 인한 통상환경의 변화를 나타내고 있다. 먼저 WTO를 중심으로 자유무역으로 점차 자리를 굳혀가고 있는 반면, 무역 불균형으로 인한 개방 압력을 이유로 선진국과 개도국의 차별이 없이 자국 산업보호를 위해 반덤핑 등 무역규제 수단을 사용하고 있다. 그리고 계속되는 지역주의의 경향은 자무역무역주의(FTA)와 지역무역협정(RTA)이 계속 늘어갈 전망이다.

특히 WTO 체제하에 새로운 도하 라운드(DDA: Doha Development Agenda)로 인하여 조직적이고 주도적인 무역협상에 대응태세를 높이는 결과를 가져왔다. 또한 FTA의 확산으로 인한 글로벌무역에 맞춰 나가는 한편, 글로벌적 책임분담 요구가 더욱 강해짐에 따라 공적개발원조(ODA), 대외경제협력기금(EDCF)지원 등 유·무상원조를 강화하여 개도국과의 협력적 통상관계 유지에 주력하고 있다.

2000년대는 다자체제와 지역주의의 확산으로 인하여 국가 간 무역과 투자 장벽의 완화, 정보통신기술의 발달, 등으로 인하여 지역화의 개념으로 국경지대의 이웃 국가끼리 경제적 혜택을 바탕으로 경제블록화를 만들었다. 그 결과 WTO 회원국 중 거의 모든 나라가 해외 수출시장 확보를 위한 통상전략으로 최소한 1개 이상의 지역무역협정을 체결하였다. 2007년 WTO의 보고에 의하면 지역무역협정은 총 380개로 이미 발효 중인 것은 205개로 나타났으며 이에 따라 향후 관세동맹은 10% 미만에 머물게 될 것으로 보았다.

(1) 2001년~2005년 통상정책

2001년 WTO 체제하의 첫 번째 다자간 협상인 DDA는 협상환경이 좋아질 때까지 DDA의 모든 분야에 걸쳐 협상의 일시중단 함으로써 협상이 중단되었다. 합의도출에 실패한 직접적인 원인은 미국이 EU의 농산물 시장과 개도국의 비 농산물 시장에서의 개방 확대 폭이 미국의 농업보조금 손실을 보전하기에는 미흡하다고 판단하고, 무역 왜곡적인 농업보조금의 추가 감축을 요구한 데 대해 EU와 브라질, 인도가 미국의 요구를 거부한 데 있다. 그 이후 2008년 협상이 재개되었으나 결렬되고 말았다.

DDA의 중단은 WTO 중심의 다자무역협상 체제의 신뢰성을 손상시키고 보호무역주의의 대두로 세계무역 확대를 통한 경제성장에 부정적 영향을 초래, 자유무역협정(FTA) 체결 추세를 더욱 가속화시킬 것이다. 이러한 배경 하에서 다자주의 원칙만을 고수해 오던 우리나라는 1997년의 외환위기를 맞으면서 개혁, 개방의 필요성을 느껴 자유무역협정에 관심을 나타내기 시작하였다.

FTA 정책의 기본방향은 1998년 11월 대외경제조정위원회에서 결정되었는데, 칠레와의 FTA를 우선적으로 추진하고 중소형 거점국가와의 FTA는 관련 부처와의 협의를 거쳐 연구를 개시하기로 하였으며, 미국, 일본, 중국 등 거대경제권과의 FTA는 정밀검토를 거쳐 추진여부를 결정하기로 했다. 이미 타결된 한·칠레 FTA 협정 안은 국회비준에만 1년 이상이 소요되어 2004년 4월 1일에서야 처음으로 FTA가 탄생되게 되었다.

한·칠레 FTA 협상과정에서의 경험을 바탕으로 농업개방의 부담이 비교적 적은 일본과 싱가포르를 칠레 다음의 FTA 대상국으로 선정하여, 싱가포르와는 큰 이견 없이 협상이 진행돼 2004년 11월 라오스에서 개최된 ASEAN+3 정상회담 기간 중 양국 정상회담을 통해 실질적인 협상타결을 보았으며, 2005년 8월 협정문에 정식 서명하였고, 2006년 3월 2일부터 발효되었다.

하지만 일본과의 FTA는 일본 측의 농업개방 부담과 경제외적인 요인들로 협상이 중단되었다. 2005년에는 서유럽국가 중 EU에 참가하지 않은 스위스, 노르웨이, 아이슬란드, 리히텐슈타인으로 구성된 유럽자유무역연합(EFTA)과 FTA 협상이 타결되어, 2006년 9월 1일부터 협상이 발효되었다. 한·EFTA FTA를 통해 국내 산업구조조정을 최소화하면서 교역자유화의 효과를 거둘 수 있을 것으로 예상되고 있다.

(2) 2006년~2009년 통상정책

한·아세안 FTA는 2006년 4월 한·아세안 FTA의 상품무역협상이 타결돼 8월 24일 정식 서명되었고, 2007년 6월 1일부터 정식 발효, 아울러 한·아세안 FTA의 서비스협정과 투자협정도 2007년 10월의 제20차 협상에서 실제적으로 협상이 마무리되어 11월 21일 정식 서명되었다.

2006년 2월 미국과의 FTA 협상 개시를 공식 발표한 후 적극적으로 협상을 추진하여 2007년 4월 2일 한미 FTA 협상이 타결되었다.

한미 FTA의 경우 상품무역 자유화 등에 국한되지 않는 경제체질의 변화가 기대되고 있다. 우리나라의 잠재성장률이 저하되고 있는 상황에서 생산성 증대를 통한 성장을 위하여 한미 FTA 체결을 통한 발전은 큰 폭으로 나타날 것이다.

(3) 2010년~2020년 통상정책

우리나라는 2002년 이후 다자간 통상협상, FTA체결 다변화, 에너지 및 자원의 안정적 확보, 아세아 태평양시대에 발맞춰 대외통상정책을 펴 나가고 있다. 특히 2008년 이후 한·미 FTA와 2010년 인도와의 CEPA 즉 FTA의 한 형태가 발효되었다. 그리고 2011년 한 EU FTA가 발효되었으며, 중동 및 뉴질랜드 등과도 FTA를 추진하였다. FTA에 대한 경제효과를 극대화 하는 방안을 마련해 나가고 있다. 아울러 동아시아 지역의 경제통합과 생산네트워크 구축을 꾀하고 수요창출을 위한 다각도의 노력을 아끼지 않고 있다.

따라서 FTA를 통한 실익 위주의 추진전략을 꾀하고 있으며, 대내협상을 강화하는 한편 FTA를 적극 활용하기 위한 지원체계 또한 강화해 나가고 있다. 특히 제도와 지원기관의 복잡한 행정체계 등을 잘 정비하여 보다 효율적인 지원기관 및 활용을 높여 나갈 수 있는 정보제공 등에 조직적인 체계 구축을 서두르고 있다.

2. 한국의 통상정책과 협상정책의 문제점

1) 한국 통상정책과 협상정책의 변화

정부수립 이후 우리나라의 대외통상관계는 체제정비를 갖추지 못한 상태여서 외국과의 무역거래와 원조를 통한 외국자본의 도입으로 시작되었다. 해방 후 채 5년이 넘어가지도 전에 6.25가 발발하여 피폐된 경제로 인하여 통상정책은 암흑수준이었다. 1960년대 수출지향 산업을 중심으로 노동집약적 산업중심의 공업화 전략을 시작으로 1970년대에 자본집약적 산업으로 변모하기 시작하였다.

특히 70년대 있어서 주요국과의 경제협력은 호혜적인 관계로 발전하여 80년대에 들어와 성장과 저유가, 저금리, 저환율의 3저 현상에 힘입어 높은 수출성장률을 실현할 수 있었다. 그러나 심한 노사분규와 수출상품의 경쟁력 저하로 인하여 무역규모가 흑자를 기록하면서 통상마찰이 발생하였다. 이때 미국은 자국 산업의 발전을 위하여 신보호주의로 회귀하면서 공격형 대외통상정책을 추진하게 되었다.

따라서 80년대의 통상정책은 60년대와 70년대의 중상주의적, 보호주의의 성격에서 자유주의 경향을 띤 자유무역으로 나아갔다. 이때 수출의 확대와 자유화 경쟁원리의 도입으로 품질고급화를 통한 체질개선을 도모하는 국내경제의 자원배분 효율성을 제고시키고 값싼 외글로벌품의 수입으로 국내물가안정과 소비자 후생증대에 기여했다.

1990년대에 있어서 대외경제협력은 더욱 심화되어 통상정책은 개방통상의 지속적 확대와 글로벌기구 및 지역경제 협력체제의 적극참여를 통해 국익을 확보하면서 국내제도와 관행을 글로벌규범에 맞도록 투명성 제고에 역점을 두었으며, APEC, ASEM, WTO 등의 글로벌기구와의 활발한 참여 활동을 전개해 나갔다. 그러나 적극적이고 능동적인 통상정책을 추진하지 못한 점이 아쉬움으로 남는다.

2) 한국 통상협상 정책의 문제점

한국 통상협상의 문제점은 본격적으로 협상이 시작된 1980년대 후반으로 통상협상의 조직의 변천과 각 조직의 역할 및 정부의 통상협상형태에서 볼 수 있다. 1980년부터 1988년 이전까지의 분야별 협상은 해당부서에서 혹은 경제기획원 장관 주재 하에 해결하였다.

1998년 이후에는 통상협상조직의 대대적인 개편과 함께 통상협상권을 통상 산업부에서 신설된 통상교섭본부에서 담당하였으며 실질적인 권한은 재정경제원에서 외교통상부 담당하게 있었다.

(1) 소극적인 대처의 통상정책

우리나라의 통상정책은 세계 경제흐름의 변화에 대한 적극적이지 못한 점이 많다. 글로벌사회의 변화에 따른 능동적인 대외전략을 구사하지 못한 점이다. 또한 대외개방을 통한 발전적인 자세가 아니라 마지못해 통상에 응할 수밖에 없는 입장인지라 소극적인 자세로 대응할 수밖에 없었다.

이로 인하여 1980년대 후반 글로벌수지 적자와 선진국의 시장개방 압력의 압박을 받게 되었다. 선진국들의 개방 압력은 국내산업의 경쟁력 약화로 인한 국민경제의 압박을 가할 것으로만 보았으므로, 개방에 관한 부정적인 시각으로만 보게 된 것이다.

한국의 통상정책의 문제점은 통상정책의 미비점으로 인하여 짧은 기간 동안에 우리나라는 전 세계적으로 자유무역의 이점을 동감할 수밖에 없었으며, 세계시장에서의 개방을 통한 자유경쟁의 원리의 시장체제로 나갔다. 이때 부정적이고 반사적인 행동에 의한 개방으로 인하여 세계화의 뒤처진 악영향으로 인한 발전은 늦어질 수밖에 없었다는 점이다.

(2) 통상정책의 더응 미흡과 행정체제의 미비

WTO의 출범으로 인하여 쌍무적 통상마찰이 심화되었으나 당사국의 이해관계를 효과적으로 조정할 수 있는 강력한 힘을 가지지 못한 탓에 쌍무적 통상협상이 주로 이루어졌다. 그리고 모든 국가가 WTO에 의한 다자간 무역협상을 통한 무역분쟁을 해결하는 것이 최선의 방책임에도 순간의 이익으로 인한 쌍무적 통상에 급급하다는 것이다. 세계질서를 통하여 볼 때, 미국을 비롯한 선진국의 통상 개방압력은 더욱 거세질 것이며 이에 대한 조직정비와 통상문제의 전문적 지식을 겸비한 부처와 관련자의 확보가 시급한 형편이다.

또한 통상행정체제 및 조직의 비효율성이 통상에 있어 신뢰성을 떨어뜨리며 통상마찰을 더욱 심화시키는 결과를 초래하게 된 것으로써 통상관계의 일원화된 처리와 관리 및 연구가 필요하다. 특히 통상의 문제를 눈앞의 짧은 시각으로만 처리할 것이 아니라, 장기적 안목과 전략적 차원에서 대응할 수 있는 제도적 장치를 마련하여야 할 것이다.

따라서 한국통상 정책의 문제점은 전문성 결여와 전문가 부재이며, 또한 전문가를 만들어내기 위한 교육시스템의 부재라는 점이다. 더 나아가 정부의 조정능력의 부족으로 인한 내부협상력의 부족으로 나타난 현실들을 감안할 때, 통상정책 관련의 전문가와 이를 통한 아낌없는 지원과 노력만이 성공적인 협상을 이끌어 낼 수 있을 것으로 사료된다.

3. 한국의 통상정책과 협상정책의 전망 및 전략

1) 한국 통상정책의 향후 전망

앞으로의 한국의 통상정책은 다자간 통상 관계로 나아갈 것이다. 한국의 무역수지 안정을 위하여 대외여건의 변화와 계속되는 수입개방 압력 등에 초점을 맞춰 무역불균형을 해소하고 통상정책의 전략적 수행으로 인한 수출확대와 시장개척 및 통상 분야의 범위확대를 위해 다각도로 노력해야 할 것이다.

이러한 정책적인 일들을 감당하기 위하여 국내적으로는 환율정책, 물가안정을 통한 수출원자재의 확보 및 수입 장벽 완화를 통한 효율적인 통상정책을 실행해 나갈 수 있도록 글로벌화에 걸 맞는 통상정책의 방향과 전략적인 통상정책의 수행을 겸하여 실시하여야 할 것이다.

향후 통상정책의 방향은 다각도로 변화되어가는 통상활동의 상황 하에서 지역주의와 보호주의의 강한 영향을 통하여 전략적이고 다변화적인 통상정책을 수행해야 하기 때문에 통상의 능력을 강화하고 글로벌기구를 통한 경제협력을 바탕으로 협력의 관계를 강화해 나가야 할 것이다.

따라서 이러한 통상 체제하에서의 한국은 다자무역체제의 적극참여를 통한 정보교환 및 협상의 틀을 마련해 나가야 한다.

특히 뉴라운드에서 환경과 무역에 관한 새로운 규범의 적용으로 인한 노동자들의 권익보호, 노동조건 등 투자와 경쟁, 환경, 전자상거래, 등의 전반적인 통상 분야에서 OECD의 논의 사항이 잘 반영되도록 추진해야 한다. 그리고 주요 교역시장에서 보다 효과적인 관리와 새로운 시장의 체계적인 차별화를 위한 통상전략을 세우고 선진국과의 끝임 없는 기술인력 교류, 공공기술개발 등 산업기술협력을 추진해 나가야 한다. 또한 APEC에 적극 참여하여 정치, 경제, 사회 등 전반에 걸친 폭 넓은 논의의 경제협력문제 협상을 통한 추진을 강화해야 한다.

세계경제 통합이 심화되고 시대적 상황에 적합한 통상정책의 새로운 패러다임은 개방된 상태에서의 통상정책을 추구하게 되었다. 이는 대내외적으로는 세계경제의 개방을 선도함으로써 세계경제질서의 주도적 역할을 수행하고 대내적으로는 자유경쟁, 공정성, 형평성에 근거한 경제구조의 개혁을 선도하는 주체로서의 역할을 할 것이며, 주변 강대국간 통상조정자 역할을 지향하는 통상정책과 대내개방 및 세계무역의 자유화, 시장 존중의 통상국가로 통상의 정책을 펴 나가야 할 것이다.

2) 한국의 통상전략

한국의 통상전략은 2006~2020년까지 장기적 안목의 통상전략을 살펴보면, 무엇보다 양자관계, 다자관계, 남북관계에 중점을 둔 세계를 하나의 시장개념으로 새로운 차원의 접근 전략을 추진할 것으로 보인다. 특히 양자관계에 있어서 미국과는 다양한 현지투자, 현지산업, 협력강화, 소비자 및 고용인의 현지화로 한국과 미국의 자유무역협정 추진 및 검토하는 전략이며, 일본과의 관계에서는 한국과 일본의 상호간 협력 분야를 확대, 공동대처의 Win-Win 전략을 추구할 것으로 보인다.

또한 일본에 대한 투자가 양국 기업 간의 전략적 제휴를 촉진하도록 하는 동시에, 침체된 일본경제를 부양하는 관계로 발전할 것이며, 일본에 대한 투자가 양국 기업의 전략적 제휴를 촉진하도록 하는 동시에 침체된 일본경제를 부양하는 메커니즘을 가능하도록 유도하고 한국과 일본 간의의 자유무역협정 추진 검토해 나갈 것으로 보인다.

반면에 EU에 관하여는 무역 투자관련 협조체제의 제도화, WTO협력, ASEM 체제 공고화, 경제협력 체제발전 도모, 상호투자진출 확대, 전략적 기술제휴, 산업기술 협력강화, 한·EU 상호인정협정(MRA)의 확대로 나아갈 전망이며, 중국과는 자본재 설비 등 새로운 수출상품의 개발을 통한 다양한 현지 투자와 산업협력을 강화하는 한편, 아세안 진출 한국 기업들의 현지경쟁력 제고와 ASEAN이 제공하는 각종 혜택을 높여가는 방안을 강구해 나갈 것이다. 물론 대양주에 관하여는 무역확대와 적극적인 시장개척을 겸한다는 취지이다.

다자관계에 있어서는 무력관련 국내법규 및 제도를 WTO 규범 및 기준에 맞추어 재정비하고 투명하여 운영할 것이며, 이는 다자통상의 정책적 실시와 정보기술 산업 및 전자상거래 활성화에 적극 노력할 것이다. 특히 다자통상협력을 제고하여 다자무역체제의 우위를 인정하는 기본입장을 유지하되, 일부 국가와의 FTA 체결을 통한 다자무역주의와 지역주의를 적절히 활용한다는 전략이다.

그리고 OECD기구와는 각종 다자규범의 발전가능성 및 국내 경제에 미치는 영향을 사전에 분석하고 다자규범 발전에 적극 개진, 논의해 나갈 방침이며, APEC와는 무역자유화 및 개발협력에 대한 회원국 간의 이견을 조정하고, 역외국가와의 관계를 WTO체제와 규모 있게 운영한다는 것이다.

또한 ASEM의 향후 발전을 위하여 아시아와 유럽 간 공통의 새로운 의제들을 제안 및 논의 하고, 무역 투자에 관한 제도적 장치를 마련하는 한편, 세계경제질서에 따른 위험을 최소화하기 위하여 금융협력체제의 개발을 적극 검토해 나갈 것이다. 특히 남북한의 장기 전략으로는 완전한 경제통합 달성을 위한 노력을 가속화 할 방침이며, 북한의 지역경제협력체제 및 글로벌경제기구에의 적극참여를 유도하여 통일한국에 대비한 통상정책의 비전을 마련한다고 되어 있다.

통일한국의 비전으로는 통일한국의 글로벌법상 법적 지위 재정립과 경제개전 기간 및 비용의 절감, 글로벌적 지위 향상을 위해 지역경제협력체제에서의 주도적 역할수행을 모색하여야 할 것이다.

3) 한국 통상협상 전략

한국의 통상협상 전략은 협상에 대한 시각의 시작은 부정적인 차원에서 비롯되었다. 1960년대의 수출주도의 경제성장 전략과 함께 협상에 대한 태도는 개방적이며 적극적인 수입에 대해서 수출을 위한 수입의 개념이었다. 그러나 갈수록 통상의 압력은 거세지기 시작하였고 1980년대 중반이후 무역상대국과의 끊임없는 마찰이 발생하였다. 최대의 무역상대국이었던 미국을 시작으로 한국시장에 대한 개방 압력을 행사하였다. 마침내 1986년 우루과이라운드의 시작으로 다자간 협상을 시작하게 되었고, 양자 협상을 통하여 개방은 계속적으로 확대되어 갔다.

하지만 한국 통상협상 전략의 미비로 인하여 항상 끌려 다니는 입장이었으며, 협상에 대한 태도는 무조건적인 방어자세로만 일관할 수밖에 없었다. 협상국과의 협상을 통하여 무조건 개방하지 않는 것으로 협상한 자들에 관하여 관대하게 평가하는 좋지 못한 협상의 태도를 보였다. 한국 통상의 협상은 갈수록 거세지는 외부의 개방 압력에 힘입어 어쩔 수 없이 개방하는 상태로 나타났다.

또한 한국의 권위주의식 발상으로 인하여 관련부처와 관련자들의 업무처리에 있어 한국을 등에 지고 자기 자신의 명성을 얻고 자하는 다툼이 일어났으며, 협상 권한을 부여받지 않고 모든 결정권한을 부처의 최고책임자 권한아래 둘 수밖에 없었던 미숙한 점이 있었다.

따라서 한국통상 협상의 전략은 조직편성에 있어서 수평적 조직을 재편하는 한편, 부처간, 부서간의 갈등을 최소화하기 위한 조정기구를 신설하는 것이며, 또한 통상협상을 전담할 부처별 소관업무와 담당 공무원을 통한 효과적인 협상을 이끌어 내기 위하여 사전에 협의 및 관련부처와의 교섭이 필요하다.

제4절 세계 주요국의 통상정책

1. 미국의 통상정책

1) 미국의 기본적인 통상정책 배경

통상정책은 대개가 자유주의, 보호주의의 두 부류의 방식으로 해석하는 것이 가장 일반적이다. 통상정책은 무역정책과 구분하기 어려운 만큼 통상법을 무역법으로 해석하는 경우도 있다. 왜냐하면 글로벌통상이란 말은 국가 간의 재화의 거래 즉, 무역거래를 말하기도 하지만 최근에는 글로벌투자, 글로벌금융거래 등을 포함한 글로벌경제거래를 말하고 있기 때문에 글로벌무역거래나 무역정책보다는 글로벌상품거래를 초월한 통상정책으로 이해하는 것이다.

일반적으로 통상정책은 자유주의냐 보호주의냐 하는 거대한 두 가지의 부분으로 나타나고 있지만 미국은 이 두 가지를 동시에 적용하고 있다. 즉, 대외무역을 통하여 소득분배개선과 경제발전을 주장하고 이를 통하여 이익을 보게 되며, 무역의 공정론을 주장한다. 하지만 글로벌무역으로 인하여 소득재분배과정에서 피해를 보는 쪽의 손실과 불평 등과 관련된 협상의 내용을 방지하기 위하여 부분적인 보호무역을 주장하기도 하는 것이기 때문이다.

미국의 보호주의 통상정책은 1970년대 이전까지는 주로 관세를 주요 수단으로 이용하였으나 1970년 이후에는 비관세제도를 수단으로 활용하고 있다. 비관세제도란 외국의 수출업자나 국내수입업자에게 무역거래상의 비용을 상승시키거나, 수입을 양적으로 제한하는 행위 또는 외국의 수출업자나 국내수입업자에게 수입품의 국내가격을 올리고 수입량을 감소시킬 목적으로 관세 이외의 모든 제도적 장벽을 포함하고 있다.

대표적인 미국의 통상관련법은 1974년 통상법(Trade Act), 1979년 통상협정법(Trade Agrement Act), 1984년 통상관계법(Trade and Tariff Act), 1988년 종합통상 및 경쟁력법(Omnibus trade and Competitiveness Act), 이밖에도 각종 자유무역협정 등이 있다.

2) 미국의 통상정책에 관한 시대별 추이

(1) 보호무역주의(건국 초기~1930년대 초)

미국의 통상정책 시작은 연방주의자들과 제퍼슨의 공화주의자들이 자유무역을 선호했으며, 1789년의 최초 관세법인 관세율은 평균 8.5%에 달하였다. 그러나 관세가 정치쟁점화 되어 1816년 관세법에서 보호무역주의를 채택하여 평균관세가 15%로 책정되었다. 이러한 이유는 연방세입을 위한 수입원으로 관세가 1910년까지 약 50%를 차지하였기 때문이다.

그 후 1928년 약 45%에 이르는 관세로 보호무역주의로 굳혀갔다. 하지만 19세기 후반의 세계화의 거센 물결로 인하여 영국을 중심으로 무역자유화가 선언되었다.

미국은 1861년 도릴관세법(Morrill Tariff Act of 1861)으로 관세강화, 1875년 관

세인상, 1890년 매킨리관세법(McKinley Tariff Act of 1890), 1897년 딩글리관세법(Dingley Tariff Act of 1897)으로 관세율은 49.5%였으나 1930년 스무트-흘리관세법(Smoot-Hawley Tariff Act of 1930)제정으로 59%의 관세를 부과하였다. 따라서 미국은 공화당 정권하에서 관세인상은 고관세율정책으로 보호무역주의였다.

(2) 자유무역주의(1930년대 초~1960년 중반)

미국의 통상정책은 공화당 집권으로 고관세율정책으로 나아갔다. 그리고 1934년 상호통상협정법(Reciproca Trade Agreement Act of 1934)과 1947년 관세와 무역에 관한 일반협정(GATT: General Agreement on Tariff and Trade)으로 자유무역정책을 펴 나갔다.

이러한 배경의 주요원인으로는 제2차 세계대전이후 미국은 세계경제의 주도권을 갖고 자국의 생산능력을 통한 자유무역의 경향으로 나갔으며, 1962년 통상확대법(Trade Expansion Act of 1962)를 통한 케네디라운드 선언으로 1967년 미국의 평균관세율은 35%로 낮아졌다.

(3) 신보호무역주의(1960년대 후반~1970년대 후반)

케네디라운드를 통한 미국의 통상정책은 자유무역주의를 표방하는 것 같이 보였다. 그러나 1960년대 후반부터 미국은 다시 보호무역주의로 나타났다. 그 주원인은 미국의 신발산업과 자동차, 철강, 가전제품 등의 제조업 부문의 수입이 증가하여 상대적으로 수출이 감소하였기 때문에 무역적자로 나타났기 때문이다.

이러한 상태는 1980년에 이르러 최악을 상태를 맞이하게 되지만 이러한 배경하에서 미국은 통상정책을 강하게 나타나기 시작할 수밖에 없었다. 거센 보호주의의 바탕으로 섬유부문, 철강, 컬러TV 등에 비관세조치를 취하고, GATT의 관세조치를 무산시켜버렸다.

따라서 미국의 통상정책의 변화로 인하여 마침내 1973년~1979년의 도쿄라운드(Tokyo Round)에서 비관세장벽의 완화를 통한 제7차 다자간 무역협상을 추진하게 되었다. 이때 미국은 1979년 통상협정법(Trade Agreement Act of)을 제정하여 반덤핑관세, 상계관세 강화를 위해 301조를 새롭게 신설하여 미국 의회가 동경라운드를 국내법화하기 위해서 제정하였다.

그러나 선진국들이 공산품에 부과한 평균관세율은 5%이하로 대폭 감소추세로 나타났다.

(4) 공정무역주의(1980년대 초반~현재)

미국의 통상정책은 1980년대에 이르러 공정무역(Fair Trade)의 경향으로 나타났다. 공정무역의 경향으로 고금리, 달러강세, 미국상품의 글로벌경쟁력 약화 등을 통하여 무역수지의경상수지 적자로 인하여 보호무역주의의 압력이 미국의회로부터 나왔다. 그 결과 통상정책을 무역적자, 실업률 감소, 국내산업의 경쟁력 강화라는 슬로건으로 1984년 무역관세법(Trade and Tariff Act of)을 제정하여 301조를 더욱 강화해 나갔다.

특히 1988년 종합무역경쟁력법(Omnibus Trade and Competitiveness Act of)을 제정하면서 스패셜 301조, 통신부문 301조 등 새로운 해외시장개방을 위한 각종 규정을 첨가하였다. 그러므로 미국의 통상정책은 자국기업과 산업보호를 위한 통상정책을 강화해 나가고 있으며 불공정한 무역관행을 사전에 막기 위하여 비관세장벽과 보복조치 등 여러 무역수단을 활용하면서 기존의 무역거래국과의 좋지 못한 마찰을 빚어내고 있으며, 특히 FTA를 통하여 자국의 무역활성화를 꾀하고 있다.

〈표 6-6〉에서 미국통상정책의 변화와 그 목표는 해외시장에서 불공정한 보호무역주의의 장벽을 제거하고 자유 시장을 통한 무역확대와 후생복지 향상, 완전고용 추진, 재화 및 서비스의 생산증대 등을 추구하기 위한 노력과 무역장벽 감축을 통한 경제성장과 고용기회 확대 등이 통상정책의 배경 하에 깔려 있음을 알 수 있다. 이러한 무역이익을 확보하기 위하여 다자주의, 지역주의 쌍무주의를 동시에 병행하고 있음을 볼 수 있으며, UR 협상과 GATT규범 강화, 지적재산권을 비롯한 글로벌투자의 무역규범 강화 등이 반영되고 있다.

미국의 통상정책 변화에 따른 한국의 대응방안은 포괄적이며 실용적인 대외정책 추진, 외교 중심축을 다자주의로 이동하는 등의 정책을 필요로 하고 있다. 포괄적인 대외정책이라 함은 다양한 글로벌이슈 해결을 위해 기존 동맹국, 신흥공업국 및 글로벌무역기구 관련 등의 다자기구와의 파트너십 구축과 글로벌 협력적 관계강화를 말하며, 다자주의로의 이동은 기존의 패권주의에서 벗어나 주요 국가와의 균형적 발전을 위한 상호협력을 바탕으로 공정한 무역협정을 체결함과 동시에 실제적인 협정이 집행될 수 있도록 노력하는 것이다.

이러한 미국의 통상정책에 따른 한국의 대응방안은 한미 FTA에 대한 적극적 입장과 다자기구를 활용한 통상외교 강화 및 동아시아 협력체제에서의 한국 역할을 강화하는 것 등이 통상정책 변화에 대한 대응책이라 할 수 있다.

〈표 6-6〉 미국 통상정책의 변화

구 분	통상정책 방향	통상정책결정권	특 징	주요관련법
건국 초기~ 1930년대 이전	보호무역주의	미국 의회	유치산업보호	1861년 통상법 (모릴관세법) 1890년 통상법 (매킨리관세법) 1897년 통상법 (딩글리관세법) 1930년 통상법 (스무트-홀리관세법)
1934년 ~1945년	대공항(혼란기)	미국 행정부 위임 확대	전시경제체제	1934년 통상법 (상호무역협정법)
1945년~ 1970년대 중반	자유무역주의	미국 행정부	안보중심의 체제 (케네디라운드)	1962년 통상법 (무역확대법)
1970년대 중반 ~1980년대 중반	무역적자 확대 (혼란가중)	미국 행정부	신보호무역주의 (도쿄라운드)	1972년 통상법 (VRA, OMA) 1979년 통상협정법
1980년대 중반 ~최근	상호주의 (시장개방 강화)	미국 의회의 권환 확대 및 회복	공정무역 (우루과이라운드) (그린라운드)	1988년 통상법 (종합무역법슈퍼301조)

2. 중국의 통상정책

1) 중국 통상정책의 배경 및 목표

중국의 통상정책은 사회생산력과 사회분업발전의 필연적 산물로서 대외무역은 중국의 국민경제에 매우 중요한 위치를 차지하고 있다. 중국의 대외무역의 종합적인 기능을 보면, 유무상통으로 국내에서 생산할 수 없는 상품은 교환한다는 취지와 물질전환 즉, 공급이 수요를 초과한 제품은 수출하고, 공급이 부족하여 수요를 채우지 못한 경우는 수입하여 물질의 균형을 이룬다는 방침과 글로벌 분업의 이용으로 사회노동을 절약한다는 개념이다. 특히 선진국의 기술을 도입 및 외자를 이용한 건설자금축척과 외교협력을 중심으로 대외무역중요성을 인식하고 있다.

중국 통상정책의 목표는 대외통상정책에서 잘 알려진 것과 같이 독립자주, 평화공존, 반패권주의 , 하나의 중국, 경제건설 등을 목표로 하고 있다. 이러한 원칙 하에 1949년 중국 인민정치협상회의 제1차 회의에서 이러한 취지를 밝힌 바 있다. 지금까지 이러한 원칙은 변화가 없었으나 1980년 중앙간부회회의시 반패권주의, 조국통일 및 경제건설에서 잘 드러나고 있다. 무엇보다 경제개혁과 대외개방 정책이 본격적으로 추진되기 시작하였다.

구체적인 대외통상정책의 목표를 살펴보면, 국가의 경제적 독립과 주권을 보호하는데 있으며, 중국의 중공업 육성과 발전을 위하여 강력한 국방, 인민복지, 국가 번영을 바탕으로 삼았다. 그리고 경제자립을 달성하기 위하여 경제, 정치적 독립을 달성하려고 힘쓰고 있다. 특히 중국은 대외개방과 대내개방을 통한 글로벌교류 활성화를 강화하고 선진국의 선진적인 경험과 자금을 도입을 추진하고 있다.

2) 중국 통상정책의 특징

중국의 통상정책은 개혁과 개방으로 나눌 수 있다. 1978년 개혁개방 전에 중국의 대외무역은 경제자립과 자본주의 세력의 경제적 침략으로부터 자국을 보호하는 차원으로 출발하여 사회주의 현대화 건설에 중공업을 육성하고 수출목표를 달성하는 것이었다. 그리고 중국의 대외무역 외교정책의 일환으로 글로벌정치 투쟁의 한 무기로 글로벌무역을 활용하였다.

1978년의 등소평 등장 이후 변화가 나타났다. 자력갱생의 원칙으로 자급자족을 통한 현대화를 추진하고 대외무역의 선진시술을 도입하여 수출을 위한 발전을 꾀한다는 것이었다. 이에 따라 중국은 기존의 통제, 보호무역의 틀에서 벗어나 부분적으로 자율적인 경쟁과 사회주의 체제에서 시장경제 체제로의 조화유지를 위해 움직이기 시작하였다.

중국은 개혁과 개방을 통하여 대외통상정책을 펴 나갔다. 특히 중국은 사회주의 체제하에서 시장경제 체제를 도입하였고 이를 도입한 후로는 국가의 전면적 통제 대신에 자율성이 점차 주어졌으며 폭넓은 개방을 추구해 왔다. 최근에는 GATT복귀 및 WTO가입과 동시에 적극적인 글로벌무역기구에도 동참하고 있다. 이로써 중국의 무역은 체계가 더욱 개방과 개혁쪽으로 크게 발전할 움직임을 보이고 있다.

3) 중국 통상정책의 발전전략

중국의 통상정책 발전방향은 대외무역 발전전략에 의거 당의 관련문건, 방침 및 정책을 근거로 독립자주, 자력갱생의 기초위에 제정해야 한다고 명시하고 있다. 중국의 이러한 방침은 대외무역 발전전략을 통한 국민경제의 발전과 본국의 국정을 통한 글로벌경제 요구에 부합된 제정 및 이행, 충분한 과학적인 이론근거를 통한 실천성을 높여 산업구조를 개선하고 경제적 효과와 이익을 향상시키기 위하여 국력과 조화 있게 속도를 맞춰 나간다는 취지이다.

첫째, 수입대체전략은 중간재는 반제품으로 수입하고, 중간재 혹은 반제품의 생산설비를 생산하여 공업생산품을 중지하고 조립라인을 가공하여 수입을 줄여 나간다는 것이다.

둘째, 수출대체 또는 수출주도전략으로 수입 대체의 전략이 부족한 면이 있어 대외경제무역의 새 국면의 막대한 요구에 부합하지 않기 때문에 수입대체의 전략이 수출대체의 전략으로 바꿔야 한다.

셋째, 외향적 발전전략으로 내향적 전략에서 외향적 경제발전 전략으로 전환하여 세계 추세에 순응하는 것이 중국경제발전의 최선의 선택으로 보고, 글로벌 분업에 참가하여 국내시장과 국외 시장을 이용하여 자원의 전환을 실현하여 국민생활의 향상과 경제발전을 추구한다.

넷째, 외향적 경제발전에 관한 일정한 조건으로 실제 상황에 따른 몇몇 지역의 외향적 경제관계를 맺는다는 것이다. 즉, 전국 범위에서 내향적 경제와 부분지역의 외향적 경제의 구도를 통한 수출을 통한 경제성장을 꾀하고 자 하였다.

다섯째, 대외무역 발전전략의 다원화 전략으로 수출주도와 수입대체를 서로 결합하여 시행한다는 것이다.

여섯째, 글로벌대순환 전략으로 노동집약형 제품의 수출을 발전시켜 글로벌시장에서 중공업 발전에 필요한 자금과 기술을 얻기 위해 외화벌이를 통한 중공업 발전에 기여한다는 것이다.

일곱째, 연해지역의 경제발전전략으로 중국 정부의 전략방침 가운데 글로벌산업구조 조정의 유리한 기회 및 중국 연해지역의 풍부한 노동력 자원 등을 이용하여 외향적 경제발전과 노동집약형 산업과 가공업을 발전시켜 외국기업의 투자유치를 돕는다는 것이다.

여덟째, 내륙의 대외경제무역 발전전략으로 연해 경제발전전략을 통한 새로운 환경조성과 내륙의 발전을 꾀한 중국 일체화 전략으로 구성한다. 즉, 내륙에서 수출대체를 위주로 하여 수출주도를 보충하고, 내륙에서 수출을 발전시키는 전략방침은 본 지역의 상황에 근거하여 자본, 기술, 인재도입을 통한 산업구조를 개선, 수출상품의 구조를 발전을 통한 대외무역 확대에 중점을 두고 있다.

3. EU의 통상정책

1) EU의 기본적인 통상정책

EU의 통상정책은 유럽공동체의 형성과 함께 발전하여왔다. 특히 유럽공동체의 형성은 1951년 4월 18일 유럽석탄철강공동체를 설립함으로써 시작된다. 그 후 1957년 3월 25일 로마에서 유럽경제공동체와 유럽원자력공동체를 창설하는 로마 조약을 체결함으로써 6개국으로 유럽공동체가 출발하였다. 1972년 1월 22일 영국과·아일랜드, 덴마크의 추가 가입하였다. 그 후 그리스, 포르투갈, 스페인이 가입하였다. 유럽연합 15개 회원국은 프랑스, 독일, 이탈리아, 벨기에, 네덜란드, 룩셈부르크, 영국, 아일랜드, 덴마크, 그리스, 스페인, 포르투갈, 오스트리아, 스웨덴, 핀란드 등이다.

유럽연합은 1980년대에 유럽연합운동이 전개되어 1986년 2월 단일유럽법(Single European Act)을 제정하여 내부시장을 1992년까지 완료하고 유럽의회를 활성화, 외교정책 및 안보분야의 공동노선 추구 등을 통한 유럽단일화폐의 시행, 유럽중앙은행의 설립, 유럽정치연합의 강화를 유럽연합에 관한 Maastricht 조약이 체결되었다. 하지만 EU는 아직도 대외공동 통상정책 분야에 있어 미흡한 점이 많으며, 미완성의 상태에서 수입규제수단과 회원국 간의 이해가 상충되어 일부만 통합된 상태라 할 수 있다.

2) EU 통상정책의 목표

EU의 통상정책은 역내시장 자유화 조정, 통상 분야의 공동정책수립을 개념으로 회원국 간의 교역을 규율하는 동맹국 간 통상법과 비동맹국과의 통상인 대외통상법으로 구분한다. 따라서 동맹국 간의 통상은 역내교역으로 통상장벽철폐를 통한 무역자유화와 자율무역을 활성화해 나가는 것이며, 대외통상법은 EU회원국들의 비동맹국에 대한 통상규제조치로서 동맹국의 규제조치와 비동맹국의 규제조치 모두를 포함하고 있다.

3) EU 통상법 특징

EU의 대외통상구제법은 수출규제법, 수입규제법, 그리고 수량규제와 관세규제로 각각 나누어 볼 수 있다. 또 불공정무역을 규제하는 법과 공정성 여부에 관계없이 발동되는 조치로 구분된다. 이 중 가장 대표적인 통상규제조치로는 반덤핑

관세, 상계관세, 긴급수입제한조치, 수출자율규제조치, 신 통상정책수단, EEC조약 제 115조에 의한 간접 수입제한조치, COCOM에 의한 수출제한조치 등이 있고 기타 원산지 규정, 관세평가규정 등도 통상보호조치로써 이용된다.

또한 EU의 대외통상규제조치 중에서도 가장 널리 이용되고 중요한 것은 반덤핑규제라고 할 수 있다. 1980년대 말과 1990년대 초에 이르러 EU에서는 우리나라나 일본을 위시한 동 아시아 수출국들의 대 유럽 상품에 대한 덤핑규제를 급격히 증대시키고 있다. EU의 덤핑제소 남발은 경제상황적인 이유 이외에도 다음과 같은 이유가 있다.

EU의 통상법의 발동은 일반적으로 EU역내기업들의 경쟁력이 취약한 철강, 섬유, 가전제품, 전자부품, 사무기기 등에 집중적으로 취해져 왔다. 특히 한국에 대한 수입규제는 한국의 주종 수출품목인 전자제품, 신발류, 섬유류를 주된 대상으로 하고 있으며 이러한 규제의 강도는 한국의 대 EU 수출이 급신장세를 보이기 시작한 지난 1987년 이래 극도로 심화되고 있다.

최근 한국에 대한 EU의 통상규제조치가 급증하고 있는 주요원인은 한국의 대 EU 수출이 급격하게 증가하고 있지만, 수출업체들은 제소를 당하거나 이러한 조치에 관하여 정면대응을 피하고 가격인상약속, 수출자율규제를 제안, 대응하지 않은 자세 등으로 인하여 한국을 쉽게 보는 EU의 좋지 못한 통상습관적인 자세로 나타나고 있다.

4. 일본의 통상정책

1) 일본의 통상정책 방향

일본의 통상정책 방침은 국경 없는 경제에서 기업 활동의 글로벌화로 인한 해외투자, 기술무역, 지적재산권, 등의 새로운 규범을 형성하고 구 사회주의 국가가 글로벌경제 시스템을 원활히 참가할 수 있는 기반형성에 참여함과 동시에 선진국과의 정책협조를 통한 환율의 안정을 도모하고 엔화의 글로벌화를 추진하는 내용을 바탕으로 신 글로벌경제 질서 형성에 적극 참여하고 자 함과 동시에 글로벌조화와 민간경제활동 참여 등의 내용을 통한 일본시장에서 외국기업의 활발한 활동을 위한 정책을 강화하였다.

일본은 선진국 간 협력강화와 개도국지원을 위한 기업경영의 노하우 제공, 생활개선을 위한 소비재분야, 공해방지, 기술관련 분야 개선을 통한 인력양성 등을 포함한 시장경제의 이념추구와 긴밀한 협조를 바탕으로 한다. 지역 간 협력을 추진하여 상호의존을 통한 세계 경제 활성화에 기여한다는 방침과 지구환경 및 에너지 문제의 대응과 조화를 위한 개도국 지원과 기술보호주의의 경향을 띤 과학기술의 창조, 유통, 이전에 적극 참여한다는 기본방침을 세웠다.

2) 일본의 통상정책 기조

(1) 전후 고도성장기 및 1970년~1980년대

일본은 통상정책의 변화와 발전향상은 1950년대의 수출촉진 및 수입억제 정책에서 1960년대 수출구조 고도화 정책, 1970년대 무역마찰의 회피정책, 1980년대와 1990년대 보호무역주의와 자유무역제체의 유지 및 확대정책을 적극적으로 추진하여 산업조정을 통한 글로벌 분업을 추진하는 정책으로 변화하였다.

일본의 경제는 제2차 세계대전 이후 1970년대 초 이전까지 세계경제의 호황을 타고 급속한 발전을 꾀할 수 있었으며, 선진국 진입의 자리매김을 하였다. 특히 1950년대 자립경제의 기반을 마련 글로벌수지의 균형을 이루면서 경제성장에 필요한 공업원료 확보, 시장 확대 정책과 수입억제 정책을 동시에 펴 나갔다.

하지만 1970년대 들어와 일본의 경제에 대한 통상개방 압력으로 말미암아 불가피하게 개방을 통한 무역 및 외환의 자유화를 선언하였다. 그러나 두 차례의 석유파동으로 인하여 마이너스 성장을 기록하였으며, 대외통상 개방의 거센 물결로 말미암아 수출지원에 관한 부분을 대부분 축소하거나 철폐하기에 이르렀다. 1980년대에 있어 일본의 무역흑자 폭이 해소되고 통상압력이 강해지자 자동차를 비롯한 금융, 서비스, 첨단산업 등의 부분으로 확대되어 지속적인 시장개방 확대조치를 취할 수밖에 없었다.

(2) 1980년대 이후~현재

최근의 일본통상 정책은 자국의 경제발전을 위하여 무역과 투자부분에 관한 WTO를 중심으로 무차별적이고 자유로운 다각적 통상체제를 기반으로 하고 있다. 일본의 자국경제 발전에 박차를 가하고 있을 때 전 세계적인 통상의 추세는 보호주의 압력의 대두와 지역주의로 인하여 갈수록 블록화 현상이 심화되었다.

일본은 아시아지역을 중심으로 한 협력체제 강화에 나서게 되었다. 이를 바탕으로 일본은 수출시장 확보와 동아시아 국가들의 시장제도 정비를 지원하면서 기초산업 육성과 인재교육, 자금지원 및 협력과 전문가 파견 등을 통한 협력과 지원을 겸하여 실시하고 있으나 자국의 경제발전과 수출증대를 위한 노력의 자구책으로 보인다.

3) 일본 통상정책의 특징 및 수단

(1) 일본의 통상정책 특징

일본의 통상정책의 특징은 민. 관 협력체제의 통상정책과 문화적 통상장벽 형성 및 국가전략 산업의 적극적 보호 및 육성이다. 특히 일본은 민·관 협력체제의 통상정책은 소비자와 생산자 그리고 유통을 통한 판매자의 이익을 대변한다는 이점도 있지만 해외상품의 일본시장 진출을 어렵게 만들어 버린다는 불리한 요인으로 작용하기도 한다.

또한 일본의 전반적인 문화적 통상의 형성은 인간적 유대관계와 신뢰를 바탕으로 인간적인 관계의 거래를 중시하는 경향으로 인하여 외국인의 투자와 외국기업의 일본진출을 꺼려하는 경향이 있다. 그러므로 일본의 이러한 문화적 관행은 통상정책 수립에 악 영향을 줄 뿐만 아니라 자국을 앞세워 타 문화를 배척하는 배타주의의 경향으로 인하여 통상정책의 장벽으로 나타나고 있다.

또 하나는 자국의 산업 발전을 위한 집중 보호 및 육성은 어느 나라를 막론하고 높은 장벽으로 나타나기 때문에, 자국의 국가경쟁력의 강화만을 일삼는다면 쉽게 통상에 임하려 하지 않을 뿐만 아니라 일본은 어떤 산업분야가 글로벌경쟁에서 우위를 확보할 때까지 일본은 국내자원을 적극 동원하여 지원, 육성하려고 하는 경향이 짙은 관계로 통상에 있어 애로점으로 나타나고 있다.

(2) 일본의 통상정책 수단

세계화를 통한 모든 나라들이 자유무역과 지역주의의 경향으로 나타나고 있다. 특히 일본은 통상정책의 수단으로 관세 및 비관세 수량제한조치 등을 사용하여 통상정책의 수단으로 삼고 있다. 물론 나라들도 이와 같은 방법으로 통상정책의 수단으로 삼고 있겠으나 특히 일본의 경우 평균양허관세율을 UR이전의 3.9%에서 WTO출범 시 1.7%로 인하였으며 이는 여타 선진국에 비하여 낮은 관세율이다.

일본의 경우 관세율을 낮게 책정하는 것은 일본의 경우 관세율이 무역수지 흑자와 수입규제에 큰 부담요인으로 작용하지 않는다는 점으로 미루어 볼 수 있다. 그러나 일부 품목은 아주 높은 고관세율을 적용하거나 가공의 정도에 따라 차등을 두는 사관세를 적용하고 있다.

비관세의 경우는 실질적인 통상정책의 수단으로 활용하고 있으며, 가시적인 상계관세, 반덤핑관세 등의 일반적인 조치들보다는 비가시적인 수입승인제도, 행정제도, 유통제도 등을 통해서 비관세장벽을 적극적으로 활용하고 있다. 그리고 유통제도에 있어서도 비관세장벽을 활용하고 있으며, 제조업자에 대해서 경쟁기업의 제품판매 금지를 요구하고 외국기업의 진입을 자동적으로 막고 있다. 이로 인하여 외국의 기업들은 기존의 유통망이 아닌 새로운 유통망을 통하여 시장에 진출하여야 하는 부담을 안고 있다.

일본은 비관세장벽으로서 수량제한조치를 취하고 있다. 이 수단은 수출 물량을 제한하거나 수출 자율규제를 통하여 수출업자와 수입업자의 통상마찰을 해결하여 왔다. 대부분 일본은 농산물, 공산품의 가죽제품, 신발류 등에 이러한 수량제한 조치를 활용하고 있다. 참고로 일본의 통상정책기구는 대장성과 통상산업성, 외무성이 있다. 이 가운데 전반적인 대외무역을 담당하는 기관은 일본의 외무성이며, 여기서 정치와 경제문제를 다루고 있다. 또한 대장성은 경제정책과 금융기관을 통제하는 정부의 관료기구이며, 통상산업성은 통상행정을 담당하는 주무기관이다.

제 7 장

세계화와 글로벌시장의 이해

제1절 세계화로 인한 글로벌시장

1. 글로벌시장의 변화와 개념

1) 세계화와 글로벌시장의 변화

세계화로 인하여 전 세계가 하나의 거대한 국가개념으로 글로벌무역을 통한 국경 없는 무한경쟁의 시대로 말미암아 시장의 세계화가 실현되었다. 시장의 세계화는 무한경쟁의 배경 하에 전 세계가 하나의 거대한 시장을 형성하게 되었다는 의미이다.

따라서 전 세계의 모든 시장을 대상으로 수요의 동질화를 이끌어 내게 되었다. 이러한 수요의 동질화에 따라 기존의 경제성장세를 타고 발전적이고 안정적인 기업들은 신제품의 개발과 계속되는 욕구에 따른 고객감동을 이끌어 내기 위하여 신제품 개발을 통한 제품을 출시하고자 안간힘을 쏟고 있다.

글로벌시장의 무한경쟁체제로 인한 비용부문을 줄이기 위해 경쟁우위 확보를 위한 동반체제를 강화하고 있어 이를 규제하기 위한 새로운 무역의 통상이 생겨나고 있다. 이른바 지역주의의 경향을 띤 자국의 무역보호를 주장하고 있다.

특히 WTO와 FTA의 출범으로 인하여 더욱 더 국가 간 상호주의를 바탕으로 통상협상을 통하여 각종 관세, 비관세 장벽을 철폐하는 한편 해외시장의 진입을 보다 수월하게 해 주고 있을 뿐만 아니라 무한경쟁을 통한 무국경의 시대에 접하게 되었다.

(1) 세계경제 전망

코로나19바이러스가 전 세계적으로 확산됨에 따라 글로벌 경제위기에 준하는 상황으로 세계경제가 추락하고 있는 중이다. 주요국에서 선제적으로 대규모 유동성 공급을 추진함에 따라 주식시장은 3월의 폭락세에서 회복하여 변동성이 상당히 축소된 상황이며, 과거 2008년 글로벌 금융위기와 현재 위기가 다른 점은 금융부문의 부실(버블)이 출발점이 아니라 실물부문의 급속한 위축으로부터 위기가 시작되었다는 점이다.

글로벌 금융위기 시에는 금융부실에 직접적 노출이 되지 않았던 금융기관과 기업들은 직접적 충격이 덜하였던 반면 이번 위기는 전염병으로 인해 경제활동이 급속한 위축됨에 따라 모든 기업에 직접적 충격이 가해졌고, 과거 위기 시에는 버블붕괴로 수요가 급감하면서 생산에 영향을 주었던 반면 이번 위기에는 공장폐쇄 등으로 생산 자체를 하지 못하게 되는 경우도 발생했다.

현 사태의 연내 종식은 사실상 어려워진 만큼 세계경제가 받는 충격은 글로벌 금융위기 시의 충격을 넘어설 전망이다. 세계경제성장률과 우리나라의 수출증가율은 매우 밀접한 관계를 가지고 있으며, 오히려 우리나라의 최대 수출국인 중국 경제성장률과 우리나라 수출증가율 간의 상관관계는 이보다 훨씬 낮다. 하지만 과거 글로벌 금융위기 시 세계경제성장 침체와 함께 우리나라 수출이 급감한 적이 있으나 세계경제 회복 시 우리나라 수출은 급등하면서 위기를 극복하였다. 2009년 세계경제성장률 -1.68%, 우리나라 수출증가율 -13.9%로 각각 나타나게 되었지만, 2010년 세계경제성장률 4.30%, 우리나라 수출증가율 28.3%, 2011년에는 세계경제성장률 3.13%, 우리나라 수출증가율 19.0%을 기록하게 되었다.

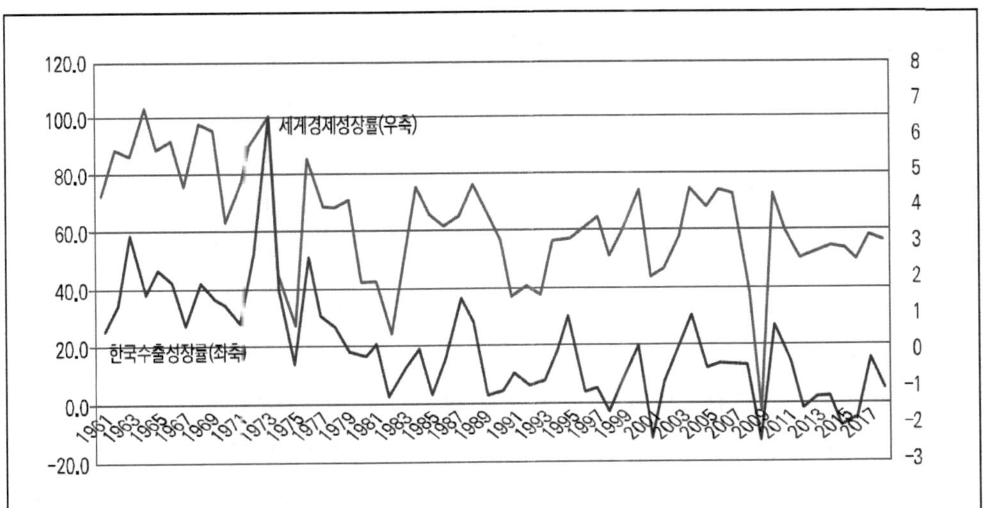

[그림 7-1] 세계경제 성장률 전망

코로나19 확산은 각국의 이동제한과 외부 활동 자제로 인한 수요·공급 충격을 초래하여 실물경제 전반에 부정적 영향을 미치고 있다. 특히, 물적·인적교류가 위축되고 글로벌 공급망이 훼손되는 등 간접적 파급효과도 상당할 것으로 전망됨에 따라 IMF·OECD 등은 세계 경제성장률을 대폭 하향 조정하였다. 특히 IMF는 복합적 리스크 요인의 작용으로 올해 세계경제가 1930년대 대공황 이후 최악의 경기침체를 겪을 것으로 예상했다. IMF는 2020년 세계경제 성장률을 -3.0%로 전망했으며 각 개별국의 경제성장률은 미국 -6.1%, 유로존 -7.5%, 중국 1.2%, 일본 -5.2%로 제시하였다. 또한, IMF는 코로나19 사태가 장기화되거나 '21년 재발할 경우 세계 경제성장률이 기본 전망보다 추가 하락할 가능성도 제시하였다.

〈표 7-1〉 2020년도 세계경제성장률 전망치

(단위 : %, %p)

구 분		기존 전망치(1월)	수정 전망치(3~4월)	조정폭
국제기관	IMF	3.3	-3.3	△6.3
	OECD	2.9	2.4	△0.5
해외IB 전망 평균		3.1	-0.9	△4.0

(2) 국내경제 전망

2019년 4/4분기 국내 GDP 성장률은 1.3%로 전분기 대비 0.9%p 증가하였다. 이는 4분기 중 정부 소비와 정부 SOC 사업을 중심으로 한 건설투자, 반도체 업종 등의 설비투자 등이 증가한 데 주로 기인한다. 그러나 2019년 12월 발생한 코로나19의 전세계적 확산으로 거시경제 불확실성이 크게 증가함에 따라 2020년 1분기에는 실질GDP 성장률이 △1.4%(잠정치)를 기록하였으며, 한국은행 등 국내기관과 IMF·OECD 등 국제기관 및 해외 IB들은 '20년도 한국 경제성장률 전망치를 기존 2.2~2.3% 수준에서 △1.2~2.1% 수준으로 하향 조정하였다.

2019년 4/4분기 민간소비와 설비투자는 전분기 대비 각각 0.9%, 3.3% 증가했으며, 건설투자는 건물건설 및 정부의 SOC 사업을 중심으로 토목건설이 증가하여 전분기 대비 7.0% 증가하였다. 반면 1/4분기 수출은 자동차 수출 부진 등의 영향으로 전분기 대비 0.5% 증가하는 데 그쳤다. 광공업생산은 4/4분기에 반도체·기계장비 등은 증가하였으나 자동차 및 통신·방송장비 등은 줄어 1.1% 증가하는 데 그쳤다. 한편, 서비스업 생산은 자동차 및 부품판매업, 육상·항공운송 관련 서비스업 부진으로 전분기 대비 0.7% 증가하였다.

2019년 하반기부터 상승추세로 전환한 경기선행지수 및 동행지수 순환변동치는 최근 코로나19 확산 등으로 인한 불확실성 증대로 하락하거나 보합 수준을 보였다. 국내경제는 코로나19 확산 지속에 따른 글로벌 경기둔화 및 교역 둔화 등의 영향으로 경기 하방리스크가 2021년 상반기까지 이어질 것으로 전망된다.

〈표 7-2〉 2020년도 한국경제성장률 전망치

(단위 : %, %p)

구 분		기존 전망치(1월)	수정 전망치(3월)	조정폭
국내기관	한국은행	2.3	2.1	△0.2
	국회예산정책처	2.3	1.6	△0.7
국제기관	IMF	2.2	△1.2	△3.4
	OECD	2.3	2.0	△0.3
	ADB	2.3	1.3	△1.0
해외IB 전망 평균		2.2	0.9	△1.3

3) 세계화와 경제 환경의 변화

세계화로 인한 세계경제의 다양한 변화를 통한 시장개척은 날로 위험하고 복잡한 체계를 지니고 있다. 우선 세계무역기구인 WTO의 출범으로 인하여 시장의 자유화, 정보화, 개방화, 세계화로 인하여 모든 시장이 하나의 거대한 시장의 개념으로 등장하였다.

여기에 지역주의의 경향으로 인하여 EU의 생성과 NAFTA, ASEAN, APEC 등 서유럽 북미주, 일본 등 동북 및 동남아시아의 경제지역화, 경제통합, 블록화 현상으로 인한 무역의 환경이 더욱 복잡하게 되었다.

세계화의 영향으로 해외시장 개척을 통한 자국의 산업과 이윤을 동시에 추구하려는 경향이 날로 높아지면서 해외직접투자 방식을 통한 직접적인 해외시장에 개입하는 형태를 취하게 되었다. 이에 따라 해외시장의 증가추세로 나타났다. 그리고 세계화의 영향은 전 세계가 하나의 통합과 표준화의 형식을 취하고 글로벌 경영 시대를 맞이하게 된 것이다. 이에 따라 더욱 상호의존성과 지역적 성격이 강하게 나타났으며, 지역경제 블록의 증대는 글로벌경제의 통합을 불러일으키게 되었다.

따라서 글로벌화, 세계화, 지역화의 영향으로 인하여 세계경제의 변화를 가져오게 되었고, 마케팅 활동 또한 글로벌화 개념으로 바뀌게 되었다. 그리고 세계경제 환경의 변화르 마케팅 활동이 글로벌화되면서 기업들은 다양한 경영체제 즉, 해외시장을 통한 다국적 기업과 해외직접투자의 형태를 취하지 않을 수 없게 되었다. 그러므로 마케팅 활동은 수출을 위한 수출마케팅의 개념으로 해외시장을 개척하게 되었고, 이에 따른 수출마케팅 활동으로 글로벌마케팅 활동을 점차적으로 강화, 확대하게 된 것이다.

2. 글로벌시장의 생성과 발전

1) 글로벌화 시장

글로벌이란 말은 2000년대를 시작하면서 등장하게 된 용어이다. 글로벌화란 세계화의 영향으로 전 세계가 하나의 개념 즉, 하나의 거대한 시장이란 개념으로 등장하였다. 시장의 글로벌화의 개념은 무한경쟁의 시대로 접어들면서 모든 시장에서의 공격적인 낮은 가격으로 세계화의 영향인 표준화, 통합화에 힘입어 다양한 고객을 내국민과 같은 입장에서의 경제거래를 가능하게 만들었다.

또한, 첨단기술과 정보통신의 발달로 인하여 신속한 정보교류가 가능하게 됨에 따라 관련국의 각종 환경과 문화요소들을 실시간에 답습할 수 있게 되었다. 이러한 세계화의 작용은 글로벌시장을 하나의 국내화시장의 개념으로 만들었다. 즉, 하나의 상용화된 기술들을 습득할 수 있게 된 것이다.

이에 따라 세계마케팅 즉, 글로벌마케팅의 개념을 강화한 글로벌마케팅의 새로운 시장개척과 시장 확보를 필요로 하게 되었다. 특히 세계마케팅이라고 할 때 마케팅믹스의 요인을 세계적으로 동일하게 하거나 유사하게 사용하는 것은 모든 나라들이 세계화에 편승하고 있다는 것을 알게 된다. 이러한 개념은 흔히 국경을 초월한 제품의 광고와 이미지 제고에 있어서도 잘 나타난다. 가령 코카콜라는 전 세계 어디를 가든 동일한 광고의 정책을 펴고 있다는 것을 보아도 충분히 짐작할 수 있다.

특히 글로벌시장은 국가와 정부 및 기업을 비롯한 개인에 이르기까지 다양한 목적을 띠고 진행될 수 있다. 물론 해외시장에 국내의 물품을 수출한다는 개념하에서 시작되는 시장의 활성화에 관한 시장진출이 필요하다.

2) 글로벌시장조사의 의의와 개념

기업에 있어 시장조사란 기업의 과거와 현재의 상태를 조사하고 분석하여 미래지향적인 기업의 형태로 나아가기 위한 대책을 마련하고 자 하는 것이다. 아울러 기업의 장기적 발전을 도모하기 위하여 대책마련의 하나로 시장조사를 통한 전략의 수립과 의사결정의 효율성제고, 다양한 자료와 분석을 통한 기업의 객관적 토대를 마련하고자 함이다. 그러므로 시장조사를 통하여 기업의 활동을 시장 환경에 적용하여 기업의 성장과 발전에 필요한 자료와 정보를 입수하기 위한 제반의 활동이며, 이러한 일련의 과정을 시장조사라 한다.

따라서 해외시장조사는 기업이 해외시장에 대한 자료와 정보를 입수하기 위하여 실시하는 것으로써, 관련의 목표시장, 경쟁사, 기업환경 등에 대한 조사와 분석이며 이러한 분석 자료를 통한 전략적 의사결정에 도움을 얻고 자 함이다. 그러므로 해외시장조사는 특정물품에 대한 판매와 구매가능성에 대한 조사라고 할 수 있다. 수출기업의 입장에서 본다면, 해외시장의 조사는 거래선을 대상으로 어느 시기에 가장 합리적인 유통비용을 최소화하여 보다 많은 양의 물품을 수출할 것인가를 과학적인 자료와 방법에 의하여 조사한다.

3) 세계화로 인한 글로벌시장

세계화의 영향으로 전 세계의 모든 시장은 하나의 시장개념으로 자유 시장을 형성하게 되었다. 이러한 무한경쟁의 자유 시장에서 정부와 기업은 날로 높아져 가는 기업의 위험성을 감안하여 전 세계적인 기업으로 성장하고자 안간힘을 쏟고 있다.

무한경쟁으로 인하여 국경이 없는 전 세계를 대상으로 경쟁해야 하는 탓에 해외의 시장조사는 보다 정밀하고도 발 빠른 조사와 그 대처방안을 마련하지 않으면 안 되게 되었다.

해외시장의 조사는 무역거래에 있어서 비용과 위험을 최소화하고 부가가치를 극대화하기 위한 것으로서 수출의 개척 및 증진을 위하여 해외시장의 환경과 동향을 조사하고 이를 분석한 다음 제품영역에 유리하게 작용하여 판매할 수 있도록 하여야 한다. 즉, 해외시장조사는 특정시장에 대하여 수출에 관한 정보를 수집하여 이를 탐사하고 적정 계획을 통한 전략적인 준비로서 정치, 경제, 사회, 문화에서 수출과 관련된 상대국의 정보를 수집하는데 그 의의가 있다.

3. 글로벌시장과 마케팅의 장단점

해외시장에서의 마케팅의 장단점은 의사결정을 위한 정보제공과 제공된 정보의 정확성, 충분성, 이용관련 등을 파악하여 수정, 보완한 다음 새로운 시장의 동향이나 신제품 생산과 관련하여 사전에 시장의 동향과 고객의 성향을 조사하여 시장에서의 판매여측에 따른 계획을 사전에 분석할 수 있게 해준다. 이러한 시장

조사의 이점은 판매촉진비용, 유통과정의 비용, 신용정보 등에 관한 사항을 사전에 수정하고 보완할 수 있다.

1) 글로벌시장의 마케팅 장점

글로벌시장에서의 마케팅의 장점은 시장에서의 고객들이 지닌 특성에 대한 정보를 제공한다. 그리고 구매습관과 구매력을 알려주며, 시장조사를 통한 목표시장의 자금규모와 경제적 속성을 밝혀준다. 그리고 커뮤니케이션 제공, 아이템의 리스크 최소화 등 다양한 정보의 획득을 통한 시장의 정보와 생산성 및 사업의 운용에 미칠 영향력을 사전에 알게 해 준다는 장점이 있다.

글로벌 무역마케팅은 수출입절차를 이행하기 위한 최초의 단계가 되는 셈이며, 무역거래에 있어서 가장 우선시 하여야 할 일이 바로 마케팅이며 이를 이행하기 위한 기초적인 단계 또한 해외시장조사이다. 글로벌 무역의 발전으로 인하여 시장의 확대와 함께 세계의 시장이 하나로 통합화된 표준의 형태를 취하게 되었다.

2) 글로벌시장의 마케팅 단점

글로벌시장에서의 마케팅의 단점은 관련의 정보수집에 대한 정확한 내용파악이 어렵다는 것이다. 주어인 변인간의 관계를 있는 그대로 조사하여 분석하게 되므로 오류를 범하기 쉬우며, 관련의 통제가 필요하며 이를 판단과 관계예측이 어렵다는 것이다. 그리고 계속적인 자료의 수집이나 관찰이 불가능하다는 점과 많은 정보의 수집에 비례해서 비용과 노력이 생각보다 적지 않게 필요하다는 것이다. 왜냐하면 관련의 자료와 정보수집 및 이를 분석함에 있어 많은 관련자들과 전문성을 가진 조사자의 능력과 기술을 필요로 하게 된다.

따라서 세계화로 인한 거대한 시장에서의 보이지 않는 경쟁을 통하여 자국의 이익을 꾀하기 위한 끊임없는 노력들이 다각도로 바뀌고 있어 시장에서의 경쟁은 피할 수 없는 무역전쟁으로 나타나게 된 셈이다.

특히 미국과 일본을 비롯한 서구유럽의 여러 나라들이 수출을 통한 자국의 우수한 상품들을 전 세계에 확산시킴으로서 더욱 더 세계화는 가속화 되었고, 이에 따라 모든 나라들이 동일한 상품의 혜택을 누리게 되었다. 그러므로 세계화를 통한 시장의 개방과 시장의 확대는 모든 나라들이 하나의 거대한 독립국가의 형태를 지닌 자유 시장형태에서 자유경쟁을 통한 경쟁을 피할 수 없게 된 셈이다.

〈표 7-3〉 세계시장의 장점 및 단점

구 분	선진국 시장	중간 소득 국가	개도국 시장	최빈국 시장
장 점	최대시장 안정적인 시장	시장공략이 쉬움 시장이 비교적 큼	시장공략 쉬움 시장이 급신장	의외의 고수익
단 점	경쟁치열 이미지 나쁨	경쟁 비교적 치열	시장이 작음 변화가 많음	시장 매우 작음
표적 시장	대중시장 중산층 시장	중상류 시장 중산층 시장	중상류 시장	엘리트 시장 국경무역, 밀수
대표적 (예)	현대 엑셀 (미) 대우소형차(유럽)	가전 3사(스페인, 사우디, 터키)	LG 전자(동남아) 삼성전자(중국) 대우전자(동구)	대우 자동차 (아프리카)

〈표 7-3〉에서 1980년대 들어와 통신수단의 발달을 통한 문서의 표준화(EDI)와 전자무역, 서비스무역 등을 통하여 전 세계를 대상으로 한 시장 확보에 주력하게 되었다. 이에 따라 전 세계의 모든 국가들은 시장 확보와 생산의 증대 및 수출입의 효율성을 위한 경영전략과 수출시장에서의 주도적 역할을 감당하려는 치열한 무한경쟁시대를 맞이하게 되었다.

자유무역의 영향과 세계화를 통한 세계의 시장에서의 글로벌무역은 새롭게 출범한 WTO와 무역자유화를 위한 FTA 등을 통하여 새롭게 등장하는 무역장벽의 요인들을 제거하여 원활한 무역거래의 활성화에 기여하게 되었다. 이러한 영향으로 인하여 해외시장 확보와 경제활동의 이윤추구를 위하여 주어진 세계화 즉, 전 세계를 대상으로 하는 글로벌무역의 시대가 된 것이다.

4. 해외시장조사와 진출방향

1) 해외생산을 위한 진출

국내시장의 활성화나 국내시장에서의 침체기를 벗어보려고 하는 대개 두 가지 차원에서 해외시장으로 눈을 돌리게 된다. 물론 활성화 가정에서의 해외시장 개척을 통한 시장 확보를 통한 제품의 개발과 사업의 확장을 계획할 수도 있지만 대부분 국내시장에서의 큰 성과를 얻지 못하고 한계에 도달한 기업들이 해외로 진출하기 위하여 기업을 해외로 이전해 생산하려고 하는 경우이다.

이때 국내시장에서의 성장의 한계와 침체의 어려움에서 벗어나기 위하여 대부분 원료 공급이 손쉬운 곳이나 노동력이 풍부한 곳, 또는 판매망 확보가 손쉬운 곳 등의 요인들을 선택하여 가격경쟁력에서의 경쟁우위를 갖춰 시장개척과 시장 확보의 차원에서 실시하게 된다.

해외시장의 거점 확보는 단순한 해외생산을 위한 목적보다는 해외의 시장에서의 거점을 확보하기 위한 형태로 풍부한 원재료의 공급과 노동력, 자본과 시설, 기술 등의 활용이 용이한 곳을 선정하게 된다. 특히 원료공급을 원활히 함으로써 값싼 노동력을 통한 제품생산 시 저가의 제품가격으로 인한 주변의 목표시장 확장과 해외시장으로의 수출을 목적으로 한다. 이러한 거점마련의 해외진출은 대기업보다 중소기업에서 주로 행하는 해외시장 개척과 시장 확보의 차원에서 시행하는 전략이다.

따라서 주변시장 확보를 위한 차원으로 해외시장 거점 확보를 위하여 단독해외진출이나 합작해외진출 또는 M&A를 통한 해외진출의 방식을 추구한다. 해외시장 확보와 시장 확대를 위한 거점 마련을 위하여 해외진출을 꾀하고 자 하는 기업들은 대부분 중소기업으로 해외생산 중심의 해외진출 전략을 통한 주변시장에서 판매망을 통한 거점중심의 시장형성을 통한 활동을 주목적으로 하고 있다.

2) 해외에서의 자원 확보를 위한 진출

기업이 보유한 자원은 사전에 확보한 만큼의 이슈를 가질 수 있을 것이다. 그러나 기업의 자원은 자본과 기술, 경영의 능력, 생산설비 및 기술을 통한 경영활동에 이르기까지 다양한 자원들을 통틀어 일컫는 말이다.

하지만 어떤 기업이 해외에서의 자원을 확보를 위하여 진출을 꾀한다고 한다면, 자원의 확보를 중심으로 한 한정적인 범위에 목적을 두어야 할 것이다. 가령 천연자원, 수산자원, 삼림 등의 자원을 확보할 목적으로 해외시장에 진출하는 것이므로 한정적인 자원 확보에 목적을 두어야 할 것이다.

자원 지향형 해외시장 진출은 해외에 있는 자원을 보다 저렴하고 안정적인 차원에서 확보하기 위한 것이므로 기업은 이를 통하여 운영을 활성화 하고 자 하는 것이므로 해외에서의 자원확보를 통한 경쟁력을 갖춰 나가게 된다. 따라서 자원지향형의 해외진출은 기업을 보다 안정적으로 경영할 수 있다는 이점을 갖게 된다.

물론 기업이 해외시장에 진출하는 목적은 해외시장 개척과 상품수출로 인한 이윤추구에 있지만 해외시장에서의 자원을 확보할 목적으로 해외시장에 진출하는 경우는 자원의 안정적인 확보를 통하여 기업의 경영에 안정을 추구할 목적이므로 어떤 이윤을 추구하기 보다는 장기적 차원의 기업경영을 위한 목적이므로 사전에 잘 조사하고 선정되어야 한다.

또한 자원 확보에 있어서도 자원의 질과 양 그리고 자원을 획득한 수 있는 자원의 장소가 선진국에 위치하고 있는지 아니면 후진국에 위치하고 있는지를 잘 파악하여 선정하여야 한다. 자원 확보의 어려운 점을 감안하여 해외합작을 통한 해외시장으로의 진출을 꾀하려 하지만 해외진출 기업은 여러 가지 형태로 자원개발에 참여한다. 가령, 자본공급을 통한 참여, 채취기술을 통한 참여, 설비와 관련한 참여 등으로 기업의 상황과 여건에 맞게 해외합작의 형태를 고려하여 진출하여야 한다. 이러한 자원 확보를 위한 진출은 자원 추구형, 시장 추구형, 효율 추구형, 전략적 자산 추구형 등의 목적이 대부분이다.

3) 해외시장의 확보를 위한 진출

해외시장을 목적으로 진출하는 경우 기업이 현지에서 현지소비자들의 선호에 알맞은 제품을 생산하여 현지 시장에서의 점유율을 높여 나가는 형식이다. 이러한 시장지향형 진출은 수출을 위한 목적으로 추진하게 되는데, 사전에 수출을 통한 충분한 경험과 관련의 정보를 축적한 기업에 있어서 시장을 좀 더 확대하고 시장에서의 점유율을 높이기 위한 차원으로 실시하게 된다.

기업들이 주로 산업장비, 소비재를 제조하는 시설과 공장을 해외로 이전하여 해외시장진출을 꾀하지만 최근에는 서비스를 포함한 무형무역의 요인들을 많이 수출하고 있다. 이러한 것들은 주로 자본과 관련된 은행, 증권, 항공, 호텔, 광고 등의 해외진출을 늘려 나가고 있는 것을 볼 수 있다.

시장지향형 해외진출의 입지선택은 기업의 내외부적인 요인들에 의하여 결정되게 된다. 왜냐하면 시장지향형 해외진출은 거의 현지시장 확보를 통한 생산과 판매활동을 주목적으로 하기 때문에 이를 경영하기 위한 제반의 시설 및 관련의 경영자원이 현지의 해당지역 국가로 이전되기 때문이다.

따라서 해외시장 진출을 위해서는 기업의 내부적인 자체조사 내용을 바탕으로 수요, 공급자, 판매경로 등을 통한 시장성을 조사하고 이와 아울러 생산을 통한 현지에서의 반응정도를 알아본 다음 충분한 자본력과 관련의 기술력을 갖춰나가야 한다. 그리고 기업의 외부적인 요인으로는 관련 진출국의 시장규모와 시장관련의 정보, 문화, 정치, 경제, 법률 등의 기본적인 환경조사와 관련의 기술력, 경영능력 등 마케팅 활동과 관련하여 충분한 검토와 조사가 필요하다.

하지만 계속적인 노력에도 불구하고 현지의 파트너를 결정하기 어려운 경우는 M&A의 방식을 통한 상호이익을 위한 방식으로도 해외시장의 진출을 시도할 수 있다. 이와 같은 M&A의 방식은 단순한 시장의 확보 차원이 아니라 기업의 장기적 차원에서 시작을 시장개척과 시장 확보에 목표를 이윤추구로 시작하여 점차 시장을 확대해 나가는 전략적인 차원에서도 필요하며 차후에 시장에서의 경쟁력을 확보하기 위하여 사전에 시장 점유율이 높은 관련의 국가와 요인과의 합작형태로 나아가는 방법이 있다.

4) 무역장벽 해소와 지식습득을 위한 진출

해외시장 개척과 해외시장 확보를 위하여 기업은 주어진 환경과 경영의 능력을 최대한 발휘하여 글로벌적인 시장에서의 시장경쟁을 통한 자신의 기업의 위치를 찾으려고 다양한 방법을 동원하여 해외시장 진출을 시행하고 있다.

그 가운데 무역장벽의 해소와 지식습득을 위한 해외시장 진출은 새로운 기술의 원천인 관련국가이거나 기업의 전략적인 목표의 하나인 요인을 충족할 수 있는 국가이거나 또는 새로운 기술을 습득할 수 있는 발달된 선진국 중의 하나를 선택하여 지식 지향형 해외시장 개척을 시도하고 있다.

지식지향형 형태의 해외시장 진출은 거의 선진 국가를 대상으로 이루어지기 쉽다. 해외시장에 자본을 투입하여 기술이전을 꾀하거나, 해외진출을 통한 선진기술의 습득이 목적이기 때문에 현지의 선진기술들을 습득하기 위해서는 관련의 연구시설을 통하여 습득된 기술들을 활용하여 비교적 짧은 기간 내에 다른 지역에서 관련의 기술들을 통한 경쟁을 통한 우위확보와 시장 확보의 차원에서 주로 활용하는 해외진출 방식이다.

무역장벽의 주원인은 주로 선진국에서 발생하는 것들이 많으며 갑작스런 선진국의 산업구조의 조정이나 하향산업의 보호차원에서 정책적으로 시행하게 될 때 이러한 정책의 장벽요인에 해당하지 않는 범위의 제3국을 선택하여 해외시장에 진출하게 된다. 무역장벽의 요인들을 제거하여 해외시장에 진출한 기업들의 경우 경영 장벽을 제거함으로써 효율적인 무역거래를 통한 경제효과와 현지시장에서의 판매활동을 통한 현지전략을 추구하게 되고, 이에 따라 현지에 적합한 제품과 시장 확대를 동시에 추구할 목적으로 경영 장벽을 피하여 해외에 진출하는 방식을 취하기도 한다.

제2절 해외시장조사의 분석요소와 목적

1. 시장조사의 정보 분류와 분석요소

1) 거시적 환경 분석

거시적 환경 분석이란 문화적 환경, 경제적 환경, 인구통계 환경 등의 내용들을 분석하는 것을 말하며, 문화적 환경은 변화하는 패션, 유행, 취미 등에 따른 감성적이고 합리적인 소비와 해외소비의 확대 등에 따른 환경을 분석하는 것을 말하며, 경제적 환경 분석이란 경제 불황이나 유가급증, 물가, 실업률 등을 분석하는 것이다.

인구통계 분석이란 말 그대로 인구의 증감이나 변화에 관한 것을 분석한다. 특히 사회, 문화적 환경의 분석에 있어서 다양한 것을 포함하여야 하며, 외부 및 내부의 환경까지 파악해야 한다.

따라서 거시적 환경 분석은 사회문화적 변화, 법적제도와 구조, 납품업자 및 유통업자의 제도적, 행태적 특성을 분석하는 것을 말하며, 특정지구 또는 지역의 현재 환경을 통한 특정 활동 또는 제 활동에 기인하는 환경 변화를 예측하는 분석한다.

2) 산업의 환경 분석

산업 환경 분석은 시장의 규모, 산업내의 경쟁에 관한 사항, 경쟁구조 등을 분석한다. 산업분석 즉, 산업의 환경 분석이란 동일시장 안에서 경쟁하는 기업들 간의 조직들을 산업이라고 할 때, 산업은 공급과 경쟁 및 공급자와 공급그룹을 포함하는 내용을 말한다.

산업분석이란 공급과 생산측면에서 수요자에 대한 대체성이 높은 재화 및 용역을 공급하는 기업군을 말한다. 산업의 핵심적인 내용인 산업의 위협, 기회 등에 대한 요소들을 분석하여 위협은 최소화, 기회는 극대화하자는 것이다.

3) 기업의 환경 분석

기업의 환경 분석은 경쟁사와 자사의 강점 및 약점을 분석하여 목표시장과 경쟁사들의 시장 점유율, 성장률 그리고 전략과 정책 등에 관한 사항을 분석한다.

기업의 환경 분석이란 기업의 비전과 내부 및 외부의 환경 분석에 대한 SWOT분석 등을 통한 경영전략의 방향을 결정하는 것이다. 먼저 외부적인 요인으로 정치, 경제, 사회, 문화, 기술 등의 거시적인 분석과 구조내의 경쟁요인 등을 포함하여 분석하는 것을 말한다.

또한 내부적인 분석방법으로 7S 즉, 조직 내부보유 역량 수준을 분석하여 이를 기초로 강점과 약점을 분석, Shared Value, Strategic, Structure, System(제도), Staff(구성원), Style(리더십), Skill(기술) 등을 분석하는 기법들을 포함하여 말한다.

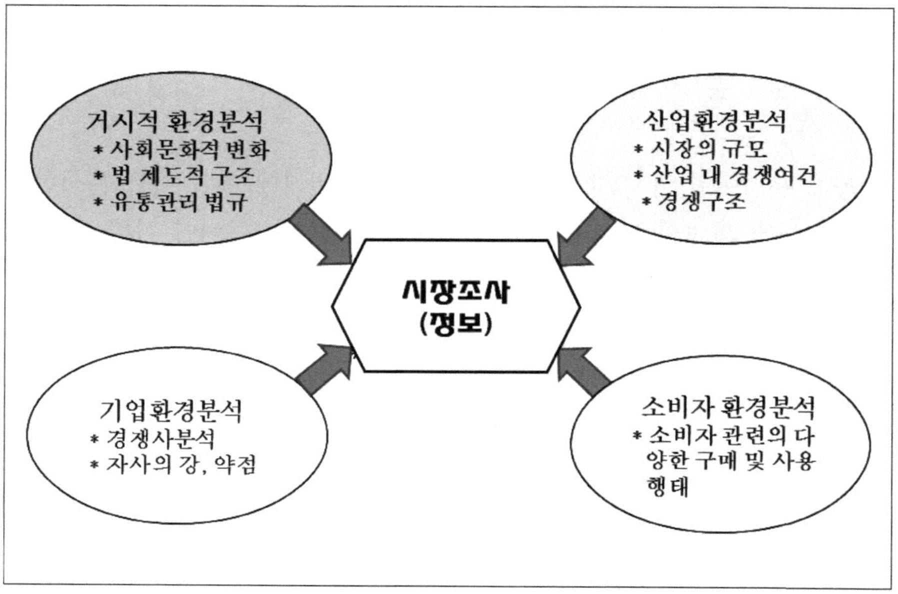

[그림 7-2] 시장조사의 정보와 요소

4) 소비자 환경 분석

소비자 환경 분석은 소비자들의 구매나 사용 등과 관련하여 다양한 태도, 행동 및 특징에 관한 사항을 분석한다. 그러나 구매의사의 결정에 있어, 구매의사 결정 참여자의 영향변수, 인구학적, 심리학적, 행동학적 속성 소비자 속성과 자사제품의 인지도, 선호도, 브랜드 충성도, 구매동기, 빈도수, 제품 사용방법 등을 자세하게 파악한다.

하지만 고객의 다양화와 수요의 다변화로 인한 고객니즈와 욕구에 맞춰 내부적 내적, 외적의 2차적인 자료수집과 활용도 필요하다.

2. 해외시장조사의 목적

시장진출을 위한 첫 단계는 해외시장을 조사하는 것이다. 해외시장은 상품과 서비스를 수출함으로써 이윤을 얻고 자하는 단순한 방식의 해외시장 진출이 아니라 장기적이고 전략적인 차원에서 해외시장에서의 발전을 통한 경영의 확대와 세계로의 거점을 마련하기 위한 다각도의 목적으로 진행된다.

해외시장조사는 국내의 시장조사와는 달리 정치, 경제, 사회, 문화, 교육 등 다양한 요인들을 조사해야 하기 때문에 기존의 시장을 가진 기업이나 관련의 시장 점유의 실적이 있는 기업과의 합작이나 M&A를 통한 여러 방법을 동원하여 해외시장으로의 진출을 꾀하고 있다.

해외시장을 통한 해외시장조사(Overseas Market Research)는 수출입을 통한 상품의 판매와 수입을 위한 구매가능성의 모든 것을 조사하는 것을 말한다. 해외시장은 국내시장과는 달리 글로벌적인 제도와 지리적 요인, 문화, 종교, 상관습, 언어 등의 여러 요인들로 인한 어려움이 있지만 글로벌무역거래에서의 위험요소를 사전에 막아 이윤 극대화를 꾀할 뿐만 아니라 기업의 발전과 전략적인 목표를 수행하기 위한 목적으로 시장조사를 실시하게 된다. 해외시장조사는 글로벌무역 거래에 있어 가정 먼저 선결되어야 할 과제이기 때문이다.

해외마케팅에 성공하려면 정확한 정보를 바탕으로 특정시장에서의 다양한 요소에 관한 주도면밀한 조사와 분석을 통한 판정을 필요로 한다. 일차적으로 그 나라의 기본적인 상황들을 조사하고, 차후에 구체적인 취급상품과 시장동향 및 유통구조, 경쟁대상 국가와 경쟁제품, 가격정책, 무역정책, 그리고 관련의 거래처 등을 세밀하게 조사한다.

이러한 해외시장 조사의 결과를 통해 기존시장의 변화와 추가적인 성장을 도모할 수 있으며, 새로운 시장의 개척을 통한 기업의 고객선 발굴과 함께 기업의 추가적인 발전과 밀접한 관계가 있으므로 단순한 보고식의 시장조사가 아닌 철저한 현장중심의 사고방식을 채택하여야 하는 것이다.

따라서 해외시장 조사의 목적은 해당시장의 판매 적격성 파악, 현지상관습에 대한 이해 등이다. 해당시장의 판매적격성 파악이란 관심품목의 국내외 수급동향이나 가격경쟁력, 수익성, 국내외 경쟁기업 파악을 말하며, 현지상관습에 대한 이해란 포장, 광고, 유통망, 현지관습 등이다.

3. 해외시장조사 항목

1) 기본적 조사항목

해외시장 조사는 기본적으로 시장세분화와 목표시장의 선정형태를 취하게 된다. 시장조사 자체가 무역거래의 최초단계이며 수출을 위한 목표시장을 선정한 다음 관련의 시장에 관한 환경, 상관습, 관련의 정보 등을 조사한다. 이러한 조사의 활동에 대하여 시간적, 공간적 차이를 통한 조사가 시장세분화(Market Segmentation)이다.

글로벌 시장을 향한 진출은 국내시장에서의 충분한 준비와 연습의 과정을 통하여 실시하는 것이 원칙이겠으나 경우에 따라서는 전 세계를 대상으로 한 목적으로 기존의 조사된 내용을 바탕으로 추가적인 사항을 첨가하여 관련의 정보와 함께 신 시장의 개척에 활용하게 되는 것이 통례적인 사항이다.

하지만 기존의 조사와 분석의 내용이 타당하다고 해도 시장의 상황은 날로 변화고 있으며 또한 지리적 여건과 환경, 등의 여러 제약의 요인들이 항상 도사리고 있기 때문에 방심할 수가 없는 입장이다. 조사과정이 바로 시장세분화를 통한 정치, 경제, 지리, 문화, 사회 등의 제 조건을 통한 조사와 이를 통한 상호비교 평가를 실시하는 것을 말한다.

특히 해외시장조사와 병행하여 조사해야 할 것은 해당시장에 대한 요소에 세계시장에 대한 시장상호간의 비교, 검토 등의 내용을 조사하여 관련의 자료들에 대한 취급 및 항목을 달리하여 타 시장에 대한 기본적 자료로 활용할 수 있다는 점이다.

따라서 일반적이고 기본적인 조사항목은 지리적인 조건으로 해당 조사국의 면적, 기후, 도시 분포, 국민의 소비성향 등과 정치, 경제적인 사항으로 각국의 자원과 금융재정 등의 상황과 국내 산업에 대한 보호정책과 투자관계 등을 조사하여야 한다. 더 나아가 사회적인 조건으로 각국의 시장에 대한 생활환경, 상관습 관련의 내용도 포함하여야 한다.

2) 정밀시장조사 항목(특수시장조사 항목)

해외시장의 조사항목 가운데 기본적인 조사 외에도 추가적인 조사 즉, 2차 혹은 정밀의 조사를 겸하여 실시하게 된다. 특히 정밀시장 조사의 주요 내용은 기존의 조사내용에 기술적인 조사와 사례연구 등을 통한 조사항목을 첨가하게 된다. 그러므로 정밀시장조사의 주요 내용은 품질, 가격, 유통, 대금결제 등에 관한 상세한 사항들을 조사하게 된다.

(1) 품질 및 가격동향 관련의 조사

품질에 관한 조사내용으로는 관련의 상품이 해당시장에서의 기본적인 효용과 사용능률 및 편리성을 조사한다. 즉, 관련 상품의 주요 대상과 소비계층의 실용성과 관련하여 실제 사용에 있어서의 내구성을 조사하게 되는데, 이를 바탕으로 추가적인 제품을 수정 및 보완하여 상품에 첨가하여 추가적인 고객감동 중심의 제품을 생산하게 하는 요소들을 포함하게 된다.

가격에 관한 부분은 시장에서의 가격형성이 적절한가를 검토하고 추가적인 사항에서 당해 상품의 목적시장에서의 기초가격 형성으로 인한 판매액을 예상하게 된다. 물론 판매가격을 결정함에 있어 관련의 운임, 보험, 운송관련의 추가적인 사항들을 재검토할 수 있다.

(2) 납기 및 결재방식에 관한조사

적절한 납기일을 예상하거나 이를 위하여 제품생산의 시기와 재고율을 결정하게 된다. 국내유통과의 달리 글로벌적인 유통 즉, 무역거래 관계에 있어서의 상품의 조달은 상관습이나 그 나라의 정치, 경제, 사회, 취미, 기호 등 다양한 요인들에 의하여 납기일이 결정될 수 있기 때문이며, 이를 위하여 적절한 재고율과 적정시기의 납품을 위하여 관련의 사항들을 조사하게 되는 것이다.

매도인은 빠른 기일 내에 주문한 상품을 받기를 원하지만 주문을 예상하여 사전에 생산되었거나 저장된 제품들이 불량이나 재고로 인한 손실을 가져올 수도 있기 때문에 이를 신중히 검토하여야 한다.

대금결제 부분에 있어서는 시기와 내용과 조건 등에 관하여 꼼꼼히 따져보아야 한다. 특별히 상품 관련의 대상제품이나 다른 경쟁자들의 결제조건 등을 조사하여 보고, 수입상과 수출상에게 가장 유리한 조건의 결제조건과 방식을 채택하여야 할 것이다. 경우에 따라서는 수출상에게 화환신용장조건이 유리하겠으나 수입상과 관련하여 D/P, D/A 계약서와 장부에 의한 결제의 방법이 유리할 것이다.

(3) 판매경로 및 유통경로 조사

판매경로 분석은 국내시장에서의 유통구조 및 유통관련의 내용을 조사하는 방식과 흡사하다. 무역거래에 있어서 목적시장의 최종적인 유통경로에 관한 조사부분이다. 즉, 수출업자는 관련의 무역국에 대리점이나 특약점 또는 어떤 경로를 대상으로 하여 보다 효과적인 거래관계를 확보할 수 있을 것인지를 조사하게 된다.

판매경로분석을 위하여 해당시장과 관련 대상에 따라 상이하게 조사되어야 하겠으나 주로 1, 2단계의 조사내용을 근거로 하여 실증적인 조사를 하게 된다. 판매경로는 목적하는 시장에 있어서 소비자에게 어떻게 전달할 것인가를 검토하고 분석하는 과정으로서 최종소비자에게 전달하는 과정에 있어 수입업자, 대리점, 특약점 등의 어떤 단계를 통할 것인지를 사전에 선정하고 적용하는 과정이라고 할 수 있다.

상거래 있어서 시험주문(trial order), 견본주문(sample order)의 형태보다는 실험적 방법을 통한 과학적인 근거와 기준을 마련하여 이를 바탕으로 적절한 유통의 단계를 설정하게 된다. 물론 경제적이고 정치적인 여러 제약의 조건들을 충분히 소화해 낼 수 있는 제품과 관련의 제반대책을 세밀하게 구축하고 있어야 할 것이다.

제3절 해외시장조사 환경적 고려요소

1. 정치 및 법률의 요인

해외시장을 조사함에 있어 관련국의 정치, 법률 환경이 가지고 있는 영향은 매우 크다고 할 수 있다. 그러므로 해외시장 개척을 위하여 관련 상대국의 정치 상태와 법률 및 관련의 안정성 여부를 철저히 조사하여야 한다. 만약 이러한 내용들을 사전에 조사에 포함하지 못하여 추후에 발생할 무역의 클레임에 관해서 지대한 영향을 초래할 수 있기 때문이다.

정책의 수시변동이나 수출제한 정책, 관세 및 비관세정책, 공업화에 따른 추가적인 정부의 정책, 관련국의 세제의 변화 등은 소비자에게 매우 민감한 반응으로 보일 수 있으므로 이에 대한 충분한 조사가 필요하다.

2. 지리적 환경요인

지리적 환경요인의 주요한 항목은 입지, 면적, 지형, 인구, 도시의 상황, 기후, 천연자원 등이며, 이러한 항목은 관련 국가의 일반적인 경제특징과 국민생활의 수준 및 생활태도, 소비특성, 관습 등 다양한 특징의 영향을 미친다.

또한 동일한 국가 내에서도 넓은 지역의 국토를 가진 국가들의 경우를 보면, 각각 그 지역마다 문화가 서로 다른 것을 모습을 찾아보게 된다. 그러므로 해외시장을 조사함에 있어 무엇보다 이러한 환경적 요인을 상세하게 조사하여 시장에 맞는 상품들을 출시해야 할 것이다.

3. 경제 및 환경요인

경제적 환경요인은 소득과 소득수준, 시장의 규모와 성장가능성 등 경제정책과 관련하여 조사하게 된다. 시장에서의 구매에 있어 인구와 소득 및 소비수준을 판단하는 경우 국민총생산(GNI: gross national income)과 국민총지출(GNE; gross national expenditure), 1인당 국민소득(GNP), 1인단 국민소비, 개인소득과 그 처분, 개인소비지출의 구성 및 주요상품의 보급률 등이 이용되고 있다. 그러므로 소득수준, 소비자의 소비태도 등은 일국의 국민경제와 밀접한 관계가 있기 때문에 사전에 충분히 조사하여야 한다.

〈표 7-4〉 기업문화의 글로벌적 차이

구 분	미 국	일 본	한 국
조직기능	기능주의/ 분권화	인간중심/집권화, 표준화	가족, 연고형의 집권화
평가 통제	기능주의적 평가 외면적, 공식적 통제	연공 서열형 평가 내면적, 완만한 평가	단순 업적평가
인사관리	구체적 경력관리 개인적 책임 금전중심 단기유인책 단일임금체제	포괄적 경력관리 종신고용제 집단적 책임 비금전적 장기유인책 복합임금체제	연공 서열형 속인적 인사정책
리더십	합리주의적 민주적, 객관적	권위주의적 주관적, 온정적	권위주의적 온정적
의사소통	용이 하의상달	경직 상의하달	경직 상의하달
관리방식	과학적, 근대적	비과학적, 전근대적	비과학적, 전근대적

경제적 환경요인 가운데 해외시장을 분석하기 위해여 지난 10년간의 수요와 향후 5년간의 미래적 수요를 예측하여 시장의 규모와 성장성에 관한 충분한 검토가 필요하다. 그리고 현재의 시장규모가 크고 성장력이 강한 국가는 경제 전체가 활기찬 장래성이 있는 시장이므로 적극 진출하여 시장을 확보해야 한다는 취지이다. 이러한 각 국가의 경제정책은 경제의 성장, 물가의 안정, 고용의 증대 등을 목표로 하여 운영되어 글로벌경제와는 밀접한 관계를 가지고 있고 기업경영에도 중대한 영향을 미친다.

4. 사회 및 문화적인 요인

사회, 문화적 환경이란 기업이 하나의 사회구성체로 속해 있는 일국의 국민경제적인 영역에서 사회, 문화적 환경인 인구분포, 규모의 인구증가율, 성별, 문화, 생활수준 등을 포함한 언어, 교육, 종교 등의 현상에 관한 내용은 국민경제와 기업 활동에도 지대한 영향을 줄 수 있기 때문에 오늘날과 같은 글로벌시대에 있어 사회, 문화, 환경적인 요인은 세밀하게 분석해야할 중요한 과제이다.

문화적 환경과 경제적 환경을 통한 해외소비자분석의 내용으로는 우선 문화적 환경으로 언어, 종교, 미적 감각, 가치관, 교육수준, 자의식 및 공간개념, 시간에 대한 개념 등을 조사하여야 하며, 이러한 경제, 문화적 요인은 소비자의 특성과 소비자의 의사결정 과정에 관한 행동 등을 아울러 조사하여야 한다.

특히 소비자의 행동 가운데 제품을 선택하거나 상표 및 유통경로의 선택과 구매시점 및 구매량에 관한 사항도 조사하여야 하며, 아울러 마케팅의 영역까지 포함하여 조사한다. 그리고 경제적 환경요인으로는 국민소득, 경제발전 단계, 인구의 규모와 물가수준 등을 포함하여 조사한다. 문화적 환경요인에 대한 관리전략으로는 현지 국 문화에의 일치전략으로 새로운 문화의 수용과 적응이며, 자연적인 문화의 변화를 기다리는 전략, 또는 문화의 변화를 유도하는 전략 등으로 관리한다.

5. 글로벌시장 환경의 변화와 비용의 요인

세계화의 영향으로 전 세계의 시장이 하나의 단일시장의 개념으로 나타나고 있다. 특히 하나의 거대한 국가개념으로 그 범위와 내용이 좁혀지면서 전 세계의 모든 국민들의 생활수준과 내용이 서로 비슷한 형태로 나타나고 있다. 또한 첨단

정보통신의 발달과 각종 멀티미디어의 새로운 기술개발과 접목은 전 세계의 국민들을 하나의 국가개념으로 묶어 주었다.

기술의 발전과 규모의 경제를 위한 노력은 제품의 개발과 제품관련의 비용이 확대되는 한편 이를 해소하기 위한 저 임금의 국가로 새로운 노동집약의 형태로 시장이 형성되어가고 있어 단순한 비용문제 해결을 위한 시장의 변화가 아닌 글로벌시장의 다양성을 나타내 보이고 있다.

KOTRA는 최근 한국 상품 주요수출시장 21개국 올해 히트상품 150개 품목의 성공요인을 분석한 결과 글로벌시장 히트상품 공통분모로 친환경, 에너지절감, 다기능융합, 소비자참여 등의 순으로, 친환경, 에너지절감을 통한 국제적으로 탄소배출권시장이 활성화 내지는 높아지고 있다. 이와 함께 태양열을 이용한 온수시스템, 실 외등, 전지판 등 재생에너지를 이용한 제품수요도 증가하고 있다. 디지털제품은 다기능융합으로 인체의 움직임을 측정해 운동을 할 수 있는 게임으로 발전시켜 나가고 있다. 그러므로 경기침체로 인한 소비자들의 알뜰소비성향이 증가하고 있어 비용면에서 점차 소량의 고가품 중심으로 발전하고 있다.

제 8 장

글로벌마케팅과 시장전략

제1절 글로벌마케팅의 이해

1. 글로벌마케팅의 개념과 특성

1) 글로벌마케팅의 개념

세계화의 영향으로 마케팅(Marketing)이란 용어를 모르는 사람이 없을 정도로 표준화된 경향으로 나타나고 있다. 특히 마케팅을 영업활동으로 착각하였던 과거의 개념과는 달리 작은 일에서부터 광범위 하고 복잡한 일에까지 마케팅이라고 하는 용어를 사용하고 있다. 이러한 마케팅의 개념에 있어서도 시대와 학자마다 그 뜻을 달리하여 왔으며, 다양한 여러 정의를 내리고 있다.

마케팅이란 개념으로 가장 널리 사용하고 있는 개념이 미국마케팅협회(AMA: American Marketing Association)의 규정으로 마케팅을 개인과 조직의 목표를 충족시키기 위한 교환을 창출과 제품 및 아이디어, 서비스 개발, 가격, 촉진, 유통에 대한 계획을 수립하고 이들을 실행하는 일련의 과정이라고 정의한다.

마케팅의 정의는 개인과 기업의 욕구충족을 위한 것이며, 동시에 교환활동을 통하여 소비자의 욕구와 기업의 목표를 동시에 충족시키는 교환적 역할을 감당하며, 이를 위한 구체적인 수단으로서의 마케팅활동을 하게 된다. 즉, 고객이 원하는 것이 무엇인지를 파악하여 제품화하여 이를 교환함으로써 개인과 기업이 동시에 욕구만족을 얻을 수 있는 활동이다.

2) 마케팅의 기본적 개념

글로벌마케팅을 위하여 우선적으로 개인적인 마케팅활동 즉, 조직이나 기업의 마케팅의 목표에 맞는 계획과 전략이 필요하다. 이에 관하여 코틀러(P. Kotler)는 개인 및 조직의 목적을 달성하기 위하여 교환활동을 창출해 나가는 과정이라고 하였다. 그러므로 마케팅이란 나라와 고객, 경쟁자, 유통경로, 광고매체 등에 따라 달라질 수 있어 환경의 변화와 전략적 수정이 필요한 것이다.

마케팅의 역사를 통하여 기본적인 개념을 살펴보면, 미국의 경우 1970년대의 마케팅은 전통적인 제품에 중점을 둔 판매활동이었으며, 1980년대에 들어와 판매중심에서 고객중심으로 새로운 현대적 서비스 마케팅의 개념으로 바뀌게 되었다. 고객을 중심으로 고객감동을 위한 마케팅 활동을 전개하였기 때문이며, 제품에서 고객으로 바뀐 것이다. 이때 탄생한 4가지 개념의 마케팅 수단인 제품(Product), 가격(Price), 유통(Place), 촉진(Promotion)이었다. 그리고 최근에 경향으로는 4P의 요소에 첨가하여 조사활동(Probe)이나 사람(People)을 덧붙여 5Ps라고 말하기도 한다.

〈표 8-1〉 글로벌마케팅의 개념

구 분	글로벌마케팅의 개념
카테오라(P. R. Cateora)	한 나라 이상의 소비자 또는 사용자에게 기업의 제품, 서비스를 이동시키는 기업 활동
크래머(R. L. Kramer)	타국에 있는 개인, 기업, 단체 및 정부실체와 비즈니스를 수행
텝스트라(V. Terpstra)	한 나라 이상의 국경을 넘어선 기업 활동
제인(S. C. Jain)	인간의 욕구 충족을 위해 국경을 초월한 거래활동
찐코타와 론카이넨 (M. R. Czinkota & I. A. Ronkainen)	개인 또는 기업의 욕구를 충족시키기 위하여 국경을 초월해서 전개되는 마케팅활동
페어워터(J. Fayerweather)	국내마케팅의 한 부분으로 국제마케팅 프로그램을 조직할 능력과 해외시장조건에 적응할 능력이 있어야 부가적인 기술이 필요한 마케팅
자넷과 히내시 (J. J. Jannet & H. D. Hennessey)	복수국가 속에서 전개되는 마케팅활동

〈표 8-1〉에서 글로벌마케팅의 개념을 보면, 글로벌마케팅이란 다른 나라 국민들을 대상으로 한 기업 활동 및 이와 관련된 서비스 활동이다. 그러므로 한 나라 이상에 있는 소비자 혹은 사용자에게 제품, 서비스를 국제적으로 이전시켜 유통활동을 통한 기업 활동이라고 할 수 있다. 글로벌 기업이 수행하는 마케팅활동을 글로벌 마케팅이라고 하며, 우리나라의 개념은 수출마케팅의 개념이며 미국의 개념은 국제마케팅이나 EDI의 개념으로 볼 때는 현지생산과 현지의 판매를 말한다.

2. 글로벌마케팅 관련의 마케팅 분류

1) 수출마케팅(Export Marketing)

수출마케팅은 자국의 제품, 서비스를 글로벌무역을 통하여 전 세계의 원하는 소비자에게 즉시 소유권 이전, 유통의 기능을 통한 기업 활동이며, 또한 전 세계의 어떤 나라의 제품이든지 국내의 소비자에게 이전, 유통시켜주는 수출과 수입의 기능을 동시에 감당하는 쌍방의 기업 활동이다. 그러므로 단순한 수출을 위한 마케팅과는 그 차원이 다르다.

수출마케팅의 경우 완성품, 현지조립, 현지제조 후 제3국 수출, 현지생산 후 본국으로 역수출 등의 모든 개념을 포함하고 있기 때문이다. 따라서 수출마케팅은 자국의 제품과 서비스를 생산단계에서부터 타국의 소비자에게 이전시키는 것과 관련된 모든 마케팅 활동을 말하며, 글로벌마케팅은 이러한 모든 절차와 내용을 전부 포함한 개념이라고 볼 수 있다.

2) 해외마케팅(Overseas Marketing)

해외마케팅이란 수출마케팅의 발전된 개념이며 외국마케팅(Foreign Marketing)의 개념으로 보는 것이다. 그 이유는 국내의 생산제품의 판매 즉, 수출만을 위한 마케팅활동이 아니기 때문이다. 가령 기술제휴, 합작투자, 현지생산, 현지판매 등을 위하여 해외에서의 기업 활동을 할 수 있기 때문에 이를 해외마케팅이라고 한다.

하지만 궁극적으로 따지면 해외마케팅과 국제마케팅 즉, 글로벌마케팅의 개념과 별 차이는 없다. 하지만 해외에서의 사업 활동을 위하여 기업을 확대하거나 해외시장의 마케팅활동이라는 점에서 해외마케팅이라고 부른다. 좀 더 세분화하면 국제마케팅과 수출마케팅 사이를 해외마케팅이라고 한다.

3) 다국적 마케팅(Multinational Marketing)

다국적 마케팅은 다국적기업의 활동에서 쉽게 그 의미와 내용을 파악할 수 있다. 다국적 마케팅은 해외시장에 자체 생산시설과 생산마케팅 활동을 하는 것으로서 여러 국가에서 운영하고 있는 다국적기업의 마케팅활동이다.

다국적 마케팅을 다국적 국내마케팅이라고 하며, 각 해외시장에서 현지마케팅 활동을 수행하는 것을 의미한다. 해외시장의 특성과 차이점을 보다 명확하게 인식하여 마케팅활동을 현지시장의 특성에 맞춰 차별화하게 된다.

4) 글로벌마케팅(Global Marketing)

글로벌마케팅이란 전 세계의 시장을 하나의 거대한 시장의 개념으로 보고, 이를 통합하거나 세분화하여 각국 시장 간의 시장특성과 소비자 행동 등의 비교분석인 해외시장조사를 통하여 하나의 유기적인 연결을 통한 세계적인 관점의 마케팅활동을 말한다.

따라서 다국적 마케팅이 개별국가시장을 통한 발전을 꾀한다면, 글로벌마케팅은 개별국가를 하나의 세분시장으로 보지 않고 여러 국가에 걸친 동질적 세분시장으로 본다.

따라서 마케팅개념을 하나하나 구별하여 정확하게 근거자료를 제공하기는 어렵다. 그러므로 마케팅활동은 서로 유기적인 관계가 있으며, 세계화의 영향으로 인하여 해외마케팅, 글로벌마케팅 또는 국제마케팅이니 하는 개념들은 모두가 하나의 개념으로 보아지며 또한 마케팅 활동이 이윤추구를 위한 수출마케팅이란 점에서 현지에서의 마케팅과 해외에서의 마케팅의 개념은 모두 동일한 것으로 보아지며 결국 획일적이고 통일적인 개념들이라 할 수 있다.

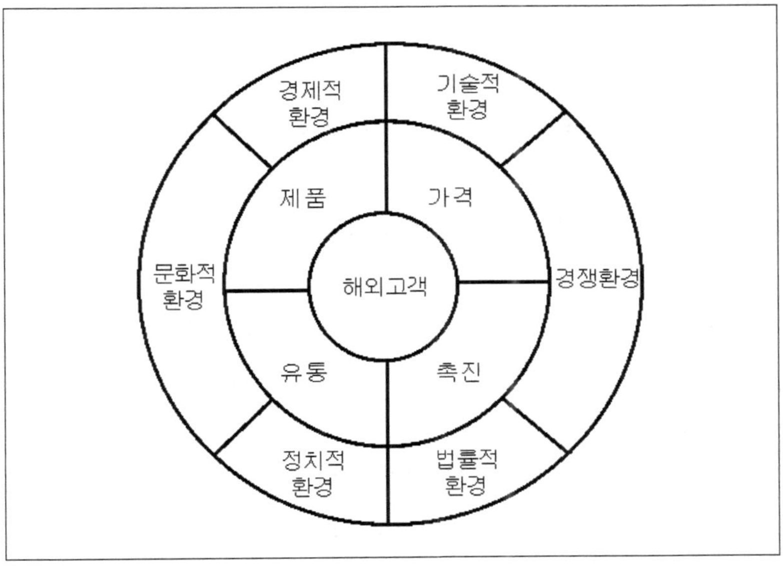

[그림 8-1] 글로벌마케팅의 분석모델

3. 글로벌마케팅의 성격과 특성

전 세계가 하나의 거대한 시장으로 바뀌었다. 그리고 무한경쟁의 시장 하에서 기업의 활동을 통한 마케팅 활동은 기업의 활동이 국내지향기업이든 해외지향기업이든 모든 기업들은 각국 시장의 국제화, 세계경제의 상호의존도의 심화, 경쟁의 격화, 세계시장의 범세계화 등의 장기적이고 세계적인 조류에 영향을 받고 있다.

글로벌무역과 세계화의 경향으로 인한 기업 활동은 재무, 기술, 연구개발, 투자, 생산설비, 마케팅활동, 판매망 등 모든 기업의 활동은 세계화의 경향으로 나타나게 된다. 그러므로 글로벌마케팅의 등장은 기업의 재품과 서비스가 하나 이상의 나라의 고객들에 전달되게끔 하는 기업 활동이라 할 수 있다.

따라서 성공적인 결과를 얻기 위해서는 자기 자신을 그 변수들에 맞추어 적응하여야만 한다. 글로벌마케팅에 관한 접근태도는 상이한 환경 즉, 경제적, 문화적, 사회적, 정치적 환경을 이해하여 자기준거기준(Self Reference Criterion)인 자기문화의 가치관이나 의식구조에 의해 타문화를 평가하고 이해하려는 태도에서 이탈하여야 한다.

1) 글로벌마케팅의 개념 변화

해외마케팅과 국내마케팅은 조직과 그 조직의 시장 간의 교환을 창조하고 관리한다는 것이 목적이라는 면에서는 본질적으로 동일하다. 해외마케팅과 국내마케팅은 국내와 해외의 환경이 다르며, 국경을 넘어서는 활동을 포함한다. 국제기업들이 이러한 특수한 과제와 문제를 다루어가는 방법은 해외마케팅을 수행하는 국가와 개념에 따라 다르다.

마케팅의 발전단계는 수출마케팅(Foreign Marketing)에서 다국적마케팅(Multinational Marketing)으로 그리고 범세계적마케팅 즉 글로벌마케팅(Global Marketing)으로 바뀌어 간다.

글로벌화 시장은 마케팅을 통하여 세계화의 영향과 함께 무한경쟁의 시장으로 나타나고 있다. 이러한 마케팅시장의 글로벌화는 먼저 규모의 경제를 활용한 자본비용이 차지하는 비중이 증가하였고, 국제경제 체제의 변화에 따란 통상마찰을 줄이기 위해 해외직접 투자를 시작, EU, NAFTA로 인한 유럽 및 북미에 직접 투자 확대와 UR로 인하여 WTO체제는 글로벌화를 촉진하게 되는 계기가 되었고 자체의 경쟁력과 박차를 가할 수밖에 없게 되었다.

또한 교통과 정보통신기술의 발달은 정보교환과 의사결정을 손쉽게 해주었으며 각국의 시장을 동질화됨에 따라 지역마다 상이한 마케팅 프로그램 대신 표준화된 마케팅 전략을 수행하는 것이 가능하게 되어 기업의 글로벌화를 촉진하게 되었다.

(1) 시장 확장의 개념

시장 확장의 개념을 가지고 있는 마케팅의 개념에서는 기업 활동을 펄무터의 EPRG모형에서 자국 중심적 기업으로 분류된다. 오늘날에는 중소 수출업자나 국제경영의 초기단계에 있는 기업들의 주된 개념이며, 이러한 개념을 가지고 기업 활동을 하는 기업들은 해외시장은 국내시장에 비해 이차적이거나 국내와 같은 제품을 가지고 만족시킬 수 있다고 가정한다. 해외시장은 잉여 생산물의 배출구나 국내시장의 수급을 맞추는 수단, 규모의 경제를 달성하거나 이윤율을 높이는 수단으로 여긴다.

(2) 다수국가 시장의 개념

다수국가 시장의 개념을 가진 기업 활동은 해외마케팅기회가 국내시장기회와 마찬가지로 중요하다고 가정한다. 다수국가시장개념은 해외시장기회를 이용하여 해외마케팅활동과 경험을 통합, 조정함으로써 좋은 업적을 올릴 수 있다는 내부적인 인식에서 파생된다.

마케팅전략은 각 해외시장의 필요와 욕구, 시장조건에 맞게 수립하여야 하며, 각국의 지사는 서로 독립적으로 마케팅계획과 플랜을 세우며 국내시장과 그 이외의 해외시장은 서로 거의 상호 관계없이 별개의 마케팅믹스를 사용하여 시행된다. 제품에 있어서는 구별하지 않고 시장에 맞게 변형되며 광고, 가격, 유통경로 등도 따로 결정된다.

(3) 범 세계화마케팅의 개념

범 세계화마케팅의 개념으로는 범 세계기업으로 분류된 기업들이 마케팅 활동을 하는 것으로 세계마케팅이다. 세계화 마케팅 기업들은 표준화된 제품을 개발과 적정가격을 통한 판매를 함으로써 범 세계시장에서의 효율성을 추구한다.

각 나라시장 전체를 하나의 단위로 보며 표준화를 추구하는 마케팅전략을 수립한다. 마케팅계획과 마케팅믹스는 범세계적 관점에서 접근되며 가능할 때에는 표준화가 시도된다.

글로벌마케팅은 국내의 시장에서 본국중심의 마케팅활동을 바탕으로 점차 수출확대 및 수출마케팅 중심으로 발전하여 해외시장에서의 시장개척을 통한 해외진출을 확대하여 다국적 마케팅으로 발전하게 된다. 그리고 다국적기업 활동은 글로벌마케팅으로 발전한다.

〈표 8-2〉 마케팅의 단계별 특성

단계 / 특성	국내마케팅	수출마케팅	다국적마케팅	글로벌마케팅
경영자 사고/목표	본국 중심의 마케팅활동	본국 지향	현지시장 지향	세계시장 지향
마케팅 전략		수출마케팅전략 (표준화)	다국적마케팅 전략(차별화)	글로벌전략 (통합화)
세계관		국내시장의 연장	현지시장	세계시장
주요자산		핵심능력 집중	분권화 및 현지화 자립	전 세계 배치
경쟁우위		가격경쟁력 납기수준 안정적 품질	현지시장 (유연성/적응능력)	세계적 통합 (조정능력)

제2절 글로벌마케팅의 전략

1. 글로벌마케팅믹스의 의의

1) 글로벌마케팅믹스의 개념

글로벌마케팅 믹스의 개념과 국내마케팅 믹스의 개념은 서로 동일한 개념으로 본다. 이는 마케팅믹스가 기업이 목표시장에서 마케팅 목표를 달성하기 위하여 사용하는 통제가능의 마케팅수단들의 집합이다. 마케팅 믹스는 기업이 제품의 매출이나 수요고객들이 반응을 위한 제품, 가격, 촉진, 유통 등으로 구성되어 있다.

2) 글로벌마케팅믹스의 적용문제

마케팅믹스의 표준화 및 다원화는 국제기업에 있어 해외사업 활동의 과정에서 나타나는 복잡한 전략선택의 과제이며, 마케팅 관리자는 마케팅활동 및 적용을 전 세계에 표준으로 적용할 것인지, 현지시장에 맞춰 나갈 것인지를 결정하게 된다. 하지만 갈수록 세계화의 영향으로 전 세계가 하나의 통합된 개념으로 나타나고 있어 현지국의 시장에서 새롭게 적응화 전략으로 나갈 수도 없는 입장이다.

왜냐하면 시장개척이나 시장 확보는 그에 상응한 비용과 시간이 필요하며 이에 따른 제품 등의 계획을 새롭게 추진해야 하기 때문이다. 하지만 표준화 전략을 활용한다 해도 문제는 있다.

2. 글로벌마케팅믹스의 제품전략

1) 글로벌 제품전략

기업의 제품전략은 마케팅믹스의 한 요소로서 기업의 입장에서 소비자들에게 무엇을 어떻게 제공할 것인가에 고민하게 된다. 즉, 소비자가 원하는 제품이 무엇이며, 소비자 만족을 위한 제품을 어떻게 제공하여 시장에서의 경쟁의 우위를 확보하고 장기적인 매출을 통한 기업의 이윤을 창출해 나갈 것인가에 주력하게 된다.

제품이란 전통적으로 제품, 서비스로 제품은 유형의 재화, 서비스는 무형의 재화를 말한다. 제품과 상품이라는 용어가 혼용하여 사용하고 있지만 제품은 생산단계의 개념이고 상품은 판매단계의 개념이다. 하지만 제품은 소비자의 욕구를 얼마만큼 충족시키느냐에 따라 핵심제품, 유형제품, 확장제품 등으로 구별한다.

(1) 현지적응전략과 제품적응전략

현지적응전략은 각 나라별 시장의 특성 즉, 소비자의 기호, 법률적 규제, 표준규격, 기후, 경쟁상태 등에 맞춰 제품을 수정함으로서 현지에 적응하는 것이다. 가령 중국에 수출하는 상품의 포장은 가급적 붉은색 계통으로 해야 한다든지, 프랑스에 꽃을 수출할 때는 카네이션은 장례식 때 사용함으로서 시기를 잘 맞춰야 하는 등 현지의 문화와 현지소비자의 기호에 맞게 제품을 적응 또는 수정해야 한다. 현지에 적응시키는 것은 단순히 제품만이 아니라 제품과 관련된 모든 내용들을 현지에 적용하도록 해 나가는 취지로 봐야 할 것이다.

제품적응전략에 있어 생산된 제품을 새롭게 수정해야 한다면 제품에 추가적인 비용이 소요되고, 현지국 소비자들의 자사제품 특성에 적응할 수 있도록 마케팅 전략을 잘 세운다면 촉진비용을 절감할 수 있게 된다. 따라서 현지국의 시장에 잘 적응하여 판매 전략을 세운다면 높은 판매성과를 달성할 수 있을 것이다.

(2) 글로벌표준화 전략

제품의 글로벌표준화 전략은 전 세계적으로 통일된 제품 즉, 표준화된 제품을 개발, 진출시키는 전략이 필요하다. 왜냐하면 각 나라와 시장별로 서로 상이한 특성이 제품이 필요하다면 사전에 제품전략을 세워 소비자들로 하여금 제품수정에 요구되는 비용을 절감할 수 있도록 특성을 맞춰나갈 수 있는 전략이 필요하다.

표준화제품전략은 제품수정에 요구되는 비용을 절감하여 현지국 소비자들의 자사제품 특성을 선호하게끔 하는데 높은 촉진비용을 필요하게 된다.

(3) 절충전략(Glocal Strategy)

절충전략은 기업들이 사전에 제품의 속성인 형태, 크기, 색상, 디자인, 가격, 품질 등을 완전한 표준화전략 또는 완전한 적응전략을 적용하기란 어렵다. 따라서 제품의 일부 속성에는 표준화전략을 그리고 또 다른 속성에는 적응전략을 택하는 이른바 절충전략인 글로칼 전략을 채택하는 경향이 높아지고 있다.

현지시장에 내재된 공통의 동질성을 규명하여 표준화된 글로벌 제품정책을 개발한 후, 이를 현지시장에 적용해 나가는 것이다.

2) 제품 포지셔닝(Product Postitioning)

제품 포지셔닝은 최대의 시장잠재력을 개발하고자 진출시킬 제품의 특성을 결정짓는 작업이다. 제품의 특성에 대한 소비자 인식은 국가마다 상이하기 때문에 진출할 해외시장에 자사제품의 올바른 포지셔닝과 이에 따른 전략을 구사하기 위함이다.

따라서 제품의 포지셔닝은 제품에 특성에 대한 분석이 우선시되어야 하며, 제품의 특성은 상품의 크기, 색상, 상표, 품질, 가격, 실용성과 기능, 재료, 형태, 수명 등으로 제품에 따라 우선시해야 할 사항이 달라진다. 가령 자동차의 경우 안정성, 내구성, 스타일, 크기, 안락성, 경제성, 기술성, 속도, 색상 등이 특성이 중요시될 것이다. 그리고 제품의 여러 특성 중에서 현지국의 잠재소비가 구매조건으로 가장 중요시 하는 제품의 특성을 살려야 한다.

3) 제품의 수명주기에 의한 분류

글로벌마케팅 믹스요소 가운데 제품수명주기(Product life cycle)는 국제제품정책을 수립하는데 중요한 사항이다. 국가와 제품에 따라 다소 차이는 있으나 대개가 제품의 도입기→성장기→성숙기→쇠퇴기의 단계의 제품수명주기를 거친다.

도입기(Introduction)는 처음으로 제품을 시장에 도입할 경우 시장에서의 반응을 얻고 있는 상태가 아니기 때문에 성장률 저조, 이윤감소, 판매저조, 소규모 유통 등으로 인하여 손실이 발생할 수도 있다. 이때 자사의 브랜드보다는 제품 자체에 대한 일차적 수요자극과 가격전략으로 소비자들의 반응을 얻고자 한다.

도입기의 마케팅믹스의 가장 핵심적인 사항은 소비지로부터 인지도를 높이는 것과 구매할 수 있도록 구매유도와 사용을 시작으로 제품을 시장에 선보이게 되는 과정이라 할 수 있다.

성장기(Growth)의 전략은 판매가 급속히 증가하고 있는 추세이므로 소비자들로 하여금 점차 높아지는 인지도와 제품취급점이 날로 늘어나고, 경쟁업체도 이미 시장에 진입하여 치열한 경쟁이 예상된다. 이때 마케팅 촉진비용, 제품개선비용, 유통기관의 개척 등으로 인하여 비용이 많이 소요되지만 판매가 대량으로 늘어나 대량생산에 의한 원가절감효과와 이윤증대의 효과를 동시에 가져올 수 있다.

성장기의 마케팅전략은 촉진비용을 현 수준으로 하되 경쟁사와의 경쟁에서 뒤처지지 않기 위해서 제품광고와 제품개선, 유통의 개방정책 등으로 가격부분을 예의주시하여 염두에 두고 점차 가격을 낮춰가는 전략을 세워둔다.

성숙기(Maturity)는 제품의 개선과 시장에서의 다각적인 노력에도 불구하고 매출성장률은 지속적으로 둔화되기 시작하는 시점이다. 그러나 매출은 최고의 매출을 올릴 수 있고 판매고의 증가는 둔화되는 시점이다. 이때쯤이면 경쟁기업들도 가격을 낮추거나 판촉으로 인하여 공격적 마케팅을 실행하고, 우수한 제품으로 승부수를 던지게 된다.

따라서 성숙기에서 가격과 우수제품의 개발에 따른 영향으로 인하여 취약한 경쟁사의 제품들은 도태되거나 재조정될 것이다. 이러한 상태에서 시장개발, 제품개선, 마케팅믹스의 수정을 통한 적극적인 전략대책이 필요하다.

쇠퇴기(Decline)는 제품이 성숙기를 통한 판매량이 점차 줄어들기 시작하는 시점이다. 주요현상은 제품의 공급과잉으로 인하여 가격인하로 기업의 이윤이 점차 감소하게 된다. 이때 마케팅 전략을 통한 새로운 시장의 개척으로 나아가던지 아니면 철저한 원가관리를 통한 비용절감으로 나아가다가 새로운 신제품을 개발하게 된다. 자사제품의 수명주기와 새로운 제품의 출시를 잘 파악하여 적절한 시기에 신제품을 투입한다면 시장관리를 통한 제품전략의 성공을 가져올 수 있을 것이다.

4) 신제품 개발전략

신제품개발은 제품수명주기의 이론에 입각하여 새로운 신제품을 통한 계속적인 시장 확보와 고객 확보를 위해 매우 민감한 사항이며, 신제품의 개발과 출시로 인하여 자칫 잘못하면 신제품으로 인한 개발비, 연구비 등으로 인하여 기업이 막대한 손실을 입을 수도 있으며 기업의 존재에도 커다란 위험이 발생할 수도 있기 때문이다.

따라서 신제품개발과 출시로 인한 손실을 미연에 방지하기 위하여 글로벌마케팅 조사활동을 활성화하여 기업의 이미지와 미래적인 새로운 아이디어의 신제품을 개발해야 한다. 물론 신제품을 개발하기 위해 아이디어의 창출과 계속적인 연구를 거쳐 아이디어에 관한 심사를 통하여 사업성을 분석하고 분석된 자료를 통하여 제품을 개발한다.

하지만 이러한 전 과정에 아무런 문제가 없다고 해도 시장에서 성공하는 것도 아니며, 반대로 이러한 과정을 어렵게 거치지 않고 나온 제품이라고 해서 시장에서 실패하는 법칙은 없다. 다만 시장자료와 시장의 소비자 감동을 줄 수 있는 신제품을 개발에 전력을 다하여야 할 것이다.

5) 품질관리 전략(표준과 적응)

세계화로 인한 전 세계시장이 동질화, 표준화되어 감에 따라 전 세계에서 사용하는 제품이 동질화를 이루어가고 있다. 따라서 시너지효과와 규모의 경제 획득, 질서 있는 시스템의 정립 및 기업과 제품을 동시에 PR하는 것이 가능하게 해 주는 요인이 표준화이며, 현지 시장에서의 계속적인 성장을 위해 적응화 전략이 필요하다.

글로벌마케팅 믹스전략 가운데 제품과 관련하여 소홀한 관리정책으로 인하여 현지국의 소비자들의 불편을 해소하지 못하는 사례가 적지 않다. 즉, 현지국 소비자들의 기후, 소비성향 및 기호에 맞지 않게 자국중심으로 생산한다면 제품과 품질관리에 상당한 애로사항이 있을 것이다. 수출제품의 전략 가운데 하나가 표준화전략, 적응화 전략, 신제품개발전략, 해외상표 등의 전략이 필요하다.

6) 브랜드 전략

브랜드 전략이란 브랜드와 관련된 상표, 광고, 선전 등을 자사제품의 PR방식으로 경쟁자의 동일제푼과 자사제품의 차별화를 통하여 경쟁에서의 우위를 확보하고 자 하는 전략이다. 브랜드 전략의 최대목적은 차별화(Differentiation)에 의한 브랜드의 이미지를 높이는 것이다. 차별화란 기능, 품질의 차이가 별로 없는 상태이지만 타사제품과 상당한 차이가 있음을 시사해 줌으로써 특정브랜드의 상품을 선호하도록 만드는 심리적 전략이다.

브랜드는 기업의 얼굴이며 제품을 대변해 줄 뿐만 아니라, 소비자들로 하여금 신뢰를 바탕으로 계속적인 거래를 통한 기업의 자산으로서의 가치를 갖게 되는 것이기 때문이다. 브랜드 전략은 단시간에 축적할 수 없기 때문에 자산가치의 효율적인 관리와 체계적인 전략을 통하여 브랜드 경영에 의한 제품전략으로 제품의 이미지 제고를 아울러 창출해 나가고 있다.

7) 제품보증 및 서비스 전략

제품과 보증 및 서비스 전략은 소비자들로 하여금 계속하여 자사제품을 선호할 수 있도록 유도하는데 목적이 있으며, 제품의 보증은 제품에 하자가 있을 경우 수리를 해 주거나 교환, 반품, 환불 등을 통하여 대고객 서비스 증진 차원에서 보증기간 이후에라도 제품에 관한 서비스와 관련의 정보를 제공해 주는 것이 좋다.

제품보증은 보증기간 내에 제품의 고장과 수리 및 사용미숙으로 인한 손상 등 예기치 않은 사고로 인하여 제품에 하자가 발생하였을 경우 유상으로 처리할 수 있는 제도적 장치가 필요하다. 실제로 서비스를 통한 기업과 제품에 관한 이미지 제고를 통한 해외시장에서의 제품선호를 높이는데 매우 효과적이라 할 수 있다.

3. 글로벌마케팅믹스의 가격전략

1) 글로벌 가격전략

글로벌가격전략은 국내가격전략과 비슷하지만 해외시장의 진출상황이 다르기 때문에 그 개념과 특성을 달리하고 있다. 글로벌가격전략은 수출입상품의 가격결정 문제를 다루는 것으로 글로벌마케팅 관리에 있어 수출국과 현지국 즉, 수입국의 소비자들의 성향은 다를 수 있기 때문에 현지국의 소비성향을 잘 파악하고, 현지에서의 판매가격 및 수출가격의 문제를 다루며, 현지시장에서의 가격결정은 다른 국가의 시장에도 영향을 미치게 됨으로 글로벌 가격전략이 세계화의 관점에서 결정되어야 많은 문제들을 고려하여야 한다.

글로벌가격전략은 국제기업 활동에 있어 가격에 관한 활동이므로 경쟁기업의 가격변화에 대한 경쟁전략의 하나로 가격을 조정하거나, 현지국의 소비자들을 대상으로 한 대응전략, 또는 글로벌기업이 당면하고 있는 이해관계 차원에서 가격의 전략을 결정짓게 된다.

2) 글로벌 가격전략의 목표

글로벌가격전략의 목표는 마케팅을 통한 적극적인 수단으로 인식하는 경우, 그리고 기업이 의사결정을 하는데 있어 하나의 정채적인 요소로 보는 경우이다. 글로벌마케팅가격전략은 투자수익(Return on Investment), 시장안정, 시장점유율 확보 및 개선효과, 경쟁자와의 대립관계에서 우위확보, 제품의 차별화 반영을 위한 토대를 마련하게 된다.

특히 침투시장에서의 대량생산에 의한 저가격전략으로 인하여 가격과 제품수명주기를 고려하여 경쟁에서의 우위를 다지기도 한다. 또한 조기현금 회수와 촉진적 목표를 통한 신규의 시장진입을 사전에 방지하기 위한 차원으로 가격전략을 통하여 시장 확보와 진입을 사전에 막음으로서 추가적인 우위를 통한 이윤획득을 가능케 해 줄 수 있는 강력한 조치라고 할 수 있다.

3) 글로벌 가격전략의 종류

(1) 초기 고가격전략(Skimming Price strategy)

고소득층 중심의 가격전략은 해외시장에서의 시장 개척이나 시장 확보의 입조건과는 상관없이 신제품을 시장에 출시하여 글로벌시장가격보다 높은 가격으로 설정하여 고소득층 고객들을 초기에 흡수하려고 하는 전략으로 이윤을 단시간 내에 획득할 수 있다는 장점이 있다. 가격전략은 주로 신제품이 개발과 출시를 통한 가격탄력성이 높은 소비자를 흡수하는 전략이므로 상층흡수, 또는 초기 고가전략이라 할 수 있다.

하지만 초기 고가격전략은 품질이나 이미지가 소비자들의 반응과 수요의 가격탄력성이 낮은 경우와 소량생산과 대량생산 간에 비용의 차이가 크지 않은 경우, 제품개발초기 고가격 설정에도 관계없이 신규참여기업으로부터 충분한 경쟁의 우위가 있을 때 주로 사용한다.

(2) 개발가격전략(Development Price strategy)

개발가격전략이란 경쟁의 우위가 있는 타사제품을 방어할 목적으로 시장진입 시 우위를 확보하고 자 고의적으로 낮은 가격으로 진출하는 것을 말한다. 이러한 개발가격전략으로 낮은 가격으로 인하여 기업이 많은 손실을 입게 되지만 장기의 전략적 차원에서 개발효과가 충분하고 비용이 저렴하며, 실질적인 생산이 규모의 경제를 달성할 수 있다는 전제하에 대량생산의 방식으로 대량판매를 통하여 경쟁자의 참여를 억제시키고 자하는 정책이라 할 수 있다.

(3) 경쟁적 가격전략(Competitive Price strategy)

경쟁적 가격전략은 해외표적시장에서 경쟁자들의 가격과 조화를 맞춰나가는 전략이다. 특히 이러한 경쟁적 가격전략은 소비자들이 현저하게 알아볼 수 있는 제품이어야 하며, 소비자들의 구매력을 가격에 두어야 할 시기적인 입장이며 주로 경쟁자를 추격하기 위한 하나의 수단으로 활용하기도 한다. 경쟁적 가격전략은 경쟁적 입찰조건 하에 정부기관과 주요 산업별 소비자에 대한 판매 시 활용하는 가격전략이다.

(4) 프리미엄 가격전략(Premium Price strategy)

프리미엄 가격전략은 자사제품의 이미지와 품질, 브랜드 등의 인지도가 높은 현지시장에서 가격탄력성이 낮은 경우 경쟁사보다 일정비율 높게 가격을 유지해 나가는 것을 말한다. 이러한 프리미엄 가격전략은 일명 차별화가격전략이라고도 하며, 현지국의 소비자와 시장의 동향에 따라 시장과 소비자에 따라 각각 다른 가격을 적용하는 가격전략이다.

따라서 자사제품의 가격이 경쟁사 제품의 가격과 비슷하다면 비합리적인 소비자들은 제품의 질을 신뢰하지 못하는 경우 고품질의 이미지 제고를 위해 고가격전략이 합당하게 적용될 수도 있다. 해외시장에서의 고품질의 이미지 유지와 기업의 적극적인 마케팅 노력에 의해서만 가능한 것이다.

(5) 차별화가격전략(Discrimination Price strategy)

제품의 가격책정은 대개가 소비자별, 제품별, 장소별의 특징에 의하여 책정되게 된다. 그리고 동일제품이라 할지라도 다른 가격을 적용시키는 것을 차별가격전략이라고 한다. 글로벌마케팅의 가격전략에 있어 차별가격으로 효과를 거두려면 세분화된 시장별로 가격탄력성이 달라야 하고, 저가격시장에서 판매한 제품이 고가격시장으로 재판매되는 일이 없어야 한다.

또한 자사제품이 고가격으로 판매되고 있는 시장에서 경쟁사의 제품이 저가격으로 판매하는 일이 없어야 한다.

4) 글로벌 가격결정의 요인

글로벌가격결정의 요인은 내부요인과 외부요인을 나눈다. 내부요인은 마케팅목표, 마케팅믹스전략, 원가, 가격결정조직 등이다. 글로벌마케팅 목표는 가격결정의 기본적 사항으로 해외시장에서 달성하고 자 하는 목표가 무엇인가를 파악해야 적절한 가격선정이 가능하며 전략적 의사결정을 할 수 있다.

마케팅믹스전략은 글로벌가격은 기업이 마케팅목표를 선정하기 위하여 취하는 마케팅믹스 요소 가운데 하나로 가격결정이 글로벌제품, 유통경로, 촉진 등의 요소와 조화를 이뤄야 글로벌마케팅 전략을 수립할 수 있게 된다.

또한 외부요인으로는 수요, 경쟁, 법적규제, 환율, 인플레이션, 시장점유율 등으로 수요는 글로벌기업의 제품, 서비스에 대한 소비자들의 지불능력 및 가치와 연관성이 있으며, 가격을 결정하는데 경쟁의 조건은 적정가격을 결정하도록 하는 기준을 제공하는 셈이며, 법적규제는 현지국의 관련 정부와 기업들의 무분별한 가격조정을 규제하기 위한 법적근거를 마련해 두는 셈이다.

4. 글로벌마케팅믹스의 촉진전략

1) 글로벌 촉진전략

(1) 촉진활동의 개념

글로벌마케팅믹스 전략은 제품, 가격, 촉진, 유통의 4P이다. 촉진전략이란 잠재적 소비자를 대상으로 다양한 커뮤니케이션을 활용하여 구매자를 자극시켜 제품, 서비스에 관한 정보를 제공하는 마케팅믹스의 모든 수단을 포괄하는 활동이다.

촉진활동의 주요 내용은 광고와 인적판매, 홍보, 판매촉진 등의 활동이며, 광고주가 제품, 서비스, 아이디어 등을 광고내용을 매체를 통해 알림으로써 구매자를 자극하는 광고, 판매자들이 예상고객을 직접만나 구두로 정보를 제공하는 촉진활동의 형태의 인적판매, 그리고 홍보활동과 이러한 활동을 제외한 모든 활동, 소비자와 유통업자의 수요를 자극하는 광고, 인적판매, 홍보 이외의 모든 촉진활동을 판매촉진활동이라 한다.

2) 글로벌 광고전략

(1) 글로벌 광고의 이해

글로벌 광고는 기업의 아이디어나 제품 및 서비스 관련의 정보를 각종 전달매체를 통하여 판매촉진을 유발시키는 활동이다. 이때 현지국의 다양한 문화, 정치, 경제, 제도, 언어, 등의 제요소를 고려하여야 한다.

글로벌광고(International Advertising)란 수출광고(Exporting Advertising), 해외광고(Overseas Advertising), 다국적 광고(Multinational Advertising) 등을 말하며, 수출광고는 수출상품과 서비스에 대한 광고만을 위한 것으로 글로벌광고의 축소 개념이다.

다국적 광고는 다국적기업에 대한 의미로 사용하기 때문에 글로벌광고와는 상이한 개념이라 할 수 있다. 흔히 글로벌광고를 해외광고라고 하나 글로벌광고는 전 세계의 시장을 대상으로 한다는 점이다.

(2) 글로벌 광고와 촉진전략

광고 전략은 소구점, 비주얼, 카피 등 중요한 사항을 자국에서 사용하던 그대로를 사용할 것인지, 아니면 현지 국에 맞는 새로운 광고 전략으로 나갈 것인지, 또는 새로운 광고 전략으로 나갈 것인지에 대한 세부적인 결정이 필요하다. 글로벌 촉진전략으로 인적판매, 판매촉진, 공중관계, 전시회 및 박람회를 통한 촉진전략도 있다.

인적판매란 기업전체적인 차원에서 조정되는 통일적인 접근방법이 필요하므로 복잡하고 가격이 높은 경우에 요구된다. 판매촉진은 쿠폰이나 샘플, 경품, 소비자교육 등을 통하여 저렴한 비용을 통한 촉진활동으로 소매기관과 현지 국 정부의 규제를 잘 파악해야 한다. 공중관계는 직접적인 경제적 부담이 적고 신뢰도가 높은 메시지를 전달할 수 있어 다국적 기업이 많은 관심을 보이고 있는 분야이다.

(3) 글로벌 광고활동의 제약요인

글로벌광고는 기업의 광고 전략은 글로벌표준화, 글로벌적응화의 차원에서 결정되어야 한다. 글로벌광고에서 가장 먼저 우선시 하는 것은 표준화전략 혹은 적응화 전략에 바탕을 두고 광고를 조직하게 된다. 광고의 조직에 있어서도 기업의 표준화된 글로벌 광고를 통하여 가까운 해외시장이나 활동영역이 좁은 지역에 적합한 집중화전략과 해외지사 및 자회사들의 독자적인 광고의 분권화, 이를 혼합한 절충 형으로 조직한다.

글로벌광고 활동의 제약요인으로는 언어의 차이, 기호 및 태도의 차이, 정부의 규제, 매체의 이용가능성 등이며, 언어의 차이는 번역의 어려움이나 어감상의 차이는 해석상의 오류를 낳게 됨을 인지해야 하며, 기호 및 태도의 차이에 있어서는 색깔이 갖는 상징적인 의미를 잘 파악해야 할 것이다. 정부규제는 메시지 전달을 제약하는 요소로 특정제품, 비교 광고, 시간대, 대상, 특별세 등이 여기에 해당된다.

5. 글로벌마케팅믹스의 유통전략

1) 글로벌 유통전략

(1) 글로벌 유통전략의 의의와 개념

글로벌유통전략은 유통경로에 관한 전략으로 제품과 서비스를 소비자에게 전달하는 과정에서 발생하는 개인이나 관련조직들의 집합을 말한다. 그러므로 생산자의 제품을 최종소비자에게 전달해주는 과정이며, 이러한 과정 속에는 거래를 함으로써 발생하는 금융, 운송, 보관 등의 상적기능 조성과 물적 기능조성을 통한 마케팅활동을 촉진시켜 주는 활동이다.

또한 글로벌유통이란 일반적인 개념으로는 한 국가의 생산자가 중간유통업자와 해외시장의 최종소비자에게 제품을 이전하는 모든 단계의 절차와 과정들이다. 이러한 개념은 국내에서의 유통의 개념에 해외시장이라는 시장과 다른 나라라고 하는 개념만 바뀌었을 뿐이다.

(2) 글로벌유통전략의 설계

글로벌유통전략의 단계는 국가 간의 경로인 시장진입방법인 수출, 현지생산 및 판매, 제3국수출, 라이선싱 등의 경로설정과 현지시장내의 유통경로로서 현지국의 시장과 상황에 맞는 시장의 유통경로를 선정하게 된다. 글로벌유통전략의 설계는 우선적으로 유통경로에 대한 상황을 분석한 후 경로의 목표를 설정한다. 경로목표의 설정은 경로 커버리지 결정을 통한 통제수준의 결정에 이르기까지 경로설계를 하게 된다.

상황분석은 고객의 구매행동, 서비스 요구에 따른 위치적 편리와 구매 최소단

위까지의 대기 및 전달시간, 제품의 다양한 구색 등을 분석하고 특히 경쟁사와 중간업자에 관한 상황을 분석하여 유통에 영향을 주는 요인들을 사전에 분석한다. 그리고 경로목표란 서비스 요구에 따른 수익률, 시장점유율, 매출성장률 등을 설정하게 된다.

이때 장·단기로 구분하여 경로목표를 구분하여 설정할 수도 있다. 경로 커버리지 결정이란 커버리지란 말 자체가 목표달성을 위한 점포선정의 범위를 선정하는 것이므로 어떤 지역을 중점적으로 활용할 것인가를 결정하게 된다.

이밖에도 경로설계의 요인으로 고객의 특성과 문화 및 경쟁, 기업의 목표, 소요자본과 비용을 고려한 시장침투의 범위, 통제, 연속성 및 커뮤니케이션에 이르는 다양한 요인에 관한사항들을 설계할시 고려해야 한다.

제3절 인터넷마케팅의 원리 및 응용

1. 인터넷마케팅의 이해

인터넷마케팅이란 인터넷을 이용한 마케팅이라는 점이다. 기존의 마케팅의 개념과 다를 바는 없으나 마케팅활동의 영역을 인터넷에 국한하고 있다는 것이다. 가상공간을 이용한 소비자와 공급자와의 연결을 통한 상품과 서비스의 거래를 수행하는 것이다.

인터넷마케팅을 통한 장점은 유통단계의 축소, 시간절약, 개별거래, 소액투자로도 가능, 쇼핑이 편리한 점 등이 있다. 하지만 상권이 파괴되고 정보에 대한 무분별한 사용으로 인한 허위정보와 거래에 대한 법적인 문제와 시장상황파악이 신속하게 이루어지기 때문에 쉽게 회의해지는 현상 등이 단점이다. 물론 정보의 유통과 이용의 편리성, 구매과정의 신속성, 판매시간의 단축 등의 장점이 있어 최근에는 인터넷마케팅을 활용하는 기업들이 점차 늘어나고 있다.

1) 1차적 마케팅조사

마케팅의 1차적 조사의 내용으로는 온라인조사를 통한 질적, 양적조사이다. 질적 조사 방법으로 온라인을 통한 마케팅조사의 방법 가운데 온라인 표적 집단과 온라인 브레인스토밍, 온라인 인터뷰, 채팅의 방법 등이 있다. 그리고 양적조사란 온라인 서베이 조사, 온라인 패널조사, 온라인 리뷰, 컨조인트 분석, 시뮬레이션의 방법 등을 통한 조사방법이다.

2) 2차적 마케팅조사

2차적인 조사방법은 외부조사, 조사된 자료의 정보, 디렉토리, 간행물 등이다. 이러한 2차적인 조사를 통하여 시간과 경비를 절약할 수 있다는 장점이 있으나 조사내용에 부합된 자료를 찾거나 관련 자료와는 다소 연관성이 희박한 자료들이 많기 때문에 선별과정에서 불필요한 자료로 분류되기 쉽다.

2차적인 자료의 조사원천은 주로 정부조사 자료, 정부통계, 단체, 정기간행물, 전문학회지, 전문협회, 기업원천 등이 있다.

2. 인터넷마케팅의 이슈

인터넷마케팅의 조사방법은 누구나 조사할 수 있다는 점과 또한 쉽게 정보를 파악할 수 있다는 장, 단점을 가지고 있다. 그러므로 인터넷마케팅조사는 위험성이 높다고 할 수 있다. 즉, 표본자료에 있어 소비자들의 목소리와 각종 정보 및 의견들을 무분별하게 녹음, 녹취하여 사용함에 다소 위험이 따르고, 내용이나 방법 또한 단순한 방법으로 주관적일 수 있기 때문에 편향된 자료처리의 오류를 범할 수 있다.

특히 가상의 공간이라는 점에서 다소 비윤리적인 조사자료 및 통계수치를 나타낼 수 있다. 그러므로 조사 자료에 대한 신뢰성, 타당성, 계획성, 샘플링 등에 있어서도 조사목적과 내용 및 계획과 조정 통제 등을 통한 조직화를 이루어야 한다는 점이다.

인터넷마케팅은 다변화, 정보화 사회에 있어 전문가를 통한 리서치와 사내의 전문기관을 통한 정보를 획득하기도 하지만 좀 더 정확하고 객관적인 자료를 얻기 위하여 정기, 또는 부정기적으로 타 조사기관이나 전문조사 기관 및 전문용역을 통한 조사 자료의 첨부 및 제공이 필요하다.

제 9 장

글로벌기업 경영과 세계화 전략

제1절 글로벌시장 진출을 위한 계획수립

1. 글로벌시장 진출계획

1) 글로벌시장진출의 필요성

글로벌시장의 진출을 위하여 진출지역과 진출하고 자 하는 시장에 따라 관련의 마케팅 활동도 달리하게 된다. 글로벌시장 진출을 흔히 국제무역을 위한 마케팅 활동 즉, 수출마케팅 활동의 일환으로 계획을 수립하게 되는 것이다. 그러나 해외시장 진출이라 함은 해외의 시장을 목표로 하는 것이기 때문에 전 세계시장을 대상으로 하고 있다. 그러므로 마케팅 활동이 수출을 위한 목적도 있으나 해외시장을 통한 기업의 이미지 제고와 수출을 통한 이윤획득의 동시적인 목적을 꾀하고자 하는 것이다.

따라서 무역마케팅은 기업이 해외시장을 통한 국제화 수준에 걸맞게 마케팅 활동을 참가하는 것과 재화 및 용역의 국제적인 이동을 통하여 수출활동을 하게 된다. 이때 개인이나 기업의 필요와 욕구충족을 위한 무역거래를 하기 위한 제반의 활동과 그 수단을 포함하여 말하는 것이다. 왜냐하면 해외시장 개척과 해외시장 진출은 수출마케팅의 일환으로 전 세계를 대상으로 마케팅 활동을 수행하기 때문이다.

결과적으로 글로벌시장의 진출방식과 목적은 수출, 직접투자, 라이선싱 등의 방법을 결정하여 4p의 내용인 제품, 가격, 유통, 촉진 등의 요인에 준하여 전략적인 분석을 실시하게 된다. 그러므로 기업은 전략적인 계획 수립을 통한 분석방법으로는 SWOT분석 방법이 있다.

SWOT분석은 기업의 강점(strengths), 약점(weaknesses), 기회(opportunities), 위협(threats)의 요인을 파악하기 위하여 분석한다. 이러한 분석은 대개 사업의 범위를 선정하기 위한 해외시장진출 계획에 포함하여 사업목표를 수립하되 자본, 기술, 노동 등의 추가적인 내용도 포함하여야 하며, 추가적으로 해외시장을 통한 원자재조달, 인적자원 운영, 재무계획 등을 아울러 수립해야 한다.

2) 기업의 시장목표 선정

해외시장진출을 위한 기업의 시장목표는 가용한 자원을 총동원하여 관련의 모든 사항을 공유할 수 있게 설명해야 한다. 해외시장의 진출 목적은 수출을 통한 이윤의 창출이며 이를 통한 기업의 발전과 연계성이 있어야 한다. 특히 수출마케팅의 경우 SWOT의 분석을 활용하여 기업의 강점과 약점 그리고 기회와 위협의 요인들을 파악해야 한다.

기업의 시장목표 선정을 위하여 분석된 강점과 약점 및 기회와 위협의 요인들은 장차 기업의 목표선정과 계획수립 및 진출결정의 의사결정에 영향을 미치게 된다. 기업은 하나의 해외시장을 목표로 하여 점차 시장 확대와 제품 확대 및 투자확대를 통한 기업의 발전은 정확한 목표선정과 목표를 위한 전략의 수립이 필요하다.

2. 글로벌시장진출 전략수립과 진출방식

1) 글로벌시장진출 전략수립

해외시장진출의 성공요소는 세부적인 계획수립의 하나로 사전에 관련의 사항들에 대한 전략적 차원의 분석이 필요하다. 먼저 자사의 제품과 타제품과의 관계에 있어 상호비교 및 품질과 기능, 디자인과 가격 및 자사제품이 타사제품과의 차별화 및 특징이 무엇인지를 파악하고 이에 따른 디자인과 관련의 기술 및 상품으로서의 실용성과 가치성이 높은 편리성과 효율성을 제공할 수 있어야 한다.

해외에서의 마케팅활동은 곧 기업의 영업활동의 능력과 밀접한 관계성이 있으며, 관련의 상품기획, 판매촉진정책, 유통을 통한 경쟁조사, 가격조사 판매상품의 대금회수 등을 고려하여야 한다. 이러한 영업과 관련된 능력을 갖춰 무역거래에 있어서의 적시적절한 상품의 수. 배송을 통한 완벽한 관리능력은 유통관계에서 주어지는 각종의 유통정보를 생산의 단계에 재투입하여 곧 바로 상품에 포함시킬 수 있는 정보수집의 능력을 확보하는 것으로써 해외시장에서의 경쟁적 우위를 확보하는데 크게 도움을 줄 수 있다.

2) 글로벌시장진출 방식

해외시장의 진출 전략은 기업의 경영활동의 전략적인 목표 가운데 하나이다. 이러한 목표를 달성하기 위하여 해외시장에 관한 계획수립과 실행방향을 제시하여 준비된 계획과 과정의 모든 것들이 효과적으로 시행될 수 있도록 기업의 가용한 자원을 적시에 지원하는 과정을 말한다. 해외시장진출의 동기는 자원, 시장, 지식, 생산, 무역장벽회피 등의 요인들 중 기업이 해외시장진출에 있어 목적에 맞는 방법을 선정하여 시행하게 된다.

해외시장진출의 계획은 진출 전략의 제안을 통한 심사와 평가의 과정을 거쳐 결정 및 승인하게 되며 이때 구체적인 계획을 수립하여 시행하게 된다.

해외시장진출을 위한 제안을 받은 후, 제안에 관한 평가 및 심사를 거치게 되는데 이때 해외시장의 목적과 상황에 따라 심사의 기준과 방법이 상이하다. 기본적인 심사기준은 기업의 목적과 부합될 것, 세계경제의 동향, 해외진출의 경쟁기업 동향 및 전략, 기업의 내부적 역량 등을 고려하여 현실성 있고 미래성이 있는 분야와 관련의 내용을 우선으로 투자전략을 선택 및 선정하게 된다.

기업은 해외시장진출을 위한 장기적 전략의 목표를 선정하여 시행하는 만큼 계속적인 투자와 관심을 가지고 지원하여야 할 것이며, 마지막으로 결정된 대안을 중심으로 구체적인 마케팅 계획, 생산 및 제품관련의 담당부서와 관련기관과의 연계성 있는 세부적인 전략을 계획, 수립하게 된다.

제2절 글로벌시장 전략의 세계화

1. 글로벌시장진출의 의의와 방식

1) 간접 및 직접수출방식(수출에 의한 방식)

간접수출은 종합상사, 수출대행 업자를 통한 수출을 말한다. 그러나 수출대행 업자와 종합상사를 통한 수출시 기업은 해외시장의 개척에 크게 관여치 않고 큰 노력을 기울이지 않게 된다. 왜냐하면 대행업자나 종합상사에서 사전에 해외의 시장개척과 시장 확보 및 기 선정된 시장을 활용하여 수출하거나 사전에 잘 준비되어 있기 때문이다.

반면에 직접수출은 생산 및 제조업체에서 직접 수출에 관한 업무전체를 전담하게 됨으로 해외시장 개척, 시장관리, 판매관리 등의 마케팅 활동을 수반하게 된다.

2) 계약진출 방식

수출방식보다 다소 복잡한 형태가 계약방법에 의한 진출방식이다. 계약방식에 의한 진출 전략은 기업의 무형자산, 상표권, 기술력, 특허권, 저작권 등의 지적재산권과 서비스 관련의 아이템 및 경영의 노하우 등을 사용함에 있어 현지기업과의 계약을 체결하는 형태이다. 이러한 계약방식에 의한 진출 전략이라고 하며, 주로 라이센싱, 프랜차이징 등의 계약 생산방식이 여기에 속한다.

라이센싱이란 기술의 제공자 즉, 공급자가 일정한 대가를 받은 다음 무형의 자산이나 권리를 기술사용자에게 일정기간 동안 사용권을 주는 계약이다. 라이센싱을 활용하여 해외시장에 진출하는 이유는 수출이나 투자에 대한 높은 장벽이 존재하거나, 해당국의 무역정책 및 정부의 규제를 피하는 방법 중의 하나이다. 그리고 기계류나 관련의 시설 등을 직접 운송할 때 발생하는 비용의 부담을 줄이고자 활용하기도 하며, 또한 정치적인 위험으로부터 벗어나기 위하여 해외직접투자보다는 라이센싱을 활용하고 있다.

프랜차이징이란 영업본부에서 일정의 대가를 받고 가맹회사에게 상표의 사용권을 허가해 주는 것으로써 표준화된 패키지 상품과 가맹점의 경영관리 및 용역에 대한 마케팅 노하우를 제공하여 주는 계약을 말한다. 흔히 볼 수 있는 체인점 가운데 피자헛, 프로이드치킨 등은 대부분 프랜차이징의 대표적인 계약형태라고 할 수 있다. 프랜차이징의 해외시장 진출 전략의 장점은 시장 확보와 마케팅의 표준화로 인한 규모의 경제운영이 가능하며, 가입 가맹점에게 일종의 동기부여를 해 줄 수 있다는 장점이 있다. 그러나 이 방식은 또 하나의 경쟁업체를 발생시키는 차원으로 나타날 수 있다는 점이다.

계약생산에 의한 진출 전략은 국제기업이 진출대상국에 존재하고 있는 기존의 제조업체로부터 일정한 계약조건으로 제품을 생산토록하고 이를 현지국 시장이나 제3국 시장에 판매하는 전략으로 라이센싱과 해외직접투자의 중간형태이다. 또한 국제계약방식은 경영관리 계약과 턴키운영 방식(Turn-key operation)이 있다.

경영관리 계약이란 특정의 기업이 일정기간 동안 다른 국가에 존재하고 있는 특정 기업의 일상적인 운영을 관리할 수 있도록 하는 운영의 권리계약으로 경영시스템과 운영방식 등을 제공하여 주고 대가를 제공 받게 된다. 턴키운영 방식은 해외시장 진출 전략에 있어 장기적인 차원이나 기타 추가적인 이윤확보가 힘든 방식으로 주로 생산설비 건설, 조선 등에서 사용하는 방법으로 모든 시설을 갖춰 설비가 완성되면 마지막 가동단계에서 키를 건네주는 방식이다.

3) 해외투자에 의한 진출방식

해외직접투자는 기업이 해외시장으로 진출 전략뿐만 아니라 해외기업의 경영에 관한 경영권, 영업권에 개입하기 위한 목적으로 자본을 투자하는 형태이다. 해외직접투자의 형태는 기술력, 특허권, 상표권, 경영 및 마케팅 노하우 등이 해외로 그대로 이전되는 것이다. 가장 적극적인 해외시장 진출의 방식이기는 하지만 위험이 높은 단점이 있어 이를 회피하기 위한 수단으로 합작투자와 인수 및 합병을 통한 형태를 취하기도 한다.

하지만 기업이 단독으로 투자하여 해외에 기업을 신설하거나 인수 및 합병하는 과정을 통하여 해외시장에 진출과 시장 확보의 동시적 차원으로 활용하기도 한다.

2. 글로벌시장 진출전략

1) 수출을 위한 진출전략(제품 수출전략)

수출(Export)을 위하여 해외시장에 진출하는 경우는 가장 기초적이고도 기본적인 해외시장 진출 전략이라고 할 수 있다. 수출에 의한 해외시장진출 및 개입의 가장 기초적인 전략으로 간접수출과 직접수출로 구분하지만 대부분 제조업자나 생산관련의 모든 업자들은 수출업자를 통하여 해외시장에 진출하게 된다. 그리고 점차 시장 확대와 신 시장개척을 통한 계약방식이나 해외투자로 발전하거나 직접수출에 나서기도 하며 수출의 방법을 전환하여 새로운 전략을 세워 진출하기도 한다.

〈표 9-1〉 해외시장 진출 전략(직접 및 간접방식)

대 안		개 념	동 기	장점 및 단점
수출	간접수출	중소기업이 적은 규모의 수출을 하거나 대기업체라도 수출의 단계에서 국내수출상사, 국내주재 외국바이어를 통해 수출하는 것.	• 과잉생산품의 판매처분 및 해외시장의 이익기회의 활용. • 중소기업체의 소규모 수출이나 대기업체 수출의 초기단계에서 국내 수출상사, 국내 주재 외국인 바이어 통해 이용.	• 장점: 전문성, 안정성, 경제성과 수입과의 연계성이 있으며, • 단점: 해외시장 구축의 어려움과 A/S부족 및 간접거래로 인한 불이익 감수.
	직접수출	자체의 전문요원과 수출 경험으로 해외시장의 수입상사, 실수요자에게 직접 수출하는 것으로서 판매내지 좁은 의미의 국제마케팅 개입이 시작됨.	과잉생산품 판매처분, 해외시장의 이익기회 활용, 수출규모의 증대 자체의 수출경험과 전문요원을 갖추게 되면 해외시장의 수입 상사나 실수요자에게 직접 판매.	• 장점: 정확한 해외시장 파악, 비용절감, 제품계획과 판매계획 수립용이 하고 통제능력 강화 • 단점: 위험부담증가, 비용증가(인건비, 설치비)

대 안		개 념	동 기	장점 및 단점
해외지점/자회사	해외지점	해외시장에서 본사를 대신하여 영업활동을 하는 해외의 단위조직.	해외의 영업활동이나 해외마케팅의 정보수집, 임금, 노동법, 관세 등 현지의 전사회적 상황 파악, 현지시장의 유지·개발.	모든 통제가 모회사에 집중, 현지구성원의 자질에 따라 이익과 손해 가능, 해외투자를 통한 국제기업화의 단계.
	마케팅자회사	현지법인인 마케팅자회사를 설립하여 자회사로 하여금 과거에 의존했던 해외시장의 수입상사, 유통업체 등이 수행하던 마케팅 기능을 직접 수행함. 기업체의 자체적 해외마케팅.	해외영업 기지로서 현지시장 뿐만 아니라 인접국 또는 제3국의 시장을 대상으로 마케팅 활동을 하기 위함.	현지국 또는 제3국 시장을 통한 저비용으로 마케팅 상품을 여러 공급원으로부터 구입할 수 있고, 현지에 재고유지, 재포장 및 조립을 위한 창고시설이 마련되어야 효과적임.

수출을 통한 해외시장 진출의 동기는 과잉 생산한 상품이나 국내시장에서의 판매고 부진이나 더 이상 가망이 없다고 판단된 상품 등을 처분하고자 할 때, 또는 해외시장에서의 특별한 이윤을 얻을 기회를 얻기 위하여 진출하거나 판매량의 증대로 인하여 기업의 간접비를 흡수해야 할 경우와 정부의 시책으로 인한 방법으로 수출에 임하게 된다.

(1) 간접수출 방식(Indirect Export)

〈표 9-1〉에서 간접수출은 수출 전략의 방법 가운데 가장 기초적인 단계이며, 국내수출상사, 국내주재의 외국인 바이어 등을 통한 수출을 하게 된다. 이러한 간접수출의 장점으로는 수출전문 업체를 활용함으로써 수출에 관한 제반의 문제를 쉽게 해결할 수 있다는 점과 대규모의 무역회사나 종합상사를 통한 해외시장의 정보 및 관련의 사항들을 통하여 수출증대를 꾀할 수 있으며, 제조업체는 큰 규모의 수출업자나 해외지사 등을 운영하지 않아도 수출관련의 운영비와 수출을 위한 비용을 절감할 수 있다. 그리고 제조업체의 해외원자재 조달도 무역상사 수출업자에 의뢰하여 큰 비용을 덜이지 않고도 수입할 수 있는 이점이 있다.

간접수출로 인한 단점도 있다. 간접수출로 인한 단점은 다음과 같다. 간접수출의 단점은 제품의 해외마케팅에 대한 통제권을 잃기 때문에 자체적인 해외마케팅 기능을 상실함으로써 추가적인 해외시장 개척과 해외시장 진출에 관한 관련의 정보에 어둡다. 그리고 유통업자 즉, 해외수출업자들을 통하여 수출하였기 때문에 제품관련의·해외시장정보, 소비자, 거래상 등에 관하여 적시적절하게 지원을 받거나 원하는 정보를 수집하는데 있어 애로사항이 많다.

또한 수출상사 관련의 해당제품에 대한 수출량이나 수출액이 적을 경우 이를 회피하는 경향이 있으며 해외수출과 관련하여 클레임이 발생할 때 수출상사는 자신에게 유리하게 처리하지만 제조업체는 다소 불리하다. 그리고 수출 상사들의 과잉경쟁은 결국 제조업체에게 그 영향이 미치므로 과다경쟁은 제조업체에게 불리하게 작용할 수 있다.

(2) 직접수출(Direct Export)

직접수출은 간접수출로 인한 수출의 규모가 증대되거나 수출에 대한 확신을 통하여 새로운 시장이나 추가적인 시장개척 즉, 시장 확보를 위한 직접적인 수출에 참여하고 자 할 때 사용하는 방법으로 기업 자체의 수출경험과 수출관련의 전문적인 지식과 관련자를 양성하여 수출하고 자 해외시장의 수입상사, 실수요자 등에게 직수출하는 단계로 발전한다.

직접수출의 장점은 해외시장에서의 거래업체와 직접 접촉함으로써 시장정보와 해당의 수출정보를 쉽게 얻을 수 있고, 국내수출의 중간상에게 주어졌던 마진, 수출커미션을 지급하지 않아도 되기 때문에 비용을 절감하게 된다. 그리고 제조업체는 자사제품에 대한 해외 거래 선으로부터 관련 상품의 제조와 관련하여 주문사항 수정이나 주문내용 변경 등을 직접 들을 수 있어 제품계획과 판매계획을 추가로 수정 및 개발할 수 있다.

또한 제조업체는 해외 수출의 마케팅을 직접 수행하여 마케팅 통제 및 수출증대를 꾀할 수 있고, 더 나아가 특수제품의 판매에 따른 사전 및 사후의 서비스 제공과 신용유지 및 증대를 높일 수 있을 뿐만 아니라 자사 내의 수출 및 국제마케팅의 전문성에 관한 전략적 차원의 개발을 할 수 있다는 장점이 있다.

직접수출의 단점은 해외시장 개척과 관련하여 비용부담이 크고 전문가 발굴 및 양성에 오랜 시간이 걸린다는 단점이 있다. 그리고 사전에 전문가나 관련의 정보와 지식이 부족한 관계로 인하여 무역클레임과 같은 위험부담을 안고 있으며, 수출관련의 해외지사 및 지점을 설치하여 관련 마케팅 활동을 계속적으로 발전, 유지시켜야 하기 때문에 처음으로 해외시장에 진출하는 경우 판매이익보다 수출 마케팅을 위한 기초적인 내용 구축에 소요되는 비용이 더 크게 나타날 수도 있다.

직접수출에서 이러한 위험의 부담을 덜고 사전에 정보를 입수하기 위하여 지사 및 자회사를 설립하는 경우가 있다. 지사 및 자회사의 설립에 있어서, 지사(branch)는 주어진 목표를 현지수준에서 달성하도록 일정 장소에 설치하는 전초기기(outpost)나 마찬가지이다. 그러므로 자사는 판매 기능만을 담당하는 경우가 많다. 이때 주요 판매기능은 주문관리, 현지판매촉진 및 판매기능과 관련된 현지문제가 포함된다.

해외지사는 해외사무소와 해외지점을 포함하는 것으로 현지법인과의 차이점을 외국환관리규정을 중심으로 기술한다. 그러나 해외사무소는 판매활동을 하는 것이 아니라 본사와의 업무연락, 시장조사, 연구개발 활동 등 비 영업적 기능만을 수행하는 본사와의 법적 동일체로서 해외지점 또는 현지법인의 진출 및 이전 현지 탐색단계에서 흔히 설립되어지는 형태를 말한다.

해외지점은 독립채산제를 원칙으로 외국에서 영업활동을 영위하기 위하여 해외에 설립하는 해외영업소로서 본사와의 법적 동일체이며 해외지점에 관한 책임은 본사에서 부담하게 된다. 또한 현지법인은 외국에서 설립된 법인으로 외국법을 근거로 한다.

본사와는 별개이며 현지법인의 주주로서 유한책임을 갖는다. 자회사는 모회사가 부과하거나 위임하는 경영활동을 수행하도록 조직한 기업체이며, 모회사는 해외자회사의 통제가 가능하고, 자회사의 소유권이 본국의 타기업체나 현지기업체와 공동소유가 되는 경우에 모회사의 통제와 제약을 받는다.

2) 해외직접투자 진출전략

(1) 해외 판매 진출전략

해외 판매 진출 전략으로는 국제라이선싱과 합작 및 단독투자의 형태가 있다. 그 가운데 국제라이선싱(International Licensing)은 국제기술제휴를 말하며, 이는 특허권(patent), 등록상표(trade mark),상표(brand name), 기술 및 노하우(know-how) 등의 소유 및 사용과 관련하여 일정의 대가(royalty, fee 등)를 받고 허가해 주거나 대여하는 것을 말한다.

라이선싱의 장점으로는 자본투자가 없고, 해외시장 침투의 가장 빠른 방법이다. 현지에서 마케팅 활동을 수행치 않고 해외시장의 정보를 얻을 수 있다. 하지만 많은 나라들이 거의 라이선싱보다 기술도입을 원하고 있다. 라이선싱을 통한 관세 및 운송비의 절감 등 해외에서의 현지 생산에 따른 이점을 누릴 수 있다.

〈표 9-2〉 계약 및 해외투자 진출 전략(계약 및 직접투자 방식)

대 안		개 념	동 기	장점 및 단점
기술제휴 및 특약	라이선싱	특허권, 등록상표, 상표, 기술적 과정, 노하우 등 공업소유권이나 상업적 자산을 받고 허가 해주거나 대여하는 것.	추가이익의 획득, 현지국의 정책, 도용가능성 배제.	수익성은 비교적 낮으나 위험부담이 매우 적고, 자본투자가 필요 없고, 가장 빠른 진출방법.
	프랜차이징	라이선싱의 한 형태로 프랜차이징이 있으며, 프랜차이즈를 해주는 기업이 표준화된 제품, 시스템 및 관리서비스를 제공하고 상대기업체는 마케팅 노하우와 자본을 계승하여 경영을 하는 것.	수직선 시장 결합을 위해.	음식류와 같은 소비재로부터 내구성소비재, 호텔과 같은 서비스, 생산재 등의 제품이 그 대상이 됨.
해외투자	단독투자	어떤 기업체가 해외기업체를 운영하려 할 때 투자를 단독으로 하는 것을 말하며, 대부분의 피 투자국에서는 단독 투자를 허가하지 않거나 극도로 제한함.	현지시장의 경제적 종속을 목적으로, 수익증대를 위해.	현지국에서 많은 제약받음.
	합작투자	상이한 국가의 2개 또는 그 이상의 기업체들이 합작선이 되어 영구적으로 특정기업체의 운영에 참여하는 것.	자본, 인력 등 기업의 자원이 부족할 때, 현지합작선의 유통망을 이용하기 위해, 현지국에서 단독투자를 허가하지 않을 때, 현지합작선이 가지고 있는 기반을 이용하기 위해.	각 파트너는 개별 기업활동을 할 때보다 자본지출을 감소시키면서 대규모 저원가로 기업체를 운영할 수 있으며 정치적, 사회적 이점을 누릴 수 있음.
	국제콘소시움	합작투자의 한 형태로서 여러 기업체가 자본, 기술, 관리능력 등의 자원을 건설사업, 광물개발사업 등의 특정사업을 위해 공동화 하는 것을 의미.	위험을 감소시키기 위해, 대규모의 해외공사를 수주 완성하기 위해.	특정프로젝트의 완성과 더불어 해산되는 것이 일반적으로 파트너기업체의 수가 일반적으로 합작투자의 경우보다 많음.

라이선싱의 단점으로는 기술이전이나 해외투자를 통하여 또 하나의 경쟁자와 경쟁 국가를 생성하게 된다. 이로 인하여 점차 기업이 얻어야 할 이윤을 잠식시키는 것으로 볼 수 있으며, 관련자와 관련국 즉, 라이선시(licensee : 라이선싱의 도입자)를 통제할 법체계가 없다는 단점이 있다.

또한 해외생산 판매를 위한 수출전략으로 합작투자(Joint Venture) 및 단독투자의 형식이 있다. 국제합작투자(international joint venture)란 서로 다른 두 개 이상의 국가가 연합하거나 두 개 이상의 기업체가 참여하여 파트너십(partnership)을 형성하는 것이며, 참여하는 형태에 따라 다르며 주로 자본, 제조과정, 특허, 상표, 관리적 노하우, 기타 운영상의 중요한 요소를 포함한 활동을 한다.

합작투자는 각 파트너는 별적인 기업 활동을 할 때보다 자본지출을 감소시켜 대규모의 저원가로 기업체의 운영이 가능하며, 수출장벽 및 외국인기업에 대한 구매저항, 법적차별 및 무역의 장벽요소와 환경의 제약요소 회피에 유리한 점이 있다.

국제합작투자의 필요한 이유는 자본, 인력 등 기업의 자원이 부족한 경우, 또는 진출하려는 현지국이 단독투자를 불허할 때, 그리고 현지합작선의 정치적, 경제적 기반 또는 영향력, 자원, 특수기술 등을 활용할 필요가 있을 때와 현지의 사용중인 유통망을 근거로 하여 해외시장에 진출하려고 할 때 합작투자를 한다. 국제합작투자보다 단독으로 투자하는 경우도 있는데, 단독투자는 어떤 기업체가 해외기업체를 운영하려 할 때 단독으로 하는 경우에 단독소유기업(wholly-owned or 100% owned firm)이라 한다.

(2) 해외생산 수출전략

해외생산(overseas production)은 크게 제조활동(manufacturing)과 자원개발(resource development)을 위하여 국제마케팅을 전제로 한다. 국제마케팅은 적극적이고 능률적인 반면 투자에 시간과 경비가 소요된다. 그러므로 이러한 해외생산의 주요 활동으로는 해외 제조활동이 있다.

해외생산을 통한 다국적 기업으로 전환하고 자 하는 구체적인 이유는 저임금의 노동력 활동, 무역정책에 대처하면서 해외시장에 진출 및 시장 확보, 해외시장까지의 물적 유통비 절감, 현지국의 원자재 활용, 현지국의 생산기반을 활용, 제3국으로 수출내지 기업진출, 현지국에서 저원가로 생산된 제품을 본국으로 역수출이 가능하다는 장점이 있다.

3) 기타의 방법에 의한 진출 전략

해외시장 진출 전략으로는 직접 및 간접수출 방식과 해외투자의 방식으로 현지 생산 현지판매를 목적으로 진출하기도 한다. 그리고 기타의 방법으로 경영관리계약이나 프랜차이징, 턴키계약, 국제콘소시움의 방법이 있다. 경영관리계약은 합작투자의 형태이며, 경영에 참여하는 파트너는 운영시설을 소유하고, 다른 파트너는 경영관리를 각각 담당하겠다는 일종의 협약형태를 말한다. 가령 관리담당의 파트너가 마케팅 노하우(marketing know-how)를 제공할 때에는 마케팅계약이 된다. 기본원칙은 전통적인 관습을 배제하고 소유자의 투자회수를 증대시키는데 있다.

프랜차이징(franchising)은 라이선싱의 특수한 형태이며, 프랜차이즈(franchise: 특약제)를 프랜차이저(franchiser: 프랜차이징의 제공자)가 표준화된 제품, 시스템 및 관리서비스를 프랜차이지(franchisee:프랜차이징의 도입자)에게 경영에 필요한 모든 것을 관리에 직접 참여하고 개입하게 되는 국제마케팅 수단이다. 프랜차이징 관련의 제품은 주로 음식류, 내구성소비재, 용역, 산업재 등이 포함되나 프랜차이저가 프랜차이지에게 원료 및 경영 서비스 등과 더불어 상호 및 사용권을 일괄 제공하기도 한다.

턴키계약(turn-key contract)은 시공자가 공장이나 시설물에 관한 공사를 일괄수주 받아 가공준비가 완료된 시점에서 발주자에게 공장이나 시설물을 인도하기로 약정하는 공장수출(plant exporting)이라고도 한다. 턴키계약은 기업체가 공장이나 산업시스템을 설계 및 건설하고 초기운영까지 담당하는 턴키프로젝트(turn-key project)이다.

턴키계약은 기계 및 시설의 수출이나 기술의 라이선싱으로 기술격차(technology gap)를 줄일 수 있어 현지국의 고객에게 완성된 산업계통의 시설을 제공해 주는 것이 특징으로 턴키계약에 대한 공사대금은 공사의 진척도에 따라 단계적으로 지불되는 것이 일반적이다.

국제콘소시움(International Consortium)은 여러 기업체가 자본, 기술, 관리능력 등의 자원을 건설사업, 광물개발사업 등의 특정사업을 위해 공동화 하는 방식이다. 특정사업에 참여하는 기업체들은 각기 특수부문을 나누어 담당하도록 별개의 기업체를 설립하여 공동으로 관련 사업을 협의하고 진행하여 완성시킨다.

콘소시움은 합작투자의 형태와 비슷하나 특정 프로젝트의 완성과 더불어 해산되는 것이 보통이며, 콘소시움에 참여하는 기업체의 수가 합작투자의 경우보다 많은 것이 특징이며 이러한 차원에서 합작투자와 다르다.

〈표 9-3〉 해외생산 및 기타 진출 전략

<table>
<tr><th colspan="2">대 안</th><th>개 념</th><th>동 기</th><th>장점 및 단점</th></tr>
<tr><td rowspan="2">해외생산</td><td>자원개발</td><td>특정업체가 직접투자를 통하여 현지국의 시장에서 본사의 필요 자원과 또는 제3국의 수출을 위하여 원재료를 개발하는 것.</td><td>국내생산에 필요한 원자재의 조달을 위해, 수입원자재의 대체로 비용절감을 위해 활용, 필요한 원재료의 안정적 공급을 위해 개발.</td><td>비용절감, 원자재의 원활한 수급, 특정기업체는 직접 투자를 통한 해외생산 활동을 전개함으로써 비로소 다국적 기업으로 발전.</td></tr>
<tr><td>제조활동</td><td>기업체가 직접투자를 통하여 해외에서 생산활동을 전개하는 것.</td><td>저임금의 노동력을 활용하기 위해, 관세장벽을 피하기 위해, 운송비 등 물적 유통비를 절감, 제3국에의 진출을 도모하기 위해, 현지국에서 저원가로 생산된 제품을 본국으로 수입하기 위해서 활동.</td><td>비용절감, 관세 및 비관세 장벽회피, 진출시장 다변화 기능.</td></tr>
<tr><td rowspan="2">기타방법</td><td>턴키계약</td><td>도로, 항만, 댐, 통신시설 등과 같은 건설 사업을 수주, 시공하는 용역생산을 말하며, 국제턴키오퍼 레이션스 또는 공장수출까지 포함되는데 이것은 기업이 공장 산업시스템을 설계, 건설하고 초기운영까지 담당하여 턴키프로젝트를 준공해 주는 것</td><td>종합건설업체들의 경쟁, 적인 건설 수출을 위해, 저개발국 외교적 요청에 의해, 공사가 대부분 대규모이므로 기업의 명성 제고를 위해서 계약</td><td>대금이 분할 지급, 기계, 시설의 수출이나 기술의 라이선싱만으로 해결이 안되는 기술적 격차를 해결해 주며, 현지국의 고객에게 완성된 생산계통의 시설을 제공</td></tr>
<tr><td>관리계약</td><td>합작투자의 새로운 형태로서 합작투자의 한 파트너가 운영시설을 소유하고 다른 파트너는 관리적 노하우를 제공하여 경영관리를 담당하는 것</td><td>고급호텔이나 특수기술을 요하는 업체에서 마케팅이나 기술 등 특수한 자질과 경험을 가진 경영자를 필요로 하기 때문, 현지국의 기업수시 전문가의 부족 때문, 각 파트너의 지분비율이 같을 때 경영권을 장악하기 위함</td><td>이상적인 경영형태인 소유와 경영의 분리를 국제경영에 적용한 것 즉, 출자자가 관리를 담당하여 온 전통적 관습을 배제하고 유능한 전문가에게 관리를 위임시켜 출자회수를 증대</td></tr>
</table>

제3절 해외직접투자의 유형과 한국의 세계화 전략

1. 해외직접투자의 동기

1) 전략적 동기(Strategic Motives)

해외직접투자의 전략적 동기는 시장지향형, 생산효율지향형, 자원지향형, 지식지향형, 위험회피지향형 등이 있다. 전략적 동기의 주요내용은 기업이 해외투자의 수출장벽이 높은 국가의 시장을 직접 또는 우회적으로 침투할 목적이거나, 해외의 틈새시장을 공략, 저임금 국가로부터의 경쟁에서 시장을 확보하기 위한 차원으로 활용하게 된다.

기업은 해외생산비용을 절감하고 효율성을 높이기 위하여 해외투자에 임하게 되는데, 보통 선진국의 다국적 기업에 의해 주도된다. 그리고 전략적 차원에서 자원 확보나 기술 확보를 위하여 해외투자를 하는 경우이다.

2) 행태적 동기(Behavioral Motives)

기업의 해외직접투자는 외부의 환경으로부터 강한 자극이나 개인적인 편견과 목표, 개인 또는 집단적인 공약 등에 기초한 조직행동에서 비롯된다고 보는 것으로서, 외부적 환경요인으로는 거절할 수 없는 외부로부터의 제안(외국의 정부, 자사 제품의 해외 대리점 및 고객 등의 요청)이나 시장의 기회상실에 대한 염려, 국내시장에서의 외국기업들과의 경쟁이 심화될 때 그리고 밴드웨곤 효과로 인한 동행투자의 경우이다. 여기서 밴드웨곤(bandwagon) 효과란 동일한 사업 분야에서 해외투자에 성공한 경쟁 기업의 활동과 이와 관련하여 유사한 특정지역으로의 투자는 필수적이라는 믿음에 의한 동행투자를 말한다.

따라서 이러한 행태적 동기의 보조적인 동기는 생산요소와 외국기업들과의 경쟁의 심화와 노후화된 기계설비의 재활용, 노하우의 자본화 즉, R&D 및 기타 고정투입 비용의 확장, 교역상대국이 제3국과 무역협정을 체결하는 경우 시장상실을 회복하기 위한 제 3국에 대한 투자 등이다. 그러므로 해외직접투자는 특정한 동기나 기회가 주어지는 경우 기존의 원칙에 얽매이지 않고 새로운 동기의 발생으로 인한 투자로 나타날 수도 있다.

3) 경제적 동기(Economic Motives)

해외직접투자의 의사결정요인으로서 전략적 동기나 행태적 동기가 많이 제시되고 있지만 합리적인 이익추구에 따른 경제적 동기도 중요하다. 경제적 동기로 인한 해외직접투자는 현지의 실물자산, 생산요소, 금융 등의 시장이 불완전한 상태이기 때문에 나타나는 투자형태로 본다.

투자국에 비해 피 투자국은 시장이 불완전한 상태에 있기 때문에 투자가 이루어진다고 보며, 피 트자국의 입장에서는 불안전한 상태의 시장이라 할지라도 충분한 잠재수요가 있다면 경영활동의 범위 내에서 해외투자를 실시하게 된다. 이때 투자기업들이 불완전한 현지시장에 진출하여 성공할 수 있는 이유는 규모의 경제, 전문적 경영관리기법, 제품 및 생산요소시장의 지식, 첨단기술, 자금공급 능력을 보유하고 있기 때문이다.

종합하여 보면, 경제적 동기에 의한 해외투자는 생산비의 절감을 통한 제품가격의 경쟁력을 갖는다는 것이며, 선진기술을 습득하여 현지생산의 체제를 갖추는 것과 안정적인 자원 확보를 위한 원자재의 수급을 위한 차원에서 해외투자를 하거나, 무역규제의 회피동기를 마련하기 위한 수단, 해외시장 개척동기의 여러 목적에서 현지시장을 효율적으로 개척하고 자하는 목적을 갖는다.

4) 비경제적 동기(Non-Economical Motives)

비경제적 동기는 13~18세기 동안의 해외경제활동은 직접, 간접적으로 국가의 개입 하에 이루어졌기 때문에 오늘날과 같이 자본시장, 중간재시장이 형성되지 않았으며, 해외투자는 본국의 정치적, 전략적 목표를 이루기 위한 수단이었다. 완전한 자유 시장경제라기보다는 정부의 지원 하에 이루어지는 시장이 많다.

〈표 9-4〉 FDI와 수출입 및 무역수지의 패턴의 변화

구 분	투자초기→ 생산개시단계 →현지화 전진단계		
수출유발효과 자본재, 원부자재	크게 증가 없슴	소폭 증가 크게 증가	거의 변화 없슴 소폭증가
수출대체효과	없슴	소폭증가	크게 증가
역수입효과	없슴	소폭 증가	크게 증가
무역수지효과	흑자	흑자폭 확대	흑자 감소 또는 적자전환

기업의 해외투자 동기는 다양한 이유가 있을 수 있으나 기업의 경쟁력을 높이기 위한 수단으로 활용하고 있다. 기업의 경쟁력은 해외투자의 목적이 달성될 경우 직접적으로 얻을 수 있겠지만 해외투자를 통한 글로벌 경영능력과 기술습득, 글로벌 금융에 접근할 수 있어 경쟁력을 갖추어 나가게 된다.

5) 재무적 동기(Financial Motives)

기업의 자산구성을 다변화함으로써 경제 환경의 변화에 따른 자산구성의 위험을 축소하기 위해 해외직접투자를 활용하는 것을 말한다. 기업은 분산투자와 같은 형식을 취하여 위험을 회피하려고 한다. 그 이유는 국제적으로 분산된 주식간의 상관관계는 국내주식간의 상관관계보다 낮으며, 경제의존도가 낮은 국가일수록 두 국가 주식간의 상관관계는 낮기 때문이며 상관관계가 낮은 주식에 대한 포트폴리오를 구성하면 체계적인 위험감소를 할 수 있다는 차원이다. 일반적으로 투자의 위험에 대한 보상을 요구하기 때문에 어떤 투자 안에 최저의 필수 수익률을 구성하고 있는 셈이다.

하지만 분산화 동기에 의한 해외직접투자에 대한 반론이 있기도 하다. 즉, 자본이동에 대한 제한은 비교적 적어서 투자자가 국제적으로 분산된 포트폴리오를 구성할 수 있다면 굳이 해외직접투자를 동해 분산투자효과를 확보할 이유가 없다는 것이다.

이밖에도 1960년대의 자본 이동론적 접근이론과 비교 우위론적 접근이론, 거시경제변수 연계론적 접근이론, 개도국 해외직접투자에 대한 접근이론, 기타 정치경제적 접근이론 등으로 나눠 볼 수 있으나 세부적인 언급은 한국의 해외직접투자와 관련한 제4절에서 다루기로 한다.

2. 전략적 동기에 따른 유형

1) 시장지향형 투자(Market-oriented Investment)

시장지향형 투자란 시장을 개척하기 위하여 비교우위가 있는 산업을 해외에 이전시켜 현지생산 및 판매를 동시에 도모하는 형태의 투자를 의미한다. 즉, 투자기업이 보유하고 있는 자산을 활용하여 현지시장에서 이익을 창출할 목적의 투자를 말한다. 이는 특히 현지시장의 성장성, 수익성이 충분한 경우에 활발하게 진행된다.

또한 교역상대국의 수입 장벽이 강화되어 현지생산, 현지판매를 위한 직접투자로 전환하는 수출 대체형 투자도 시장지향형 투자이며, 제3국을 향한 유형의 투자, 특정시장을 침투와 장악 및 유지하기 위한 목적까지도 포함한다. 그러나 직접투자가 정당화될 수 있을 만큼 시장규모가 큰 특정시장 국 또는 지역시장에 대해서만 시장지향형 투자가 가능하다.

2) 천연자원지향형 투자(Natural Resource-oriented Investment)

천연자원지향형 투자는 자원개발을 위한 목적으로 본사 및 해외자회사의 제조활동에 필요한 원자재를 저렴하고 안정적으로 공급하기 위해, 또는 본국의 다른 기업에게 판매하거나 제3국에 판매하기 위하여 투자하는 경우이다.

천연자원지향형 투자는 장기적이며 대규모의 자본이 필요하기 때문에 신규참여가 억제되고 있다. 따라서 자원개발을 위한 투자에 그치지 않고 전 세계 시장을 목표로 개발, 가공, 마케팅 등의 활동을 수직적으로 통합하는데 목적을 두고 있는 경우가 많다.

3) 노동지향형 투자(Labor-oriented Investment)

생산요소 가운데 노동력은 국제적 이동에 많은 제한을 받는다. 생산요소 중 노동력은 국제적 이동에 제약이 있기 때문에 국내에서 노동력이 부족하여 임금이 상대적으로 높은 경우에 노동력이 풍부하고 임금이 저렴한 국가로 직접투자를 하게 되는데 이때를 가리켜 노동지향형 투자라고 한다.

특히, 이러한 노동지향형 직접투자는 노동집약적 산업을 노동이 풍부한 국가로 이전함으로써 비교우위를 강화하여 국제 분업을 재편성하게 된다. 그러한 전략으로는 기술적으로 표준화된 제품은 생산 공정전체를 해외를 이전하고, 그 외의 경우에는 노동집약적 생산 공정만을 노동력이 풍부한 해외로 이전하게 된다.

4) 무역지향형 투자(Trade-oriented Investment)

국내시장이 협소한 반면 저렴하고 숙련된 노동력, 비교적 풍부한 공업단지, 외국인 투자에 대한 인센티브 제공 등 수출용 제품을 해외의 저가 생산기지로서 적합한 국가가 이에 해당한다. 현지국의 국내시장을 목표로 하는 시장지향형 투자와 대비되는 형태의 투자이다.

무역지향형 투자는 해외 현지국의 비교우위요인과 결합하여 비교우위를 획득하고, 생산된 제품을 투자본국 및 제3국으로 수출하는 것을 목표로 하는 투자형태가 바로 무역지향형 투자 또는 수출지향형 투자(Export-oriented Investment)라고 할 수 있다.

5) 기술지향형 투자(Technology-oriented Investment)

기술지향형 투자는 고도의 첨단기술이나 경영기법을 습득하기 위한 투자로서 기술이 발달한 선진국에 자회사를 설립 및 기존 첨단기술의 기업을 인수하게 된다. 기술에 대한 경쟁이 격화되고 기술상의 우위를 확보하지 못할 경우 세계시장에서 생존에 대한 위협을 받기 때문에 기술을 습득을 위한 방안으로 투자하게 된다.

투자의 형태는 현지에 연구소, 생산시설을 설립하거나 기존의 신기술을 보유한 기업을 인수하는 형태로 이루어지게 되는데 최근 미국 실리콘밸리(Sillicon Valley)에 한국기업을 비롯한 각국의 기업이 진출하는 경우가 좋은 예이다.

6) 글로벌 네트워크형 투자(Global Network-oriented Investment)

세계시장이 글로벌화 되고 현지정부가 외국계 기업에 대한 통제력을 강화함에 따라 다국적기업의 계열기업 간 협력관계 구축이 절대적으로 필요하게 되었다. 이에 따라 다국적기업의 네트워크를 구축하기 위한 합작투자나 콘소시엄(정부나 공공기관이 추진하는 대규모사업에 여러 개의 업체가 한 회사의 형태로 참여하는 경우), 또는 전략적 제휴 등이 이용되고 있다.

전략적 제휴(strategic alliance)의 경우 지분참여 하는 직접투자를 행하지 않고서도 글로벌 네트워크 효과를 달성할 수 있다는 장점이 있다. 특히 최근 기술개발 속도가 빠르고 기술개발에 따른 비용이 크기 때문에 이러한 전략적 제휴를 통해 위험을 감소시킬 수 있다.

3. 산업조직론 관점에 따른 유형

1) 수평적 통합형 투자(Horizontal Integration Investment)

수평적 통합형태의 해외직접투자는 투자 모기업과 동일한 제품을 해외 현지에서 생산, 현지판매를 위하여 투자하는 형태를 말한다. 자사가 보유하고 있는 전문적인 기술이나 노하우 등을 최대한 효율적으로 활용을 위한 투자형태이다.

수평적 통합형태의 투자는 현지국의 경제적 효율성 개선효과가 있는 반면 독점적 시장 지배의 경우 반사회적 요인이 될 수 있다.

2) 수직적 통합형 투자(Vertically Integration Investment)—

수직적 통합형태의 투자는 현지에서의 자원 개발과 원자재를 확보 및 중간재 생산을 위한 후방통합 형태의 투자와 모기업의 제조품을 해외현지에서 판매하기 위하여 진출을 하는 경우의 전방통합 형태의 투자를 말한다.

수직적 통합형태의 투자목적은 규모경제의 이익과 국제적 분업에 따른 이익을 향유하기 위함이다.

3) 다각형 통합형 투자(Conglomerate Integration Investment)

다각적 통합형태 투자의 요인은 기업내부에 축적된 경영자원을 통한 광범위한 사업영역을 찾는 경우와 경영분야의 확장 또는 새로운 분야에 투입하는 경우 그리고 대규모 자금과 새로운 경영자원을 투입하여 기존의 경영조직을 지배하는 경우이다.

특히 다각적 통합형태의 투자는 수익성을 다양화하고 위험을 분산시키기 위해 활용되고 있는데, 기업의 지리적인 다각화, 사업의 다각화를 꾀할 때 수익을 극대화시킬 수 있게 된다.

4. 소요형태에 의한 유형

1) 단독투자

단독투자는 제품, 기술 등에 대하여 모기업의 강력한 통제가 필요할 때 행하는 투자 형태로서 일반적으로 자회사 의결권 주식의 95% 이상을 모기업이 소유하는 형태이며, 완전소유가 거의 불가능하기 때문에 95% 이상의 소유권으로 경영통제권을 행사하는 경우 단독투자로 볼 수 있다. 단독투자는 기업이 독점적 우위를 확보하였거나 제품생산과정에서 모기업이 자회사에 원자재를 공급한다든지 또는 그 반대의 경우에 주로 활용된다.

단독투자는 해외 현지에 새로운 기업을 설립하여 진출하는 신설투자에 의한 방법과 기존기업의 주식을 95% 이상 인수하는 M&A의 의한 방법이 있다. 그러나 현지파트너의 능력이나 성실성이 결여된 경우, 현지파트너의 주식이 제3자에게 양도될 가능성이 있는 경우, 현지 파트너와 모기업간 이해관계 대립 등이며, 현지국에서 단독투자를 선호하는 경우는 개도국이 자국의 전략산업을 육성할 때, 구조전환이 필요한 때이다.

2) 합작투자

합작투자는 2개국 또는 그 이상의 국가에 소속된 기업체, 개인, 정부기관, 또는 정부소유 기업이 현지에 합작 법인을 설립하여, 참여하는 방식으로 전체 참여자가 공동으로 소유권을 갖는 것이다. 공동 소유대상은 주식자본, 채무, 무형고정자산(특허권, 의장권, 상표권, 영업권), 경영노하우, 기술노하우, 유형고정자산(기계, 설비, 토지) 등으로 다양하다. 합작투자의 유형은 투자자본의 유무, 파트너의 대상, 그리고 소유권의 정도에 따라 다르다.

첫째, 계약형 합작투자(contractual joint venture)는 사유재산을 인정하지 않는 사회주의 국가의 경우에 있어 투자기업이 현지국 정부 또는 현지 출자자에게 자본, 장비, 소유권, 기술지원 및 노하우를 제공하고 그 대가로 로열티를 받는 경우이다.

둘째, 소유형 합작투자(equity joint venture)는 합작투자의 형태로서 둘 또는 그 이상의 출자자가 기존기업의 자본참여와 각 출자자가 자본의 일정비율을 출자하여 새로운 기업을 설립하는 경우 등이다.

셋째, 제3국 기업과의 합작투자 형태로 투자기업이 투자대상국 즉, 현지국 이외의 외국기업과 결합함으로써 합작형태를 취하는 경우이다. 이는 대규모 프로젝트나 국가위험이 큰 나라에 투자할 때 위험을 분산시키기 위하여 2개국 또는 그 이상의 국가 자본이 참여하는 복수소유(miltiple ownership) 형태를 취하는 경우이다.

넷째, 투자대상국 기업과의 합작투자로 투자기업이 현지국의 기업체와 합작투자의 형태를 취한다. 합작투자의 대부분이 이러한 형태이며, 특히 생산시설, 유통구조, 노동력, 경영층 및 대정부관계 등에서 유형무형의 이익을 얻을 수 있고, 투자위험과 투자대상국의 파트너에 대한 불확실성을 감소시킬 수 있다.

다섯째, 투자대상국 정부기관과의 합작투자로는 투자기업이 현지정부 또는 정부소유의 기업과 합작투자의 형태를 취하는 경우이다. 이러한 합작투자는 투자대상국 정부가 경제성장을 위하여 또는 전략적 산업을 육성하기 위한 정책적 목적으로 합작투자에 참여할 때 형성된다.

5. 한국기업의 해외직접투자 전략

1) 한국기업의 해외직접투자 배경

기업의 글로벌 활동 중 가장 중요한 것은 수출 즉, 무역의 주된 활동과 해외직접투자이다. 해외직접투자의 발전모델은 수출을 함으로써 해외에 직접투자하게 됨으로써 다국적기업이 된다. 현재 우리나라의 중소기업들이 여기에 해당되지만, 글로벌기업은 거의 대기업이 차지하고 있는 셈이다. 흔히 글로벌기업을 로컬기업이라고도 하며, 어떤 기업이 수출을 통해 해외직접투자가 시작될 때 다국적 기업으로 나가게 되는 것이 일반적인 것이다.

다국적기업은 대개 1987년~1990년대에 다국적 기업이 성행하였고, 우리나라는 1987년 장기집권에 반대하는 구마 사태로 인하여 노동자들의 임금이 기존의 배 이상으로 증가하게 되어 국내의 기업들이 임금의 강한 압박을 견디다 못해 노동력이 싸고 부존자원이 풍부한 원료공급지향형의 방향으로 외국에 직접투자를 시작하게 되었다. 그러나 해외직접투자를 함에 있어 꼭 선결해야 할 과제가 있다면 다음과 같다.

첫째, 왜 해외로 투자를 하려 하는가?(Why invest abroad?)

국내에 투자하지 않고 왜 해외로 나가려고 하는가? 해외로 가면 사실 경비(외국경비)가 더 많이 들게 된다. 그러나 독점적 우위를 확보할 수 있다는 이점을 안고 위험부담을 감수하고라도 나가게 되는 것이다. 이러한 이유는 자본이나 기술 등 산업조직론적 접근이 되는 셈이다.

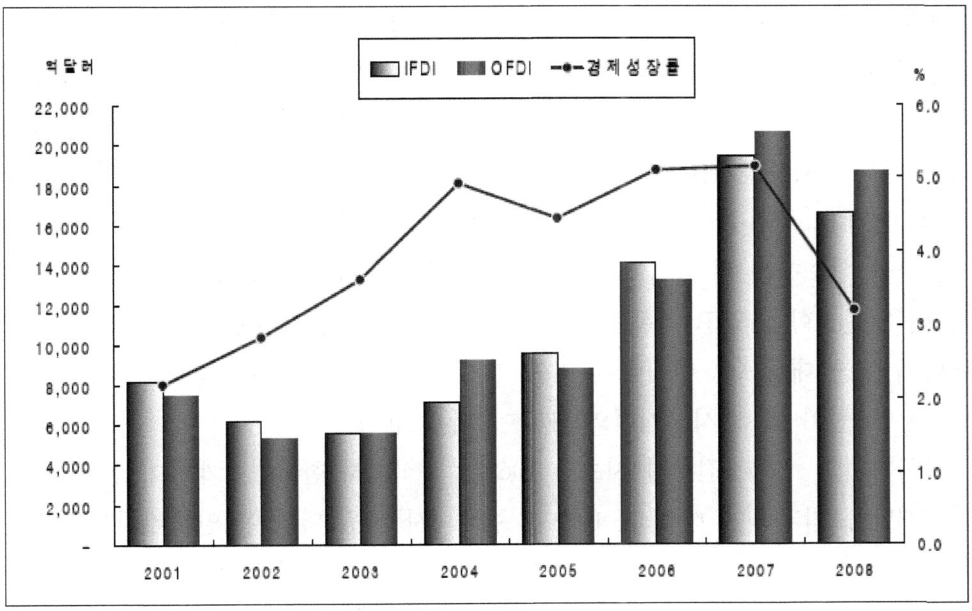

자료 : IMF(2009), Economic Outlock: UNCTAD.

[그림 9-1] 글로벌 FDI 흐름과 세계경제 성장률

둘째, 친숙한 환경에서의 우위요소가 있음에도 왜 해외로 투자해야 하는가?(How invest abroad?). 입지이론에 있어 절충이론에 충족하지 못한다. 그렇다면 왜 하필 해외투자를 하려고 하는가 하는 것이다. 그 이유는 일반화된 이론은 없는 실정이며, 계속 연구 중이다. 그러나 해외직접투자이론은 다국적기업의 발생이론으로 봐도 무난하다. 무역의 이론은 국가와 국가 간에 일어나는 교역에서 출발하는 것이다.

[그림 9-1]에서 글로벌 해외직접투자는 2004~2007년 호황을 지속하였다. 글로벌 금융위기와 세계경제 침체로 2008년 글로벌 FDI는 감소세로 전환하였고, 2009년 회복세를 나타내고 있다.

하지만 2010년을 기점으로 점차적으로 해외직접투자의 형태는 상당부분 위축되고 있다. 구체적인 이유는 수요변화가 많지 않은 식료품산업과 자원 확보 및 신생에너지 산업, 개도국의 시장 추구형 FDI를 지원하는 전문서비스 등의 지원 산업 분야에서 증가추세를 보이고 있다. 그러나 최근의 동향에 관한 내용을 살펴보면, 해외직접투자는 점차 줄어들고 있는 추세이다.

2) 한국기업의 해외직접투자의 동기

한국기업의 해외직접투자 동기는 1968년 12월 31일 외국환관리규정에 의거 대외투자 규정이 신설되면서부터이다. 그 후 계속적인 변화와 발전을 거듭하여 오다가 1970년대 석유파동으로 인하여 자원의 중요성을 인식한 후 해외로부터 안정적인 원재료 확보를 위하여 해외투자를 선별적으로 허용하기 시작하였던 것이다.

1980년대의 국제수지 흑자와 국내생산요소를 포함한 비용 상승으로 인하여 해외투자를 선호하게 되었고, 1995년 10월 해외투자 자유화 및 건실화 방안을 통하여 더욱 현실화 되었고 자유화 된 셈이다. 시장지향형 투자는 인도와 중국의 거대한 인구를 대상으로 투자에 활기를 띠게 되는데, 중국 13억 인구, 인도의 10억 인구는 이들이 바로 시장개척의 대상이 되는 셈이다.

한국기업의 해외직접투자 시초는 1968년 주식회사 한국남방개발이 인도네시아 삼림개발에 참가하여 하였고, 1973년 주식회사 미원(대상)이 인도네시아 천연자원지향형 혹은 시장지향형 투자의 형식으로 조미료의 원료인 사탕수수를 통해 현지에서 생산하고 자 하였다. 그리고 1971년 삼성의 주력산업이었던 주식회사 제일제당이 제일이란 기업의 이미지를 가지고 지은 이름을 그 다음이 제일모직이었다. 삼성이 미원에 뛰어들었을 때 1971년 이후 위기를 모면하기 위해 인도네시아

사탕수수의 값싼 노동력을 바탕으로 많은 인구를 대상으로 하여 시장을 확보하게 되었다.

하지만 일본의 아지나모또가 이미 존재하고 있었고(미원), 또한 대만의 사사라는 기업도 이미 진출하여 있었다. 특히 이들 가운데 10% 정도가 인도네시아에 정착한 중국인들이었기 때문에 자리를 굳힌다는 것은 쉬운 일이 아니었다. 이 가운데서 (주) 대상은 해외직접투자를 함으로써 시장을 확보하여 좋은 결과를 낳게 된 것이다. 그리고 금성사(LG)는 1980년대에 IC사업이 있었는데(청주 하이닉스 공장), 이를 현대가 인수하여 하이닉스로 만들었고, 후에 LG는 가전 쪽으로 삼성은 반도체 쪽으로 나가게 되었다.

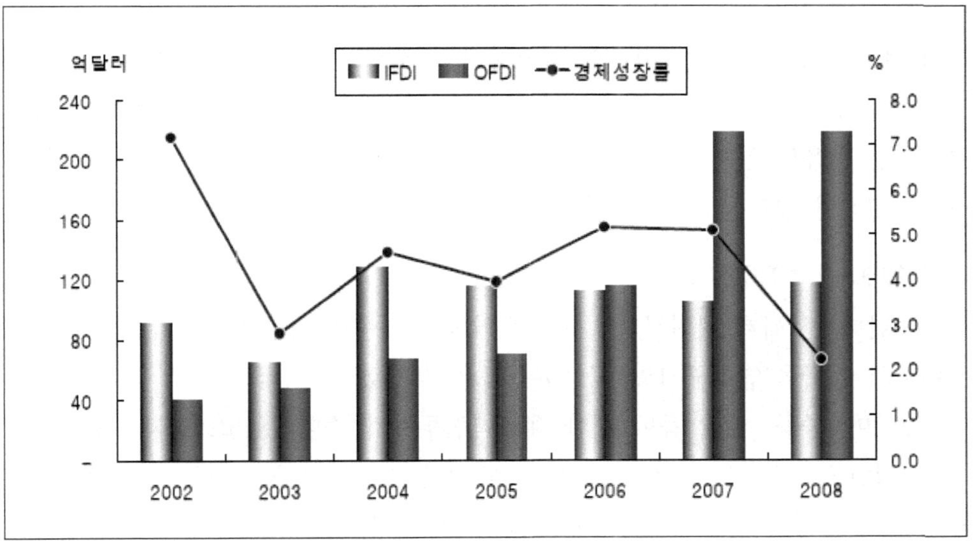

자료 : IMF(2009), Economic Outlock: 수출입은행 및 지식경제부.

[그림 9-2] 한국의 흐름과 세계경제 성장률

[그림 9-2]에서 2008년 이후 2009년 1/4분기까지 FDI유입액은 전년 동기 대비 53.9%감소추세로 나타났으며, 이는 국내 경기가 회복조짐을 보이는 가운데 외국기업들의 녹색성장과 관련된 신재생에너지 분야, 환경, 부품소재 등의 새로운 성장분야의 투자에 관심이 높아지고 있는 것으로 나타났다. 그러므로 수요 창출과 성장잠재력이 큰 신재생에너지, 환경자원 및 전문서비스 산업에 대한 투자 강화와 이를 활성화해 나갈 것으로 보인다.

3) 한국의 해외투자 현황

(1) 제2차 대전 이후의 해외직접투자

① 제2차 대전 이후~1950년대

제2차 대전 직후 미국의 대유럽 직접투자를 중심으로 투자분야는 제조, 자원개발, 무역상사 등의 분야에서 진행되었다. 이 시기 미국은 주로 서유럽 중심으로 전개하였고, 그 외에 캐나다, 중남미, 중동 등 지역으로 나갔다. 또한 미국 전체투자의 2/3는 제조업, 무역상사, 해외현지 시장국의 내수산업에 집중 투자되었다.

미국을 제외한 주요 국가들의 경제는 전쟁피해가 심했고, 해외직접투자의 여력이 없었다고 볼 수 있다. 그러나 1950년대 후반에는 전후 경제를 재건하는 데 성공한 서유럽 기업들이 1960년대 초반부터 해외직접투자에 나서게 되었다. 우리나라의 해외투자는 1959년 미국의 뉴욕에 대한중석과업(주)이 임대업을 목적으로 부동산을 취득한 것이 시초이다. 하지만 임대업이 아닌 부동산 투기목적이라는 엇갈리는 반응도 있지만 (주)한국남방개발이 자원개발을 목적으로 1968년 인도네시아에 300만 달러를 투자한 것이 시초라고 보고 있다.

② 1960년~1970년대

1960년대 전 세계 해외직접투자는 무역의 증가율(연평균 5% 증가)보다 해외직접투자의 증가율(연평균 15% 증가)이 높은 시기였다. 미국 기업의 서유럽, 캐나다, 중남미, 중동, 일본 등에 대한 해외직접투자가 증대되었고, 영국, 캐나다, 서독, 네덜란드, 프랑스 일본 등도 미국에 대한 직접투자를 증가하기 시작하였다. 즉, 1960년대에는 선진국 간 상호투자가 시작된 시기이며, 1966년을 기점으로 연간 미국에 대한 외국의 직접투자가 미국의 해외직접투자를 추월하였다.

투자부문에서는 대개도국의 자원개발 분야에 대한 투자가 위축된 반면, 1차 산품과 식료품 분야에 대한 신규투자는 증대되었고, 화학, 전자 자동차 등 내구성 소비재부문은 현지에서의 판매경쟁 격화 및 무역장벽 회피를 위하여 수출에서 해외직접투자 전략으로 나왔다. 우리나라는 1959년도를 시작으로 해외투자를 시작하여, 1970년대에 가서야 비로소 해외투자에 관한 발전하였으나 오히려 증가세가 둔화되었다. 이때 전 세계 해외직접투자에서 미국의 해외직접투자 비중은 줄어든 반면 서독과 일본의 해외직접투자가 상대적으로 크게 증가되었다.

우리나라의 해외투자는 1968년~1979년 도입 및 기반조성단계 남방개발을 위한 인도네시아에 진출한 이후부터 해외투자에 관한 관심을 보이기 시작하여 1969년 외국환관리규정을 신설하여 1974년까지 국제수지의 적자로 인한 해외자원개발, 수출촉진 등은 소극적인 정책으로 일관할 수밖에 없었다. 1975년 이후 제도적 장치를 마련하여 4월에 해외직접투자 허가 및 사후관리 요령이 제정, 1978년 11월 해외투자 허가업무 취급세칙을 통하여 조성단계에 들어서게 되었다.

주요 투자내용으로는 임업, 제조업, 무역업 중심으로 개발자금은 수출입은행을 통하였고, 해외투자 관련의 승인제도의 업무는 한국은행이 주로 담당하였다.

③ 1980년~1990년대

1970년대에 세계경제 침체는 1980년대 들어와서 회복하였고, 해외직접투자도 큰 증가세를 보였다. 1980년대 해외직접투자의 특징으로는 해외직접투자의 3극화 현상, 즉, 미국 EC, 일본이 해외직접투자의 주요국으로 등장하였으며, 개도국들 중 일부 공업화를 달성하거나 신흥공업국들을 중심으로 해외직접투자를 시도하였다. 투자부문에 있어서는 비제조업분야 즉, 금융관련 서비스분야, 무역관련 서비스분야, 부동산관련 분야의 투자가 증가하였다.

또한 제품시장규모의 둔화 및 신설창업투자의 고비용 등으로 인하여 대선진국 투자는 기업을 인수하는 M&A형태의 직접투자가 증가하기 시작하였다. 특히 1980년대 후반 일본기업들은 대미 직접투자에서 M&A형태를 통한 진출이 두드러졌다.

1980년~1985년도의 우리나라의 해외투자는 투자 장려정책을 통한 변화를 가져왔다. 무엇보다 해외투자의 제도를 간소화하고 석유, 유연탄 등의 자원개발투자와 해외시장 개척 및 시장 확대를 위한 투자를 늘리기 위하여 사전승인제도를 폐지하고 심의위원회가 설치되었다. 1990년부터 선진국들의 해외직접투자 규모는 급속히 감소하여 1995년까지 저조한 실적을 나타내었다.

하지만 1995년 이후부터 2000년까지는 주로 미국과 서유럽국가들의 해외직접투자가 급등하였다. 서유럽과 일본은 미국으로, 유럽 국가들은 영국으로, 아시아 국들은 중국으로 투자가 활발하였다. 특히 1997년에 시작된 동아시아의 외환위기로 인한 IMF구제 금융으로 인하여 미국과 EU 및 개도국들로 향한 것은 중남미를 제외하고 전반적으로 크게 감소하였다.

④ 2000년대 이후

2000년대 이후 급증하기 시작한 해외투자는 현재 국제생산시설을 통한 운영의 다국적기업이 성행하여 60,000개를 넘어섰고, 자회사 수는 500,000개를 넘어서고 있다. 투자분야에서는 1995년 WTO의 발족으로 인하여 서비스분야의 시장개방이 확대되어 서비스분야의 직접투자는 전체 직접투자의 50%를 상회하고 있다.

우리나라는 1986년부터 1991년까지 활발한 해외투자 촉진정책을 펴 나갔다. 이 시기에는 임금의 2배 이상의 급격한 상승과 무역에서의 통상마찰 증가 국제수지 흑자전환 등으로 인하여 수출경쟁력이 약화된 부분을 고려하여 경쟁력제고를 위한 시설이전투자를 통한 해외투자를 활성화 하였다.

특히 해외투자의 허가제를 신고제로 변경하였고, 신고대상업종도 확대해 나갔다. 투자의 규모를 500만 달러 이상으로 완화하였으며, 해외투자에 대한 자격요건을 완화하여 자율규제 기준을 마련하였다. 1992년부터 1996년까지 투자자유화의 제도적 장치를 마련하였다. 그러나 국제수지의 적자와 해외투자로 인한 산업공동화의 우려로 부분적인 재정비체제에 들어갔다. 1996년 6월 해외직접투자 자동허가제를 도입하여 자유화 분위기에서 해외투자를 하게 되었다. 세계화를 통한 한국의 해외직접투자는 도입 및 조성단계(1968~1979년)와 투자 장려 단계(1980~1985년), 활성화 초기 단계(1986년~1991년), 투자자유화 단계(1992년~1996년), 민간주도 단계(1997년 이후)로 구분한다.

주요특징 및 향후대책으로는 2008년 하반기에 시작된 세계경제 침체의 영향으로 2009년도 해외직접투자가 전년대비 감소(17.2%), 그러나 전 세계 해외직접투자 감소세(전망)보다는 상대적으로 감소율이 적은 수준이다. 장기적 안목에서 에너지, 광물 등 전략자원에 대한 투자를 확대할 수 있도록 자원개발 펀드 조성 등을 통한 자원과 함께 자원부국과의 FTA를 지속적으로 추진해야 할 것이다. 그리고 해외시장 확보를 위한 유통업 및 서비스업의 진출 확대와 함께 녹색기술 등 선진국에 비해 취약한 분야에 대한 기업의 투자를 확대할 필요가 있다.

4) 해외직접투자가 투자국에 미치는 영향

(1) 해외직접투자국과 투자국에 미치는 영향(FDI)

해외직접투자가 투자국에 미치는 영향은 해외에 진출한 기업성과를 통하여 자국의 경제발전과 무한경쟁시장에서의 경쟁력 확보 및 시장개척 등의 효과를 얻을 수 있다. 특히 기업이 새로운 시장에 진출함으로써 저렴한 생산요소 획득함과 동시에 수평, 수직적인 통합을 통한 규모의 경제효과를 얻을 수 있으며 천연자원의 전략적인 접근이 가능하게 된다.

따라서 해외직접투자를 함으로써 투자자산의 증대와 효과적인 기업목표를 달성하여 새로운 시장의 기회를 제공받을 수 있을 뿐만 아니라 신기술을 습득할 수 있는 기회도 제공받을 수 있다.

(2) 해외직접투자가 투자유치국에 미치는 영향(IFDI)

외국인의 의한 투자는 해외투자로 외국으로부터 유입되는 것으로서 투자유치국이 얻을 수 있는 효과는 다양하다. 무엇보다 선진기술 이전과 국내기업과의 연계성 있는 발전효과, 수출증대, 고용창출, 자국 산업의 발전 등을 꾀할 수 있다는 장점이 있다.

해외직접투자가 투자유치국에 미치는 영향으로는 투자유입으로 인한 국내의 금융시장의 활성화와 국내기업의 경쟁력 약화로 인한 시장퇴출, 해외기업에 대한 의존성 증대와 자국 산업의 쇠퇴 등의 악영향을 받을 수 있다.

투자유치국 정부는 해외직접투자를 통하여 발생하는 여러 가지 긍정적 효과를 최대한으로 활용하여 자국의 산업을 발전시켜 나감과 동시에 관련의 부작용과 부정적인 요인을 제거하기 위한 다각도의 노력이 절실히 필요하다.

5) 한국기업의 현지화 과제

한국기업의 해외직접투자 현지화 과제는 한국기업이 해외에 진출하려면 무엇보다 본국중심에서 벗어나야 한다. 즉, 현지화를 지연시키고 있는 것 가운데 하나가 한국적 사고방식이나 경영관리시스템의 고집 등으로 인하여 현지에서의 반발이 심하게 일어나고 있다는 점이다. 물론 연구개발과 아이템 등에 있어서는 한국형을 고집할 수도 있겠으나 세계화의 영향으로 이제는 지역중심의 개념까지 통합된 추세에 따라 어느 한 지역에서의 성공적 진출은 그 나라의 세계화에 걸 맞는 현지중심으로 변화되어야 한다.

따라서 현지인에 맞는 제품개발, 디자인, 마케팅을 통한 경영활동을 독자적으로 수행하고 있는 체제와 관리적 차원의 조직을 새롭게 정비해 나가야 할 것이다. 그리고 좀 더 공격적 진출로 글로벌 기회를 선점해야 한다.

글로벌 우위전략을 위해서라도 국제적인 경영과 M&A 등을 통한 다국적 기업을 적극 추진활용하고 글로벌 경쟁에서의 우위를 확보하는 한편, 현지화의 추진으로 인하여 성공적인 추진과 현지화 기업, 현지사회와 함께 상생할 수 있는 체제가 필요하다.

기업의 해외진출은 기업자체의 생존과 번영을 위한 중요한 문제이겠으나 무엇보다 국민경제적 차원에서 성장과 발전은 매우 중요하다. 기업이 신 시장 개척과 선진의 새로운 기술을 도입하고 또한 해외진출을 통한 한국기업의 진출이 점차 확대되어 해외시장에서의 새로운 이미지제고와 함께 전략적 차원에서의 다각화를 이루어 한 차원 높은 글로벌 기업과 세계화에 맞는 기업의 경영을 활성화 해 나가야 할 것으로 본다.

제10장

세계화 시장과 수출입절차

제1절 글로벌무역과 무역절차의 이해

1. 일반적인 무역계약의 수출입절차

1) 계약의 성립형태 파악

무역상무의 실무적 차원에서는 크게 계약의 흐름과 그 절차를 이해하고 파악하여 전반적인 과정과 각종의 법규 등을 숙지해야 한다. 특히 무역업무의 일반적인 계약 성립의 흐름에 있어서 계약을 체결하기 전에 사전계약의 단계와 계약 성립의 정확한 의사표시인 청약과 승낙의 표시를 확인함과 동시에 이러한 계약서가 언제 효력을 발생할 수 있는지에 관하여 그 흐름을 파악하여야 한다.

2) 물품의 이동방향 파악

글로벌무역의 거래관계에 있어 무역 상대국은 어떤 국가이며, 관련국가의 시장, 신용상태, 거래할 대상품목과 물품운송 및 보험관계 등의 무역에 관한 제 조건과 구체적인 방법 및 내용 등을 조사한다.

3) 무역대금의 결제에 관한 조사

무역거래에 있어 가장 중요한 부분은 물품대금의 회수일 것이다. 물품의 회수에 관하여는 각종의 결제방법과 관련의 서류 및 통화가치와 환율 등을 조사하여야 한다.

4) 무역거래의 서류에 관한 조사

글로벌무역의 성실한 이행을 위하여 무역거래의 계약서 작성과 이를 이행함에 있어서 계약서에 명시된 그대로 이행하였는지에 관한 여부를 조사하고, 관련의 서류들이 대금결제를 받기에 충분한 조건과 자격을 갖추었는지에 관한 관련의 서류와 내용들을 조사한다.

5) 무역 관련의 법규 파악

무역거래는 자국과 타국과의 거래이므로 무역 상대국의 상관습이나 관련의 각종 규칙 및 법규 등을 사전에 파악하여 둔다. 특히 관련국의 정치, 경제, 사회, 문화적인 요소와 국제적인 상관습의 매너에 관해서도 사전에 파악하여 둔다.

〈표 10-1〉 무역 관련법

구 분	내 용
대외무역법	- 대외무역 진흥과 공정거래질서 및 국제수지의 균형을 통한 통상의 확대 및 국민경제의 발전을 위한 목적
관세법	- 조세의 성격으로 관세의 부과, 징수 등은 수출입통관을 적절하게 조절하고 관세수입을 통한 국민경제발전에 기여
외국환거래법	- 외국환거래 및 대외거래의 자유보장과 시장기능 활성화 목적으로 하며 대외 거래의 원활화와 국제수지의 균형을 이뤄 통화가치의 안정을 도모하고자 함.

2. 무역업무의 계약적 차원에서의 절차

1) 무역계약의 체결

무역계약의 체결은 무역거래의 당사자가 물품매매계약을 체결함으로서 성립이 된다. 국제 물품매매계약의 성립은 청약과 승낙으로 계약서를 작성함으로서 비롯된다. 즉, 청약자(예: 수출자)가 피 청약자(예: 수입자)에게 계약에 관한 일정요건을 갖춘 후 계약을 체결하자는 의사를 타진하였을 때 피 청약자가 이를 수락한 의사표시를 함으로써 계약이 확정된다.

따라서 확정된 계약은 곧 계약의 이행을 위한 계약서를 작성하여 차후에 발생할 거래관련의 분쟁을 위하여 쌍방이 각각 작성 교환하게 된다.

2) 무역계약의 이행

계약서상에 기재된 각종의 내용은 매도인인 수출상 또는 매수인인 수입상은 계약서 이행과 관련하여 운송, 보험, 금융 등의 계약을 체결한다. 특히 무역계약의 이행 가운데 해상보험은 운송도중 발생 가능한 위험에 대하여 이해관계를 위하여 보험료를 납부하고 보험계약을 하게 됨으로써 손해를 보상받게 된다. 또한 대금결제에 있어서는 매도인이 계약내용에 대한 물품을 인도하고 매수인은 그 물품에 대한 대금을 결제하게 된다.

대금의 결제방법은 신용장을 개설한 경우 신용장의 조건과 일치하는 범위에서 결제하게 되고, 추심결제방식인 경우에는 일람출급 환어음 또는 기한부 환어음을 발행하여 추심의뢰은행을 통하여 대금결제를 받게 되는 것이다.

송금결제방식은 수출상의 약정 상품이나 상품에 대한 권리를 나타내는 권리증권 등의 서류를 인도 한 후 또는 인도하기 전에 수출업자에게 물품에 대한 대금 전액을 외화로 송금함으로 결제하는 방식이다. 기타 방법으로는 팩터의 지급보증이 수반되는 국제 팩토링이나 분할결제방식 등이 있다.

3) 무역계약의 종료

무역계약의 종료는 무역거래 당사자가 계약서상에 기록한 약정내용을 모두 이행한 후에 계약이 종료된다. 계약의 종료는 당사자 간의 합의, 계약기간 만료, 이행불능, 계약위반 등이다.

〈표 10-2〉 무역거래 당사자(단계별)

<table>
<tr><th>거래관계</th><th colspan="2">수입상(수입업자)</th><th>수출상(수출업자)</th></tr>
<tr><td>매매관계</td><td colspan="2">매수인(Buyer)</td><td>매도인(Seller)</td></tr>
<tr><td>무역거래</td><td colspan="2">수입상(Importer)</td><td>수출상(Exporter)</td></tr>
<tr><td rowspan="3">신용장</td><td rowspan="3">개설의뢰인</td><td>(Applicant)</td><td>수익자(Beneficary)</td></tr>
<tr><td>(Opener)</td><td>신용장 사용인(User)</td></tr>
<tr><td>(Customer)</td><td>신용장 수령인(Addressee)</td></tr>
<tr><td rowspan="2">환어음</td><td rowspan="2">지급인</td><td>(Drawee)</td><td>발행인(Drawer)</td></tr>
<tr><td>(Payer)</td><td>대금수취인(Payee)</td></tr>
<tr><td>운송관계</td><td colspan="2">수화인(Consignee)</td><td>선적인(Consignor)</td></tr>
<tr><td>계정관계</td><td colspan="2">대금결제인(Accountee)</td><td>대금수령인(Accounter)</td></tr>
<tr><td>대금관계</td><td colspan="2">수취인(Payee)</td><td>지급인(Payer)</td></tr>
</table>

3. 무역업무의 절차적측면의 흐름

1) 매매계약 체결

수출상과 수입상이 상호 합의 작성한 계약을 바탕으로 대금결제와 예상분쟁을 위해 보관한다.

2) 신용장 개설(신청)- 송부- 통지

수입상은 환거래은행(신용장 개설은행), 수출상 앞으로 신용장을 개설해 줄 것을 요청한다. 수입상 거래은행 발행의 신용장을 수출상의 통지은행(네고은행)에 송부하고, 신용장 개설에 관한 내용일체를 수출상에게 통보한다. 수입상의 거래은행(환거래은행) 발행의 신용장을 받은 수출상의 거래은행 또는 통지은행 즉, 네고은행에서는 수출상에게 신용장 도착을 알린다.

3) 수출품의 준비(구매와 제조) 및 포장(화인)

수출상은 국내의 제조업자와 수출물품의 가공업자에게서 수출물품을 확보한다. 수출상은 제조 및 가공된 물품을 수출을 위한 포장 및 화인(貨印)하고 상업송장 및 포장명세서를 작성한다.

4) 수출의 통관

관세사에게 수출신고서 제출한다. 이때 수출승인품목인 경우는 수출승인서를 첨부하여야 한다. 이를 받은 세관장은 수출신고를 수리한다.

5) 운송업무

수출상과 수입상의 거래조건의 계약에 따라 선박회사에 선복을 요청(S/R제출)하고 선박회사의 승인이 떨어지면 운송계약이 성립되며 운송계약에 따라 선적지시서를 발행한다. 이때 계약서에 명시된 거래조건인 CIF(운임보험료포함조건), 또는 CFR(운임포함조건)에 의하여 선박회사는 운송계약을 체결하게 됨으로 신중을 기해야 한다.

6) 물품의 선적(통지) 및 보험처리

선적지시서와 수출신고필증(수출면장)을 제출하여 물품이 본선에 적재된 후 본선수취증을 발행하며 이를 받은 선박회사는 선하증권을 발행한다. 수출상과 수입상은 사전에 계약상의 조건에 따라 보험관계를 처리하게 되지만 이때 보험회사는 관련의 보험료를 받고 보험증권이나 보험증명서를 발행한다.

7) 서류준비

수출상은 상업송장, 명세서, 중량용적증명서, 기타서류(계약서나 신용장에 명시된 기타 관련의 서류)를 준비하여 필요시 영사송장, 원산지증명, 검사증명, 위생증명 등을 증명서류를 입수한다.

8) 화환어음(발행)–매입–발송

수출상은 선하증권과 보험증권, 상업송장 등을 구비하여 신용장조건과 일치여부를 파악한 후 신용장 개설은행을 지급인으로 하여 화환어음을 발행하게 된다. 네고은행에 환어음 및 선적서류를 제출하여 신용장조건과의 대조를 통해 일치가 확인되면, 네고은행(매입은행)에 수출대금 가운데 수수료(환가료)를 공제한 나머지의 수출대금을 받게 된다. 매입은행은 환어음과 운송서류를 보통신용장 개설은행에게 발송한다.

9) 서류심사

개설은행은 신용장에 명시된 내용과 준비된 서류와의 일치여부를 심사한다.

10) 화환어음 및 선적서류(제시) 및 대금결제

개설은행은 환어음과 서류를 수입상에게 제시하여 인수할 것을 의뢰한다. 수입상은 개설은행이 제시한 환어음을 매입하고 그 대금을 지급한다.(일람출급의 경우). 그러나 기한부 환어음을 발행했다면 어음 만기일에 어음금액을 지급하게 되며, 신용장 개설은행은 결제대금을 수출국에 있는 매입은행에 송금하여 신용장대금을 상환하게 된다. 수입상은 신용장 개설은행으로부터 수입대금을 결제한 후 B/L과 관련의 물품의 서류를 받게 된다.

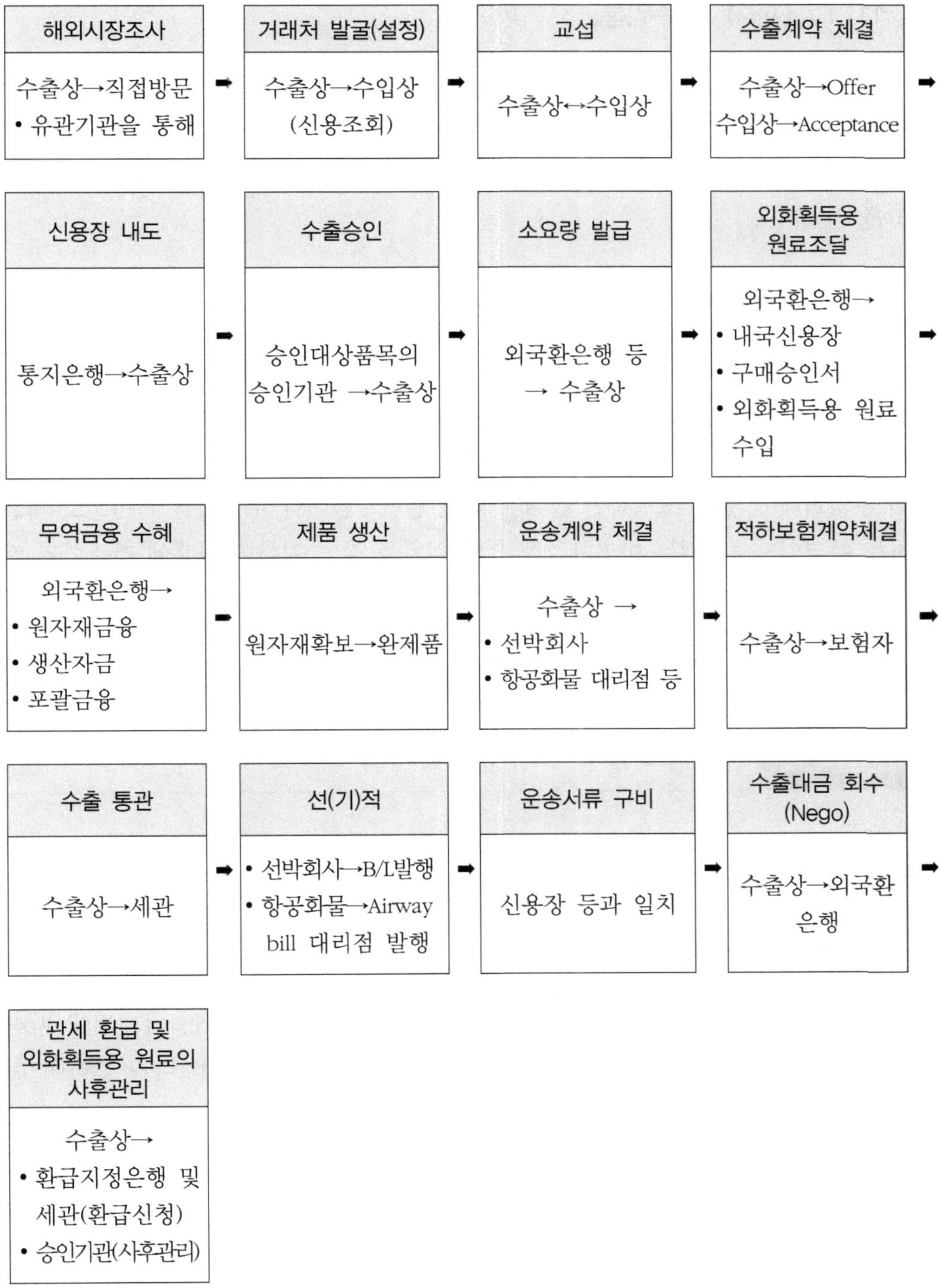

[그림 10-1] 수출절차의 기본적 단계

11) B/L(제출) 및 수입통관

수입상은 B/L을 선박회사에 제시하고 선박회사로부터 물품인도지시서를 받는다. 수입상은 관세사를 통하여 수입신고서(관련서류: 수입승인서, 추천서, 원사지 증명, 기타서류 등)를 세관에 제출하고 과세품목이라면 관세를 납부한 후 수입신고를 마친다.

12) 물품(인수)

수입신고를 마친 후 인도지시서를 제출하고 보세창고로부터 수입물품을 인수받는다. 일반적인 수출절차의 기본적인 모형의 도식이며 해당의 절차를 간소화하여 수출입을 진행하기도 하지만 무역거래에 있어서 가장 기본적인 모델이며, 특히 무역거래에 있어 초보적인 단계에 있는 관련자들이나 수출입을 처음으로 개설하는 무역업자들에게는 이러한 기본적인 절차를 잘 숙지하여 차후에 간소화된 전자문서표준화의 체계화된 무역업무처리에 도움을 얻을 수 있을 것이다.

제2절 글로벌무역의 수출입절차

1. 수출의 절차의 의의

1) 수출절차의 개념

수출절차란 수출과 관련하여 수출품목이 준비되면 수출업자는 국내법에 따라 규정된 법규의 절차를 준수하여 수출을 하게 된다. 이때 수출을 하기 위하여 취하는 제반의 조치를 수출절차라고 한다. 그러므로 수출절차란 수출을 하기 위하여 수출입이 허용된 품목에 관하여 관련의 수입자와 계약을 체결하고 이를 이행하기 위함이며, 최종적으로 수출대금을 회수하여 관련의 계약이 종료될 때까지의 모든 절차를 말한다.

수출절차는 국내무역 관련법규와 국제상관습 등을 이해하고 관련의 절차를 숙지함으로써 수출에 따른 제반의 사항을 잘 처리할 수 있게 될 것이다. 수출과 관련된 관계법을 준수하여야 하며, 관련의 관계법은 대외무역법, 외국환거래법, 관세법, 기타무역 관련의 법규를 준수하여야 한다. 수출품의 품질향상과 보험, 중재, 무역자동화촉진에 관한 법률 등을 세밀히 검토하여야 한다.

2) 대외법상의 수출의 개념

무역거래를 위한 매매와 교환 및 임대차, 증여 등의 원인으로 국내에서 해외로 반출되는 물품의 이동에 관한 것과 유상으로 외국에서 외국으로 물품을 인도하는 것 등에 관하여 산업부장관이 고시한 기준에 해당하는 것을 말한다. 그리고 거주자와 비거주자에게 전자적형태의 무체물(문자, 음성, 부호, 영상, 이미지 등)의 전송에 관한 것 등이다.

또한 수출계약의 일반적인 절차로는 수출과 관련하여 해당 물품이 수출품목에 포함되어 있는지를 파악하고, 관련의 시장을 조사하여(무역상대국의 시장) 거래를 파악한 후 거래를 제의하여 거래관계가 발생하면 수출계약을 체결하게 된다.

2. 수출절차와 관련업무의 흐름

1) 해외시장 조사

수출절차 중 처음으로 시작되는 단계가 수출의 통상적인 매매 목적물을 외국에 매각하는 것이므로 시장에 관한 조사로부터 비롯된다. 따라서 해외시장 조사는 기존의 국내시장 조사 자료와 관련정보를 기준으로 특정시장의 판매망을 통한 정보, 거래처의 정보, 타사와의 동종 및 관련의 시장조사 내용 등을 통하여 수입업자 즉, 소비자가 원하는 것을 파악해야 한다.

2) 수출계약의 체결

글로벌무역에 있어 수출입의 계약은 청약(Offer)과 승낙(Acceptance)에 의한 쌍방의 계약을 매매계약으로 보며, 이러한 매매계약은 구두, 문서, 계약서 혹은 신용장에 의한 계약으로도 가능하지만 차후에 발생 가능한 클레임과 관련하여 사전에 충분한 협상과 거래관계 및 계약의 관계를 철저하게 명시해 두어야 한다.

수출계약서인 매매계약서에 기재할 사항은 기본적으로 상품명, 품질, 수량, 가격, 선적사항 등의 표준적 요소와 개별적인 요소인 불가항력, 무역조건, 이권침해, 클레임 제기기간, 준거법, 중재 등의 거래조항을 명시한다.

3) 수출신용장 수취 및 수출승인

수출계약서 상의 결제방식을 신용장에 의한 결제방법으로 결정한 경우에는 계약조건에 따라 수입업자가 수출업자에게 발행은행을 통하여 신용장을 발송하게 된다. 따라서 신용장은 수출계약을 통하여 수입자의 거래은행(신용장 개설은행)이 대금결제 보증을 함으로써 수출업자에게 대금회수와 관련된 위험을 제거하여 수입업자에게 화물인수에 따른 위험을 제거하는 제도이다.

신용장에 의한 수출의 승인은 대외무역법에 준한 것으로 상품에 대해 개별수출에 대한 사전승인을 요하고 있다. 수출입공고, 별도공고, 등에 의하여 수출이 제한되는 상품을 수출하고자 할 때는 지식경제부장관의 승인을 얻어야 한다. 신용장의 기재내용이 수출계약의 조건과 확인하여 일치한다면 수출승인 등의 절차를 이행하게 된다.

4) 수출승인

수출의 승인은 대금결제사항이 제외된 상태의 수출입공고 및 수출입별도 공고 등에 의해 수출제한 물품이 수출되지 않도록 규정하고 있기 때문에 종전에는 외국환은행장의 승인 하에 수출승인을 받았으나 현행의 수출승인제도는 수출승인 대상의 관리체계를 원칙허용, 예외규제로(Negative System)전환함에 따라 수출입공고와 수출입별도공고 및 외화획득용 원료, 기재의 수입 및 산업설비수출물품에 관한 승인만을 대상으로 하고 있다.

따라서 수출계약 체결로 인한 수출승인을 받아야 하는 품목은 다음과 같다. 먼저 수출입공고대상품목, 수출입별도공고 대상품목, 회화획득용 원료, 기재로 수입하는 물품 등은 승인대상이 되며 이에 해당하지 않은 품목에 관해서는 세관신고로 수출승인을 대신한다.

5) 수출물품의 준비 및 무역금융 확보

무역거래의 계약서에 명시된 수출신용장을 수취하고 수출승인의 해당물품을 해당기관의 장의 수출승인을 받은 후 수출물품을 확보하여야 한다. 수출물품을 확보함은 수출을 위하여 관련의 상품을 준비하는 것이며, 수출물품을 준비하는 방법은 다음과 같다.

(1) 제조설비 및 공장의 유무에 따른 구분

수출물품을 수출업자의 공장에서 직접 제조 및 생산하는 방법과 수출물품 자체를 국내의 제조 및 생산업체에 위탁하거나 또는 관련의 물품을 직접 구매하는 방법이다.

(2) 수출물품을 제조, 생산의 원재료 확보방법에 따른 구분

수출물품을 제조 및 생산함에 있어 원재료의 확보방법은 외국에서 원재료를 수입하는 방법과 수출물품의 원료를 국내에서 구매하는 방법이 있다.

(3) 수출물품의 확보에 따른 결제방법에 의한 구분

수출물품의 제조와 원재료 또는 물품의 확보에 있어 결제방법에 의한 구분으로는 내국신용장에 의한 방법과 구매확인서에 의한 방법이 있다. 우리나라는 수출진흥차원에서 수출물품을 제조 또는 가공하는데 소요되는 원재료의 조달과 관련하여 내수용에 비하여 금융 및 세제상의 혜택을 부여하고 있는 실정이다.

수출을 위한 무역의 금융은 한국은행 총한도액 대출관련 무역금융 취급세칙에 준한다. 수출목적물의 특성에 따라 상품수출을 대상으로 하는 일반 수출금융, 건설, 용역수출을 위한 건설용역 수출금융, 농수산물과 관련한 농수산물 수출준비자금대출 등이 있다. 또한 수출을 장려하기 위하여 원재료의 수입에 필요한 자금과 제조 및 생산에 필요한 생산자금을 지원하거나 수출신용장을 근거로 무역어음을 발행하기도 한다.

6) 수출화물의 검사와 관련한 준비

수출화물의 확보함에 있어 수출물품을 수출업자가 직접 제조 및 생산하거나 또는 위탁하여 가공 생산하는 경우를 포함하여 무역계약서에 약정된 내용대로 수출물품을 검사, 포장 하인을 준비하여 제조후의 수출관련의 검사준비를 마친다.

수입자가 계약서나 신용장의 조건상으로 수입자가 직접 검사하는 경우와 수입자의 대리인이 검사하는 경우 또는 수입자가 지정한 검사기관을 통하여 검사하여야 한다는 조항이 있을 때는 반드시 이를 이행하여야 한다.

수출입은 신용장을 통하여 수입상과의 연결된 거래이므로 상당부분 위험요소들이 존재하고 있다. 수출검사는 주로 수출포장으로 상품의 성질, 종류, 운송방법, 수송수단, 도착지의 기상, 환적, 항만설비 등을 고려하여 포장하고 수출검사를 하게 된다.

7) 수출화물의 운송계약과 보험계약 체결

수출물품에 대한 수출검사를 마친 수출업자는 수출물품을 수출계약조건이나 신용장 조건에 해당하는 내용에 따라 정한 날짜와 선적의 방법 및 관련의 절차를 이행하게 된다. 특히 선박회사의 선정과 운송계약체결 및 보험계약의 체결은 계약에 협의된 사항이므로 이를 사전에 철저히 조사하고 파악한 다음 이행하여야 한다.

운송관련의 제반 위험사항에 관하여 사전에 위험을 담보로 하여 상품을 보험에 가입하는 조건에 있어 수출상, 수입상의 책임선이 다르다. 주로 수출가격조건이 보험료를 포함하는 경우에는 운임 및 보험료포함가격인 (CIF), 운송비와 보험료지급인도조건(CIP)의 내용을 보험회사와 보험계약을 체결하게 된다.

8) 수출통관 및 선적

수출물품의 생산이 완료되어 수출물품의 구매를 통한 수출물품 확보가 완료되면 수출업자는 해당 수출물품을 지정된 운송수단에 의뢰하기 전에 관세법에 의한 수출통관 절차를 밟아야 한다. 수출의 경우 수출하는 물품이 계약내용대로 잘 이행되었는지의 여부를 파악하고 관련의 법규와 규정에 따라 확인하는 과정이다.

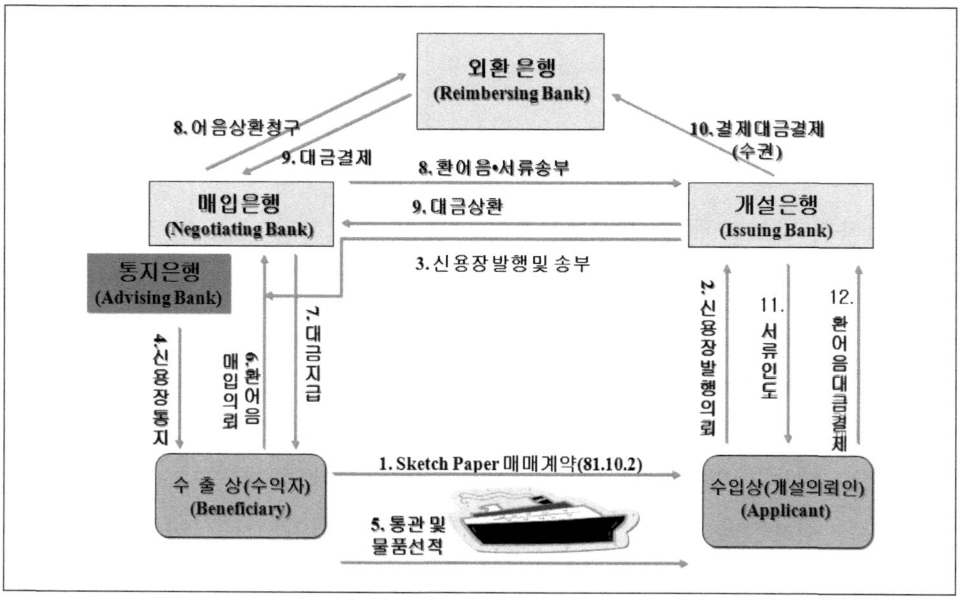

[그림 10-2] 신용장(L/C)에 의한 결제방식(수출대금회수)

우리나라의 수출물품에 관한 세관통제는 하지 않으나 다만 수출통관시 전자문서교환방식(EDI: Electronic Data Interchange)에 의하여 수출신고서와 수출통관의 관련절차 업무를 서류 없는 방식(P/L: Paperless)을 원칙으로 적용하고 있다.

선적은 수출화물을 본선 상에서 적재하는 것을 말하며, 무역의 대부분은 해상운송을 의미한다. 선적이 끝나면 본선의 화주에게 화물수령증을 받아(본선화물수령증)세관에 수출신고 필증을 받으면 된다. 선적이 끝나면 수입상에서 계약번호, 품명, 수량, 선적일 및 출항일 등을 미리 알려줄 수도 있다.

9) 무역서류 준비(화환어음)와 수출대금 회수

수출물품의 선적을 완료한 후 운송서류를 준비한 수출업자는 수출대금 회수를 시작한다. 수출대금의 회수절차는 계속적인 거래가 있었던 경우라면 거래은행(외국환은행 또는 환어음거래은행)이 되고 처음 거래하는 경우는 외국환은행과 환어음거래약정을 체결한다. 그리고 선적을 완료한 후 수출신용장 또는 환어음을 비롯한 운송서류를 작성하고 이를 매입 또는 매입은행에 의뢰한다.

매입은행은 수출자가 제시한 선적서류와 신용장조건과의 일치여부를 확인한 후 서류상의 하자가 없는 경우 발행은행이 수출물품대금을 지급할 것을 요청함과 동시에 서류상의 하자가 발생할 시는 개설은행 즉, 거래은행이 물품대금을 지급을 거절할 수도 있다. 관련의 서류는 선적화물을 대표하는 선화증권/L: Bill of Lading), 보험증권, 상업송장, 선적화물의 송장 등을 신용장에 명시된 서류항목을 첨부하여 외국환은행(거래은행 또는 매입은행)에 어음을 할인 후 수출대금을 회수하게 된다.

[그림 10-2]와 같이 신용장에 의한 무역대금을 받게 될 때, 무역계약에 의한 수출자와 수입자의 거래은행과 신용장을 개설하게 된다. 신용장을 개설 한 후 신용장 개설에 관한 사항을 통지하게 되며, 신용장 개설 통지를 받은 다음 수출관련의 상품을 선적한다. 선적함과 동시에 화환어음을 수출자의 거래은행 즉, 매입은행에 제시하며, 이때 매입은행은 관련의 서류를 확인 후 선적서류를 매입하여 수입자의 개설은행에 환어음과 함께 선적서류를 송부하게 되면 서류를 받은 개설은행은 하자가 없다면 곧 바로 수출대금을 수출자의 거래은행(매입은행)에 상환하게 된다.

수입자는 자신의 개설은행으로부터 선적서류가 도착하였음을 통보 받은 후 서류를 수취하고 수입상품의 대금을 납부한 후(환어음 대금지급)에 관련의 서류를 바탕으로 선적된 상품을 받게 된다.

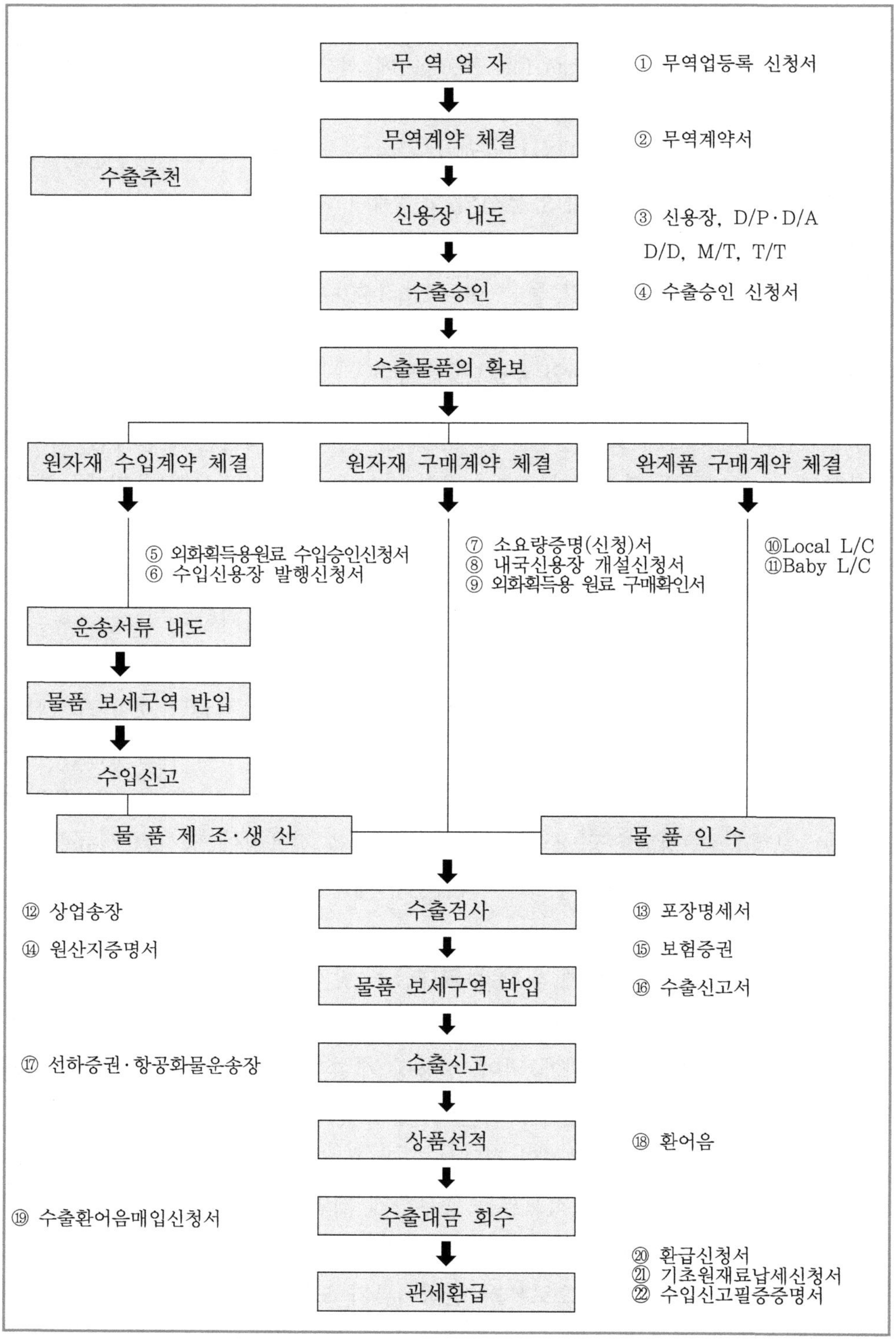

[그림 10-3] 수출입절차 및 주요서식

10) 관세 환급 및 사후처리

관세 환급은 수출용 원자재를 수입할 때 납부하였거나 차후에 납부할 물품이며, 이는 수출할 목적으로 제조, 가공한 후 수출한 경우에 한하여, 수출물품에 대한 수입원재료 부분에 대한 납부세액을 수출자나 수출물품 생산자에게 환급하는 것을 말한다.

3. 수입절차의 업무와 흐름

1) 수입절차의 개요

수입절차는 수입의 종류, 결제방법, 계약 등에 따라 다르다. 수입절차는 수입승인으로부터 신용장 발행, 서류 및 화물인수, 수입통관, 통관화물의 수취에 이르기까지 모든 행정절차와 사후관리의 전 분야를 포함한다. 신용장에 의한 일반수입절차는 다음과 같다.

2) 청약과 승낙에 의한 계약체결

수입의 계약은 주로 청약과 승낙의 계약체결에 따라 다르다. 수입자는 수입하고자 할 때, 해외시장조사 및 조회 등을 통하여 먼저 관련의 대상을 찾는다. 특히 외국의 수출업자로부터 직접, 또는 간접적으로 청약(Offer)에 대한 승낙(Acceptance)으로 수입의 계약이 체결된다.

3) 수입승인

수입승인은 수입업자가 특정상품을 수입하고자 할 때는 반드시 수입승인(I/L: Import License)이 필요하다. 대외무역법상 수출입공고, 별도공고 등에 따라 수입이 제한되는 상품을 수입할 때 지식경제부장관의 승인과 해당물품을 관장하는 기관이나 단체장에게 위임되어 시행하고 있다.

대외무역법상 수출입공고, 통합공고 등에서 제한수입의 품목을 수입할 경우 산업자원부장관의 승인을 필요로 하고 있다. 그러나 대부분 무역업무의 절차상 권한을 해당물품을 관장하는 기관이나 단체장에서 위임되어 시행하고 있다.

따라서 수입물품의 수량과 금액 등 매매계약조건과 수입승인서의 내용이 일치할 경우 수입이 가능하다. 만약에 이러한 내용상의 변경이 있는 경우 이미 받은 수입승인서나 수출입 승인사항 변경승인신청서를 작성하여 변경사실을 증명할 증빙서류를 갖춰 수입승인기관에 제출하여 신청한다.

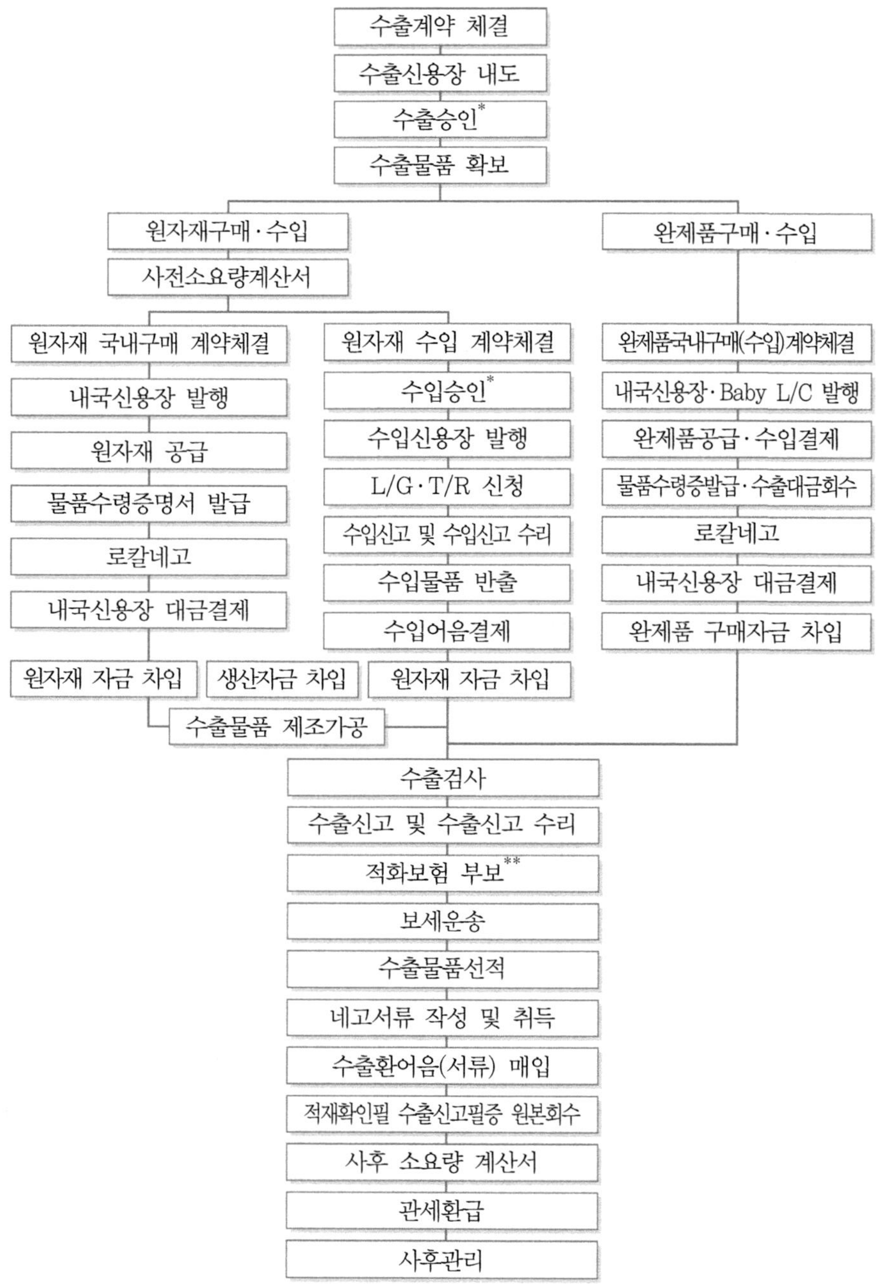

* 수출제한품목 또는 요건확인품목의 경우
** CIF, CIP 거래규칙의 경우

[그림 10-4] 일반 수출절차(수출용원자재 국내구매 및 수입절차 포함)

4) 수입신용장 발행

수입업자가 매매계약의 내용에 따라 유효기간 내에 거래은행을 통한 신용장을 발행하여 신청한다. 수입대금 결제방식에는 신용장, 송금결제, D/P, D/A, International Factoring 등이 있다. 만약 수입계약에서 대금결제를 신용장에 의한 결제를 한다고 약정되어 있다면 수입업자는 거래은행에 신용장 발행을 의뢰하여야 한다.

신용장이란 수입업자(발행의뢰인)의 요청에 의하여 수입업자의 거래은행(발행은행)이 상대방 수출업자(수출자, 수익자)에 대하여 신용장 조건과 일치하는 무역서류의 제시가 있고, 수출화물의 대금을 지급하겠다는 확약을 하게 된다.

이때 신용장 거래약정서(Commercial Letter of Credit Agreement)에 의한 약정에 의한 신용장거래의 제비용과 발행의뢰인이 부담한다는 것을 포함하여 발행어음이 결제될 때까지 수입화물은 발행은행이 담보로 소유하게 된다는 점이다. 그러므로 수입상은 거래은행에 신용장발행신청서를 제출한다.

신용장 발행 시 필요한 관련의 서류는 각 외국환은행마다 상이하지만 대체적으로 볼 때 신용장발행신청서, 물품매도확약서(계약서), 보험서류, 수입승인서, 담보제공증서, 수입거래약정서 등의 서류를 거래은행에 제출하여야 한다.

5) 무역서류와 수입대금 결제

수입상은 매매계약서 상의 물품을 선적 또는 인도완료 후 신용장 관련의 서류 즉, 상업송장, 포장명세서, 선화증권 등을 갖춰 환어음을 발행한다. 그리고 거래은행의 수출환어음을 매입한다. 이때 매입은행은 환어음 및 관련의 서류를 수입상의 거래은행(신용장 발행은행)에 송부한다. 신용장에 의한 발행은행이 신용장 조건에 일치하는 무역서류의 제시에 대하여 그 대금을 지불하겠다는 약속이다. 이를 해외의 거래처 매입은행에서 지급하거나 매입된 어음과 무역서류가 도착하게 되면 발행은행은 무역서류가 발행된 신용장 조건과 일치여부를 판단한다. 특히 환어음에 기재된 사항이 정확한지를 파악하고 기타의 무역서류를 확인한다. 이러한 절차를 거친 다음 수입상에게 인도하고, 무역서류의 원본과 부본이 각각 별도로 작성되므로 둘 중 어느 하나가 먼저 도착하면 나머지는 자동적으로 상쇄된다.

따라서 이러한 절차를 거친 다음에야 화환어음과 이에 첨부된 무역서류의 심가가 끝나게 되고 발행은행은 비로소 발행의뢰인에게 대금의 결제를 청구하게 된다. 발행은행은 화환어음이 신용장 조건과 동일한지를 파악한 후 관계무역서류 및 통지서로 어음을 제시하여 지급, 인수한다.

6) 수입통관 절차

수입통관이란 수입신고를 받은 세관장이 신고사항을 대외무역법 외에 54개 법령의 요건을 확인한 후 수입물품과 수입신고서의 기재내용과 일치여부를 확인하고 외국에서 수입해 온 물품을 내국으로 반입하기 위한 통관절차이다. 외국물품은 수입신고수리를 위한 통관절차를 거친 다음에야 내국물품처럼 국내시장에 유통될 수 있다.

수입신고가 끝나면 수입물품에 대한 관세 및 내국세를 납부한 후 물품을 국내로 반입하게 된다. 이러한 과정에서 수입신고, 수입신고 서류심사 및 물품검사, 수입신고수리 등을 수입통관절차라고 한다. 통관절차는 수출통관 자동화시스템에 의하여 실시되며, 수입통관하물에 있어서도 수입화물 선별검사시스템(C/S: Cargo Selectivity System)을 통하여 등록된 기준에 의한 예상물품을 선정하여 집중조사 및 검사하게 된다.

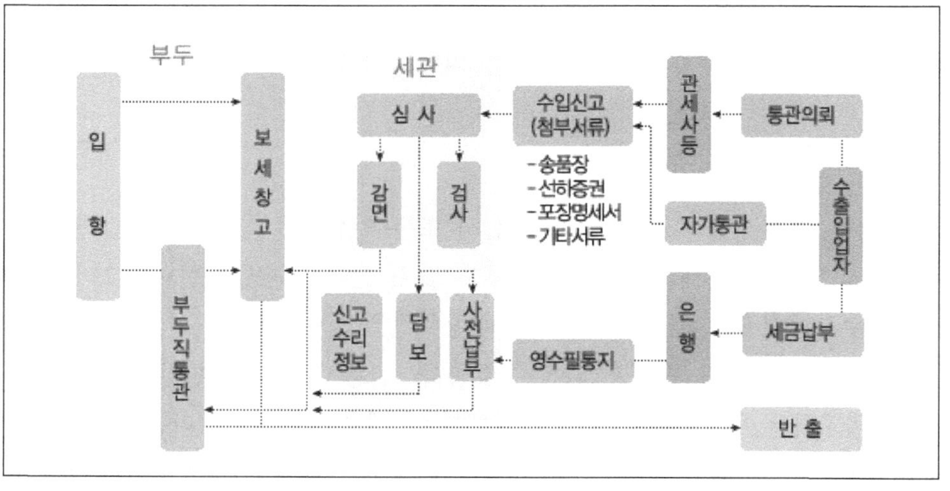

[그림 10-5] 수입통관 절차

7) 사후관리

사후관리란 수출 진흥과 관련하여 대외무역법의 발전을 꾀하기 위하여 수출입의 거래방법, 거래지역, 거래가격 등에 관한 사항을 사전에 관리하고 법령에 맞게 시행하였는지의 여부를 심사하고 판단하는 것을 말한다. 우리나라의 경우 수출입에 관한 사후관리의 주목적은 수출증대를 통한 국민복지 향상과 국민경제의 안정을 도모하기 위한 차원으로 외화획득용 원료의 수입이나 금융, 외환, 관세 등의 혜택을 부여하고 있다.

〈표 10-3〉 수입승인의 사후관리

구 분	내 용
사후관리의 내용	-수입한 물품의 내용과 수입대금의 지급이 수입승인을 받은 내용과 동일한지 에 관한 내용 파악 및 조사
사후관리 면제	-수입승인을 받은 사람이 갑자기 행방불명되거나 또는 사업의 파산으로 인하 여 수입이 불가능한 경우 이를 면제
수입대금 미지급 처리승인	-물품인수 후 거래상대방의 행방불명 등으로 수입대금을 받을 수 없을 때, 거래상대방이 현재의 거래은행 및 상공회의소, 공공기관이 확인한 경우에는 수입대금 미지급 -거래상대방이 수출대금 채권의 전부 혹은 일부를 포기할 경우나 감액할 것 을 협의한 경우 -거래당사자간의 분쟁으로 중재기관 등 수입대금 가운데 일부를 감액 하기로 결정하거나 그 소요경비로 하기로 확정한 경우

제3절 수출입업무의 자동화처리

1. 수출입업무처리의 자동화

1) 무역업무 자동화의 의의

(1) 무역자동화의 개념

무역자동화(Trade Automation)란 전통적인 서류방식에 의한 수출입의 관리를 종이 없는 방식으로 처리하는 방식으로 종전의 우편, 전화, FAX 등의 업무처리 방식대신 전자문서교환에 의한 방식으로 사무실에서 컴퓨터를 이용하여 간편하게 수출입의 각종 행정 및 상거래서식 등을 주고받을 수 있는 전자문서의 형태로 서류 없는 무역을 실현하는 것을 말한다.

(2) 무역자동화의 정의

무역자동화란 무역업무자동화 촉진에 관한 법률 제2조 1항에 의거하여 무역업자와 무역유관기관이 대외무역법령 및 대외무역법 등의 규정에 의한 통합공고와 관련한 법, 수출보험법령, 외국환 관리법령 등 대통령령이 정하는 법령 및 당사자의 계약서에 정한 무역 업무를 전자문서교환방식으로 행하는 것이라고 정의하고 있다.

과학기술과 정보통신기술의 발달로 인하여 컴퓨터에 의한 처리방식으로 공장자동화(FA: Factory Automation)와 사무자동화(OA: Office Automation)의 처리에 있어 전자문서의 형태로 통신망을 통해 컴퓨터로 교환함으로써 행하는 무역절차이다.

세계화의 영향과 글로벌무역으로 인하여 무역업무자동화는 국제교역량의 증가, 관련분야의 전산화 등으로 인하여 필수적인 사항이 되었으며 EDI방식에 의한 국제적인 무역거래를 행하게 되었다. 이와 같은 무역업무자동화는 선진국을 비롯한 전 세계의 모든 나라들이 거의 동시적인 개념으로 사용하고 있으며, 활성화 단계를 넘어 새로운 형태의 전자무역과 서비스무역의 형태로 발전하고 있다.

2) 무역자동화와 EDI와의 관계

세계화와 글로벌무역의 활성화에 따라 전 세계의 시장에 자유롭게 수출입을 이행할 수 있게 되었다. 그 가운데 날로 복잡해지고 다양해지는 소비자들의 욕구에 만족을 전달시키기 위하여 기업들은 세계화와 정보화 및 네트워크화에 따라 신속하게 처리할 수 있는 장점들을 모아 무역거래에 활용하고 있다.

기존의 종이와 서류에 의한 무역(인편, 우편, 전화, FAX)등의 각종 서류들이 정보화, 과학화로 인하여 통합되고 표준화된 종이 없는 문서양식을 취하게 되었는데 이것이 바로 무역자동화(Trade Automation) 또는 전자문서교환(EDI: Electronic Data International)이라고 한다. 특히 EDI는 컴퓨터를 이용하여 각종의 무역서식과 무역 관련의 업무를 신속하게 처리할 수 있게 되었다.

무역자동화를 통하여 무역업체, 은행, 수출입관련 업무의 각종 단체, 세관 등 무역 관련의 당사자 사이에 교환되는 무역 관련의 서류들을 표준화된 전자문서양식을 통하여 신속하고 정확하게 처리됨으로써 보관, 정리, 확인 등을 통한 즉시처리의 무역업무 방식이다. 따라서 무역업무 처리시간의 단축 및 비용절감과, 경영혁신의 유발을 시켜 경쟁력을 높이고, 사회간접자본에 대한 투자부담을 완화함으로써, 지방의 균형적 발전에 기여하고 국내연관 산업의 발전을 촉진할 수 있다.

2. EDI방식에 의한 수출입관리

무역자동화업무처리 방식에 의한 글로벌무역의 업무처리는 무역계약의 접수 및 수출입승인, 신용장업무, 대금결제, 화물운송관리, 금융업무, 관세관련업무 등 국제무역과 관련한 모든 과정을 한꺼번에 신속하게 전산시스템에 의하여 처리할 수 있게 되었다. 이러한 무역거래의 모든 내용은 EDI서비스에 의해 가능하다.

1) EDI방식의 수출입 관리업무

수입국에 위치한 은행 즉, 개설은행에서 신용장을 개설하면 세계은행간 금융통신망에 의하여 국내의 통지은행으로 자동적으로 통보되어 이를 즉시 전자 문서화하여 동시에 국내의 수출자(수출업자, 수익자)에게 송부하게 된다. 전자신용장에 의한 무역거래는 계속하여 증가할 전망이다. 현재 국내에서 유통되고 있는 수출신용장은 연간 약 60만 건 이상으로 수출대금 결제방식의 30%를 차지하고 있다.

전자신용장(e-L/C)서비스의 특징은 전산화된 신용장 탓으로 수출업체들은 인터넷에서 신용장 현황과 거래내역 등을 파악함으로써 거래의 투명성이 보장과 위조 및 변조나 분실의 위험이 없다는 것이다. 무역업계는 앞으로 매년 약 80억 원 이상 경비를 절감할 수 있어 전자무역이 활성화되는 2010년에는 절감액이 연간 200억 원에 이를 것으로 추정된다. 특히 수출신용장 통지와 수출승인 및 관련의 보험업무, 수출통관 업무, 선적업무, 대금결제 및 관세 환급의 업무처리를 신속하게 처리할 수 있게 된 셈이다.

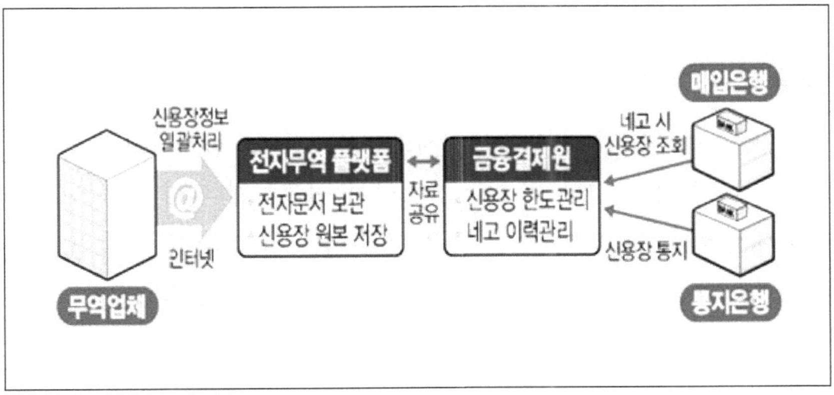

[그림 10-6] 전자신용장의 업무체계

2) EDI에 의한 수출업무처리 절차도

① 수출통관 의뢰 ⇒ ② 수출신고 ⇒ ③ 수출신고 오류통보 및 재신고 ⇒ ④ 수출검사 ⇒ ⑤ 수출신고수리 ⇒ ⑥ 관세 환급

(1) 수출통관 의뢰

수출통관 의뢰는 무역업체가 내국물품을 외국으로 반출하려고 할 때 세관절차로서 관세법에 의한 통관서류를 처리하는 업무 가운데 가장 먼저 시행하는 단계로서 통합 및 표준의 통신망시스템을 통해 거래은행으로부터 신용장이 도착하였음을 인지하고 수출자는 그 신용장을 근거로 하여 수출승인신청을 전자문서로 수출승인기관에 전송한다.

전송 후 승인여부를 통보받으면(수출승인) 선박회사와 적하보험회사에 각각 선적요청(S/R: Shipping Request)및 적하보험부보청약을 위하여 전송, 선하증권 발급통지와 적하보험 발급통지를 받음으로써 수출자는 수출승인문서, 상업송장 등 수출통관 관련 전자문서를 거래관세사에게 전송함으로써 수출통관을 의뢰한다.

(2) 수출신고

수출자로부터 수출통관 관련의 전자문서를 수신한 관세사는 CEDIX시스템(무역망 관세청통관시스템)에 의해 수출신고를 EDI파일로 전환 후 KTNET(주식회사 한국무역정보통신) 시스템의 관세청 전자사서함으로 전송함으로서 수출신고를 한다. 이때 수신된 시스템상으로 수출신고서의 오류를 검증하여 정상적인 수출신고의 경우에 한하여 수출신고번호를 부여한다.

(3) 수출신고 오류통보 및 재신고

수출신고 전자문서를 수신한 관세청시스템은 오류를 점검하고 오류가 없는 경우에는 수출신고서와 동일한 번호로 전송하여 신고하게 된다. 만약 오류가 있다면 해당 관세사에게 통보하여 수정, 보완한 후 신고하게 되며, 수출신고의 내용을 변경하고자 할 때에도 수정 및 변경 후 최초 전송한 수출신고 전자문서와 동일한 제출번호로 수출신고를 하게 된다.

(4) 수출검사

수출신고 자료가 관세청에 전송되면 통관자동화시스템에 등록되어 있는 우범

화물 선별기준(C/S: Cargo Selectivity)에 의하여 관세사에게 검사여부를 통보받는다. 이때 세관에서는 수출신고자료 및 검사정보자료를 참고하여 시스템상의 검사생략으로 분류된 경우라도 변경하여 검사를 실시할 수 있고, 검사대상에 포함된 경우에도 검사를 생략할 수 있다.

따라서 시스템상의 사전에 입력된 정보에 따라 우범화물 선별기준 운영자는 등록된 검사결과를 분석하여 반영한다.

(5) 수출신고수리

수출신고수리는 수출검사의 결과를 통관자동화시스템에 의하여 수출신고수리 메시지를 자동으로 생성하여 관세사에게 통보하고, 검사대상으로 분류된 수출신고서의 경우에는 실물검사 후 수출신고 메시지를 통보하게 된다.

이때 수출신고를 수신한 관세사는 시스템을 통해 통관의뢰자인 수출자(수출업자, 수출상) 및 선박회사와 관련의 업체에 통보하게 된다.

(6) 관세 환급

관세 환급이란 세관에 납부한 관세를 되돌려 받는 것을 말하며 그 종류는 되돌려 받는 이유에 따라 환급특례법에 의한 관세 환급은 수출품에 대한 국제가격경쟁력을 제고시키기 위하여 수출지원제도로 수출원재료를 수입할 때 부과되는 관세를 납부하였을 경우 수출과 동시에 이를 수출자 또는 생산자에게 되돌려 주는 제도이다.

관세 환급을 받으려면 관세 환급을 신청할 수 있는 자가 환급대상 수입물품(원자재)으로 제조, 가공한 생산품을 환급대상수출에 제공하고 수출에 제공된 날로부터 2년 이내에 환급을 신청해야 한다.

관세 환급금을 산출하는 방법은 정부가 수출 금액당 수출품에 소요된 원재료에 대한 수입시 납부세액으로 일정금액을 정하여 지급하는 정액환급제도와 수출품 제조에 소요된 원재료의 납부세액을 소요량제도에 의한 증빙서류에 의거 개개의 원재료별로 확인하여 환급금을 산출하는 개별 환급제도가 있다.

3) EDI에 의한 수입업무처리 절차도

① 수입신고 ⇒ ② 수입신고 오류통보 및 재전송 ⇒ ③ 우범화물 선별검사 ⇒ ④ 수입신고수리 ⇒ ⑤ 관세납부

(1) 수입신고

수입업자(체)는 수입계약을 체결한 후 표준의 통신망시스템을 통해 수입승인을 받고 수입신용장을 개설한 후 수입승인서, 상업송장 등 수입관련 전자문서를 관세사에게 KTNET를 통해 전송하여 수입신고를 의뢰한다.

수입신고를 의뢰받은 관세사는 CEDIM 시스템(EDI수입통관시스템: Customs EDI for Import)에 의하여 수입신고 전자문서를 EDI파일로 변환 후 KTNET시스템의 관세청 전자사서함으로 전송하여 수입신고 한다.

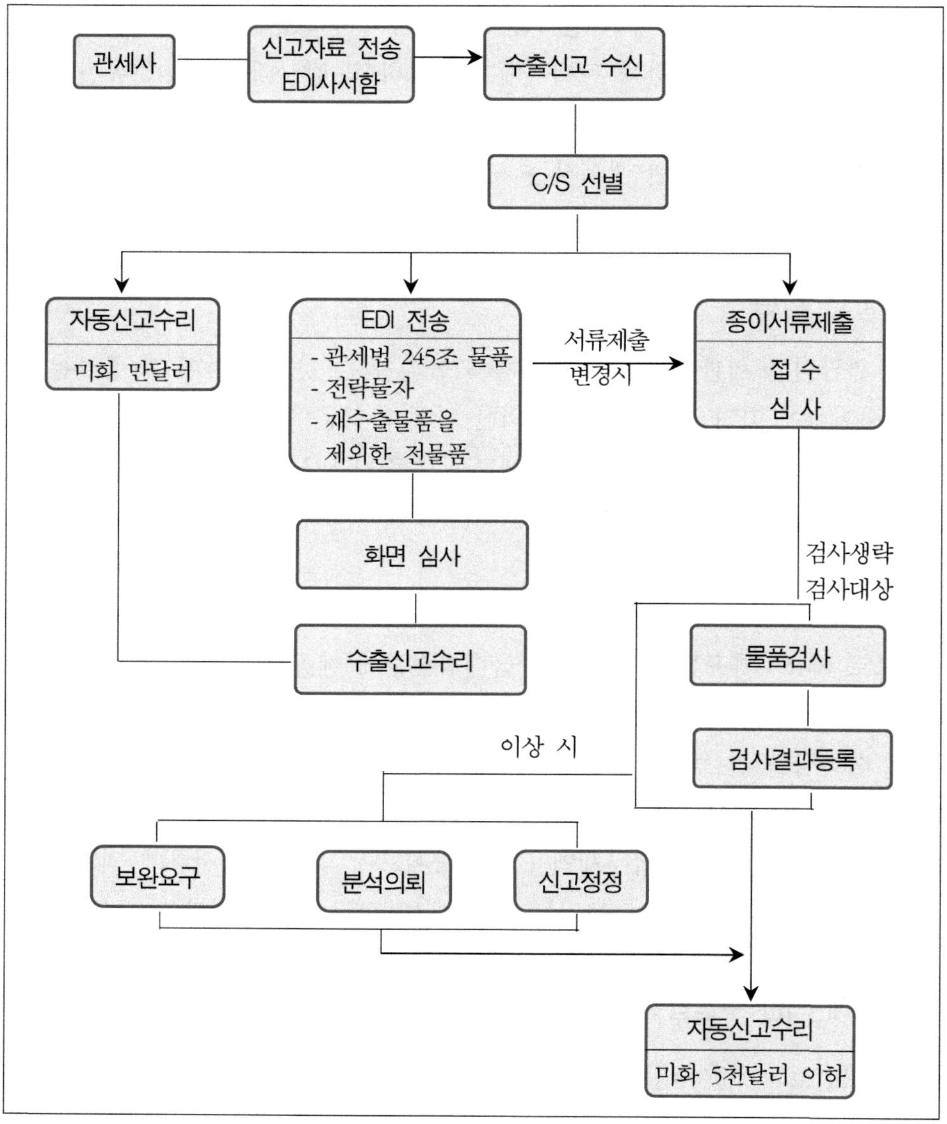

[그림 10-7] EDI 수출통관 절차

(2) 수입신고 오류통보 및 재전송

관세청시스템은 전자문서를 수신한 후 수입신고의 오류 여부를 검사한다. 정상적인 경우에는 수입신고 데이터에 저장 및 처리하고, 오류가 있는 경우에는 수입신고서 수신을 거절함과 동시에 오류항목의 위치 및 내용을 KTNET시스템의 해당 관세사 전자사서함으로 전송하여 처리한다.

오류통보를 받은 관세사는 수입신고서의 오류내용을 정정한 후 수입신고서 전송할시 부여된 수입신고번호로 전송하게 되며, 수입신고 후 신고내용을 변경하고자 하는 경우라도 동일한 수입신고번호로 재전송하게 된다.

(3) 우범화물 선별검사

수입신고 자료가 관세청시스템에 접수되면 수입통관시스템에 등록되어 있는 우범화물선별기준에 의해 검사대상 여부가 결정된다. 특히 우범화물선별검사에 있어서도 수출통관에서와 같이 검사대상을 변경할 수 있으며, 실물검사를 실시한 경우에는 검사결과를 시스템에 등록하여 우범화물선별기준에 등록한다.

(4) 수입신고수리

수입신고는 통관자동화시스템의 자동화 처리기능에 의하여 즉시수리 또는 심사대상으로 분류된다. 즉시수리의 경우는 신고내역의 형식적 요건을 확인 후 신고수리하게 되고, 심사대상물품은 통관자동화시스템에 등록된 심사자 배부기준에 따라 지정된 심사자에 의하여 내부관리자 정보시스템의 수입통관 관련의 분석의뢰 현황 등 각종의 통관정보를 조회하여 심사한다. 그리고 심사 완료 후 수입신고 건에 대해서는 통관자동화 시스템에 전자결재로 등록하고, 우범화물선별기준에 의해 선별된 검사대상물품은 검사 후에 수입신고수리 한다.

(5) 관세납부

관세청시스템에 의하여 수입신고 건에 대하여 이상이 없는 경우 납세고지서번호를 부여하여 납세자로 하여금 국고 수납 점에 납부하게 한다. 국고 수납 점은 제세수납과 동시에 영수내역을 세관의 시스템에 표기되도록 납입사항을 입력한다. 세관에서는 사전납부 수입신고 건에 대해서 관세청시스템에 의해 수납확인 후 수입신고수리 한다.

제11장

글로벌무역과 환율 및 외환관리

제1절 세계화와 금융이해

1. 세계시장과 금융의 의의

1) 세계화로 인한 자본시장의 전개

글로벌무역 금융의 특징은 자동결제기능, 다양한 자금공급원, 높은 신용위험, 환위험 등으로 구분한다. 자동결제기능은 수출을 통해 회수된 수출대금으로 원자재구매, 제조 및 판매기간 중에 사용한 금융을 즉시 상환할 수 있다는 것을 말한다. 다양한 자금공급원이란 무역금융의 경우 은행, 팩토링회사, 리스회사, 종금사 등의 국내금융기관과 국외금융기관, 수출자와 수입자 자신 및 보험회사, 수출지원기관 등 다양한 원천에서 자금을 조달할 수 있다.

하지만 무역금융은 높은 신용의 위험이 있다. 즉, 무역금융의 경우 거래당사자가 서로 멀리 떨어져 있기 때문에 자금조달의 시간적 차이와 수출대금의 회수불능 또는 수입업자의 대금결제의 미결제 등으로 인하여 신용위험이 있기 때문에 사전에 충분한 조사와 함께 수출보험 및 관련의 위험을 분산 및 방지하여야 한다.

2) 금융시장의 활성화

글로벌무역의 발달로 인한 전 세계적인 자본의 자유로운 이동이 다국적기업과 세계적 기업이 하나가 되는 결정적 계기를 마련한 셈이다. 세계화로 인한 글로벌 시장의 개방은 자본까지도 완전자유화를 선언하였다. 전 세계 어느 기업, 어느 국가를 막론하고 투자 및 생산에 관여할 수 있게 되었다는 점이다. 특히 무역금융에 있어서도 수출입에 대한 일정요건을 갖추면 무역금융에 관한 각종의 자격을 얻을 수 있도록 하고 있다.

또한 수출입과 관련하여 우대금리를 적용하고 있으며, 이를 통한 생산자금 확보, 원자재 확보, 포괄금융에 이르기까지 다양한 무역금융과 세제 및 투자와 관련된 효과를 얻게 된 셈이다.

2. 글로벌무역 금융의 종류

1) 수출입금융

무역금융은 시기에 따라 수출금융과 수입금융으로 나눈다. 수출금융이란 수출상품에 필요한 원재료의 구입에서부터 대금결제에 이르기까지 수출에 필요한 자금을 융통해 주는 것이며, 특히 수출금융의 경우 선적 전 금융과 선적 후 금융으로 구분한다. 수입금융은 신용장의 개설 및 수입어음의 결제를 위한 자금융통과 수입물품을 소비자에게 판매하여 그 대금을 회수하기까지 재고금융을 말한다.

2) 단기무역금융과 중장기무역금융

단기무역과 중장기무역으로 구분하는 기간은 통상적으로 1년이지만 우리나라의 경우 단기금융은 그 융자기간이 6개월 이내에서 제공되는 단기운영자금이다. 중장기무역금융은 수출업체에 대한 중장기의 수출에 필요한 자금을 융통해주는 수출입은행자금을 말한다. 또한 단기간의 금융가운데 원화금융이 있으며, 외화대출이나 해외자금 조달을 위한 외화표시 금융도 있다.

3) 신용장기준금융과 실적기준금융

신용장 기준과 실적 기준의 금융은 융자기준에 따른 구분이며, 수출신용장 금액을 기준으로 융자를 받거나 수출실적을 기준으로 융통받는다. 즉, 신용공여자의 소재지에 의한 구분이며, 우리나라의 외국환은행, 수출입은행이 국내무역업체에 자금을 융통해 주는 것은 국내금융에 속하고 기한부신용장, D/A 등의 후불결제조건, 현지금융 같은 것은 국제금융이라고 한다.

4) 기타 무역금융

기타의 무역금융으로는 정책적인 무역금융으로 일반 수출입과 건설 및 용역, 농수산물 수출준비 등을 위한 금융, 외화대출 및 수출입은행자금 등이 있다. 건설, 용역 및 농수산물 수출과 관련한 금융은 외국에서의 공사 수주, 시공 등을 위하여 제공하는 금융을 말한다. 이는 외화획득을 원활히 할 수 있도록 지원하는 것이다. 농수산물 수출준비자금 융통은 농수산물의 수집과 비축자금을 원활히 공급함으로써 가격안정, 수출신장을 위한 목적으로 지원한다.

제2절 글로벌외환시장 및 환율관리

1. 외환과 외환시장

1) 외환의 개념과 특성

외환이란 사용목적에 따라 그 의미를 달리한다. 주로 상품을 구입하고 대금을 결제하는 과정에서 발생하는 대금지급의 수단으로 외환(foreign Exchange)이란 말을 사용하게 되는데, 외환은 크게 내국환, 외국환 즉, 외환이 있다. 특히 나라와 나라사이엔 통화가 서로 다르기 때문에 현금을 보낼 수 없는 위험 부담이 따른다. 제 3자인 금융기관을 통하여 지급하는 과정을 환이라고 한다. 따라서 환의 거래장소가 국내일 경우를 내국환이라 하고, 외국인 경우 이를 외국환이라고 한다.

또한 나라와 나라사이에 서로 다른 통화를 사용하기 때문에 통용되는 통화인 외환을 사용하는데, 이때 문제가 되는 것은 각 나라의 환율이다. 이것은 자국표시통화로 지급받고, 외화표시채권으로 변제하는 것인데. 이종통화간의 교환과 그 비율이 환율로서 이는 양국 간의 와환시세로 표시된다. 우리나라는 외국환거래법 제3조에 의거 대외지급수단(지급위탁방식의 결제수단), 외화증권 및 외화채권으로 정의한다.

2) 외환의 종류와 특징

외환은 외국통화와 외환어음으로 나뉜다. 그 가운데 외환어음(bill of exchange)은 국내적 입장 즉, 내국환의 입장에서 볼 때, 약속어음이며, 외국환은 외국통화와 외환이라고 할 수 있다. 약속어음과 같은 개념으로 국내에서는 내국환이라고 하지만, 외국에서는 외환어음이라고 부르는데, 상품대금으로 결제를 하려고 할 때 관련의 사항은 이미 신용장에 다 기록이 되어 있다.

선적이후 언제까지 대금을 변제하겠다는 계약과 함께 어음을 받았다면 그 지급되는 기간 동안에 운영자금(유동자금)이 원활하지 못하므로, 이때 정해진 기간 즉, 90일이라고 한다면 곧 바로 선적 후에 신용장은행(거래은행)에 외환어음(선적서류 등)을 매입할 것을 요청한다. 은행에서는 기간의 이자(선수이자)와 취급수수료를 공제한 후 나머지 금액을 지급한다. 그러나 액면금액 이상은 지급받을 수 없고 액면가격이하로 받게 된다. 이를 할인이라고 말하며, 할인과 관련된 모든 행위를 네고(negotiation)라고 하는데, 이는 협상이라는 뜻이다.

[그림 11-1] 국제금융센터의 기능

2) 세계화와 국제금융

국제금융은 국가와 국가 사이의 거래에 관한 자금조달, 대출 또는 해외직접투자 등이 국제금융시장에서 전개되는 것을 말한다. 국제금융시장은 국가 간 자본의 흐름을 원활히 하고 세계 각국의 경제성장과 기업 활동을 지원하는 것이다. 국제금융시장의 규모가 커지고 금융기법도 다양해지고 특히 세계화의 영향으로 인하여 각국 금융시장이 통합되어가고 있으며 자금을 조달하는 방식도 채권이나 주식 등 다양한 방법을 통해 이루어지고 있다.

국제금융시장은 각국의 금융시장, 역외금융시장, 외환시장으로 구성되어 있으며, 국제적 단기금융상품이 거래되는 국제단기금융시장과 만기 1년 이상의 금융상품이 거래되는 국제자본시장과 선물, 옵션 등 파생금융상품이 거래되는 파생금융상품시장 및 외환시장으로 구분한다.

3) 외환거래와 외환업무

(1) 외환거래

외환거래는 글로벌무역에서 재화와 용역을 매매하거나 자본거래를 하는 국가의 은행들이 글로벌거래를 통하여 결제를 위해 외환을 발행하고 지급하는 것을 말한다. 그러나 좁은 의미로는 외국통화의 매매를 말한다. 외환거래의 목적은 주로 외국통화에 대한 교환과 통화의 가치를 헤지(hedge)하거나 외환매매차익을 얻기 위하여 거래가 발생하게 된다.

외환거래의 장점은 전 세계시장의 단일화, 24시간 거래 가능, 선진국 중심의 주요 통화위주의 거래, 양방향거래 가능, 풍부한 유동성 등의 장점이 있다. 전문성을 띤 체계적인 시장분석과 교육 및 실시간 지원 프로그램의 운영을 통한 리스크관리, 충분한 연습계좌운영(demo trading)이 필요하다.

(2) 외환업무

외환업무란 외국통화와 외국통화표시의 수표, 환어음, 약속어음, 우편환, 신용장 및 기타의 지급지시서를 매매 또는 발행하여 국내와 외국 간에 발생한 금전대차에 대한 대외지급수단의 지급과 추심에 따른 업무를 처리하는 것을 말한다. 외환업무는 주로 외화 환전업무, 외환송금(당발 및 타발 송금), 내국신용장, 구매승인서, 무역금융, 관세환급, 수출입업무, 통관업무 등을 주로 다룬다.

(3) 외환거래의 형태

① 대고객 및 은행 간 거래

외국환은행의 대고객거래는 외국환은행과 개인 또는 기업 간의 거래를 말한다. 대고객거래는 수출업자가 발행한 수출환어음매입, 수입어음결제를 위한 환전업무, 외화송금, 여행자수표 매도, 외화수표 매입업무 등이며, 대고객거래의 특징은 외국환은행이 외국환거래에 대하여 항상 고객의 요구에 따라 수동적인 입장이어서 이때 발생하는 외환의 과부족으로 외국환은행은 외환포지션을 갖는다. 따라서 대고객거래와 은행 간 거래에서 발생하는 외국환의 과부족을 해소하기 위하여 외환시장에서 외국환은행간에 외환포지션 조정거래를 하게 된다.

② 현물환 및 선물환 거래(Spot & Forward Transaction)

외환거래는 국가와 국가 간의 거래이기 때문에 현물거래가 아닌 관계로 선물환거래에서는 계약에 대한 결제가 2영업일 안에 결제가 이루어진다. 그러므로 2영업일 이후의 거래는 선도환거래가 되는 것이다. 하지만 계약과 동시에 결제가 이루어지는 현물환거래와 계약은 지금 이루어지나 결제는 차후시점에서 이루어지는 선물환거래로 구분한다. 이는 경제거래를 말한다.

경제거래는 현물거래(spot transaction)와 선도거래(forward transaction)로 구분

한다. 현물거래는 실물거래 또는 금융거래라고 하며 선도거래와 구별된다. 이러한 두 거래를 합하여 현물환거래, 선도환거래라고 한다. 선물환거래는 외환거래 당사자 간에 장래의 외환결제에 적용할 환율을 거래시점에서 미리 약정함으로써, 계약일로부터 결제일 사이의 환율변동에서 초래되어 환위험을 회피할 수 있다. 선물환거래는 외환차익을 노린 투기수단으로 이용된다.

③ 스왑거래(Swap Transactions)

스왑거래(swap transactions)는 상계관세의 차원으로 생각해 볼 수 있다. 즉, 외화자금의 현물매도와 같은 금액의 선물매입을 동시에 계약하는 거래를 말한다. 스왑거래는 외화자금의 차입시 환위험 회피를 위하여 활용하며, 환위험 회피수단 이외에도 특정 통화를 여타국 통화로 전환하여 운용함으로써 일정기간 외화자금의 조절수단으로 이용할 수 있다는 점이다.

2. 글로벌시장에서의 외환거래

1) 외환시장의 의의

외환시장이란(Foreign exchange market) 좁은 의미에서 외환의 수요와 공급을 조절하는 정소를 말하며, 넓은 의미로는 장소적 개념을 포함하여 외환거래의 형성, 유통, 결제 등 외한거래와 관련된 결제메커니즘을 포함한다. 구체적으로 말하면, 외환시장이란 외환이 거래되는 장소를 말하며 이러한 개념은 유럽금융시장의 부어스(Bourse) 등을 말한다.

외환시장의 최근동향은 정기적이고 일정한 장소의 개념에서 스크린마켓(screen market), 텔레폰 마켓(telephone market),이 성행하고 있다. 이러한 외환시장은 한 나라의 경제에 통화의 구매력을 이전하게 되는데, 가령 수출대금의 외화를 국내통화로 환전하면 구매력이 국내통화형태로 바뀌게 된다. 또한 변동환율제도에서는 외환시장에서 결정되는 환율이 외환의 수급사정에 따라 변동함으로써 국제수지 조절의 기능도 하게 된다.

외환시장은 외환거래소의 개념이 세계화와 글로벌무역의 성행으로 인하여 장소적인 개념에서 거래내용과 내용이 점차 확대되어 추상적거래 매커니즘으로서의 기능을 담당하게 되었다.

2) 외환시장의 관련자

(1) 개인 및 기업

외환시장의 참여자는 개인과 기업, 외국환은행 등의 금융기관과 각국의 정부에 이르기까지 다양하다. 기업과 개인은 외환매매거래소를 통하여 환차익을 얻고 자 함이며, 외국환은행은 정보망과 조직력을 통한 외환포지션의 불균형을 조정하여 환위험으로 커버하게 된다. 특히 외국환을 전문적으로 매매하는 외환 딜링을 통한 환리스크를 피하고 기회수익을 얻고 자 하는 것이다.

(2) 은행과 외환브로커(Exchange Broke)

외환의 원활한 관리와 자국통화를 관리하기 위하여 정부가 개입하여 환율을 조정하기도 한다. 우리나라는 중앙은행이 은행들 간에 직접 개입하여 딜링의 방법으로 조정하기도 한다. 우리나라의 외환시장은 다른 신흥 시장국가에 비하여 규모는 크지만 선진국과 비교 할 때 일일평균 거래량이 작은 편이며 파생외환거래와 은행 간의 거래비중이 낮다.

외환투기라는 말을 사용하기도 하는데 외환투기란 예상환율에 대비하여 미래에 얻고 자 하는 이윤을 위하여 외화포지션이나 외화 순 부채포지션을 차지하는 것을 말한다.

3. 환율결정의 요인과 변동에 관한 접근방법

1) 환율의 개념

환율은 한 나라의 통화 즉, 자국의 통화와 다른 나라의 통화와의 교환비율을 말한다. 그러므로 환율은 한 나라의 통화가치를 다른 나라의 통화가치와 비교하여 표시한 것이다. 환율은 통화의 가격 표시로서 양국 간의 교환비율을 통하여 구매력을 행사하게 된다.

따라서 환율은 자국통화의 입장에서 볼 때 자국통화의 대외가치가 되고 외국통화의 입장에서 보면 외국통화의 국내시장가치가 되는 셈이다.

2) 환율표시방법과 환율시세표 읽기

환율을 표시하는 방법은 외국의 통화를 기준으로 표시하는 외화기준시세 혹은 수취계정 기준시세와 우리나라의 통화를 기준으로 표시하는 자국화 기준시세 혹은 지급계정 기준시세로 나눈다. 우리나라는 외화기준시세를 기준으로 사용하고 있다.

〈표 11-1〉 환율변동에 따른 통화가치변화

외국통화기준	1달러=1,000원→1달러=1,200원	1달러의 외화가 1,000원에서 1,200원이면 원화가치 하락, 외화가치 상승
자국통화기준	1,000원=1달러→1달러=1,200원	1,000원에 1달러가 1,200원으로 오르면 원화가치가 상승, 외화가치 하락

(1) 환율표시방법

① 자국통화표시법, 직접표시법, 지급계정표시법

자국통화표시법, 직접표시법, 지급계정표시법은 외국통화의 국내가격 즉, 외국통화 1단위와 교환될 수 있는 자국통화 단위수로서의 환율표시방법으로 자국통화표시법에서 환율이 상승(가치하락)할 경우 변동환율제도에서 이를 자국통화가 절하(절상)되었다고 표현한다. 예를 들어 U$1=110.48¥ 또는 ¥/U$=110.48이라고 직접표시법 또는 자국통화표시법으로 European terms라고 말한다.

② 외국통화표시법, 간접표시법, 수취인계정표시법

외국통화표시법, 간접표시법, 수취인계정표시법은 자국통화 1단위와 교환될 수 있는 외국통화의 단위수로서의 환율표시법이다. 국제외환시장에서 외국통화 1단위에 대한 미국 달러의 교환비율은 1=U$0.9380 또는 U$-0.9380으로 표기하는 것은 외국통화표시법으로서 American terms라고 말한다.

(2) 환율시세표 읽기

국내의 신한은행 2008년 3월 5일자의 환율시세표에 의한 환율을 읽어보면 다음과 같다. 고객이 외국통화 1단위를 매입하고 자 할 때 필요한 원화의 단위수(은행의 매도율)와 외국통화 1단위를 판매 하려고 할 때 받게 되는 원화의 단위수(은행의 매입율)를 표시한다.

〈표 11-2〉 환율 계산법

[계산식] 1,076,000¥은 100:0.9674=1,076,000:X X=10,760 × 0.9674 = 10,409.224 $ (USD)

〈표 11-2〉에서 100¥은 대미달러 환산율에서와 같이 0.9674$이다. 계산하면 1,076,000에 대한(가정)계산에서 10,409.224$로 나타났다고 말할 수 있다. 하지만 우리나라의 화폐로 교환할 때는 주의해야 한다. 즉, 환율시세표에서 나온 바와 같이 송금매매, 현찰에 따라 환전수수료가 다르게 나타난다. 환율의 시세에 따라 예를 들어 읽어보면 다음과 같다.

① 송금 받을 때: 10,760 × 907.2 = 9,761,472
② 송금 보낼 때: 10,760 × 924.78 = 9,950,632.8

①과 ②에서 송금을 받을 때 10,076,000¥은 송금을 받을 때는 9,761,472의 달러를 송금하게 되는 것이며, 또한 송금을 받을 때는 이보다 -189,160.8달러 정도를 덜 받게 되는 것이다. 따라서 환율이 차이를 보이는 이유는 자국의 통화량, 경제 등으로 상대국에서의 신뢰도와 영향력을 끼치며 자국의 경제 전반에 걸친 힘에 의한 작용으로 나타날 것이다. 또한 런던과 미국의 금융시장 등에서 달러화의 가치가 상승되면 일몰일가의 법칙에 의한 것이 당연하다는 것이다.

3) 환율변동의 요인

환율변동은 외환시장의 수요와 공급에 의하여 변동되는 것으로 개인과 기업 및 금융기관, 수출입의 거래 등으로 외환이 필요하게 됨에 따라 그 수준이 결정되게 된다. 일반적으로 국제수지가 흑자일 경우 외환의 공급이 수요보다 많아지고 환율은 하락하게 된다. 그러나 국제수지가 적자일 경우에 외환의 수요가 공급보다 많아져 환율이 상승하게 된다. 그리고 환율변동으로 인하여 경제에 미치는 영향으로는 경상수지와 물가, 경제성장률, 대외채권 및 채무와 환차손 우려로 인한 외국인 주식투자자금 등 해외자본이 유출됨에 따라 주식시장에도 그 영향을 줄 수 있다.

외환의 수요와 공급은 단기적으로 외환거래자의 예상이나 중앙은행의 외환시장 개입에 의해서도 영향을 받게 되지만 장기적으로 물가와 나라간의 금리차 등에 의해 영향을 받는다. 구체적인 환율변동의 요인은 경제적요인, 정치적요인, 기술적요인, 중앙은행의 정책, 시장참여자들의 예측과 기대에 따라 변화한다. 물론 중앙은행의 개입으로 강력하게 힘을 발휘하여 변동의 요인으로 작용하기도 하며, 시장참여자들의 예측과 기대로 인한 환율변화에 영향을 미치게 된다.

〈표 11-3〉 환율시세표

(단위 : 원)

통화명	현금 사실 때	현금 파실 때	송금 받으실 때	송금 보내실 때	매매 기준율	여행자수표 사실때	대미 환산율
USD	1,119.25	1,080.75	1,089.50	1,110.50	1,100.00	1,113.20	1.0000
JPY	1,078.79	1,041.69	1,050.07	1,070.41	1,060.24	1,072.96	0.9639
EUR	1,360.94	1,308.10	1,321.45	1,347.59	1,334.52	1,350.53	1.2132
GBP	1,531.22	1,471.78	1,486.79	1,516.21	1,501.50	1,519.51	1.3650
AUD	867.80	834.12	842.63	859.29	850.96	861.17	0.7736
NZD	805.32	774.06	781.96	797.42	789.69	844.96	0.7179
CAD	884.26	849.94	858.61	875.59	867.10	877.50	0.7883
HKD	144.67	139.07	140.48	143.26	141.87	151.80	0.1290
SGD	844.84	812.04	820.33	836.55	828.44	886.43	0.7531
TWD	42.81	35.75	38.89	39.67	39.28	42.02	0.0357
CNY	178.36	161.38	168.18	171.56	169.87	178.36	0.1544
CHF	1,263.40	1,214.36	1,226.74	1,251.02	1,238.88	1,325.60	1.1263
SEK	135.21	128.63	130.61	133.23	131.92	141.15	0.1199
DKK	183.86	174.90	177.59	181.17	179.38	191.93	0.1631
NOK	132.47	126.01	127.95	130.53	129.24	138.28	0.1175
SAR	307.88	272.70	290.29	296.15	293.22	313.74	0.2666
KWD	4,027.04	3,301.46	3,591.70	3,664.24	3,627.97	3,881.92	3.2982
BHD	3,238.72	2,655.18	2,888.60	2,946.94	2,917.77	3,122.01	2.6525
AED	314.44	278.51	296.48	302.46	299.47	320.43	0.2722
MYR	286.10	247.96	269.76	275.20	272.48	291.55	0.2477
MXN	61.66	49.44	55.00	56.10	55.55	59.43	0.0505
IDR	8.39	6.99	7.78	7.92	7.85	8.39	0.0071
PHP	24.92	21.27	22.65	23.09	22.87	24.47	0.0208
THB	38.47	34.08	36.28	37.00	36.64	39.20	0.0333
XAU	68,755.87	62,207.71	64,826.98	66,136.60	65,481.79	65,481.79	59.5289

통화명	현금 사실 때	현금 파실 때	송금 받으실 때	송금 보내실 때	매매 기준율	여행자수표 사실때	대미 환산율
INR	16.38	13.98	14.85	15.21	15.03	16.08	0.0137
RUB	16.00	13.32	14.79	15.13	14.96	16.00	0.0136
HUF	4.11	3.31	3.67	3.75	3.71	3.96	0.0034
VND	5.29	4.35	4.72	4.82	4.77	5.10	0.0043
ZAR	78.98	65.94	71.60	73.32	72.46	77.53	0.0659
KZT	2.90	2.34	2.59	2.65	2.62	2.80	0.0024
BRL	234.94	188.38	209.13	214.19	211.66	226.47	0.1924
MNT	0.43	0.35	0.39	0.39	0.39	0.41	0.0004
PLN	325.72	261.18	289.93	296.97	293.45	313.99	0.2668
QAR	324.32	276.28	296.70	303.90	300.30	321.32	0.2730
CLP	1.63	1.39	1.50	1.52	1.51	1.61	0.0014
TRY	160.32	136.58	146.67	150.23	148.45	158.84	0.1350
CZK	55.09	46.93	50.40	51.62	51.01	54.58	0.0464
EGP	77.96	62.52	69.40	71.08	70.24	75.15	0.0639
ILS	368.18	313.64	336.82	345.00	340.91	364.77	0.3099
KES	11.08	8.90	9.88	10.10	9.99	10.68	0.0091
PKR	7.60	6.10	6.77	6.93	6.85	7.32	0.0062
BDT	14.41	11.57	12.84	13.14	12.99	13.89	0.0118
NPR	10.43	8.37	9.29	9.51	9.40	10.05	0.0085
MOP	143.17	132.17	136.02	139.32	137.67	147.30	0.1252
XAG	897.16	897.16	865.76	928.56	897.16	897.16	0.8156

자료 : 신한은행(2021년 1월 17일 현재)

환율의 변동은 다양한 정책과 목표가 있지만 외화표시의 자산이나 보유중인 부채 등이 환율의 변동으로 인하여 그 가치가 상승 또는 하락하는 위험을 말할 때 환위험관리, 환관리 외환관리, 외환 및 환율의 변동 등 아주 다양한 말로 표현한다. 하지만 주로 환율 및 환위험관리라는 말로 대신하기도 한다. 다시 말해 환율의 변동으로 인한 환위험을 최소한으로 줄이기 위한 노력이며 이를 위한 조치사항이다. 이는 기업의 경우 보다 안정적이고 지속적인 경영을 위한 것으로 본다. 관리하는 기법이나 종류는 교재를 참고하면 된다.

3. 외환위험과 외환노출의 관리

1) 외환위험과 외환노출의 개념

(1) 외환위험(Foreign exchange risk)의 개념

외환위험이란(Foreign exchange risk) 미래에 예상치 못한 환율변동으로부터 기업을 비롯한 모든 경제주체의 가치가 변동할 것을 예상하는 것으로 경제주체가 자국통화가 아닌 다른 통화로 표시된 자산과 부채 또는 손익과 관련하여 보유하고 있을 때, 보유하고 있는 자산과 부채로 인한 위험이 외환위험이며 이를 줄여서 환위험이라고 한다.

좁은 의미의 환위험은 환율변동에 따른 손실을 말하며, 넓은 의미의 환위험은 환위험의 손이익을 포함한 개념이다. 그리고 환율변동에 따른 보유분의 자산, 부채의 노출정도가 다르게 나타난다. 이것은 위험의 정도가 다르기 때문이며 이를 외환노출이라고 한다. 그러므로 외환위험 즉, 환위험관리라고 하는 말은 환 노출을 관리한다는 말과 같다.

(2) 외환노출(Foreign exchange exposure)의 개념

외환노출이란 환율변동이 기업의 가치에 미치는 정도를 사전에 측정하여 이를 수량화한 개념이며, 외환노출이란 기업, 은행 등에서 자국통화이외의 통화로 표시된 외환포지션이 자산, 부채 등의 현금흐름을 보유하고 있는 상태를 말한다.

외환노출이냐 아니면 환위험이냐 하는 말들은 같은 의미로 받아들일 수 있다. 엄밀히 따지자면 외환위험보다 외환노출이라고 하는 말이 훨씬 가깝게 들릴 것이다. 그 이유는 환율변동에 대해여 환위험이 기업에 미치는 영향은 환 노출의 상태를 사전에 파악해야 한다는 점이다. 결국 순노출=노출된 외화자산-노출된 외화부채의 등식이 성립한다.

2) 외환노출의 유형

(1) 경제적 외환노출

외환노출 즉, 환노출은 경제적환노출, 거래적환노출, 환산환노출로 나뉜다. 경제적환노출은 환율변동의 결과로 초래되는 기업판매량, 판매가격, 원가의 변동 등에 관한 실질적인 영업노출을 말한다.

경제적환노출은 기업의 경영 전략적 성격을 갖는다. 그리고 경제적환노출에 대한 계획은 재무, 마케팅, 생산 등의 관리부문에 대한 전략들이 상호연결 된 상태에서 추진되어야 하므로 전사적 경영관리에 대한 경제적 노출의 측정이 필요하다.

(2) 거래적 외환노출

거래적환노출(transaction exposure)은 외화표시 무역거래나 금융거래 등 외화수수를 수반하는 거래에서 발생한다. 거래적환노출은 이미 체결된 외화표시의 거래를 미래에 결제함으로서 얻는 외화차익, 외화차손의 발생 가능성을 말하는 것이다. 즉, 결제의 가변성을 말한다.

(3) 환산외환노출

환산외환노출 즉, 환산환노출(translation exposure)은 외화로 표시된 자산, 부채와 수익, 비용 등의 재무제표 항목을 자국통화 또는 특정기준통화로 환산하게 될 때 발생하는 가치의 변동을 말한다. 일반적으로 재무제표의 각 항목에 대하여 일정한 환산환율을 적용하게 되는데 이를 회계적환노출이라고도 한다.

3) 환 노출의 관리

전 세계적으로 환 노출의 위험이 표면적으로 나타나게 된 것은 1973년 이후 변동환율제도의 채택으로 인한 것이었다. 외환 즉, 환율의 변동에 따라 기업의 수출과 수입에 영향을 미치기 때문이다. 환위험을 관리하는 차원은 내부적, 외부적인 기법을 활용하기도 하지만 간단한 방법으로 순노출을 줄이기 위하여 네팅, 매칭, 리딩과 래깅, 자산 및 부채의 관리, 가격조정, 거래통화의 선택, 거래통화의 다양화 등의 방법을 사용하여 위험을 분산시키는 방법을 사용하는 것은 내부적기법이라 할 수 있다.

외부적 기법을 활용한 환위험관리로는 외환시장이나 금융시장에서 거래계약을 체결하는 방법이다. 즉, 선물환계약, 통화선물계약, 통화옵션계약, 단기금융시장활용 등의 방법을 사용한다. 외부적 기법은 거래비용의 과다로 인한 손실을 초래할 수 있기 때문에 일차적으로 내부적 기법을 활용하고 남은 위험은 외부적 기법으로 활용하는 것이 좋다. 내부적 기법에 의한 환위험관리를 헤지라고 하고 그 헤지 하고서 남은 잔여 노출부분에 대한 외부적 기법을 동원하여 처리하면 효과적이라는 말이다.

제3절 환율제도의 변천과 우리나라의 외환관리

1. 국제환율제도의 변천

국제환율제도의 시작은 금본위제도로 영국이 1819년에 도입하였고 이어 미국이 1879년 도입하였다. 그러나 제1차 대전으로 인하여 시행되지 못하고, 1925년 영국이 금본위제도로 복귀하였다가 1931년 이 정책을 포기하였다. 제2차 대전 후 브레튼우즈체제를 채택하여 20년간을 유지하였다. 브제튼우즈체제란 달러화가 금값을 결정하고 파운드, 마르크, 엔화 등이 연결되어있는 체제이다.

IMF체제가 현실적으로 기능하기 시작했던 1958년에 유로통화가 자유교환성을 갖게 되자마자 미국은 달러위기를 맞이하게 되었다. 1960년대를 통하여 달러본위제의 형성과 유로달러 시장의 성장으로 나타났다.

세계경제에 있어서 미국정책의 상대적인 지위 저하와 국제경쟁력이 저하되었으나 고정환율제도는 계속 실시되었다. 미국은 자국의 경제회복을 위해 달러화 공급을 늘리기 시작하였고, 이에 다른 나라들도 환율유지를 위해 통화 공급량을 늘렸다.

1971년1년 8월 태환정지. 71년 12월 스미소니언 체제, 조정 후 BW체제로 복귀, 1973년 2월 환투기재발 등으로 인하여 1973년 3월 고정환율제를 포기하였다. 그리고 1973년 10월 제1차 Oil Shock 발생, 1976년 Jamaica체제채택하게 되었다. 이로써 IMF의 공식적인 변동환율제를 실시하게 된 것이다.

2. 우리나라 환율제도의 변천

1) 고정환율제도(1945년~1964년)

1945년 10월 미군정 당국이 최초로 1달러 당 15원의 환율을 지정하였다. 1949년에 정부보유의 외환을 환금할 때 적용하는 공정환금율과 일반환금율 등 두 가지 환율을 사용하는 복수환율제도를 채택하였다. 1961년에 기존의 복수환율이 단일환율로 통합하고 말았다.

2) 단일변동환율제도(1964년~1980년)

단일변동환율제드의 채택은 1964년 5월로 이때 1달러 당 255원을 하향하여 이 제도를 채택하였다. 그러나 한국은행이 계속해서 외환시장에 개입함에 따라 실질적으로는 고정환율제도의 형태로 운영되었다.

3) 복수통화바스켓제도(1980년~1990년)

복수통화 바스켓제도는 1980년 2월 본격적으로 변동환율제도가 운영되기 시작하였다. 이유는 1970년대 이후의 석유위기와 경기침체 심화, 수출부진, 국내물가의 상승률이 주요 교역 상대국들의 물가상승률보다 높아 원화의 과대평가로 대외경쟁력이 악화되었다. 또한 환율고정화로 인하여 운용상의 애로와 시장상황에 대처능력이 미미하였다.

복수통화 바스켓제 하에서의 환율조정은 시장실세의 반영장치라는 정책조정변수 때문에 환율이 의도적으로 조작되고 있다는 의혹을 받아 미국 등으로부터 원화절상압력을 받기도 하였다. 이러한 문제점으로 인하여 1990년 3월 2일 정부는 시장평균환율제도를 도입하였다.

4) 자유변동환율제도

1997년 11월 20일 일일 변동허용폭이 2.25%에서 10%로 확대되었으나 한 달도 못되어 시장평균환율제도가 12월 16일 전면폐지 하고 자율변동환율제도가 시행되었다. 이유는 정부가 환율제도의 제한폭을 두는 것이 외환시장의 안정보다는 환율결정을 시장기능에 맡기는 것이 바람직하다는 의견을 받아들였기 때문이다.

하지만 자율변동환율제도에서는 환율변동은 자유로우나 환위험의 증대로 대외거래 위축의 부작용이 나타날 수도 있다. 반면 환투기를 억제하는 긍정적효과가 있다. 원/달러의 매매기준율은 전일의 장내 익일결제현물환 은행 간 매매율을 거래량으로 가중 평균하여 사용한다.

5) 시장평균환율제도(1990년~현재)

복수통화 바스켓제도의 문제점을 시정하고 환율이 시장가격을 반영하여 결정되도록 도입한 시장평균환율제도는 환율이 은행 간 시장에서의 거래를 통해서만 결정되므로 복수통화 바스켓제도의 경우와 같은 인위적인 조정은 할 수 없다. 시장평균환율제도는 매일의 미국 달러화에 대한 원화의 환율을 전일 금융결제원의 자금중개실을 경유하여 은행 간 시장에서 거래된 현물환율을 외환거래량으로 가중 평균하여 산출하는 제도를 말한다. 이는 한국은행이 매일 고시하는 달러화의 매매 기준율이 된다.

환율의 1일 변동의 폭은 매매기준율을 중심으로 상하 0.4%(1990년 3월), 1.5%(1994년 11월), 2.25%(1995년 12월), 10%(1997년 11월20일)로 계속 확대되어 오다가 1997년 12월 16일에 1일 변동의 폭이 완전히 폐지되었다.

〈표 11-4〉 우리나라의 환율변동제도

구 분	기 간	주요 내용
고정환율제도 Fixed Exchange Rate	1945.10 ~ 1964.5	원화 대 미 달러화 환율을 일정 범위 내로 정부가 고정
단일 변동 환율제도 Single Floating Exchange Rate	1964.5 ~ 1980.2	달러화 고정 환율제도 Dollar peg System
복수 통화바스켓제도 Multi-currency Basket	1980.2 ~ 1990.2	SDR 바스켓에 의해 산출된 환율에 독자바스켓 산출 환율을 조정하여 결정
시장평균환율제도 Market Average Exchange Rate	1990.3 ~ 1997.12	외국환은행의 전일 외환시장 거래환율을 거래향 가중평균하여 당일의 기준환율 고시
자유변동환율제도 Freely Floating System	1997.12 ~ 현재	외환의 수요 공급에 의해 환율 결정, 변동 제한폭 없음

제12장

글로벌무역의 대금결제와 관세 환급

제1절 글로벌무역의 대금결제의 이해

1. 무역결제의 의의

수출입 대금결제에 있어서는 주로 신용장에 의한 결제방식과 무신용장에 의한 결제방식 및 전자결제방식 등이 활용되고 있으나, 최근에는 신용장을 사용하지 않고 결제하는 송금환결제방식 또는 전자결제방식 등을 선호하고 있는 추세에 있다.

〈표 12-1〉 무역결제 방식의 종류와 내용

구 분	내 용
송금방식 (Remittance)	−사전송금방식: 선불 −사후송금방식: 후불
	−주문불방식(CWO): 물품 주문 시 대금 지불 * 사전송금: 특별한 주문이나 소량의 견본대금에 활용
	−물품상환도(COD): 물품인도와 동시에 대금결제 * 사후송금: 물품인도와 동시에 대금을 결제하는 방식
	−선적서류상환도(CAD): 선적서류인도와 동시에 대금결제 * 사후송금: 선적서류와 상환으로 대금결제를 하는 방식
추심방식 (Collection)	−D/P(지급도: Documents Against payment) * 운송서류와 환어음을 제시함과 동시에 대금결제
	−D/A(인수도: Documents Against Acceptance) * 외상거래
	−D/A(at 90 days after sight) * 일람 후 90일에 관련의 대금결제
	−D/A(at 90 days after the date of shipment) * 선적 후 90일에 대금결제
신용장방식 (Letter of Credit)	−일람불신용장(Sight L/C) * 운송서류 및 환어음 제시 후 즉시 대금결제(은행보증)
	−기한부신용장(Usance L/C): 외상거래(은행보증)
	−Usance L/C(at 90 days after sight) * 일람 후 90일에 대금결제
	−Usance L/C(at 90 days after the of shipment) * 선적 후 90일에 대금결제
국제팩토링방식 (International Factoring)	−IFG(International Factors Group) * 국제팩토링그룹에 가입된 수출국팩토링회사 및 수입국팩토링 회사의 무역금융제공 및 지급보증으로 대금결제

무신용장에 의한 대금결제는 국내의 무역결재의 방법과 별 차이를 느끼지 못하고 있다. 무역거래에서는 장기간이 소요되고 환율변동 및 시장의 변화에 따른 대처방안의 하나로 신용장 거래를 선호하고 있다.

2. 신용장에 의한 대금결제방식

글로벌무역에 있어 무역거래의 가장 중요한 부분이 대금결제라고 할 수 있다. 매매계약을 비롯하여 수출업자와 수입업자와의 계약체결을 통한 계약이행도 중요하지만 거래관계의 절차나 제도를 무시하고 자국의 이윤만을 추구하려고 한다면 국제수지의 악화를 불러일으킬 뿐만 아니라 계속적인 거래관계가 유지될 수 없다.

3. 송금결제방식

1) 송금결제방식의 종류

송금결제에 의한 방식은 수입업자가 대금의 전액을 물품선적 전에 외화 또는 수표 등으로 수출업자에게 송금하고 수출업자는 이에 대한 물품을 선적하는 방식이다. 송금의 주요수단은 수표송금(D/D), 우편송금(M/T), 전신송금(T/T), 은행수표, 개인수표 등이 활용되며 단순송금방식이다.

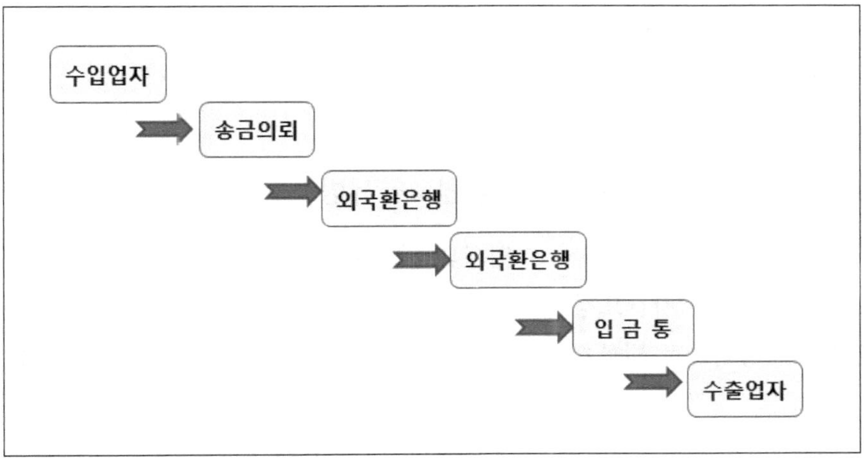

[그림 12-1] 송금결제의 흐름도

(1) 수표송금방식(D/D)

수입업자가 물품을 받기 전에 물품대금을 미리 은행에 현금으로 불입하고 은행이 이를 송금수표를 발행하여 수입업자가 수출업자 앞으로 직접 운송함으로써 결제하는 방식이다.

(2) 우편송금방식(M/T)

우편송금방식은 수입업자의 요청에 따라 송금은행이 송금수표를 발행함과 동시에 지급은행에 통보하여 해당금액을 지급하여 줄 것을 위탁하는 지급지시서인 우편환을 발행하여 송금은행이 직접 지급은행에 우송하는 방식이다.

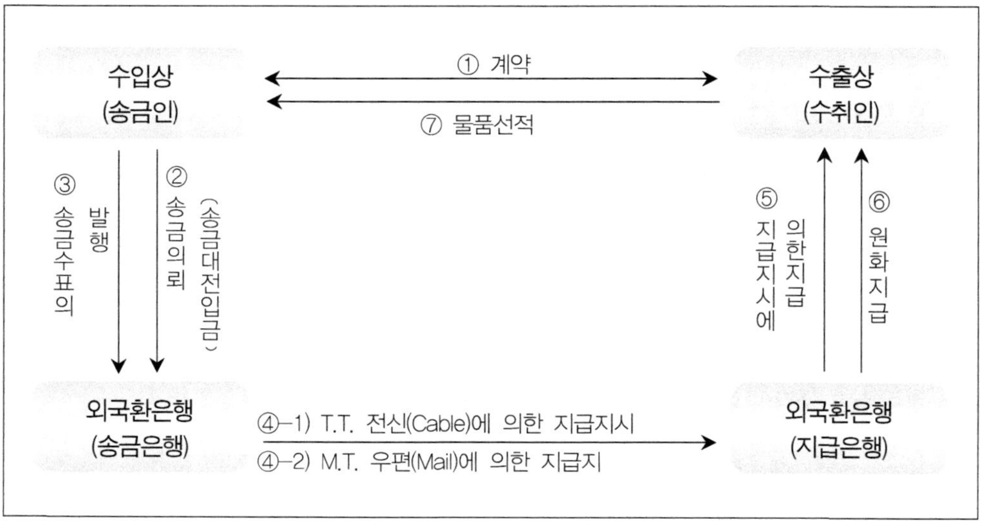

[그림 12-2] 우편송금(M/T) 전신송금(T/T)결제방식

(3) 전신송금방식(T/T) 및 물품인도결제방식

우편환송금방식과 동일하게 수입상의 요청에 의하여 송금은행이 지급은행에 대하여 일정금액의 지급요청을 위탁하는 지급지시서를 우편환으로 발행하는 대신 전신환의 형식으로 발행하여 송금은행이 직접 지급은행 앞으로 송금하는 방식이다.

물품인도 결제방식은 수출업자가 물품을 선적한 후 선적서류를 대리인이나 지사에 송부하여 물품이 목적지에 도착함과 동시에 수입업자가 품질, 수량 등을 검사한 후에 물품을 인도하면서 대금을 현금으로 결제하는 방식이다. 주로 소액이나 귀중품 등의 거래에 활용한다.

(4) 서류인도결제방식(CAD: Cash Against Documents)

수출업자가 상품을 선적한 후 이를 증명할 수 있는 선적서류를 수입업자의 대리인 또는 거래은행에 선적서류와 상환으로 대금을 결제하는 방식이다. 서류인도제출방식은 대부분 신용상태와 서구 유럽의 거래방식에서 주로 사용하는 방식의 하나이다. 그러나 믿을 수 없는 관계라면 서류인도결제방식이 신용장 방식 다음으로 적절한 관계성을 가질 수도 있다.

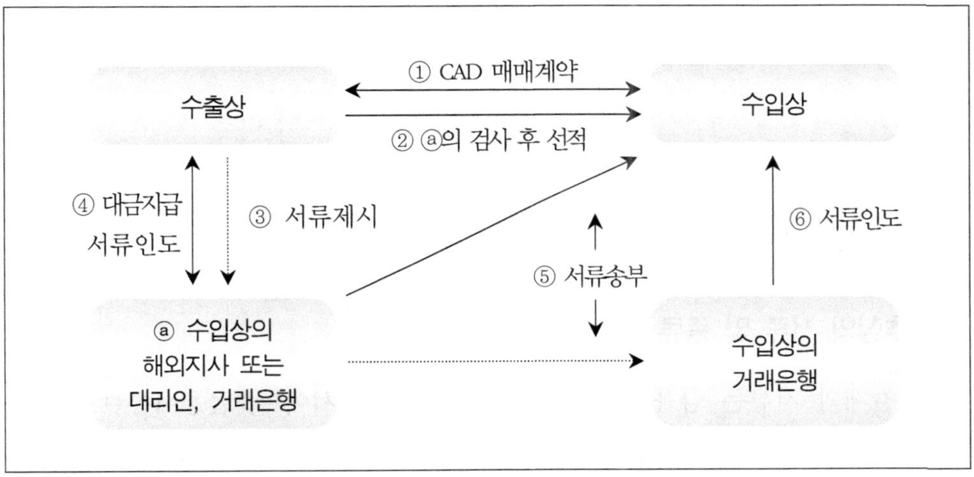

[그림 12-3] 서류인도결제방식(CAD)의 거래절차도

(5) 상품인도결제방식(COD: Cash On Delivery)

주로 귀금속상품 등 소액거래에 해당되는 거래방식으로 수출상이 상품을 선적한 후 선적서류를 자신의 대리인(주로 수입상의 국가에 소재 함) 또는 지사에게 발송하여 상품이 목적지에 도착하면 수입상이 검사 후 상품을 인도 받으면서 대금을 결제하는 방식이다.

상품인도결제방식을 다른 방향으로 말하면, 물물교환방식의 일환으로 볼 수 있지만 의외로 가정에 방문하여 상품을 직접 설치 및 관련의 간단한 기술들을 전달해 주고 서류결제를 받거나 상품의 대금을 돌려받는 경우도 있다. 그러나 상품을 직접적으로 관리하고 배송, 설치해야 하는 애로사항이 존재한다.

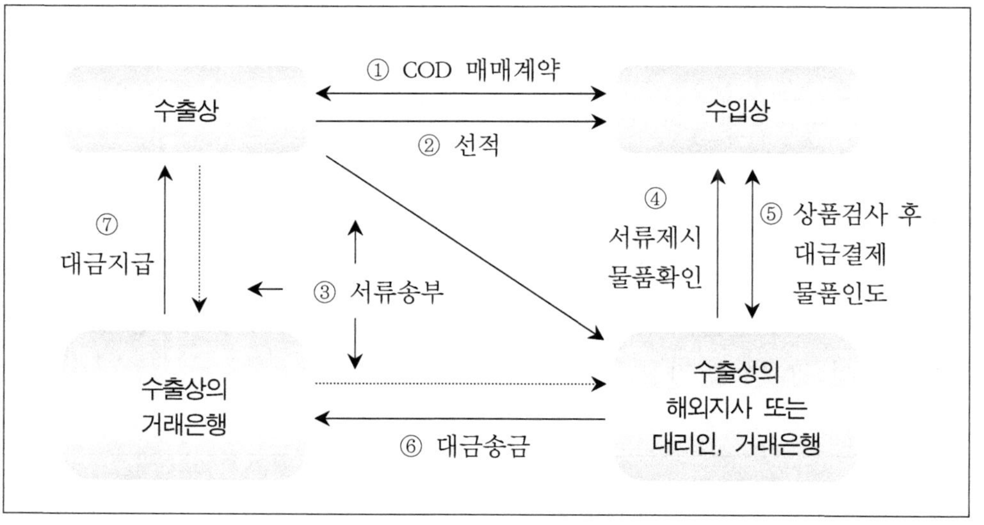

[그림 12-4] 상품인도결제방식(COD)의 거래절차도

4. 추심결제방식

1) 추심의 서류 및 종류

추심결제의 서류는 금융서류, 상업서류, 추심지시서이며, 금융서류란 환어음, 약속어음, 수표 등의 대금회수를 위한 지급증서를 말한다. 상업서류는 상업송장, 운송서류, 권리증서, 보험서류, 포장명세서, 원산지증명서, 수입화물의 통관에 필요한 서류들이다. 추심의 종류에는 무화환 추심과 화환추심으로 나누며, 무화환 추심은 상업서류 없이 금융서류만의 추심을 말하며, 주로 용역거래의 추심에 이용된다. 화환추심은 상업서류만으로 추심을 하는 무역거래의 추심형태이다.

2) 추심거래의 관계당사자

(1) 추심의뢰인(Principal)과 추심의뢰은행(Remitting bank)

추심의뢰인은 계약물품을 선적한 후 자신의 거래은행에 매도인 즉, 수출업자로서의 추심에 관한 제비용을 부담한다. 추심의뢰은행은 추심의뢰인(수출업자)으로부터 금융서류와 상업서류를 받고 추심의뢰인의 대리인 자격의 성격으로 금융상의 서비스를 제공한다. 이때 추심 전에 매입하는 경우와 추심 이후에 매입하는 경우가 있으며, 추심이후에 매입을 할 때는 추심이자를 공제한 후 대금을 결제한다.

(2) 추심은행(Collecting bank)과 제시은행(Presenting bank)

추심은행은 추심과정에 참여하는 모든 은행으로 통상 수입업자의 거래은행으로부터 추심의뢰은행이 요청한 추심의뢰서에 따라 지급인에게 대금을 송부하는 은행이다. 제시은행은 수입업자에게 직접 추심서류를 제시하는 은행이다. 수입업자의 거래은행이 제시은행이 되며, 추심은행이 수입업자의 거래은행이 아닌 경우에는 제시은행이 존재한다. 지급인은 물품대금을 인수하고 그 물품대금을 변제하는 수입업자이다. 다만 추심의뢰은행이 추심의뢰에 대하여 최종지급을 하거나 인수를 담당하는 수입업자이다.

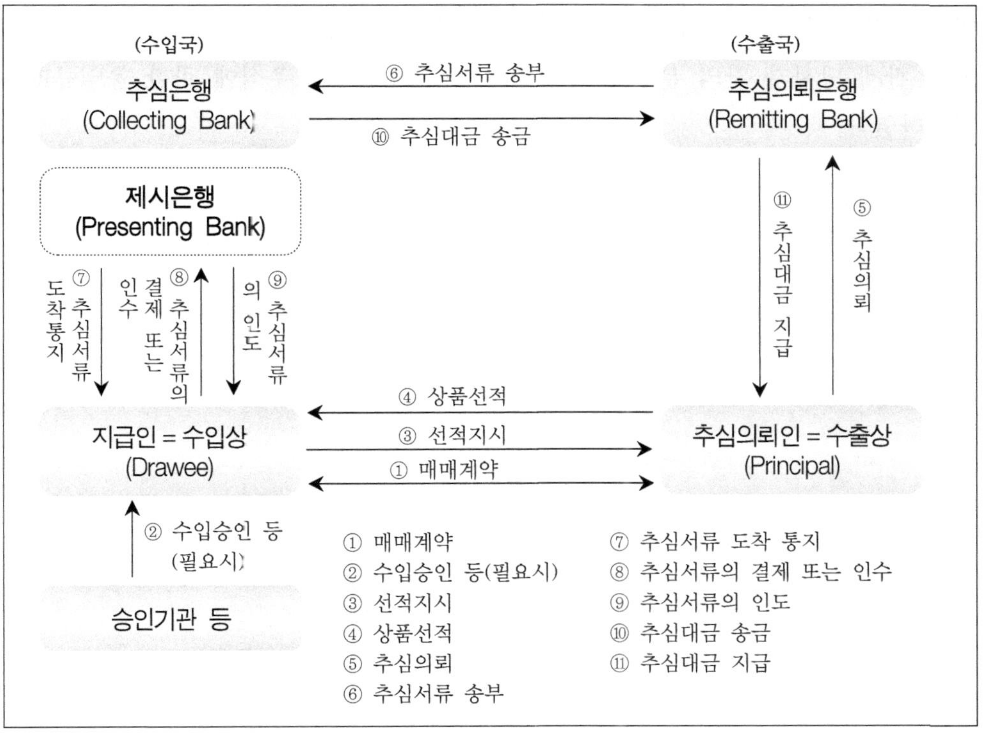

[그림 12-5] D/P·D/A의 거래과정

3) 추심결제방식과 거래절차

추심결제 방식에는 지급인도조건(D/P조건)과 인수인도조건(D/A조건)이 있다. 수출업자와 수입업자의 매매계약에 따라 수출업자가 물품을 선적하고 어음(일람불 어음)을 발행하여 추심의뢰은행에 의뢰한다. 이때 지급인은 수입업자가 된다. 수입업자의 거래은행은 수입업자로부터 물품대금을 받고 서류를 인도하며, 수출업자의 추심의뢰은행에 송금하여 결제를 마무리 한다.

수출업자가 수입업자와의 거래관계에서 물품을 선적한 후 기한부환어음)과 관련서류를 수입업자를 지급인으로 하여 발행한 후 자신의 거래은행인 추심의뢰은행에 추심을 의뢰한다. 이때 수출업자의 추심은행은 첨부된 서류와 환어음을 수입업자의 거래은행인 추심은행에 송부하여 무역대금의 추심을 의뢰한다.

4) 추심에 관한 통일규칙

추심에 관한 통일규칙은 신용장거래와 달리 추심결제방식은 무역거래관계에 있어 신용을 바탕으로 이루어지는 상관행이기 때문에 일람출급환어음, 기한부환어음 등을 발행하여 결제기간의 신용을 공여하는 추심방식에 의한 대금 결제 시에는 관계 당사자 간의 분쟁을 예방하기 위하여 ICC가 추심에 관한 통일규칙을 제정하였다.

A. GENERAL PROVISIONS AND DEFINITIONS A. 총칙 및 정의	ARTICLE 1 APPLICATION OF URC 522 : [제1조] 통일규칙의 적용
	ARTICLE 2 DEFINITION OF COLLECTION : [제2조] 추심의 정의
	ARTICLE 3 PARTIES TO A COLLECTION : [제3조] 추심 당사자
B. FORM AND STRUCTURE OF COLLECTIONS B. 추심의 형식과 구조	ARTICLE 4 COLLECTION INSTRUCTION : [제4조] 추심 지시서
C. FORM OF PRESENTATION C. 제시의 형식	ARTICLE 5 PRESENTATION : [제5조] 제 시
	ARTICLE 6 SIGHT/ACCEPTANCE : [제6조] 일람출급 / 인수
	ARTICLE 7 RELEASE OF COMMERCIAL DOCUMENTS : [제7조] 상업서류의 인도 - 인수인도 (D/A) vs. 지급인도 (D/P)
	ARTICLE 8 CREATION OF DOCUMENTS : [제8조] 서류의 작성
D. LIABILITIES AND RESPONSIBILITIES D. 의무 및 책임	ARTICLE 9 GOOD FAITH AND REASONABLE CARE : [제9조] 신의성실과 상당한 주의
	ARTICLE 10 DOCUMENTS vs. GOODS, SERVICES, PERFORMANCES : [제10조] 서류 vs. 물품/용역/이행
	ARTICLE 11 DISCLAIMER FOR ACTS OF AN INSTRUCTED PARTY : [제11조] 지시받은 당사자의 행동에 대한 면책
	ARTICLE 12 DISCLAIMER ON DOCUMENTS RECEIVED : [제12조] 접수된 서류에 대한 면책
	ARTICLE 13 DISCLAIMER ON EFFECTIVENESS OF DOCUMENTS : [제13조] 서류의 유효성에 대한 면책
	ARTICLE 14 DISCLAIMER ON DELAYS, LOSS IN TRANSIT AND TRANSLATION : [제14조] 송달 및 번역중의 지연, 멸실에 대한 면책
	ARTICLE 15 FORCE MAJEURE : [제15조] 불가항력
E. PAYMENT E. 지급	ARTICLE 16 PAYMENT WITHOUT DELAY : [제16조] 지체없이 지급
	ARTICLE 17 PAYMENT IN LOCAL CURRENCY : [제17조] 내국통화에 의한 지급
	ARTICLE 18 PAYMENT IN FOREIGN CURRENCY : [제18조] 외국통화에 의한 지급
	ARTICLE 19 PARTIAL PAYMENTS : [제19조] 분할 지급
F. INTEREST, CHARGES AND EXPENSES F. 이자, 수수료, 비용	ARTICLE 20 INTEREST : [제20조] 이자
	ARTICLE 21 CHARGES AND EXPENSES : [제21조] 수수료 및 비용
G. OTHER PROVISIONS G. 기타 규정	ARTICLE 22 ACCEPTANCE : [제22조] 인수
	ARTICLE 23 PROMISSORY NOTES AND OTHER INSTRUMENTS : [제23조] 약속어음 및 기타 증서
	ARTICLE 24 PROTEST : [제24조] 거절증서
	ARTICLE 25 CASE-OF-NEED : [제25조] 예비지급인
	ARTICLE 26 ADVICES : [제26조] 통 지

[그림 12-6] URc 522 추심에 관한 통일규칙

제2절 관세 환급의 기초이해

1. 수출입에 따른 관세 환급

1) 관세 환급의 의의

관세 환급이란 세관에 납부한 관세를 타당한 사유발생으로 인하여 되돌려 받는 것을 말하며 관세법 제4조에 의거, 과오 납 환급, 관세법 제106조의 규정에 의거, 계약내용과 상이한 물품 등에 대한 위약환급, 환급 특례법령의 규정에 의한 수출환급이 있다. 일반적으로 관세 환급특례법에 의한 관세 환급은 수출물품에 대한 국제 가격경쟁력을 제고시키기 위한 수출지원제도로서 수출과 관련된 원재료의 수입 시 납부할 관세를 환급특례법에 의하여 수출업자 또는 수출물품의 생산자에게 되돌려 주는 것이다.

현행 관세 환급에는 환급특례법상의 환급과 관세법상의 환급이 있는 데, 환급특례법에 의한 환급은 수출물품을 생산하는 데 소요되는 원재료의 수입 시 납부세액을 수출자 또는 수출물품 생산자에게 되돌려주어 수출을 지원하기 위한 제도이며, 관세법에 의한 환급은 관세법(제46조, 제106)에 의거 계약내용과 상이한 물품 등에 대한 환급(위약환급)이 있다.

2) 관세의 환급절차

관세 환급을 받으려면 환급대상수입물품(원재료)으로 제조 또는 가공한 생산품을 환급대상 수출대상에 제공하고 제공된 날부터 2년 이내에 가능하다. 환급방법은 간이정액환급제도와 개별 환급제도가 있다. 간이정액환급은 정부가 수출품에 소요된 원재료에 대한 수입 시 납부세액으로 일정금액을 정하여 지급하는 것을 말하며, 개별환급제도란 수출물품 제조에 소요된 원재료의 납부세액을 소요량제도에 의한 증빙서류에 의거 개개의 원재료별로 확인하여 환급하여 주는 것이다.

또한 관세 환급제도에는 기초원재료납세증명제도와 분할증명제도가 있다. 기초원재료납세증명제도란 수출용원재료를 수입하여 생산한 중간원재료를 국내에서 구입하여 수출하는 경우와 수입한 물품이나 중간원재료를 수입한 상태 그대로 수출품 생산자에게 공급한 경우로 구별하고 있다.

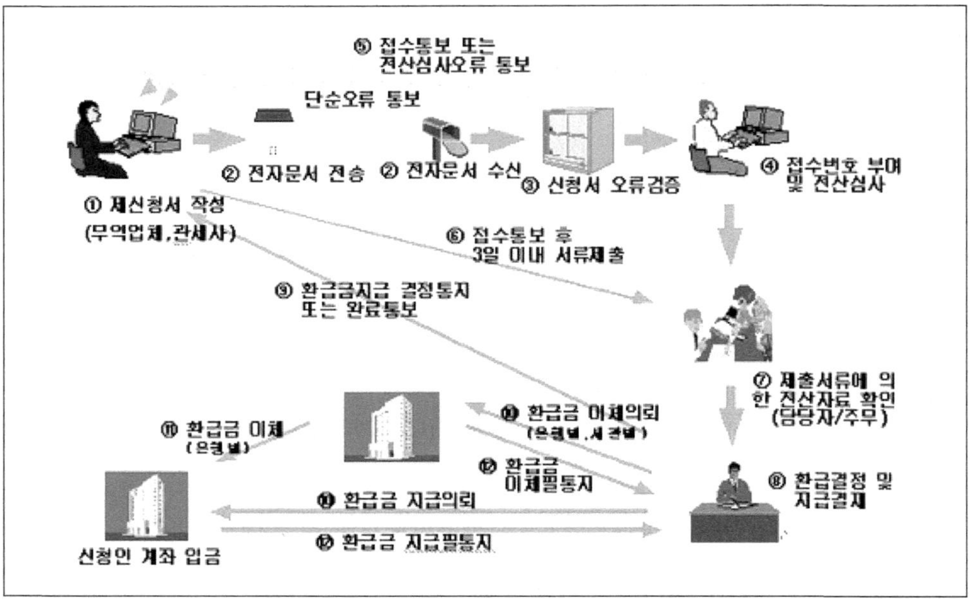

[그림 12-7] 관세 환급의 절차

2. 관세 환급의 기능과 특징

1) 관세 환급의 기능

관세 환급이란 수입보다는 수출을 위한 수출장려 정책의 일환으로 관세 환급을 통한 수출입의 원활을 꾀할 뿐만 아니라 이를 통하여 국가의 입장에서 관세를 부과함은 부과한 관세를 활용하여 국가산업과 복지증진을 위하여 활용함이 그 목적이다. 특히 수출물품에 대한 가격인상에 따른 수입물품의 소비를 억제하게 된다.

2) 관세 환급의 특징

관세 환급의 특징은 우선적으로 수출용원재료에 대한 관세부담을 해소할 수 있어 이를 통한 국내산업의 보호와 관세장벽에 대한 벽을 제거하는 완충작용을 얻게 된다. 그리고 수출업체에 지원되는 관세 환급금은 관세징수액 대비 환급액의 비중이 높아지고 있어, 수출을 통한 외화획득을 위한 것으로 관세를 부과한다.

특히 세계무역기구를 포함한 국제협정에서도 수출물품의 생산에 사용된 수출용원재료에 대한 관세 환급부분은 수출보조금 지급금지 규정에서 제외되어 있다. WCO의 교토협약에서도 관세 등 환급절차가 규정되어 있어 자국의 산업보호와 수출장려의 정책임을 찾아볼 수 있다.

〈표 12-2〉 관세의 분류

구분/분류	관세의 종류	비 고
상품의 이동방향	수출세(Export Duties)	수출관련의 관세
	수입세(Import Duties)	수입관련의 관세
	통과세(Transit Duties)	무역거래 관련의 관세
과세의 목적	재정관세(Revenue Duties)	국가의 재정수입 확보
	보호관세(Protective Duties)	국내 산업보호, 육성
관세부과의 과세방법	종가세(Ad valorem Duties)	물품가격에 따른 관세
	종량세(Specific Duties)	물품의 량에 따른 관세
	혼합세(Combined Duties)	종가, 종량의 혼합적용
관세부과의 근거	국정관세(National Duties)	관세부과의 근거(관세법)
	협정관세(Conventional Duties)	국가, 국제기구의 협정
	편익관세(Beneficiary Duties)	국제관계의 개선을 목적

3. 관세 환급제도의 시발점과 변천과정

1) 사전면세제도(1960년대)

사전면세제도는 수출을 지원하기 위한 수단으로 1964년~1975년 6월까지 사용하였으며, 주로 수출물품을 생산을 위한 원재료의 수입인 경우 1년 이내에 수출이행을 조건으로 관세를 면세한 후 관련의 제품을 1년 이내에 수출하면 관세를 면제하지만 그렇지 못한 경우에는 수입 시 면세한 관세를 징수하는 것이었다. 특히 1960년대의 수출을 위한 단순가공이었기 때문에 수출용원재료를 수입한 자가 직접관리 하는 것이 용이하였으나, 1970년대 무역거래의 교역량이 증가하고 국내가공 산업이 발달함으로 인하여 관세의 면세에 대한 관리가 까다롭게 곤란하게 되었다.

따라서 관세법 104조제1항에 수출물품을 제조 및 가공하기 위하여 수입하는 원재료에 대하여는 수입신고수리일로부터 1년 이내에 수출할 경우에 한하여 관세를 감면할 수 있도록 규정하고 있다. 최근에는 특례법인 환급특례법 제5조제1항에서 수출용 원재료인 경우라도 이를 수입하는 시점에서 관세를 징수하도록 규정하고 있다.

2) 환급특례법 적용 및 개정(1970년대)

1970년대에 수출산업의 발달로 인하여 1975년 7월 1일부터 환급 제도를 도입하였다. 도입한 환급제도는 모두 8차례의 개정을 거쳐 환급특례법으로 발달하게 되었다. 수출용원재료에 대한 관세의 사전면세를 인정하지 않고, 수입하는 시점에서 곧 바로 관세를 부과하는 제도로 전환함에 따라 수출업체의 자금 부담이 발생하여 이를 완화하고자 수출용원재료에 대하여는 4월의 범위 내에서 관세의 징수를 유예할 수 있도록 하였다.

징수유예제도는 사전면세제도가 환급제도로 전환한 것에 따른 일시적인 조치였으나 수출업체의 자금 부담을 덜어주기 위하여 1989년까지 계속하여 사용하였다. 환급특례법 제정 시에는 환급절차 간소화, 국산원재료 사용 촉진을 목적으로 하였으나 다양한 수출물품에 대한 정액 환급율을 정하기 어렵고 기업에서 환급업무를 전산화함에 따라 1984년부터는 개별 환급을 중심으로 전환하였다.

3) 환급특례법의 개정내용

(1) 제1차(1975.12.22) 주요 개정내용

국내외의 무역여건이 변화 및 발전함에 따라 물품을 수입한 상태 그대로 수출하는 경우가 발생하여 환급 제도를 적용하게 되었으며, 정상적인 수출, 주한국제연합군에 대한 외화판매 및 공사 외에 보세공장이나 수출자유지역 안의 입주업체 대한 물품의 판매도 환급대상수출로 인정하였다.

(2) 제2차(1976.12.22) 및 제3차(1977.7.23) 개정

1976년 12월 부가가치세법 및 특별소비세법을 제정하였다. 그리고 관련의 세목을 통합, 신설하여 환급특례법의 적용대상 조세도 관세, 임시수입부가세, 특별소비세, 주세로 변경하였다. 개정 환급특례법에서는 "무역거래법 제17조제2항의 규정에 의하여 소요량증명서 발급기관에서 고시 또는 증명하는 소요량에 해당하는 원재료를 납부한 세액의 범위 안에서 재무부령이 정하는 금액을 관세청장이 정하는 바에 따라 환급한다"라고 하여 소요량증명방법을 보다 명확하게 하였다.

(3) 제4차 및 5, 6차 개정(1978년~1994년 3월 24일)

제4차 개정안은 환급금을 신속한 환급을 위하여 신설하였다. 개산환급제도의 적용을 원하는 경우에는 평균 환급액을 기준하여 관세청장이 고시한 개산 환급율표 상의 개산환급금을 수출사실만을 확인하여 우선 지급한 후 3월 이내에 관련서류를 구비하여 환급세관에서 정산하도록 하였다.

특히 환급업무의 간소화를 위하여 수입신고필증과 기납증, 분할증명서상의 물품을 HS10 단위별로 매월 통합하여 평균세액을 산출하고, 산출한 평균세약을 수출용원재료가 수입될 때 납부된 세액으로 보고, 관세 등을 환급하도록 한 것이다.

(4) 제7차(1996.12.31) 주요 개정내용

수출용원재료를 수입하는 자가 신청하는 경우 일정기간별로 일괄 납부하게 하고 그 기간 내의 관세 등 환급금도 지급을 보류한 후, 일괄납부세액과 지급보류 환급금을 정산하는 것이다. 대외무역법에 의하여 업체가 자율적으로 소요량을 책정 및 계산하는 자율소요량제도를 도입하여 관세 환급제도는 보다 편리하고 기업 자율에 의한 방식으로 전환하였다. 정산제도, 자율소요량제도, 환급 후 심사제도 등의 도입에 따라 기존 제도 중 운용 실익이 없는 징수유예제도, 개산환급제도, 상계제도, 업체별, 품목별 정액환급 제도를 폐지 또는 통합하여 이를 전산화 하여 새로운 체제의 EDI방식에 의하여 처리할 수 있도록 하였다.

(5) 제8차(2000.12.29) 주요 개정내용

관세법 체계가 전견적으로 개편되면서 당해 법 부칙에 환급특례법에 있는 관세법의 조문을 개정하도록 규정함으로써 환급특례법이 개정된 것이다.

(6) 최근(2019. 7. 1) 주요 개정내용

최근 원재료에 대한 관세 등 환급에 관한 특례법으로 약칭 관세환급특례법은 '관세 등의 일괄납부업체'로 지정된 자가 수출용 원재료의 관세 등을 일괄 납부하려는 경우 원칙적으로 담보를 제공하지 않아도 된다. 다만, '관세 등의 일괄납부업체'로 지정을 받으려는 자가 「관세법」 및 「수출용 원재료에 대한 관세법의 특례에 관한 법률」을 위반 했거나, 관세 등 조세를 체납한 경우 담보 제공을 요구할 수 있다.

〈표 12-3〉 주요 개정내용

구분	현행	개선
무담보 대상	요건을 갖춘 신용담보업체	모든 수출용원재료 수입업체 (단, 법위반, 체납 등의 경우 담보 제공)
한도액	환급, 기납증 양도세액 기준	환급, 기납증, 분증 양도세액 기준
지정기간	2년	없음(단, 한도액 2년 주기 재산정)
관세법 위반, 체납 등 발생 시	2년 또는 3년간 일괄납부 제한	담보 제공 후 일괄납부 가능

중소기업의 경우 수입통관시 납부세액에 관하여 최근 2년 연속 수입실적이 있어야 하고, 관세범칙 및 관세 등 조세의 체납부분이 없어야 한다. 이때 체납이 발생한 1개월 이내 납부한 것을 예외로 한다. 그리고 최근 3년 중 당기순이익 부분이 1회 이상 성장한 경우와 매출액이 3년 연속 증가한 기업에 대하여 관세 지원을 받을 수 있도록 하고 있다.

또한 최근 2년간 관세법칙 및 관세 등의 조세체납 사실이 없고 관련 수입신고물품이 사전세액 심사대상 물품이 아니라면 추징세액이나 과태료를 면제 받을 수 있다.

제3절 관세의 납부와 환급의 방법

1. 수출용 원재료의 납부세액 정산

수출을 위하여 수입하는 경우 수입 시에 관세를 부과하는 하는 것이 마땅하나 수출업체의 금융에 대한 부담과 비용의 절감을 위하여 수입 원재료의 매수입건별로 수입 시에 징수하지 않고 일정기간 즉, 3개월 동안의 수입에 관한 내용을 한 건으로 하여 일괄적으로 징수하는 일괄납부제도이다.

수출용원재료에 대한 관세 등의 일괄납부를 위하여 제공할 수 있는 담보는 관세채권의 신속한 확보 및 담보물의 관세 등에 대한 충당을 용이하게 하고 실제 기업에서 세관에 제공하는 담보로 가장 많이 이용하고 있는 것으로 한정하고 있다.

2. 관세 등 일괄납부세액과 환급금의 정산

환급금에 대한 정산은 환급특례법은 수출용원재료에 대한 관세법의 사전면세 규정에 의거 수출용원재료를 수입할 때 수입신고가 수리되는 날로부터 15일 이내에 관세 등을 납부해야 한다. 이와 같은 선 납부 후 환급제도는 자금 부담을 주는 부작용이 발생하였으며, 이를 해결하기 위하여 수출지원의 차원에서 정산제도를 도입하였다.

관세 등의 일괄납부업체는 일정기간동안 관세 등을 납부하지 않고 수입한 수출용원재료에 대한 세액과 그 기간 중에 환급 신청하여 지급이 보류된 환급금을 정산하고 그 결과를 세관장에게 신고하여야 한다. 관세 등의 일괄납부업체가 세관장에게 정산신고를 하고자 하는 경우 정산신고서를 작성하여 EDI 방법에 의하여 관세청 전산시스템에 송부하여야 한다.

3. 관세 환급방법

1) 간이정액환급제도

간이정액환급제도는 중소기업의 수출을 지원 및 환급절차 간소화를 위해 간이정액환급 대상 중소기업이 생산하여 수출한 물품에 대하여는 수출물품 생산에 소요된 원재료의 납부세액 확인을 생략하고 수출사실만을 확인하여 간단하게 환급하는 제도이다.

간이정액 환급율은 관세청장이 수출물품의 품목번호(HS10단위)별로 최근 6월 이상기간동안 개별 환급액 즉, 평균 환급액이나 평균납부세액을 기초로 하여 수출 금액당 일정금액을 환급액(율)으로 책정하고 있다.

환급신청의 경우 전가세액은 다음의 계산방식에 의하여 산출한다. 수출신고필증상의 FOB, 그리고 기초원재료납세증명서 발급신청에 해당하는 경우는 내국신용장, 구매확인서(특수신용장상)의 물품금액(₩)을 10,000당 책정한 간이정액 환급율을 곱하여 산출한다.(〈표 12-4〉 참조)

〈표 12-4〉 간이정액환급 산출

$$\frac{\text{수출신고필증 상의 FOB 원화금액}}{10{,}000} \times \text{이 표의 해당 금액} = \text{간이정액환급액}$$

기초원재료납세증명서를 발급 신청할 때 물품대금과 양도 세액이 구분 표시되지 아니한 경우는 다음과 같은 방식에 의거 산출한다.(〈표 12-5〉 참조)

〈표 12-5〉 간이정액환급 산출(물품대금과 양도 세액 구분이 없는 경우)

$$\text{물품대금} = \frac{\text{원화로 표시된 내국신용장등의 거래금액}}{1+(\text{적용할 간이정액}) \ / \ 10{,}000}$$

2) 자동 환급제도(Auto Drawback System)

자동 환급제도는 중소기업의 지원대책의 일환이며, 이러한 정책은 2003년 9월부터 시행하게 되었다. 자동 환급이란 간이정액환급 대상물품을 수출하는 기업의 경우 수출신고서에 환급신청 여부만을 표시하면 별도의 환급신청서를 제출하지 않아도 환급금을 지급할 수 있도록 하는 제도이다. 자동 환급절차는 세관의 수출신고수리 및 물품선적을 완료하고 관세 환급을 신청한다.

하지만 자동 환급업체로 지정받은 업체는 환급신청란에 "AD"로 표기하면 관세 환급 전산시스템에서 매월 2일 전월에 선적된 수출물품에 대한 환급금을 계산하여 해당업체의 관세 환급금 계좌로 환급금이 자동 지급된다.

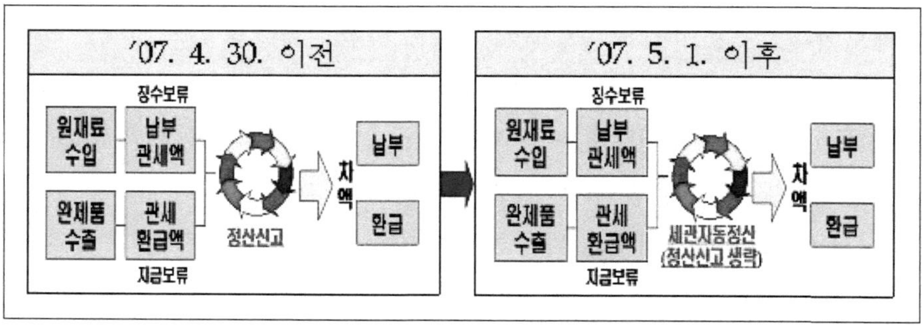

자료: 관세청(http://www.customs.go.kr)

[그림 12-8] 환급금 자동정산제도

(1) 환급금 자동정산제도

환급금 자동정산제도란 수출업체가 원재료 수입 시 납부할 관세와 제품 수출 후 지급받을 환급금을 일정기간 보류한 후 이를 일괄적으로 정리하여 최종적으로

서로 상계하여 차액만을 납부하거나 또는 지급하도록 하는 제도이다. 특히 자동정산제도는 수출업체가 세관방문, 정산신고 등을 거치지 않고 세관의 전산시스템에 의한 자동으로 일괄처리가 가능하다.([그림 12-9] 참조)

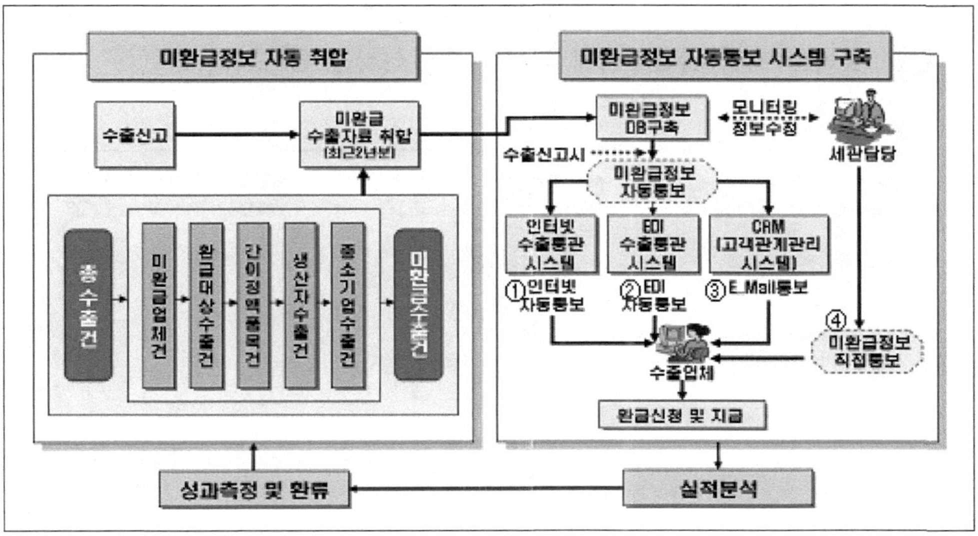

자료: 관세청(http://www.customs.go.kr)

[그림 12-9] 미 환급금 자동정산제도

(2) 미환급정보 자동통보시스템

미환급금 자동통브시스템은 특징은 중소기업의 수출경쟁력 강화를 위하여 구축하였으며, 특히 수출 후 관세환급제도에 대하여 잘 알지 못하여 관세환급을 받지 못한 경우 중소기업(간이정액환급업체)에게 관세환급정보를 실시간으로 제공해 주는 전산시스템이다. 따라서 관련정보는 EDI를 통하여 제공받게 된다.([그림 12-9] 참조)

2. 개별 환급제도

개별 환급제도란 물품의 생산에 소요된 각종 원재료의 종류와 수량을 소요량계산에 의거 확인하고 그 원자재를 수입할 때 납부한 세약의 합계액을 환급하는 제도이다. 개별 환급 자체가 정액환급에 비하여 환급액을 정확하게 산출할 수 있는 장점이 있으나, 구비서류가 다소 복잡하고 소요량계산서의 작성 등 산출이 복잡하여 평균세액 증명 제도를 두어 이를 상호 보완하여 적용하고 있다.

개별 환급의 적용대상은 정액환율표가 적용되지 않는 수출물품의 환급 및 국내 거래물품의 기초원재료 납세증명서 발급 신청 시에 적용된다. 정액환급비적용 승인을 얻어 개별 환급에 의한 관세를 환급받는다. 동일업체의 수출물품에서 간이 정액 환급율표에 의한 물품은 간이정액환급방법에 의하여 환급신청하고 게지되지 않은 품목은 개별 환급방법에 의하여 환급신청을 할 수 있다.

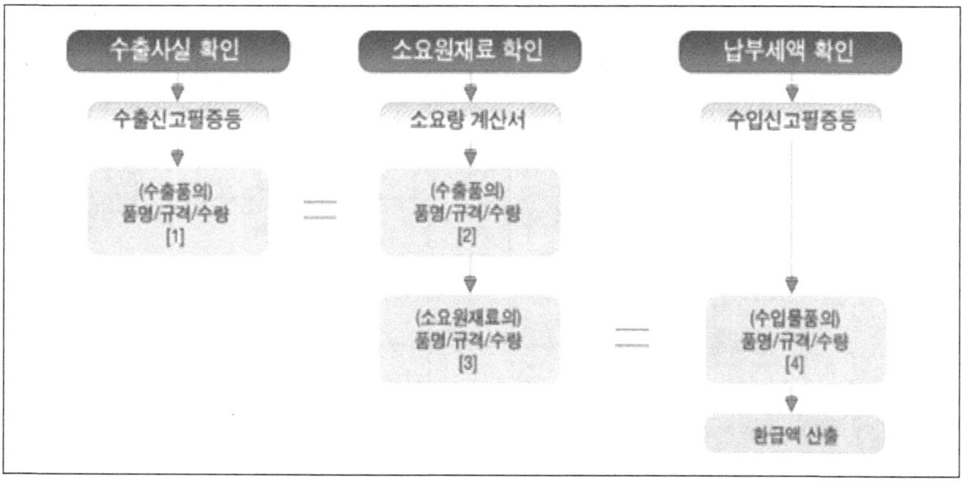

자료: 관세청(http://www.customs.go.kr)

[그림 12-10] 개별환급 산출절차

제4절 관세 환급신청 및 심사

1. 관세 환급신청

1) 환급신청 기간(환급 청구권)

관세 환급을 받기 위해서는 환특법 제14조 제1항에 의거 수출물품에 대하여 관세 등을 환급받고자 하는 자는 대통령령이 정하는 바에 따라 2년 이내에 관세청장이 지정한 세관에 환급 신청하여야 한다. 환급신청기간의 기산점은 세관장이 신고 수리한 것의 수출신고수리일, 당해수출, 판매, 공사 또는 공급을 완료한 날이거나 공사 중인 경우 단위공사가 완료한 날로 한다.

2) 환급신청자

관세 등의 환급은 수출 등에 제공한 자에 한하여 환급을 신청할 수 있으며, 내국신용장 등에 의하여 중간원재료를 수출업체에 공급한 경우에는 최종 수출자만이 환급 신청할 수 있다. 국내에서의 외화판매, 외화공사 중 재정경제부령으로 정하는 경우는 판매자와 공사를 시행한 자, 보세구역(보세공장, 종합보세구역, 보세판매장)등에 물품을 공급한 경우, 외국을 왕래하는 선박 또는 항공기에 선(기)용품 공급과 원양어선에 무상으로 송부하는 물품의 경우에는 공급자 또는 제조자가 환급 신청할 수 있다.

3) 환급신청기관 및 방법

관세 등의 환급신청은 환급신청인의 관할지세관장에게 신청하여야 한다. 제조장별로 환급을 신청하거나 본사에서 일괄하여 환급업무를 취급하는 경우에는 본사를 관할하는 세관에 환급 신청할 수 있다. 관세 환급 신청세관을 변경하고자 하는 경우 환급신청기관 변경신청서를 변경전 관할지세관장(출장소장 포함)에게 제출하여 승인을 받아야 한다.

수출물품에 대한 환급신청은 당해 수출물품의 생산에 소요된 원재료의 전부에 대하여 한꺼번에 일괄하여 환급 신청과 전자문서에 의한 신청이 원칙이다. 지급요건 심사자는 접수통지를 한 후 환급금을 지급 결정한다. 세관장은 환급서류 및 자료의 미비로 심사사항의 확인이 곤란한 경우에는 신청 자료의 보완을 담당과장 명의로 요구할 수 있으며 보완사항이 경미하여 환급결정에 지장이 없으면 사후에 할 수도 있다.

2. 환급 신청의 제출서류

환급 신청 시에 환급신청서에 다음 서류를 첨부하여 관할세관장에게 제출하여야 한다. 현재 환급신청은 전자문서에 의하여 환급 신청하여야 하고 접수번호가 부여된 후 3일내에 환급신청서류를 제출하도록 하고 있으나, 서류 없는 관세 환급 신청 건은 서류를 제출할 필요가 없다. 다만, 서류제출 없는 환급대상이라도 사전심사대상이나 확인 건은 환급관련서류를 제출하여야 한다.

3. 환급 심사

1) 환급 후 심사

환급심사는 환급 후에 환급대상물품의 특성, 업체의 성실도 등을 감안하여 선별 심사함을 원칙으로 한다. 환급 후 심사는 관세청장이 정하는 바에 따라 세관장이 심사대상과 심사생략대상으로 구분 실시한다.

환급 후 심사 대상의 선별은 ① 사후심사시스템에 의해 지정된 환급신청 건(시스템 선별) ② 환급심사부서의 과장이 신청인, 물품특성 등을 감안하여 심사대상으로 선별한 건 「수작업선별」이다.

사후심사시스템에서 환급 후 심사대상으로 선별 된 경우 지급요건심사자는 환급금을 결정하고 환급신청서류는 환급 후 심사자에게 인계하여야 한다. 환급 후 심사자는 인수한 날로부터 15일 이내에 환급심사를 완료하고 환급신청서 및 소요량계산서를 제외한 서류는 환급신청인에게 되돌려주어야 한다. 그러나 사후 심사대상으로 선별되지 않는 건은 이를 확인 후 즉시 환급신청인에게 되돌려 주어야 한다.

환급 후 심사자는 환급금의 정확성을 판단하기 곤란한 때에는 과장의 결재를 받아 관련 자료의 추가 제출을 요구하여 이 자료에 의한 서면조사를 할 수 있으며 정당한 사유 없이 추가자료 제출을 거부하는 경우 실지조사(조사담당부서)를 의뢰할 수도 있다.

2) 환급 전 심사

환급 후 심사 원칙의 예외로 환급 전 심사는 다음과 같은 경우에는 환급 전 심사 후에 환급금을 지급한다. ① 관세 환급시스템에서 환급 전 심사대상으로 지정한 것, ② 소요량신고를 하지 아니하고 환급 등을 신청한 업체, ③ 세관장이 환급 후 심사가 적합하지 아니하다고 인정하여 환급 전 심사대상으로 지정한 것이다. 환급 전 심사는 관련서류를 제출받은 날로부터 7일 이내에 심사를 완료하여야 한다.

4. 과다환급금 및 가산금 징수

세관장은 지급한 환급금이 다음에 해당되는 경우에는 당해 환급금액 또는 과다환급금액을 관세법 제47조제1항의 규정에 따라 관세 등을 환급 받은 자(기납증을 발급 받은 자 포함)로부터 이를 징수한다. 과다환급금 및 과소 환급금은 자진신고하고 당해 관세 등을 납부하는 경우에는 과다환급금 등에 가산할 금액을 환급받게 된다. 환급 받은 날로부터 3월 이내에 과다환급금을 자진신고 하는 경우에는 이를 가산하지 아니한다.

과다환급금을 자진신고 하고자 하는 자는 과다환급금 자진신고서에 과다환급금의 계산과 관련된 원재료의 수입신고필증 등 관련서류를 첨부하여 환급 받은 세관장에게 신고하여야 한다. 자진신고는 환급 받은 날로부터 2년 이내에 하여야 한다(부정 환급은 5년 이내). 세관장의 귀책사유로 과소 환급된 경우에는 추가 환급이 가능하며 이때에 과다환급금 징수 시 가산하는 이율과 같은 환급가산금을 지급하며, 세관장의 귀책사유란 추가환급사유에 해당되는 것을 말한다.

관세법 제38조의 2, 3항에 의거 부족세액에 대해서는 새액경정통지서와 납세고지서를 송부하여 납부하게 하거나 과다납부의 경우에는 세액경정통지서를 송부하여 주고 납세의무자가 과납세액에 대하여 부분을 환급 신청함으로 조치할 수 있고 하는 세액의 경정조항이다. 물론 이러한 과오납 및 가산금의 경우 자동관세 납부제도를 통하여 자동으로 처리해 나갈 수 있다.

제5절 EDI System에 의한 환급처리

1. EDI에 의한 환급처리의 추진배경

관세 환급은 97년도 7월에 처음으로 전산화가 완료되었고 전산화가 구축된 이래로 수출업체가 관세 환급을 신청하기 위해서는 EDI전용회선을 통하여 한국무역정보통신(KT-NET)에 연결한 후 관세 환급을 신청하여야만 하였다.

EDI 관세 환급 시스템에서는 신청인이 환급신청용 프로그램을 구입하거나 자체 개발하고 동 프로그램을 통해 환급신청서를 입력해야 함에 따라 프로그램 구입비와 유지보수비가 발생하였고, EDI전용망을 통해 데이터를 전송해야 하므로 EDI전송료와 전용회선비를 부담해야만 하였다.

2. EDI System 서비스 절차

[그림 12-9]에서 현행 EDI 관세 환급시스템에서는 KTNET 전용회선만을 이용하여 관세환급 신청이 가능하였다. 그리고 종전의 관세 환급시스템은 VAN/EDI 단

일방식으로 운영되고 있었으나, 2005년 10월부터 인터넷/WEB방식을 추가 도입하여 환급신청인의 여건·성향에 따라 VAN/EDI방식과 인터넷/Web방식을 선택할 수 있는 EDI/인터넷 병행 환급시스템 신청체제가 최초로 구축되었다.

3. EDI에 의한 환급신청 방법

환급신청인이 인터넷으로 환급 신청하는 방법은 크게 두 가지이다. 첫째는 웹화면 입력방식으로 환급신청인이 인터넷 관세 환급시스템에서 제공하는 환급신청서 작성화면에서 신청내용을 입력하여 관세청에 전송하는 방법이다. 웹 화면 입력방식은 별도의 환급신청 프로그램 없이 인터넷을 통하여 간편하게 입력하면 되므로 환급 신청 건이 적은 중소기업이 주로 이용하는 방법이다.

<table>
<tr><th>활용 절차</th><th>내 용</th></tr>
<tr><td>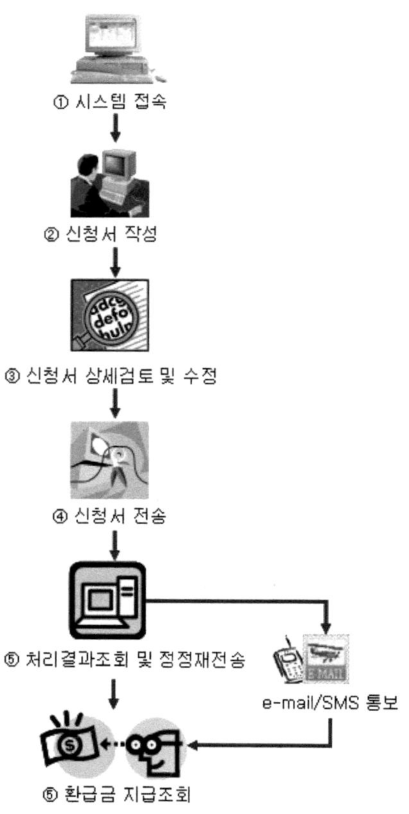
</td><td>① 시스템 접속
통관포탈에 접속하여 사용자 로그인
② 신청서 작성
사용자 인증 후 환급신청서를 선택하여 신청내역을 입력
③ 신청서 상세검토 및 수정
작성된 신청서에 대한 기재 내용의 정확성 여부에 대한 검토 및 수정
④ 신청서 전송
신청서 작성 및 내용 검토가 완료되면 신청서를 전송
⑤ 처리결과 조회 및 정정 재전송
– 접수, 오류, 서류제출요구 등 처리상태 조회
– 세관의 결정이 있기 전까지 신청서를 정정 재전송
⑥ 환급금 지급
– 통관포탈에 접속하여 환급금 지급결정 통지서를 조회
– 신청인의 요구에 의해 e–Mail 또는 핸드폰으로 통보</td></tr>
</table>

[그림 12-11] EDI 관세 환급처리시스템 절차도

둘째는 사용자 S/W 이용방식 즉 일괄전송방법으로 환급신청인이 자체개발하거나 프로그램 개발업체로부터 구입한 사용자 프로그램을 통하여 환급 신청하는 방법이다. 일괄전송방식은 신청인이 자체 전산시스템에서 신청서를 생성하여 관세청으로 전송하며, 자치 ERP시스템과 연계하여 환급 소요량계산 등이 자동으로 이루어지고 일일이 환급신청서를 입력할 필요가 없는 등의 장점이 있어 환급 신청건이 많은 대기업이 주로 이용하는 방법이다.

4. EDI를 통한 관세 환급처리 및 추가정보 제공

인터넷 관세 환급시스템 구축됨에 따라 환급업체는 종전에 EDI에서 신청하였던 관세 환급(개별, 간이, 정산), 제 증명(기납증, 분증, 평세증), 환급대상 수출물품 반입(적재)확인(신청) 등을 인터넷을 통하여 처리가 가능하게 되었다. 인터넷 관세 환급시스템은 단순히 종전의 EDI 관세 환급신청을 그대로 인터넷으로 전환한 것이 아니라 다양한 정보를 제공받을 수 있도록 하였다. 특히 자사에서 통관한 수출입통관내역, 자사의 환급실적, 환급 관련 제 증명서 발급 실적, 환급에 사용된 수입원재료 잔량내역 등을 인터넷을 통하여 조회가 가능하도록 개선하였다.

제13장

국제수지의 이해와 통화제도

제1절 해외시장과 국제수지의 이해

1. 국제수지의 개념과 구성

1) 국제수지(Balance of Payments)의 개념

세계화와 글로벌경제로 인한 국가 간의 경제거래의 활동은 글로벌무역을 통한 수입과 지출을 발생시킨다. 이러한 수출입을 통한 수취액과 지급액의 차이를 기록하여 표로 만든 것이 국제수지(Balance of Payment)이다. 국제수지의 기록은 한 나라의 경제실상을 평가하는 정확한 자료로서 정부가 통화와 재정에 대한 정책운영의 판단자료가 된다.

국제수지는 그 나라의 국민소득, 고용의 정조, 물가수준, 환율 등에 이르기까지 다양한 거시경제변수에 영향을 미치게 된다. 이러한 영향을 받은 기업, 정부, 또는 직접적인 투자자나 소비자에 이르기까지 글로벌거래와 관계를 통하여 그 나라의 경제상태가 유지되어 가는 것이다.

또한 국제수지는 기업의 무역과 해외투자에 대한 의사결정에도 영향을 미치게 되며, 관련의 정보들은 글로벌무역과 금융, 기업, 개인의 의사결정에도 도움을 준다. 그러므로 국제수지란 일정기간 동안 한 나라의 거주자와 비거주자(외국의 거주자)사이에 발생한 모든 경제적 거래 즉, 이익의 중심(a center of economic interest)을 체계적으로 기록한 통계표이며, 일정기간이란 국제수지의 개념이 기업회계의 개념과 동일한 의미이며, 하나의 기업이 일정기간 동안 자산, 부채, 자본의 증감변화를 기록, 정리, 회계하는 방식의 복식부기(Double-entry System)에서 나온 것이다.

국제수지표 역시 기업에서와 같이 월간, 주간, 분기 또는 년 단위로 기록할 수 있다. 국제수지표는 국가 간에 비교가 가능하도록 IMF가 정한 국제수지통계의 포괄범위, 분류, 평가 등에 관한 국제기준(IMF BOP Manual)을 통해 기록한다. 그리고 국제수지표는 자산과 부채의 증감변화에 대한 기록, 계산, 정리하는 방식이다.

2) 국제수지의 특징

국제수지는 잔액(Stock)의 개념이 아닌 흐름(Flow)의 통계개념이며, 일정기간 동안 이루어진 글로벌거래에 대한 총량의 개념으로 외환수지로 구분하여 파악하는 것이다. 그리고 모든 거래형태를 재화 및 용역의 거래, 국가 간의 이전거래, 자본거래 등 일체의 거래를 포함하고 있다. 또한 거주자의 구분은 자국민이 일시적인 목적으로 관광이나 기타의 목적으로 체류하고 있거나 비록 국적이 외국인이라 할지라도 1년 이상 한 나라에서 거주하면서 경제적 근거지가 그 나라 안에 있으면 거주자로 취급한다.

또한 경제적 거래라고 할 때, 한 나라의 국민경제에 영향을 미치는 대외거래를 총괄하여 이르는 말이며, 단순의 유상거래, 또는 증여, 원조의 성격을 띤 무상거래를 모두 포함한다. 그러므로 체계적 기록에 있어서도 복식부기의 개념으로 분류하고 기록한다. 결국 대차평균의 원리나 정산표 작성의 원리에서 보는 바와 같이 국제수지를 분석하여 균형 또는 불균형을 파악하는 것이다.

3) 국제수지의 구성

국제수지의 구성내용은 경상계정으로 상품수지, 서비스수지, 소득수지, 경상이전수지로 구분하고, 자본계정으로 투자수지, 기타자본수지, 준비자산 증감, 오차 및 누락을 나타낸다.

(1) 경상수지(Current Account)

① 상품수지

상품수지는 가공용 상품과 운수조달상품 및 상품수리, 비화폐용금, 일반상품의 항목이다. 즉, 상품의 수출입과 관련된 기록이다.

② 서비스수지

서비스수지는 운수, 여행, 통신서비스, 보험서비스, 특허권 등의 사용료, 사업서비스, 정부서비스, 기타서비스로 금융, 오락, 정보, 건설 등 8개 항목으로 세분한다. 거주자가 외국에 투자하여 받은 배당금, 이자와 비거주자의 국내투자 대가로 지급한 배당금, 이자의 차이인 투자소득수지를 포함한다.

③ 소득수지

소득수지는 외국인 노동자에게 지급하였거나 내국인 해외근로자에게 지급한 급료, 임금, 금융자산 또는 부채에 관련된 배당, 이장 등의 투자소득(Investment income)의 수입 및 지급과 관련한 내용이다. 여기서 거주자가 외국에서 단기간 동안 받은 고용임금과 국내에 단기간 체류한 비거주자에게 지급한 대금의 차이를 나타내는 급료 및 임금수지를 기록한다.

④ 경상이전수지

경상이전수지는 수혜자에게 아무런 조건 없이 제공되는 송금, 구호식량, 의약품 등의 무상원조와 국제기구 출연금 등의 무상거래 내역을 기록한다.

(2) 자본수지(Capital and financial Account)

① 투자수지

투자수지는 직접투자(Direct investment), 증권투자(Portfolio investment), 기타투자(Other investment)로 구분한다.

② 기타 자본수지

기타자본수지는 해외이주비, 투자보조금지급 등 고정자산 취득을 목적으로 지출된 자본이전수지와 특허권, 저작권, 상표권 등 비생산무형자산 및 토지, 지하자원 등의 처분과 취득에 따른 기타자산거래를 계상하는 특허권 등이다.

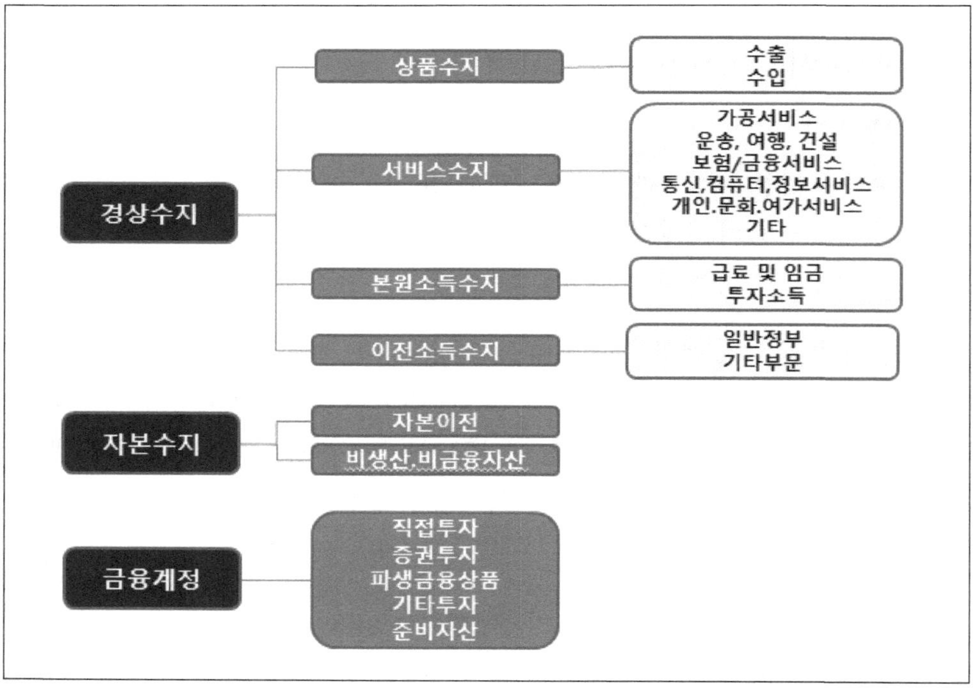

자료: 한국은행

[그림 13-1] 국제수지표 구성

(3) 준비자산 증감(Changes in reserve assets)

통화당국이 국제수지 불균형을 직접 또는 간접적으로 조정하기 위하여 계상한다. 특히 직접 외환시장에 개입하거나 간접적으로 조정하기위한 것이다. 또한 준비자산에는 화폐금융, 국제준비통화 IMF 리저브포지션, 외화자산 등이 포함된다.

2. 국제수지의 조정

1) 경제적 요인

국제수지의 조정은 교역재의 상대가격의 변화에 따라 외환시장의 가격조정기능에 의하여 불균형을 해소해 나간다. 즉, 교역재의 상대가격이 하락할 경우 수출의 증가와 수입은 감소현상을 나타낼 것이며, 국제수지 개선효과를 얻게 된다. 반대로 교역재의 상대가격이 상승하면 수출이 감소하고 수입은 증가함으로써 국제수지의 악화를 가져온다는 것이다.

소득의 변화에 따라 소득이 증가하면 수입이 증가하여 경상수지 악화를 가져오고, 소득이 감소하면 감소하여 경상수지 개선을 가져올 것이다. 또한 이자율의 변화에 있어서도 이자율을 인상하면 자본유입이 많아 자본수지의 개선효과를 얻을 수 있으나 이자율을 인하하면 자본유출로 인하여 자본수지의 악화를 가져올 것이다.

〈표 13-1〉 국제수지 조정표

변화요인	국제수지 조정		조정결과
교역재의 상대가격변화	하락	수출 증가, 수입 감소	국제수지 개선
	상승	수출 감소, 수입 증가	국제수지 악화
소득변화	수입 증가		경상수지 악화
	수입 감소		경상수지 개선
이자율 변화	인상	자본 유입	자본수지 개선
	인하	자본 유출	자본수지 악화
환율의 변화	상승	수출재 상대가격하락, 수입재 가격상승	무역수지 개선
	하락	수출재 상대가격상승, 수입재의 가격하락	무역수지 악화
통화량의 변화	화폐시장 초과공급에 의한 지출증대		수지악화

따라서 교역재의 상대가격 변화와, 소득의 변화, 이자율의 변화 및 환율의 변화와 통화량의 변화에 따라 국제수지에 영향을 미치는 경제적 요인을 개선해 나갈 수 있다.

2) 국제수지 조정정책

국제수지의 불균형일 경우 시장기구의 조절미흡이나 조정속도가 완만한 경우 정부가 적절한 수지조정 정책을 통하여 균형수지로 조정한다. 그리고 무역정책은 재화의 수출입을 직접통제하게 되며, 지출조정 정책으로 재정, 금융정책을 사용하여 조정하고, 지출전환 정책으로는 외환 즉, 환율을 조정하는 정책을 사용한다. 가령 원화에 대한 달러가치(₩/$)가 1,000원이라고 가정한다면, ₩/$=1,000이라고 표기한다. 그리고 이에 대한 가치가 ₩/$=1,000에서 1,100원으로 100원 상승하였다고 한다면, 원화가치가 100원 정도 하락하였으며 환율은 반대로 상승하였다고 말하는 것이다. 이때 달러에 대한 원화의 가치는 당연히 100만큼 자동적으로 내린 것으로 본다. 환율을 올린다는 것은 원화가치를 떨어뜨린다는 것이다.

따라서 국제수지 조정정책으로는 먼저 재정 및 금융정책에 의한 조정으로 적자인 경우 금융정책으로 이자율을 올리거나 대출을 억제하여 기업으로 하여금 유효수요를 감축하고 재정지출을 줄이며 소득수준의 하락으로 수입을 억제하는 작용을 한다. 금융면에서는 재정, 금융조정의 외환정책과 실문적인 면에서는 무역통제의 수단이 그것이다.

하지만 외환시세의 조정에 따라 외환정책에 의한 조정의 방법도 있다. 외환시세 조정은 가격변동에 의한 것으로 통화당국이 외환시세의 수준을 책정하여 수출입의 가격을 조정하는 것이다. 최근 선진국들의 자국우선과 보호무역의 수단으로 인하여 환율변동에 대한 정부개입 시 환율 조작국으로 지정하여 규제하거나 통제하는 등의 애로사항이 있으므로 신중을 기해야 할 필요성이 있다.

마지막 세 번째로는 무역정책에 의한 직접통제 조정이다. 무역의 불균형을 해결하기 위한 근본적이면서도 일시적인 조치에 불과하나 수입제한, 수출장려를 통한 정책으로 수입을 제한할 목적으로 관세, 수입할당, 수입금지, 수출장력 및 금융우대 등의 수단을 취한다.

제2절 국제통화제도의 변천과 기능

1. 국제통화제도의 개념과 변천

1) 국제통화와 국제통화제도의 개념

국제통화(international currency)란 무역과 투자 등의 국제거래에 이용되는 화폐, 또는 정부와 기업의 유동성 준비로서 사용되는 화폐를 말한다. 구체적으로는 미국 달러화, 영국 파운드화, 일본 엔화, 유로화 등의 통화를 의미하며, 그밖에 국제통화기금(IMF)의 특별인출권(SDR)도 국제통화로 사용되고 있다.

현재의 국제통화체제에서 국제통화는 약 10여개이나 실제 국제금융시장에서 국제통화로 이용되는 것은 5~6개의 통화에 불과하다. 국제통화는 국제통화제도의 변천에 따라 그 형태를 달리하여 왔다. 국제금본위제도하에서는 금이 국제통화의 역할을 수행하였으며 금환본위제도하에서는 금과 함께 미국의 달러화와 영국의 파운드화가 국제통화로 사용된 바 있다.

국제통화제도(international monetary system)란 복수의 국민통화가 존재하는 세계경제에서 국제거래를 행하기 위한 통화결제 및 그 운영방식을 가리킨다. 이를 국제통화체제라고도 부른다. 여기에는 사용통화와 국민통화 간의 교환비율, 국제수지 조정, 정책협조의 방법 등이 그 구체적인 내용으로 포함된다. 달리 말하면 국제통화제도는 국제무역의 균형적 확대와 국제자본의 원활한 이동을 지원하는 국제적인 통화제도와 결제 메커니즘을 의미한다.

2) 국제통화제도의 변천

(1) 국제금본위제도의 시대(1876년~1913년)

국제통화제도로서의 금본위제도는 1870년대에 서유럽에서 등장하였다. 그 후 1816년에 영국이 금을 본위화폐(Standard money)로 하는 금본위제를 채용하게 되면서부터 19세기후반까지는 세계의 주요 국가들이 금본위제를 채용하였다. 금본위제도하에서 금과 자국통화(지폐이든 주화이든 간에) 가치 간에는 일정한 교환비율이 설정된다.

예를 들면 미국은 1차 세계대전이 일어나기 전까지 금 1온스에 대하여 $20.67의 비율로 미국달러화를 금과 바꿀 수 있었다. 영국은 금 1온스에 대하여 £4.2474

의 교환비율을 설정하였다. 영국은 당시 가장 발달한 공업국으로서 세계의 무역을 지배하였고 파운드는 1717년 이후 일정한 금 가격을 유지하였기 때문에 국제무역에 진출한 후발 국가들은 영국의 금본위제를 모방하면서 외환시세의 안정을 도모하였다.

국제금본위제도는 1차 세계대전이 일어난 1914년까지 유지되었다. 1차 대전의 발발은 무역의 흐름과 금의 자유로운 이동을 위축시켰기 때문이다. 국제금본위제도하에서는 자국 통화가치를 지탱하기 위하여 금의 적정한 보유가 매우 중요한 과제이다. 또한 각 국가는 자국의 통화 공급량을 확대할 수 있는 금과의 교환비율을 제한시키는 것도 중요하다. 추가적인 금 보유가 확보될 경우에 통화량이 증가될 수가 있다.

(2) 국제통화제도의 혼란기(1914년~1944년)

제1차 세계대전에 이르기까지 약 200년간 영국 파운드화는 금본위제의 기본이었으며 국제통화로서 안정적인 기능을 수행하였다. 제1차 세계대전이 끝나고 주요국은 잇달아 국제금본위제도로 복귀하였으나, 전후의 국제금본위제도는 여기에 참여한 국가의 수가 최고에 달하였을 때 때마침 불어 닥친 경제대공황에 의해 붕괴되었다. 그 원인은 전후의 금본위 복귀를 구 평가로 한 국가가 많아 이것이 미국 이외의 국가로서는 통화가치의 과대평가가 되었다는 점, 또한 국제수지 적자국으로서 금 상실에 따른 디플레 정책이 국내적으로도 한계를 넘어섰다는 점, 그리고 흑자 국에 의한 금의 불태화정책 즉, 금 보유량과 통화량과의 연동을 끊은 정책의 채택 등이 지적된다. 또한 보다 큰 배경으로는 전체 국제금본위제의 시스템을 뒷받침하였던 영국의 국력이 쇄락하였다는 점을 지적할 수 있다.

한편, 1차 세계대전 이후 국제금환본위제도가 등장하였는데, 금환본위제도가 1차 세계대전 이후 대두된 배경은 각국의 국제수지 불균형에 따른 금 준비의 국제적 편재현상과 금의 부족현상이다. 국제금환본위제도는 금을 다량 보유한 국가가 금본위제도를 채택하고 여타 국가들은 금 및 금 태환이 보장된 국가의 통화를 화폐발행 준비로 보유함으로써 자국통화 단위와 금의 일정량 사이에 간접적인 등가관계를 유지할 수 있도록 하는 제도이다.

여기에서 금환(gold exchange)이란 금 태환이 가능한 금본위국가의 교환성 통화나 환어음 및 예금 등의 채권을 말한다. 금환본위제도하에서 금본위국은 자국 보유금을 준비로 하여 통화를 발행하고, 금환본위국은 금본위국의 통화를 준비로 하여 자국통화인 금환을 발행하기 때문에 금 부족 문제는 해결이 되었다.

국제금환본위제도는 국제수지자동조절 기능면에서 취약점을 가져 1929년 세계공황을 계기로 1931년 9월에 붕괴되었다. 국제금본위제도가 붕괴된 후의 1930년대는 환율의 혼란기였다. 주요국은 외환평형기금을 창설하여 시장개입에 의한 환율의 안정을 도모하였으며, 한편으로는 환율의 절하경쟁으로 불릴 만한 상황도 발생하였고, 또한 경제적인 대응으로서 무역의 블록화가 진행되었다.

(3) 브레튼우즈 체제와 IMF 고정환율제도 : 1945~973년

제1차세계대전후 국제통화제도로서 고전적인 금본위제도가 부활하였으나 1931년에 다시 정지되었다. 그 후 각국이 수출을 늘리기 위하여 통화가치하락 경쟁에 나서고 외환관리의 강화를 도모하고, 국제분쟁 등이 잇달아 일어나 세계의 무역이 축소하고 최종적으로는 블록경제의 대립을 초래하게 되었다. 이것이 제 2차세계대전발발의 경제적 요인이었다는 반성에서 1944년에 연합국의 대표에 의하여 미국의 뉴 햄프셔 주에 있는 브레튼우즈에서 국제통화기금 협정 등이 맺어져 안정된 환율을 기초로한 다각적 자유무역의 발전을 추진하기로 하였다. 이에 의하여 발족된 것이 국제통화기금(IMF)이다.

IMF는 금만을 국제통화로 하는 금본위제를 채용하지 않고 미국달러를 기축통화로 금과 함께 국제통화로 하는 제도를 만들었다. IMF의 가맹국들은 그 평가(平價)를 고정하고 이것을 금 또는 달러에 의하여 표시하였으며, 환율변동은 평가의 상하 1% 이내로 억제하는 의무를 부과하였다. 이 때 결정된 금과 달러의 교환비율은 금 1온스 = 35달러였다. 이러한 새로운 국제통화제도를 브레튼우즈체제 또는 IMF체제라고 부르며 환율변동의 관점에서는 고정환율제로 불렀다.

제2차 세계대전 중 및 전후에 걸쳐 압도적인 위력을 과시한 미국경제에도 1950년대와 1960년대를 통하여 국제수지의 역조가 계속되었다. 군사비 지출 등 거액의 정부부문 적자에 더하여 주로 해외직접투자에 의한 장기자본의 유출, 그리고 무역수지의 흑자폭 축소에 의해 1960년대를 통해 외국의 공적 부문과 민간 부문이 보유한 미국 달러화 잔고가 누증하였다. 또한 유로금융시장의 확대에 의하여 달러차입의 용이성도 있었으며, 달러화의 신인도에 영향을 미칠 일들이 있을 때마다 외환시장에서는 달러화 매도 투기가 발생하였다. 이처럼 달러화의 가치에 대한 불신이 증폭되어 과연 미국이 1온스 당 35달러의 금 평가를 언제까지 유지할 것인가 하는 의문이 제기되었다. 이에 따라 투기자들은 달러화보다는 금을 사들이기 시작하였다. 이것이 이른바 골드 러시였다.

상황 하에서 고정환율을 유지하기 위해 평형개입을 한 결과, 주요국 통화당국의 수중에는 달러화 잔고가 더욱 누적되고 마침내 1967년에는 이들 달러화 잔고가 미국이 보유한 금 준비를 넘어서고 말았다. 1971년 8월 미국의 닉슨 대통령이 각국의 공적기관이 보유한 달러의 금에 대한 교환성을 정식으로 정지시켰을 때 국제통화체제는 새로운 국면으로 들어서게 되었다. 이것이 소위 닉슨 쇼크이다. 주요 통화국은 달러화의 매입지원을 포기하고 대 달러 변동폭(평가의 상하 1%)의 제약을 이탈하여 변동환율제로 이행하였으며 과대평가된 달러화는 평가절하 되었다. 다만, 이 시점에서는 아직 고정환율제로의 복귀가 주요 각국의 공통된 인식이었으며, 변동환율제는 새로운 평가가 정해질 때까지의 잠정적인 조치로 생각하였었다.

1971년 12월 미국 워싱턴의 스미소니언 박물관에서 선진 10개국의 국제통화회의가 열려 격렬한 논의 끝에 각 주요통화의 달러에 대해 중심환율로 불리는 새로운 고정환율이 정해졌다. 달러는 금에 대해 절하되고 주요국 통화는 달러화에 대해 절상되었다. 그러나 달러의 금에 대한 교환성은 정지되었기 때문에, 달러화가 금에 대해 절하되더라도 이는 명목적인 것에 불과하였다. 각 통화는 중심환율의 상하 각 2.25%까지 환율변동을 허가하였는데, 이로 인하여 보다 넓은 변동폭(wide margin)을 가진 고정환율제로의 복귀가 이루어지게 되었다. 스미소니언 체제는 금이 뒷받침되지 않는 달러화에 대한 고정환율의 설정이었기 때문에 실질적으로는 달러본위제인 셈이었다.

한편, 환율변동의 폭은 이전보다 넓어졌으며, 금이 뒷받침되지 않는 달러, 국제수지 적자의 진행에 의하여 과잉된 달러는 항상 매도 압력을 받았고, 개입에 의한 매입 지지에도 한계가 있었다. 유럽 각국 및 일본의 입장에서 볼 때 이처럼 개입에 의해 매입된 달러에는 가치의 보증이 없는데다 대규모적인 매입에 의해 국내에서는 과잉유동성의 문제가 심화되었다. 결국, 스미소니언 체제는 브레튼우즈 체제의 문제점을 근본적으로 해결하지 못한 일시적인 조치에 불과하였다. 이후 각국은 자국의 경제사정에 적합한 환율제도를 채택하게 됨에 따라, 1976년 1월 변동환율제도를 인정한 킹스턴 체제가 새로이 출범하게 되었다.

4) 절충 통화협정과 변동환율제도로의 이행(1973년~현재)

1971년 미국의 금 태환 정지가 선언된 이후 국제통화제도에 대한 개혁 논의가 계속되어 오던 중 1976년 1월 자메이카의 킹스턴에서 열린 IMF 제5차 잠정위원회에서 국제통화제도 개혁에 관련된 현안문제들이 일괄 타결되었다. 동 합의에 따라 IMF 협정문 개정안이 1978년 4월 정식으로 발효됨으로써 새로운 국제통화제도인 킹스턴체제가 출범하여 오늘에 이르고 있다. 킹스턴 체제하에서는 IMF 가맹국이 각국의 경제여건에 적합한 변동환율제도를 자유로이 선택할 수 있게 함으로써 변동환율제도를 공식화시켰다. 또한 금을 폐화시키고 준비자산으로서의 SDR의 기능을 강화시켰다.

1970년대 중반 이후 미국의 경상수지 적자폭은 확대되었으나, 미국의 고금리에 의해 미국으로의 자본 유입의 중지되지 않은 상태에서 달러 강세 기조가 계속되었다. 이러한 달러강세를 시정하기 위하여 미국·일본·서독·영국 및 프랑스의 5개국의 재무장관 및 중앙은행 총재들은 1985년 9월 22일 뉴욕의 플라자 호텔에서 회의를 개최하였다. 동 회의에서는 미국달러를 제외한 주요 통화의 대미달러 환율을 상승시키는 것이 바람직하다는 것과 이를 위하여 주요국들이 보다 밀접하게 협력해 간다는 것들에 대해 합의하였다. 이것이 이른바 '플라자 합의'이다. 플라자 합의는 주요 통화 환율의 면에서 괄목할 만한 성과를 거두었다. 이 합의를 받아들여 각국 통화 당국의 협조개입 결과 플라자 합의 일에 달러당 238엔이던 엔화의 환율이 1987년 2월에는 150엔대로 떨어졌다.

한편, 제2차 세계대전 이후 유럽 국가들은 유럽을 단일경제권으로 통합하려는 노력을 지속해 왔다. 이러한 노력이 결실을 맺어 유럽연합 15개국 중 독일, 프랑스 등 12개국의 참여로 1999년 1월부터 유럽경제통화연맹(EMU)이 출범하였고 단일통화인 유로화가 도입되었다. EMU 출범은 1970년대 초 브레튼우즈 체제붕괴 이후 국제통화질서에 변화를 가져올 수 있는 가장 중요한 사건이다. 미국의 화폐금융사가인 글린 데이비스는 '화폐의 역사'에서 알렉산더제국, 로마, 원나라 등 대제국의 출현과 맞먹는 단일통화제국이 탄생하는 것이라고 강조하였다. 유로화는 국제금융시장에 상당한 영향을 미치고 있다.

2. 국제금융시장의 구조와 기능

금융의 문자적 정의는 '돈의 융통'을 의미한다. 즉, 돈을 빌리고 빌려주는 것을 말하는 것으로서 흑자경제주체로부터 적자경제주체로 돈이 이전되는 것을 의미한다. 금융시장이란 이러한 금융이 이루어지는 장소를 말하는데, 금융시장은 물리적으로 존재하는 시장뿐만 아니라 금융거래가 발생할 수 있는 가상적인 공간까지 모두 포함한다. 금융시장은 자금의 공급자와 자금의 수요자, 금융수단 및 금융기관으로 구성되며, 자금의 융통이 금융 중개기관을 경유하는가의 여부에 따라

직접금융방식에 의한 직접금융시장과 간접금융방식에 의한 간접금융시장으로 구분된다. 직접금융방식은 자금수요자가 금융시장을 통하여 자신이 발행한 주식이나 채권 등 증권을 팔아 자금을 조달하는 것이며, 간접금융방식은 은행 등 금융중개기관을 통하여 자금의 이전이 이루어지는 것을 의미한다.

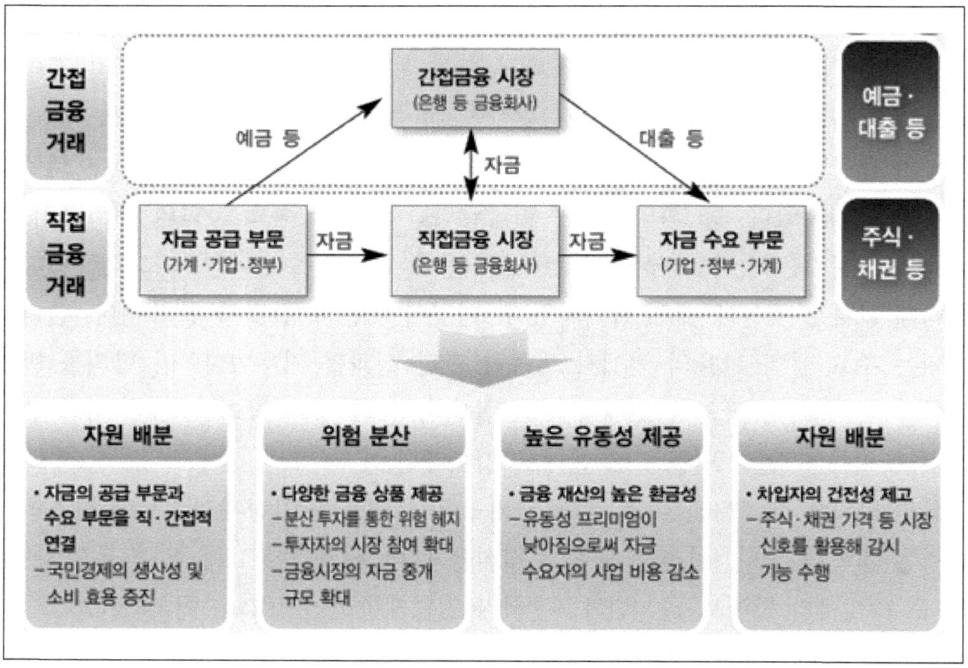

자료: 여시재 미래디자인 시리즈

[그림 13-2] 국제금융시장의 자금 흐름도

국제금융은 국제무역, 해외투자 및 국제간 자금의 대차 등에 수반하여 금융자산과 금융부채가 국제간에 거래되는 것을 말한다. 여기에서 '국제간에'라는 의미는 국가와 국가 간이라는 뜻도 되나, 거주자와 비거주자 간 또는 비거주자간의 의미를 가진다. 국제금융시장은 이러한 금융거래가 국제적으로 이루어지는 장소를 의미하며, 이들 금융거래가 국가 간에 이루어지는 점에서 국내금융시장에 대한 대칭적인 개념이다. 근년 들어 각국의 금융시장과 외환시장에서 규제가 크게 완화되고 통신기술이 발전하여 금융시장의 세계적인 통합현상이 가속화됨에 따라 국제금융시장은 각국의 국내금융시장과 유로금융시장, 국제외환시장을 포괄하는 총체적인 거래메커니즘으로 이해되고 있다.

국제금융시장은 지난 17세기 영국이 무역대국의 지위를 누리면서부터 런던을 중심으로 발달하였는데 오늘날에는 뉴욕, 동경, 싱가포르, 홍콩, 프랑크푸르트, 파리 등 세계적으로 확산되어 발전하고 있다. 이러한 국제금융시장은 구체적인 장소 개념의 시장과 추상적 개념의 시장 두 가지가 존재한다. 전자에는 미국, 유럽 등의 주요 금융 중심지나 그 지역에서 운영되는 증권거래소, 선물거래소 등이 있으며, 후자는 국제자금의 수요와 공급을 연결하여 주는 기능, 거래내용 등을 포함하는 추상적인 개념이다.

국제금융시장을 분류하는 통일된 기준은 없다. 그러나 대체적으로 보면 국제금융시장은 5개의 시장으로 구성되어 있다. 각국의 국내금융시장, 외국금융시장, 국제외환시장, 유로금융시장, 역외금융시장이 그것이다. 국내금융시장은 단기자금시장, 장기자본시장, 외환시장, 그리고 파생금융상품시장을 포함하고 있다. 이들 국내금융시장은 해당 정부의 정책에 따라서 국가별 규제와 경제적 틀 속에서 기능하고 있다. 외국금융시장은 단일통화표시에 의하여 두 나라의 거주자들 간에 차입과 투자거래가 이루어지는 시장이다. 이들 거래는 두 나라에 의하여 부과된 규제의 적용을 받는다.

국제외환시장은 뉴욕, 런던, 동경외환시장 등과 같이 주요 금융시장에서 주요 국제통화가 매매되는 시장이다. 유로금융시장은 유로커런시시장, 유로크레디트시장, 유로본드시장, 유로달러선물 및 옵션시장, 통화스왑시장 및 금리스왑시장을 포함하는 시장이다. 역외금융시장은 자국내에 소재하는 금융기관에 조세와 외환관리측면에서 특혜를 부여하여 비거주자 상호간의 금융거래를 원활하게 할 수 있도록 한 시장이다. 국제외환시장은 국제금융시장에서 독특한 역할을 수행한다. 유로커런시시장이 대출과 예금을 위한 시장이라고 하면, 국제외환시장은 결제의 기본적인 지급수단을 제공한다.

유로금융시장은 지급준비금과 예금 보험료와 같은 국별 규제를 받지 않는다. 이 때문에 유로은행들은 국내은행들보다 낮은 비용으로 보다 효율적으로 영업활동을 할 수가 있다. 유로은행과 국내은행은 서로 치열한 경쟁을 하고 있는데, 이러한 경쟁은 금리 면에서 국내자금시장의 금리를 유로금융시장의 금리와 서로 연계시키고 있다. 예를 들면 미국 국내의 CD금리가 유로달러CD금리보다 높다고 하면, 미국 국내은행들은 그들의 해외지점을 통하여 유로금융시장에서 자금을 차입하려고 할 것이다.

금융시장은 대내시장(internal market)과 대외시장(external market)으로 분류할 수도 있다. 그 가운데 대내시장은 국내시장(domestic market)과 외국시장(foreign market)을 말하며, 이는 국내시장에서 국내거주자가 증권을 발행하고 이 증권이 국내에서 거래되는 시장을 말한다. 외국시장은 그 반대의 개념이 된다.

세계자본시장의 흐름은 개별 국가마다 차이는 있으나 국제화단계를 거쳐 통합화로 가고 있는 단계에 있다. 국내 금융시장은 외국투자자, 해외자산, 외국금융기관 및 해외경제의 변화에 점점 더 영향을 받게 되었으며 개별국가의 금융시장을 분리해 온 장벽의 붕괴를 의미하는 통합화가 유로금융시장의 발전과 더불어 가속화되고 있다.

개별국가 정부들은 자본통제를 완화하고 국내 금융시장에 대한 규제 및 금융관련 조세를 철폐하는 등 금융자유화와 규제완화를 지속적으로 추진하고 있으며 민간 금융기관들은 다양한 금융상품을 도입하는 금융혁신을 추구하고 있다. 국제금융시장의 범위를 구분하는 기준이 필요하다. 거래발생지의 통화가 아닌 외국통화로 표시된 금융거래를 유로거래라고 하며 거래가 일어나는 시장을 유로금융시장이라고 한다.

3. 파생금융상품의 이해

파생금융상품이란 기초금융자산(주식, 채권, 통화 등)의 가격변동에 따른 가치의 변동을 결정하게 되는데, 종류로는 상품의 계약 형태에 따라 크게 선물, 옵션, 스왑 등으로 나눈다. 또한 통화와 관련한 파생금융상품으로는 통화선물, 통화옵션, 통화스왑 등으로 나뉜다. 기초자산에 의한 파생금융상품 이외에도 파생금융상품의 조합으로 캡(cap), 훌로어(floor), 칼라(collar), 스왑션, 선물옵션 등이다.

파생금융이 나타난 시기는 1970년대 이후 1980년대 후반부터이다. 1970년대 이후 변동환율제로의 전환, 각국의 금리자유화, 외환 및 자본거래에 대한 규제의 철폐 등으로 금리 및 환율관련 금융상품의 가격변동의 크게 확대되었다. 상품개발능력과 위험관리기법이 미흡하고 정보처리기술의 부족으로 파생금융상품거래는 주로 장외거래에 한정되었으나, 1980년대 초 이후 정보처리기술의 발달과 함께 옵션, 스왑 등과 같은 복잡한 구조를 가진 장외거래도 널리 퍼지게 되었다.

현물거래와 돈을 주고 매매하는 거래를 말하며, 선물거래는 계약은 지금 하고 대금결제는 약정된 일정시점에 하겠다는 것이다. 이러한 거래는 당장에 가격을 확정해서 계약을 체결하고 일정 기간이후의 시점에서 계약대로 대금을 지불하고 물건을 받는 경우이다. 이러한 거래방식을 선도거래라고 한다. 선도거래의 발전된 형태로 거래소라는 특정한 장소에서 다수의 거래자가 모여 규정과 절차에 따라 거래하고 거래소가 보증하는 방식을 선물거래라고 한다.

옵션(option)이란 계약대상의 특정자산을 약정된 조건으로 사고팔 수 있는 권리이다. 옵션거래는 계약 당사자가 정한 기간 내에 미리 정해진 가격으로 기초자산인 상품을 사거나 팔 수 있는 권리 즉 선택권을 거래소에서 규정한 정형화된 방법으로 거래하는 것이다. 옵션거래는 가격이 상승할 것으로 예상되면 미래시점에서 살 수 있는 권리를, 하락할 것으로 예상되면 팔 수 있는 권리를 사고파는 거래이다. 따라서 옵션거래의 경우 상승을 예상했다면 사전에 정한 가격을 살 권리(call option)를 사 두었다가 미래 시점에 가서 상품의 시장가격이 상승하지 않았다면 살 권리를 포기하는 거래방법이다.

반면에 스왑거래는 채무의 교환을 의미한다. 각 금융자산은 통화, 금리, 기간 등에 대하여 조건이 특정금융자산 간에 서로 교환하는 것을 말한다. 특히 양 당사자가 서로 다른 금융상품을 교환하거나 서로 다른 두 시점에 하는 거래를 말한다. 스왑금융은 통화스왑, 금리스왑 및 이 두 가지가 혼합된 통화금리스왑으로 나눈다.

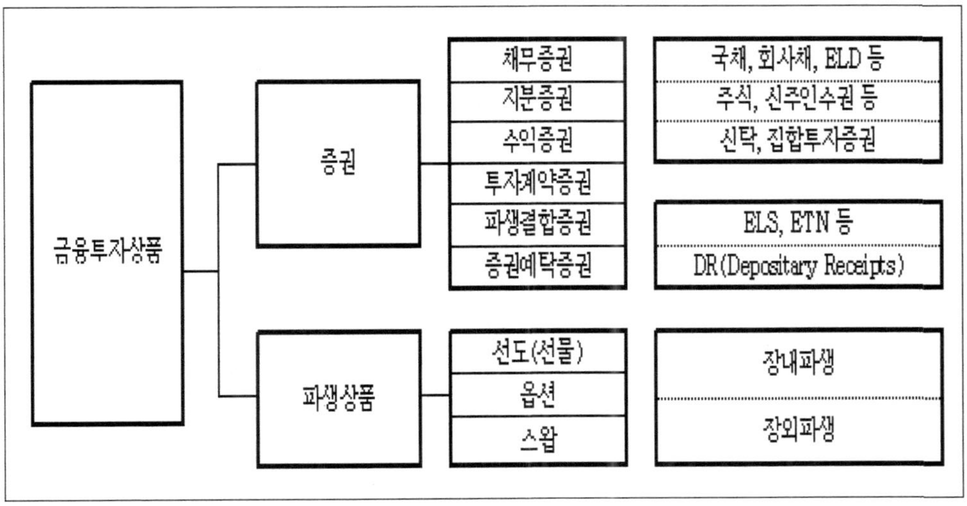

자료: 1등 조세회계 경제신문

[그림13-3] 파생상품과 파생결합증권의 구분

제14장

글로벌전자무역과 유통물류의 이해

제1절 글로벌 전자무역의 의의

1. 전자무역(Electronic Trade)의 탄생배경과 전망

1) 전자무역의 의의

(1) 전자무역의 탄생배경

세계화의 영향으로 전자무역은 전자상거래의 발전과정에 탄생하게 되었다. 1970년대 초반 사설통신망을 통한 전자자금이체(EFT: Electronic Funds Transfer)의 도입으로 전자상거래가 시작되었다. 특히 1980년대 이후 전자자료 교환, 전자우편의 기술발달로 인하여 문서작업의 시간단축과 표준화를 통한 자동화시스템의 도입 등으로 비즈니스의 효율화를 이루게 되었다.

글로벌무역에 있어서도 전자상거래로 인하여 주문서, 선적서류 등 전통적인 종이서류의 방식에서 전자문서교환방식(EDI)으로 전화되었고 이러한 기술을 통하여 글로벌무역은 1990년대 초에 전자메시지의 전달기술과 정보공유 등으로 인하여 사이버공간을 통한 온라인 서비스가 강화되어 전자무역 즉, 인터넷무역이 성행하게 된 것이다. 특히 1990년 초 인터넷 월드와이드웹(World Wide Web)의 출현으로 정보공시, 정보배포, 등이 용이하게 됨으로써 전자상거래에 전환점을 맞이하게 되었다. 전자상거래는 월드와이드웹을 통한 저렴한 방법에 의한 규모의 경제를 실현하고 다양한 거래활동을 통하여 범위의 경제를 실현할 수 있게 되었다.

또한 1980년대부터 UN/EDIFACT의 무역절차 간소화 및 전자문서표준화에 따라 우리나라도 1991년 한국무역정보통신(KTNET)을 출범, VAN/EDI망을 구축하고 단계적으로 무역자동화 서비스를 확장해 왔다. 이후 1990년대 중반부터는 인터넷의 확산과 관련기술의 발전을 통해 무역계약 체결전의 무역거래알선, 인터넷마케팅 등 무역의 대금결제처리까지 전자정보통신기술에 의하여 손쉽게 처리할 수 있게 되었다.

〈표 14-1〉에서 e-비즈니스라는 새로운 개념의 등장으로 기업내부 정보시스템과 외부 정보시스템을 연동하여 업무의 편의성을 높이고, 기업의 경쟁력을 통한 전자무역(e-Trade)을 탄생시켰으며, 저렴하고 손쉬운 확장이 가능한 XML기반의 개방형 EDI로 전환하여 글로벌전자무역시대를 열어가고 있다.

〈표 14-1〉 무역거래의 처리방식 변화

년 대	처리방식/수단	내 용
1960년대 무역거래 표준화	－E－Marketplace －Trade Portal Site	－신용장 통일규칙(UCP－500) －정형거래조건해석규칙(INCOTERMS)
1970년~1980년 무역절차 간소화	－E－C/O －E－L/C * 전자민원시스템	－국가별 무역절차 간소화 －국제연합 유럽 경제위원회(WP4) －CEFAST의 활동
1980년~1990년 무역 자동화	－E－Logistframe, MFCS －E－L/G, E－B/L	－UN/ECIFACT의 EDI국제표준 －TEDIS(전자문서교환시스템) * 한국(KTENT), 미국(ITDS) 등
2000년 이후 무역 전자화	－관세청 및 KTNET * 전자통관절차 시스템화	－E－Trade System －E－EDI, 볼레로, Trade Card

(2) 전자무역의 특징 및 발전전망

전자무역은 전자 및 정보통신 기술의 발달로 인하여 기존의 무역 관련의 사무를 자동화에 의한 사무화로 만들어가면서 점차 글로벌무역자동화를 실현하였고 이러한 사무자동화의 경향으로 점차 인터넷을 통한 전자상거래의 개념이 확산되면서 글로벌전자무역으로 발전할 수 있는 계기를 마련한 셈이다.

[그림 14-1]은 전자적인 사이트를 통하여 고객과의 실시간의 거래가 가능하다는 점이다. 고객과의 정보가 전사적으로 이루어짐으로써 전자 카탈로그, 쇼핑몰, 등 24시간 동시에 개방되어 있다는 점이다. 그리고 전자적 업무처리를 통한 기업의 비용절감의 효과를 통하여 전자서류에 의한 정보공유와 소비자들의 반응을 통한 제품의 생산과 전달 등은 의사소통을 원활히 해 준다.

[그림 14-1]과 같이 우리나라는 1991년 무역자동화법 제정이후 정부와 유관기관 및 민간의 힘으로 상역, 외환, 통관, 물류 등의 네트워크화를 통하여 무역자동화 추세로 나아갈 수 있어 이를 바탕으로 전자무역 프로세스 기반을 조성하였다. 기존의 기업들은 단순한 시장조사를 통한 수출입의 일환으로 마케팅을 구사하였으나 무역 프로세스의 개발로 다양한 수출입의 관련기관과 연계성 있는 실시간의 거래관계를 구축할 수 있고, 지원산업과 공공기관의 지원을 통한 발빠른 정보와 해당의 수출입에 큰 효과를 얻게 되었다.

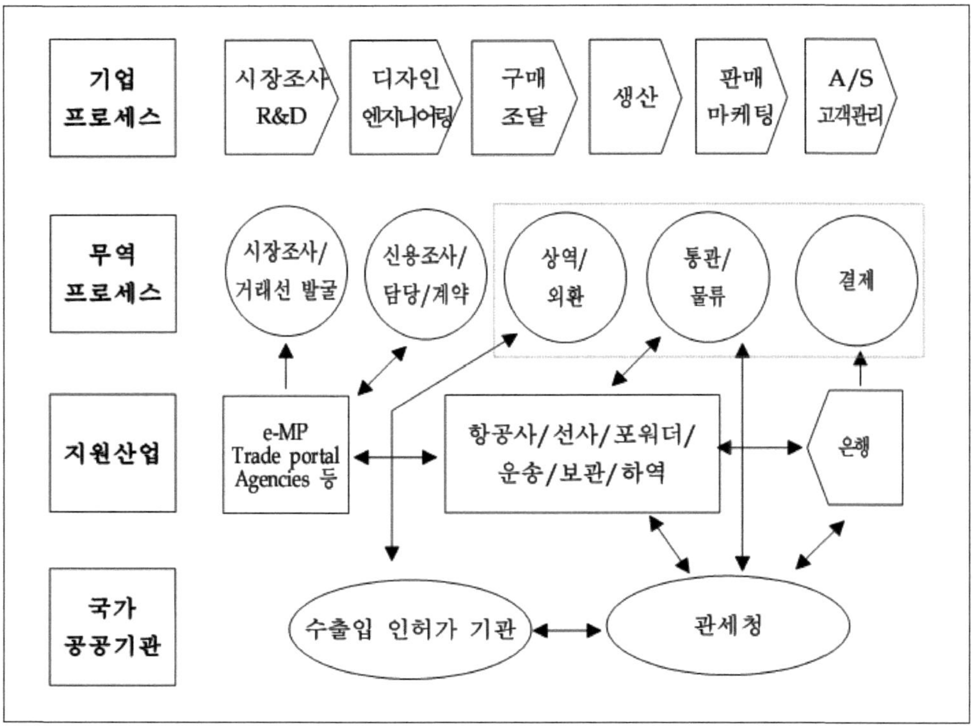

자료: 한국무역협회(홈페이지)

[그림 14-1] 전자무역의 프로세스

(3) 전자무역의 특징

세계화의 영향은 글로벌기업을 통한 글로벌무역이 성행할 수 있게 되었으며, 무역의 성향도 달라졌다. 가령 무역중개인에 의한 중개무역이 달리 필요치 않게 된 셈이다. 글로벌전자무역으로 인하여 무역상의 수입과 수출은 물론 이를 위한 접속, 처리, 활용 등도 전자화된 시스템을 활용함으로써 가능하게 되었다.

글로벌전자무역을 통하여 전 세계시장이 하나로 통합되고 표준화된데 이어 상품과 서비스의 내용과 질도 거의 동질화된 셈이다. 즉, 기업과 소비자 간의 철저한 시장원리의 적용으로 인하여 합리적인 기준거래가 이루어지게 되었고, 인터넷에서의 가격과 제품에 대한 차별화를 통하여 구매에 적용할 수 있게 되었기 때문이다. 전자무역은 무역거래에 있어 신속하고 정확하게 거래할 수 있도록 시간적, 경제적 부담을 덜어주고 거래상대방과 모든 소비자에게 관련의 정보를 오픈한다는 점에서 글로벌 전자무역은 보다 무역거래가 활발하게 이루어져 세계적인 물류의 이동이 손쉽게 이루어질 것이다.

2) 전자무역의 개념 및 정의

통신기술과 인터넷의 발달로 인하여 가상공간(Cyberspace)을 이용한 통신망을 통해 대량의 정보교환이 가능하게 되었다. 이러한 가상공간에서 이루어지는 거래관계를 전자상거래 또는 전자무역이라고 한다. 그리고 1989년 미국의 국립 로렌스 리버모어 연구소에서 미국방성 프로젝트의 수행과정에서 생성되었다.

E-Business는 IT에 의해 형성된 디지털환경 하에서 전자적인 커뮤니케이션(고객, 협력업체간 정보의 커뮤니케이션) 및 E-Commerce를 통한 비즈니스이며, E-Business에는 직접 판매와 서비스지원, 브랜드, 고객 등의 관리를 포함하는 B2B, B2C, B2G, C2C 등의 전자거래형태를 총괄하는 개념이다. 전자무역(E-Trade)은 기업 간 전자상거래의 B2B개념과 글로벌 전자상거래의 개념을 포함한 E-Business의 개념이 포함된 복합적 성격을 지닌다. 2000년 12월 개정된 대외무역법에서 전자무역이라는 용어가 사용되면서부터 전자무역(e-Trade)의 공식용어로 등장하였다.(〈표 14-2〉 참조)

〈표 14-2〉 전자무역의 정의

구 분		정 의
1997년	OECD	개인, 기업이 텍스트나 음성, 화상 등을 통한 디지털화된 데이터를 처리, 전송하는 상업적 활동 및 관련의 거래형태
	유럽연합	텍스트, 음성, 화상 등을 포함한 데이터의 전자적인 처리, 전송을 기반으로 기업의 업무를 전자적으로 처리하는 방식
1998년	WTO	전자적 수단에 의한 상품 및 서비스의 생산, 유통, 마케팅의 매매, 교환활동
1999년	미상무부	인터넷, 웹사이트를 기반으로 한 시스템에서 거래 방식
2000년	공정거래위원회	재화, 용역의 거래에 있어 일부 또는 전부를 컴퓨터 등에 의한 정보처리능력을 가진 장치에 의한 전자적 형태의 송, 수신 및 저장의 전자적 거래형태
2001년	통계청	컴퓨터와 네트워크라는 전자적인 매체를 통해 상품 및 서비스의 거래가 이루어지는 방식
2005년	전자거래기본법	정보처리시스템에 의한 전자적 형태로 작성되어 송수신 및 저장된 정보

따라서 무역거래를 함에 있어서 인터넷이나 무역정보처리시스템 및 무역정보망을 통한 업무처리방식을 전자무역이라도 한다. 전자적상거래 또는 EC 즉, 전자상거래라고 하며, 광의의 의미로는 인터넷이 보급되기 이전의 단계에서부터 추진되어 사용되었던 전자자료교환(EDI)과 칼스(CALS), 인터넷 등을 통한 사이버비즈니스 등을 포함하는 상행위를 말한다.

3) 전자무역과 e-비즈니스와의 관계

전자무역은 전자상거래 및 e-비즈니스와 밀접한 관계가 있다. 즉, 전자무역과 전자상거래 및 e-비즈니스는 관련의 기술을 기반으로 하고 있다는 점이다. 이러한 관련의 기술은 e-Commerce는 컴퓨터와 통신망을 의미하는 Electronic과 재화 및 서비스의 거래를 뜻하는 Commerce와의 합성어로 전자적인 기술을 바탕으로 한 상거래이다.

e-비즈니스는 e-Business가 Electronic과 Business의 합성어로 기업 내 정보시스템 활용과 기업 간의 영업 및 마케팅 활동 등을 포괄하며, 정부기관 및 소비자와의 인터넷을 통한 연결 등의 개념까지도 포함하는 개념이다. 따라서 전자무역이란 무역프로세스의 e-비즈니스라고 볼 수 있다.

2. 전자무역(Electronic Trade)을 통한 시장의 특징

1) 세계화로 인한 표준시장으로의 통합

세계화의 영향으로 인한 세계시장의 단일화와 표준화를 이룬 것은 과학기술의 발달과 정보통신기술의 발달을 통한 가속화로 전자무역시대를 열게 되었으며, 또한 전자무역은 전 세계의 시장을 하나로 묶는 단일화, 통합화를 이룬 셈이다. 인터넷의 보급과 국경 없는 글로벌시대의 무역거래는 전자무역을 통해 국내시장과 동일개념의 시장으로 효율적이며 활성화된 시장의 모습을 찾아보게 된다. 전자무역은 그 대상이나 국가 및 상품 전체가 사이트상에서 24시간 오픈되어 있다는 장점과 실시간에 상품을 구매할 수 있다는 특징을 갖고 있다.

2) 전자무역으로 인한 거래비용의 절감

전자무역을 통한 무역거래는 전 세계의 모든 상품들을 마음대로 사고 팔 수 있는 국경 없는 무한경쟁의 시장에서 거래비용을 절감한 효과를 통한 모든 경제적 부담과 손실을 아울러 해결할 수 있다. 그리고 기존의 무역절차의 까다로운 무역통관의 제 절차를 생략하고 직접 전자무역을 통한 고객확보 및 관리를 동시에 추구할 수 있다.

3) 글로벌 마케팅을 통한 거래활성화

인터넷을 통한 거래방법으로 인하여 공간적, 시간적 제약을 거의 받지 않는다. 또한 인터넷을 통하여 실시간 마케팅을 실시할 수 있으며, 마케팅과 관련된 모든 절차와 비용을 간소화하는 한편 고객과의 직접적인 대화와 참여를 통하여 원하는 정보를 실시간에 주고받을 수 있어 거래의 투명성제고에도 한 몫을 더하게 된 것이다. 인터넷상에서 표준화 또는 적응화의 전략으로 세계적인 통용의 언어와 문자 및 문화의 차이와 목표시장을 고려하여 해당되는 시장별, 국별, 상품별로 다양하게 마케팅 할 수 있다는 점이다.

3. 전자무역의 활용

1) 마케팅과 경영 관련요인

전자무역의 마케팅 분야의 활용은 전자무역의 필요성에 따른 기업의 업무와 정보 활용 및 능력에 따라 다르게 나타난다. 즉, 글로벌화, 세계화의 영향으로 국제적인 기업 활동을 해 나감으로써 전자적인 규모가 거대해지고 관련의 기업들은 새로운 전자적 기술을 도입하여 전 세계시장을 온라인화 하게 되었다. 특히 인터넷은 전 세계의 시장을 하나의 통합된 개념의 시장으로 만들었고, 유통기간이나 관련의 정보 탐색을 용이하게 하여 커뮤니케이션 활동에 대한 최소한의 장벽을 제거하였다.

전자적 무역거래의 업무는 경제성을 띤 새로운 전자적 무역으로 성행하여 관련의 제품, 서비스 등을 실시간에 고객에게 전달할 수 있게 되었다. 새로운 정보기술의 도입으로 혁신적 정보기술을 활용하기 위한 교육과 관련의 지식을 통한 적절한 구성원의 조직이 필요하다. 이러한 신기술과 마케팅 분야의 경영과 관련하여 기본보다 비용의 절감과 무역업무의 접근방식의 시스템화에 있어 업무처리가 편리하다는 것이다.

2) 서비스와 운영상의 요인

전자무역의 활용은 전자적인 요건과 제반의 기술능력 및 장비의 적정한 유지 및 발전이 필요하다. 전자무역에 있어서도 업무를 다루기 위한 다양한 하드웨어와 관련 프로그램의 활용을 위한 소프트웨어 기술을 기반으로 무역의 업무를 효율적으로 처리할 수 있다면 기술혁신을 통한 EDI의 활성화를 가져올 수 있다.

정보기술을 통한 다양한 서비스의 질을 높이고 고객만족과 고객의 요구사항에 즉시 응답할 수 있는 전산화된 시스템을 개발하여 이를 활용함으로써 서비스의 수준을 높여 나갈 수 있다. 그러므로 전자무역의 서비스 활성화를 위하여 무역업무 체제를 단일화된 창구 시스템을 활용하여야 한다는 점과 정보화시스템을 추구하는 것이 급선무이다. 물론 마케팅을 비롯한 상역, 통관의 물류, 결제 등에 있어서도 연계성 있는 발전과 체제를 유지 및 시스템 해 나가야 한다는 것이다.

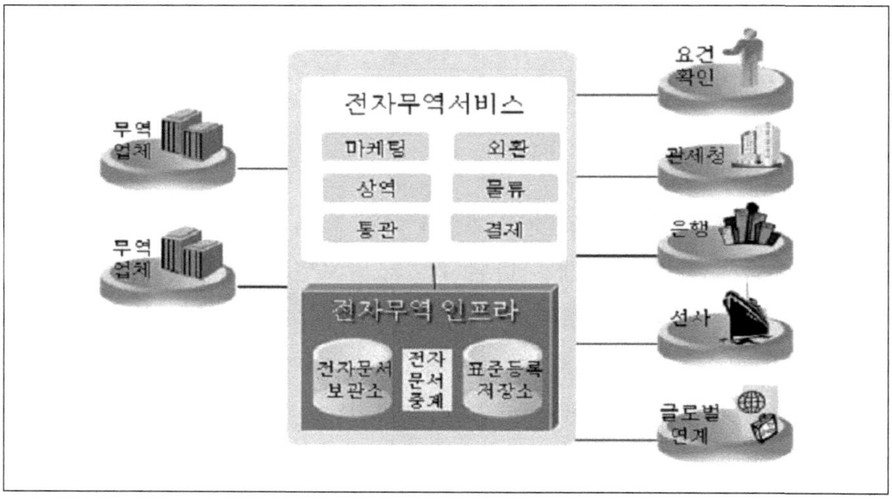

자료: 지식경제부

[그림 14-2] 전자무역서비스의 체계

결과적으로 전자무역 체계를 통한 국가의 전자무역서비스의 발전 전망은 무역프로세스의 혁신과 인프라 구축 및 전자정부로드맴을 통한 전자무역서비스의 발전 추세로 무역자동화 부문과 이를 통한 솔류선개발 및 컨설팅 및 서비스 사이트의 개발, 고객지원 및 개발과 운영을 통한 수출입의 수행에 전통무역과는 달리 새로운 체계로 신속, 정확한 무역거래가 활발하게 진행될 전망이다.

제2절 우리나라 전자무역서비스의 현황

1. 전자무역 서비스의 발전단계

1) 제1단계 : VAN/EDI 중심의 무역자동화(1990~1999)

제1단계는 VAN/EDI중심의 무역자동화를 통한 서비스를 제공하던 단계이다. 1990년부터 1999년까지의 무역자동화 개념은 VAN/EDI를 기반이었다.

2) 2단계 : XML/EDI 중심의 인터넷 전자무역(2000~2001)

제2단계는 XML 등장이후 2000년대와 2001년대에 있어 인터넷을 통한 인터넷과 XML/EDI를 기반으로 한 포털 서비스의 인터넷 전자무역시대를 말한다. 기존의 VAN/EDI 기반의 시스템을 확장이 손쉬운 XML/EDI 기반의 시스템과 인터넷을 기반으로 한 전자상거래 환경을 요구하게 되었다. XML/EDI의 대표적인 자신의 환경에 맞게 XML/EDI 표준을 만들어 사용하게 되었다. 하지만 상호연동이 불가능하여 전자상거래와 전자무역에 크게 기여하지 못하였다.

〈표 14-3〉 전자무역의 발전단계

단 계	주요내용	기업 활동
제1단계	-무역자동화시스템 활용	-전자문서에 의한 기업정보 교환
제2단계	-자사의 웹사이트 개설 -B2B 사이트이용	-기업 및 상품정보 제공 및 검색
제3단계	-웹사이트를 통한 거래 -B2B 사이트와의 연계	-웹사이트를 통한 제품거래 -개방형 e-마켓플레이스, 비개방형 사이트를 통한 거래
제4단계	-자사 웹사이트와 내부시스템간 통합	-자사의 전자무역 웹사이트와 기간시스템과의 통합
제5단계	-B2B 및 내부시스템 간 통합	-개방형 e-마켓플레이스 비개방형 사이트와 자사의 기간시스템을 연계 또는 통합

3) 3단계 : ebXML 중심의 글로벌 전자무역(2001~현재)

1999년 11월 글로벌 전자무역에 대한 국제적인 표준의 필요성에 따라 전 세계 EDI 표준화 기구인 UN/CEFACT와 XML 표준화 기구인 OASIS가 공동주관 하에 표준화 작업을 수행하여 2001년 5월 ebXML 표준을 발표하였다. ebXML의 목적은 Creating a Single Global Electronic Market으로 모든 기업과 조직들이 서로 다른 전자무역환경에서도 일관된 방식으로 글로벌 한 전자무역을 수행할 수 있도록 해주는 개방적인 XML 기반의 인프라스트럭처를 제공하는 것이다.

2. 우리나라의 전자무역 현황

우리나라의 전자무역은 세계적 수준의 통신 인프라가 갖추어져 있으며, 무역자동화시스템에 의한 수출입을 관리하고 있다. 이와 관련하여 역자동화 추진법, 대외무역법 등을 통한 법적 기반도 갖추어 나가고 있다. 2010년 우리나라의 무역업체에 따르면 수출입업체 80%이상이 전자무역에 의한 무역거래를 선호하고 있다는 것이다. 이러한 전자무역의 필요성을 인식하고 있음에도 불구하고 특별한 대책이 없는 경우가 개별 기업차원에서의 본격적인 전자무역 시대에 대비한 준비가 미흡하다는 지적이다.

또한 전자무역의 핵심인 EDI의 사용은 외환, 통관부문에서 주로 사용되고 결제, 상역부문에서는 사용이 부진한 것으로 나타났는데, 이는 전자문서의 국제협약 및 국내법상의 법적 효력의 문제가 해결되지 않은데 기인하고 있는 것으로 보고 있다. 우리나라의 무역업체들은 전자무역활성화를 이한 적극적인 참가를 원하고 있지만 해외마케팅을 통한 전자무역의 활성화에 따른 도약단계에 미치지 못하고 있는 실정으로 나타나고 있다.

1) 우리나라 전자무역의 법적근거

우리나라의 전자무역은 전자무역 촉진에 관한법률 제8852호와 전자무역 촉진에 관한 법률시행령 대통령제20678호에 의하여 법적근거를 갖는다.

2) 배경 및 내용

우리나라의 전자무역 배경은 1991년 무역자동화법 제정 이후 상역, 외환, 통관, 물류 등 부문별 자동화를 시작으로 추진하여 왔다. 그러나 부문별 무역자동화에 집중되어 기관 간 협조를 통한 무역에 대한 혁신에는 한계가 있었다. 최근 정보환경의 변화로 글로벌무역의 추세에 따라 무역 유관망간 유기적인 체제와 새로운 전자무역체제 도입과 프로세스 개선을 가능케 하였다. 마침내 2003년 7월 국가전자무역 추진을 위한 민, 관 합동의 국가전자무역위원회가 구성되어 그 해 12월에 국가전자무역 종합계획이 수립되게 되었다.

따라서 국가전자무역위원회는 전자무역의 추진과 관련된 기본방향 및 종합계획에 관한 사항과 법, 제도정비 및 개선에 관한사항 등을 협조 및 조정하게 되었다. 관련의 정부부처와 무역협회 등으로 전자무역추진 T/F(Task Force)를 구성하였다.

3) 전자무역 활성화 조건 및 청약과 승낙

전자무역이 활성화되기 위해서는 다음과 같은 제 조건을 충족해야 한다. 먼저, 전자무역과 관련된 정보인프라 구축이 필요하다. 전자무역을 활성화하기 위해서는 관련의 모든 기관과 실시간의 정보를 주고받을 수 있는 체계가 필요하며, 이를 위하여 통신네트워크 구축과 표준화된 상용의 시스템이 필요하다. 이러한 사이트를 통해 무역 관련의 주문과 통관 및 운송의 각종 사항에 관한 전반적인 업무처리를 통합시스템에 의하여 처리할 수 있기 때문이다.

또한 거래대상자의 신용평가, 당사자 확인, 전자문서의 법적보장 문제 등의 관련 정보보안이 필요하다. 무역의 관련기관의 인증기관을 통하여 인증시스템을 통한 공인된 바탕위에 결제시스템과 다양한 거래정보와 관련의 사무 처리를 자동화

〈표 14-4〉 우리나라의 전자무역 서비스구축

단계별 구분	내 용
2004년~2006년 전자무역서비스 1,2 차 구축사업	-전자무역 문서보관서 시범구축 -E-L/C 서비스 구축(은행) -전자무역서비스 포털구축(수출입 연계 서비스) -통합연계 구축
2007년 주한외국은행 E-L/C ASP ISP 전자무역서비스 3차 구축사업	-통합포털구축, 시범 서비스 구축 -E-B/L Title Registry 시범구축 -주한외국은행 E-L/C ASP 구축
2008년 전자무역서비스 BRP/ISP	

자료: 한국무역협회

시스템에 의하여 처리케 된다. 국가제도와 무역시스템, 금융시스템 등의 국제표준화를 통한 신속한 대응과 자체적인 연구 및 활성화에 노력을 기울여야 할 것이다.

〈표 14-3〉과 〈표 14-4〉를 통해서 볼 때, 정보시스템에 의한 실시간 정보처리의 서비스가 이루어져야 한다. 현재 전자무역을 수행하는 사이트의 대부분이 무역거래과정 중에서 해외마케팅을 비롯한 다양한 관련의 거래가 가능하도록 발전시켜야 한다. 세계화에 발맞춰 표준화, 적응화를 통한 해외시장과 국내시장에서의 동시화 개념도 추구해 나가야 할 것이다.

우리나라가 전자무역을 도입한 것은 무역자동화의 개념으로 1989년 5월에 시작되었다. 이어 1990년대 들어와 종합무역자동화사업추진단을 통한 무역업무자동화촉진에관한법률이 제정되어 마침내 1991년 6월에 한국무역정보통신(KTNET; Korea Trade Network)으로 발전한 것이다. 특히 2000년대에 들어와 Web EDI서비스의 시작으로 2009년 대외무역법 개정을 토한 전자구매확인서 발급지정 및 유통서비스를 개시하였다.

향후 우리나라가 전자무역시스템 시장의 규모가 최근 들어 부쩍 늘어나고 있다. 관세청 통계자료에 의하면 전 세계를 대상으로 신규 전자통관시스템 구축 수요는 54개국 이상으로 시장의 규모는 1개국당 평균 사업이 2천만 달러를 대입한 10억 8천만 달로 환화 약 1.24조원으로 추산하고 있다. 전자무역시스템을 활용하고 있는 글로벌기업의 경우 각국의 정부와 국제기구 및 다개발은행 등과의 긴밀한 협초체제로 활동하고 있다.

제3절 전자무역에 의한 대금결제

1. 전자무역결제 시스템의 기초

전자무역결제시스템은 전자결제수단은 일반적으로 은행과 고객 및 고객과 고객관의 관계 등을 통한 기본적인 결제시스템을 통한 전자결제수단의 활용으로 발전하였다고 볼 수 있다. 특히 이러한 거래관계에서의 결제를 물품이나 서비스 등에 대한 대금지불을 전자적인 수단을 통한 결제행위를 의미하고 있다는 점에서 일반적인 금융거래의 개념과는 차이가 있다.

다시 말하면 전자무역에 의한 무역대금결제 또는 전자적무역결제 더 나아가 전자무역결제 등의 용어로 사용될 수 있겠으나 전자무역결제의 핵심은 무역거래에 있어 수출입의 관계에서 물품대금에 대한 거래적인 관계의 대금결제부분에서 송금방식이나 추심 및 신용장방식에 의존하지 않고 전자적 매체를 활용하여 결제한다는 점이다. 따라서 결제에 따른 지급수단으로는 어음, 수표가 아닌 전자자금의 이체, 전자화폐, 전자수표, 각종 카드시스템 등이 활용된다.

특히 전자적 매체에 의한 무역대금의 결제에서 서류교환이나 전자무역의 확대추세 등에 따라 새로운 전자식 결제방식으로 변화, 발전되어 왔다. 물론 전자적인 결제에는 전자결제를 할 수 있는 환경조성이 필요하다. 이를 위해서 정보보안, 신뢰성, 해당의 기술확보 등이 우선되어야 한다.

또한 전자문서에 보안문서, 기밀, 무결, 인증 등의 내용을 추가적으로 확보해야 하거나 암호화하는 등 전자서명과 신용확인 여부 등의 내용도 포함되어야 하기 때문에 간편한 결제방식이라고 하지만 나름대로의 복잡한 정보체계를 아울러 갖춰야 한다. 그러므로 전자적인 결제를 위해서는 기본적으로 법적안정성과 무역서류에 대한 표준안의 마련을 통한 유동성이 확보되어야 하고, 신뢰성 및 상호인증제도, 거래관행유지, 비용 및 편의성 등의 여러 문제를 안고 있다.

2. 전자무역결제의 특징

전자무역결제의 특징은 정보기술을 활용한 무역거래의 결제시스템이라는 점에서 기존의 결제제도에 대한 비효율성을 제거한 효과적인 결제수단이라는 점이다. 전자결제는 1994년 세계무역센터의 프로젝트로 시도되었고, 중소기업의 무역비용 절감을 위한 방안으로 적용되었다. 1997년 세계무역협회의 자회사로 트레이드카드사가 설립되면서 2001년 트레이드카드시스템이 시작된 셈이다. 이러한 내용을 포함하여 신용평가, 계약체결, 수출입의 서류간략화, 문서표준화, 대금지급의 보증 및 결제의 통합시스템 등으로 확대되었다.

주요지급방식으로는 자동승인지급(Auto Approved Payment)의 방식으로 수출보험기관인 수출금융차관(Coface)으로부터 수입업자의 신용상태를 제공받아 대금지급을 보증한다. 그리고 수입업자가 작성한 구매주문서를 수출업자가 승인하여 계약을 체결할 수 있도록 되어있다.

절차로는 수입업자의 신용한도요청- 신용한도 배정- 구매주문서 작성 및 전송- 승인한 주문서를 수출업자에게 전송- 전자서명(무역계약 체결)후 전송- 화물선적 - 선적서류 트레이드카로사로 전송- 계약서와 선적서류 검토- 결제금융기관에 지급지시-무역대금지급의 절차로 진행된다.

3. 전자무역결제스템의 유형

전자무역결제시스템 가운데 신용카드형은 네트워크상에서 신용카드 거래를 기반으로 하여 전자보안거래(SET: Secure Electronic Transaction)가 업체표준으로 사용되고 있다. 신용카드를 이용하는 방법은 기존의 카드사용의 결제시스템에 네트워크를 이용한 것이다. 신용카드형은 기존의 신용카드사에 의한 신분보장 폭넓은 사용자 층 및 손쉬운 결제법 제도적 문제 해소가 가능하나 소액결제에 부적당 결제의 안정성 보장곤란 및 신용카드 발급의 제한이 따른다. 다만, 신용카드는 전세계에서 사용 중이며 신용카드사의 보증이 있어 안심하고 물품을 발송할 수 있다는 점이다.

전자화폐시스템은 정보기술을 통한 기존의 화폐를 전자적으로 발전시킨 것으로써 일반적인 화폐의 개념인 지급, 저장, 가치척도 등의 문제점을 보완하여 원격통신기능, 휴대 및 보관관리의 편리성을 추가하였다. 그리고 전자수표형시스템으로는 전자수표를 이용한 발행, 교환, 추심 등 수표거래의 전 과정에 인터넷이나 공중통신망을 이용하는 지급수단이다.

전자무역 결제시스템으로 볼레로 프로젝트, 트레이드 카드 등이 있다. 볼레로는 선하증권을 포함하여 무역서류의 전자화를 시도하였고 무역과 관련된 문서의 전자적 교환에 필요한 법적 규정인 관계를 규정한 다자간 계약 체계이며 볼레로 서비스에 참여하기 위해서는 이 Rule Book에 서명해야 한다. 그리고 트레이드 카드는 출입 서류의 전송과 대금결제 방법을 전자화 하는 사업의 하나로 소액이나 거액의 대금결제와 소액결제의 필요서류에 대한 단계적 추적도 가능하다.

세계화의 영향으로 인하여 글로벌무역이 활성화 됨에 따라 전 세계 시장을 하나의 거대한 시장으로 본다. 또한 잘 발달된 정보통신 매체를 통하여 기존의 유,무역의 수출입거래보다는 실시간으로 연결된 정보통신매체를 통하여 전자무역, 디지털무역, 인터넷 무역 등의 용어들이 등장하였으며 이를 통하여 보다 신속하고 저렴하게 무역거래를 성사시킬 수 있다는 점이다. 특히 컴퓨터와 정보처리 능력을 통한 정보통신망의 이용은 글로벌무역을 더욱 더 빠르게 실행시켜 주는 좋은 매개체가 된 셈이다.

〈표 14-5〉 Bolero Project와 TradeCard 시스템의 비교

	Trade Card	Bolero Project
메시지 표준	UN/EDIFACT	표준화 작업중
메시지 보안	RSA방식의 디지털 서명	RSA방식의 디지털 서명
상업화 목표	신용장 방식에서 벗어난 무역거래 전자화(전자무역실현)	전자식 선화증권의 구현 및 무역서류의 전자화(전자서류의 구현)
주요 서비스 대상	중소 무역업자	대기업 등 대형업체 선화증권 거래 관련자
우리나라 참여 여부	LG, SK, 우리은행	우리은행, 외환은행, 삼성전자
무역거래에서의 역할	• 전자무역계약의 체결, 이행 및 종료에 관한 중계기관 대금지급의 결정 • 전자문서 권리이전 관계 불관여	• 전자서명의 인증 • 무역서류의 진정성 확보 • 전자무역계약에는 불 관여 • 전자문서의 권리이전에 관한 통신방법의 제공
주요 추진 주체	WTCA, Trade Card사	SWIFT, TT, Club
신용장과의 일치성 확인(서류점검)방법	Trade Card SA의 컴퓨터에 의해 자동수행	종이로 출력하여 점검, 전산개발은 선택임
비용 절감	신용장 관련 비용의 절감	선화증권지연과 관련된 비용절감
서비스의 특징	신용장없이 무역거래 수행	선화증권 전자화

* SA : 중앙처리장치(System Administrator)

제4절 디지털무역 플랫폼

1. 디지털무역 플랫폼의 의의

2020년 1월 20일 정부는 '대외경제정책 추진방향'의 정책 목표로 '높은 대외 불확실성에도 흔들리지 않는 견고한 한국 경제'를 제시하였다. 발표 당시에 정부가 고려한 대내외 불확실성은 주요국의 경기 둔화, 보호무역주의, 글로벌 가치사슬 재편, 메가 FTA 타결, 중동 불안, 미국의 대선, 북핵문제 등이었다.

현재는 코로나19 발병의 전 세계적인 확산이라는 돌발요인이 생산·고용·무역·금융 등 경제 부문을 비롯하여 정치·외교·사회·문화의 모든 분야에 큰 영향을

미치고 있다. 코로나 19 바이러스는 기존의 생산방식에 비대면·비접촉 방식의 도입 확대를 요구하고 있으며 이에 따라 생산의 가치사슬 단계별로 물리적 투입요소보다는 디지털 투입요소에 대한 의존도가 높아진다. 무역 분야의 디지털화는 디지털 경제로의 전환 대응이나 기업의 거래비용 절감 등의 이유로 수년 전부터 주요국에서 추진되어왔으나 코로나19의 확산과 더불어 관련 기반을 구축·정비할 필요성이 높아지고 있다.

2. 디지털 무역플랫폼의 개념과 구축 현황

1) 디지털 무역플랫폼의 개념

디지털 무역플랫폼의 개념을 이해하기 위해서는 플랫폼 및 디지털 플랫폼의 개념을 이해할 필요가 있다. 플랫폼은 이질적인 복수의 집단이 만나서 가치를 교환하거나 상호작용하는 것이 효율적으로 이루어지도록 하는 물리적 또는 제도적 환경을 일컫는 단어로 널리 사용된다.

디지털 플랫폼은 정보화시대의 플랫폼으로서 비즈니스에서 여러 사용자 또는 조직 간에 관계를 형성하고 비즈니스적인 거래를 형성할 수 있는 정보시스템 환경을 의미하는 한편, '반복되는 요소를 공유하는 정보 시스템'으로도 정의할 수 있다. 기업 활동은 기업 간 공통되는 요소와 개별 기업만의 핵심역량에 해당하는 핵심요소로 나눌 수 있는데, 공통요소는 외부와 공유하고 핵심요소는 내재화할 때 기업 활동의 효율성이 극대화되면서 혁신성과가 제고될 수 있다. 디지털 무역플랫폼은 현재 정부가 정의한 바에 따르면 무역거래의 디지털화에 대응하기 위해 수출·해외진출 정보를 한 눈에 확인할 수 있는 통합플랫폼(Map of Maps)이다.[3)]

2) 디지털 무역기반 구축의 경과

우리나라의 높은 ICT 시스템 구축 수준 및 수출액 수준[4)]을 고려하면 우리나라는 무역거래의 디지털화를 통한 수출 성장의 유인이 있다. 따라서 정부는 전자무역시스템을 조기에 도입해왔다. 1991년 EDI[5)] 기반 무역자동화 구현을 도모하였

3) 관계부처 합동, 「디지털 무역기반 구축방안」, 2019년 10월 14일.
4) 2019년 1월~11월 수출액은 세계 7위 수준인 499,162백만 원에 달함.
5) EDI는 전자문서교환(Electronic Data Interchange)을 의미하는데, 거래당사자간에 서로 합의한 표준화된 전자문서를 컴퓨터와 컴퓨터 간에 교환하여 업무를 처리하는 새로운 정보 전달방식으로 EC(Electronic Commerce: 전자상거래)나 CALS(Commerce At the Light

으며 2003년에는 범국가 차원의 무역거래 통합 플랫폼으로 성장하게 된 전자무역시스템(uTH)이 구축되었다. 이는 2018년 OECD 무역원활화 평가 3위 등 국제적으로도 높은 평가를 받는 등의 성과로 이어졌다.

기업들은 여전히 정부의 수출지원 서비스가 공급자 중심이고 복잡한 절차를 필요로 하며 전자상거래 수출 특화 지원이 미흡하다는 애로사항을 가지고 있다. 현재 다양한 기관에서 무역, 투자유치, 현지 표준 관련 정보를 포함한 대외경제정보를 제공 중인데 무역통계·시장동향 위주의 단편적 정보인데다 지원기관별로 분산되어있다. 이에 정부는 수요자 중심의 수출지원 서비스 혁신을 위하여 지난해 10월 14일 '디지털 무역기반구축방안'을 발표하였다.

3) 디지털무역플랫폼의 구축 현황

'디지털 무역기반 구축방안'의 디지털무역플랫폼 관련 내용은 아래와 같다.[6] 먼저, 분산된 수출정보를 수요자 중심으로 통합 제공하고, 축적된 정보를 수출 마케팅과 연계하는 맞춤형 수출지원 프로그램을 제공한다. 또한 기업들이 계약-통관-물류까지 쉽고 편리하게 활용할 수 있도록 디지털 무역플랫폼을 구축한다. 마지막으로, KOTRA의 B2B 플랫폼인 바이코리아(Buy Korea)를 개편하여 업종별 전문몰을 육성하고 전자상거래 기업전용 글로벌 배송센터를 구축하는 등 인프라 구축을 확대한다.

정부가 현재 구축 중인 디지털무역플랫폼의 개념은 정보접근성을 개선하는 통합 홈페이지의 개념과 유사하다. 그러나 이는 디지털플랫폼의 의미 중 하드웨어 시스템 쪽의 개념은 충족시키나 기업 간 공통요소의 추출과 이에 대한 서비스 공급자·수요자간 또는 상품 셀러·바이어 간 효율적 의사소통 및 부가가치 창출이라는 소프트웨어적인 개념 충족과는 거리가 있다.

따라서 디지털경제로 전환 중인 현 시대의 필요에 맞게 개념과 목표를 정비할 필요가 있다. 곧 디지털 플랫폼에서 무역거래와 산업융합이 실질적으로 이루어지기 위해서 단순 정보제공을 넘어서서 창조적인 시너지가 산출될 수 있도록 플랫폼의 룰과 인센티브를 고안하고 지속적인 모니터링과 피드백을 통해 플랫폼의 질을 관리하기 위해 인력과 예산을 배분할 필요가 있다. 또한 네트워크 효과의 초

Speed: 초고속경영통합정보시스템)를 이루기 위한 표준 중의 하나이며, 문서나 서류의 교환을 전자적으로 전달하는 것을 말함.

6) 기획재정부 보도자료, 「제4차 혁신성장전략회의 겸 2019년 제25차 경제관계장관회의」 개최」, 2019년 10월 14일.

기 창출에는 다수의 이용자와 정보가 모이는 것이 필요하므로 디지털무역플랫폼 기능이 혁신적으로 개선되는 초기에는 참여자와 제공 정보에 대한 보상 여부도 검토할 필요가 있다.

디지털무역플랫폼 관련 법률은 「전자무역 촉진에 관한 법률」이나 디지털무역플랫폼에 직접적으로 관련된 규정은 없다. 다만 전자무역기반시설의 정의를 규정하는 제2조제5호[7]와 제4조제1항 전자무역 촉진을 위한 시책의 수립·시행 내용에서 디지털무역플랫폼의 취지가 추상적으로 나타날 뿐이다.

그런데 4차산업혁명 대응이라는 시대적 과제의 핵심에 디지털플랫폼의 구축과 활용이 있음을 고려하면 디지털무역플랫폼의 개념과 지원체계 및 추진 과제를 보다 구체적으로 법률에 명시하여 추진 동력의 법적 기반을 보완할 필요가 있다.

앞서 설명한 바와 같이 플랫폼의 핵심적 기능은 네트워크를 통한 효율적인 부가가치 창출이다. 이를 위하여 하드웨어적인 시스템 구축 이상으로 중요한 것은 원활한 의사소통과 그 결과물인 합의사항이 시스템 개선 및 이익창출이라는 실제 결과로 이어지는 경험의 반복과 이를 통한 신뢰 구축이다.

무역거래의 경우 디지털 플랫폼의 이질적인 사용자집단은 상품[8]의 판매 과정에 참여하는 국적이 다른 셀러와 바이어라고 할 수 있으며 기업 간 거래의 비중이 높다. 양질의 네트워크 효과가 충분히 창출될 만큼 디지털플랫폼에 사용자들이 모이기 위해서는 다양한 유형의 신뢰기반[9]을 형성하고 이를 적극적으로 홍보·소통하고 피드백을 시스템에 반영하는 반복적인 노력이 상시적으로 필요하다. 곧 오프라인 상의 네트워크가 온라인 상의 네트워크와 원활하게 호환되어야 하는데 이를 위한 노력은 국제사회 규모의 공조와 국가 간 협력, 개별 국가의 지역 간 소통을 모두 필요로 한다. 이 과정에서 국가 간 의회 차원의 협조 및 개별 의원들 간의 교류와 협조는 디지털무역플랫폼의 컨텐츠와 신뢰기반의 질을 한층 제고할 수 있다.

디지털무역은 혁신기술을 통한 수출입에 있어, 거래비용의 감소와 맞춤형 지원을 강화할 수 있다. 그러므로 이러한 무역의 플랫폼을 구축ㄹ하여 수출활력을 제고하고 수출구조의 혁신을 통한 지원 프로그램의 개발 등에서 큰 관심이 필요하다.

---

7) "전자무역기반시설"이란 정보통신망을 통하여 무역업자와 무역관계기관을 체계적으로 연계하여 전자무역문서의 중계·보관 및 증명 등의 업무를 수행하는 정보시스템을 말한다.「전자무역 촉진에 관한 법률」 제2조 제5호.

8) 재화 뿐 아니라 최근 거래의 비중이 높아지는 재화와 서비스의 융합상품도 대상에 포함.

9) 예를 들어 정부가 구축 중인 디지털무역플랫폼의 외국환거래증빙 서비스는 이러한 신뢰기반을 기술적으로 구현하는 것임.

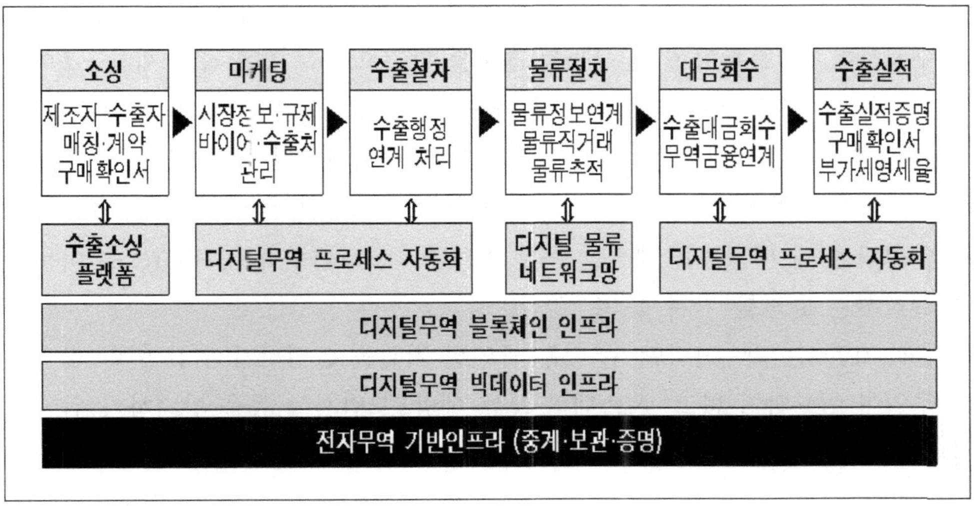

자료: https://www.google.com/search?

[그림 14-3] 디지털기반의 무역

제5절 블록체인(Block chain)과 국제무역

1. 블록체인의 특징 및 유형

1) 블록체인의 특징

블록체인은 분산된 공개장부인 블록을 다수가 참여하는 인증과정을 통하여 합의된 방식으로 연결시켜 Peer-to-Peer 방식의 거래를 가능케 한 기술이다. 대체로 분산원장이라는 개념으로 사용되고 있으나, 본질적인 속성에 대해서는 완전한 합의가 없는 상태이다. 원래 블록체인은 중간매개 없이 당사자 간의 직접적 거래를 가능하게 하는 획기적인 보안체계라는 측면에서 업계의 주목을 받았다. 디지털통화인 비트코인의 기반기술로서 이중지불 문제에서 자유롭다는 특징을 갖는다. 비트코인 이전에는 공인된 제3자를 통해 고질적인 이중지불 문제를 방지했다.

블록체인은 기술적으로 공개키 암호화와 입력 값의 판독이 불가능한 해시(hash) 암호화 기술, 개입이 어려운 분산처리구조 등을 특징으로 하여 현재의 중앙 집중식 원장구조를 분산원장 구조로 대체 가능하도록 하는 것이 장점이다. 거래정보는 블록에 저장되고 여기에 사용자의 공개키 서명 값을 첨부하여 하나의 완전한 블록을 구성하며, 각 블록이 이전 블록의 정보를 가지고 서로 연관되는 체인구조이다.

블록체인의 주요 특징을 살펴보면 다음과 같다.

첫째, 탈 중개성이다. 탈 중개성이란 공인된 중개기관의 개입 없이 분산파일시스템 기술을 사용하여 개별적 거래가 가능하도록 한 것이다. 중개기관의 개입으로 발생되는 제 비용들을 제거할 뿐만 아니라, 시스템 구축 및 유지보수 비용 등을 절감하는 효과를 가져 올 수 있다.

둘째, 효율성이다. 신뢰할 수 있는 공인된 기관을 운영하기 위한 인력 및 자원의 투입이 필요하지 않고, 시스템의 오류 예방, 보안사고 등을 방지하기 위한 투자비용을 절감할 수 있다.

셋째, 확장성이다. 블록을 용이하게 구축하여 연결할 수 있고, 새로운 전략의 간편한 사용이 가능하다.

넷째, 보안성이다. 모든 정보가 집중된 중앙처리장치가 없고, 담당 조직도 존재하지 않기 때문에 해킹 등의 공격으로부터 안전하다. 또한 원장이 모든 블록 참가자에게 공개되기 때문에 정보 유출의 염려가 없다.

다섯째, 안정성이다. 블록체인은 모든 블록 참가자에게 동일한 정보가 담긴 내용을 분산하여 저장 및 관리함으로 네트워크 일부에 문제가 발생해도 전체 블록체인에는 영향을 미치지 않는다.

여섯째, 투명성이다. 블록체인 시스템은 모든 거래기록 장부를 공개하기 때문에 높은 투명성을 갖게 되며, 거래 추적이 용이하다.

일곱째, 취소불능 및 불변성이다. 블록체인 시스템을 변경하기는 매우 어렵기 때문에 사기에 대한 기회를 사전에 줄일 수 있다. 거래가 취소불능하기 때문에 기록의 명확성을 증가시키고 백오피스 과정을 간소화할 수 있다.

블록체인 기술이 제품 및 서비스의 생산, 소비, 물류 등의 측면에서 기존 산업의 형태를 크게 다변화시킬 것으로 예상하고 있다. 또한 블록체인 기술이 적용될 경우 데이터 보안성 강화, 거래 절차의 효율화, 계약의 스마트화 등의 효과를 기대할 수 있다.

2) 블록체인의 유형

블록체인의 유형은 공공형 블록체인, 프라이빗 블록체인, 컨소시엄 블록체인 등 세 가지 유형으로 구분할 수 있다.

공공형 블록체인은 누구든지 운영주체가 되어 특별한 인증 및 허가 절차를 거치지 않고 블록체인의 모든 내부거래 데이터를 공유, 검증 할 수 있는 블록체인을 의미한다. 블록체인의 모든 당사자들이 이를 철저히 검증하기 때문에 거래의 투명성이 매우 높은 편이며, 이러한 블록체인 시스템에 스마트계약[10]을 결합하면 Escrow를 결제방식을 통하는 경우 수수료 부분이 없기 때문에 비용 절감 측면에서 매우 유용하다.

프라이빗 블록체인은 블록체인 시스템으로 진입하기 위해 미리 만들어 놓은 고유 인증을 거친 후 진입이 가능한 블록체인을 의미한다. 사용자 권한을 부여받은 당사자에게만 허용되기 때문에 신뢰성이 검증된 당사자들 사이에서만 데이터를 함께 공유할 수 있다.

컨소시엄 블록체인은 정부나 중요 유관 기관들의 관리 하에 인증된 유관 기관들만 하나의 그룹을 구성하여 블록체인 네트워크에 참여할 수 있도록 한 블록체인이다. 컨소시엄 블록체인은 블록체인에 참여한 유관 기관들은 동일한 자격으로 참여하기 때문에 현재는 금융기관이나 연구기관 등이 주로 사용하고 있다.

〈표 14-6〉 블록체인 유형별 특성 비교

플랫폼 관리자	비허가형 블록체인	허가형 블록체인
	공공형 블록체인	프라이빗·컨소시엄 블록체인
관리 및 접근	모두에게 공개·관리	인증 받은 자만이 접근·관리
거래검증 및 승인	거래 참여자 전원	승인 기관
크래킹·해킹	상대적으로 안전	상대적으로 불안전
보안	상대적으로 취약	상대적으로 우수
거래의 투명성	상대적으로 우수	상대적으로 취약
거래 수정 및 변경	어려움	용이함
활용 내역	개인-개인 연결하는 P2P방식 (비트코인, 이더리움)	기관/기업-기관/기업 연결하는 방식(하이퍼렛저, 코다)

자료: 김철호, "무역결제에서 블록체인 기술의 적용방안에 관한 연구", 국제상학 제34권 제2호, 한국국제상학회, 2019. 6, p.109의 내용을 정리하여 재작성함.

10) 스마트계약은 전통적인 서면방식에 의한 계약과 달리 계약의 규정에 따른 일련의 행동을 수행하기 위해 상호 합의된 계약조건을 컴퓨터 네트워크상에 구현시킴으로써 계약의 체결과 이행이 자동으로 실행되는 특징이 있다. 그 결과 모든 관계자가 계약조건에 동의할 수 있고, 자동 실행될 것을 신뢰할 수 있으며, 오류나 외부의 조작 등의 위험이 제거된 상태에서 계약을 실행시키는 수단으로 활용된다.

따라서 특정 참여자에게만 블록체인기록 및 열람 등의 권한이 주어지기 때문에 국제무역 거래를 위한 스마트계약에 적합하다.

2. 블록체인과 국제무역

블록체인은 4차 산업혁명을 대표하는 혁신기술로 금융거래, 인증, 스마트 계약, 유통관리 등 다양한 분야에서 활용되고 있으며 특히, 정보 보안성과 비용 및 시간 효율성 등의 측면에서 우수한 기술이므로 다양한 이해관계자가 모여 여러 단계를 걸쳐 운영되는 무역금융 분야에서 활용도가 높을 것으로 예상된다.

블록체인 적용 시 스마트계약을 통해 동일한 무역관련 정보를 다수의 이해관계자에게 전달할 수 있으므로 거래절차가 단순해지고, 수수료 등의 추가비용을 줄일 수 있으며 무역거래 관련 서류를 보다 안전하게 관리할 수 있다.

국제무역 거래 환경은 블록체인 기술을 적용하기에 상당히 적합하다고 평가할 수 있다. 개별 무역거래 계약은 수출입업자 뿐만 아니라 다수의 국가 기관, 물류 운송기업, 보험사, 금융사 등의 거래 주체들을 개입시킨다. 이 과정에서 방대한 증빙 서류들이 발생하게 되는데, 이는 거래 주체들 간의 신뢰성이 형성되지 않은 측면에 기인하는 바가 크다고 할 수 있다. 개별 무역 건이 다수의 거래 주체들을 통하기 때문에 무역 절차에서 거래 주체별로 생성된 정보가 공유되기 어렵다.

이러한 특성들로 인해 최근 국제무역 분야에서 블록체인 활용 사례가 증가하고 있는 현실이다. 무역 금융에 관하여는 글로벌 은행과 기업들에서도 블록체인 기술 도입을 적극 추진하고 있으며, 물류 운송 분야에서도 블록체인 기술을 도입하려는 시도가 다수 별견되고 있다. 우리나라 관세청을 포함한 다수의 무역 및 통관 관련 국가 기관들에서도 블록체인 기술 도입 시도가 존재하고 있다.

국가 간 물품 거래의 위험성을 보완하기 위해 신용장 방식 등이 보급되었으나 최근 절차의 복잡성과 비용 증가 문제가 대두되고 있다. 달러 결제 기준 신용장 거래 수수료는 전체 수출대금의 0.11%로, 송금방식 수수료 10,000원(0.01%)에 비해 매우 높은 편이다. 수출업자는 신용장 조건과 일치하지 않은 서류를 제시하였을 경우 대금회수가 불가능하고, 수입업자는 서류가 일치해도 물품의 품질이 보장되지 않는 한계가 존재한다.

무역업체 대상 설문조사 결과 수출관련 비용 부담이 가장 큰 항목으로 물류비를 꼽았으며, 그 비중은 전체 비용의 31.1%에 달하는 것으로 조사되었다. 복잡한 통관 및 물류 시간 지연에 따른 비효율성으로 인해 전체 물류비 대비 보관비 비중이 수출은 6.4%, 수입은 8.9%에 달한다.

Ganne 역시 블록체인 기술이 무역 금융과 운송, 물류와 같은 국제무역 등의 투명성을 향상할 수 있는 잠재력을 가지고 있는 것으로 평가하고, 무역 분야에서의 블록체인 기술 접목을 통해 2030년까지 약 3조 달러에 이르는 추가적인 부가가치가 창출될 것으로 전망하고 있다.

금융 중개, 환율 등의 프로세스 자동화로 거래 비용이 절감되고 공급망이 개선되며, 화물의 추적과 진위 여부 파악이 용이해 진다. 지적재산권 보호와 공공계약 관리에도 활용되어 보다 투명하고 효율적인 관리가 가능해 진다. 그러나 이러한 잠재력을 실현하기 위한 기술·규제적 문제 해결 또한 필요한 실정이다.

제6절 글로벌물류관리의 이해

1. 공급사슬관리(SCM)의 기초

1) SCM의 개념 및 의의

(1) SCM의 개념

SCM(공급사슬관리: Supply Chain Management)은 다양한 고객의 수요예측에 즉각 대응하기 위해, 기업 내외부의 파트너십과 협업체제 구축의 강화를 위한 시스템 통합과 기업 활동에서 원자재의 공급에서부터 최종 소비자에게 이르기까지의 전 단계의 공급사슬(SC)을 한 단계로 묶어 공급사슬상의 최적화를 이루는 관리방안이다.

특히 제조공정의 부가가치 증대와 리드타임의 축소 및 재고관리상의 불확실성 해소를 바탕으로 경쟁우위 확보와 제조 및 물류부분에서 혁신전략을 지속적으로 추구하기 위해 공급사슬상의 통합과 협업을 바탕으로 공급사슬관리가 발전하게 되었다. SCM은 시장과 고객의 요구에 대한 디지털 경영, 수요의 다양화, 정보의 획기적 발달에 대응하기 위한 기업 내외부의 프로세스 최적화와 원자재공급에서 공급사슬에서의 최적화를 이루기 위한 기초지식을 제공한다.

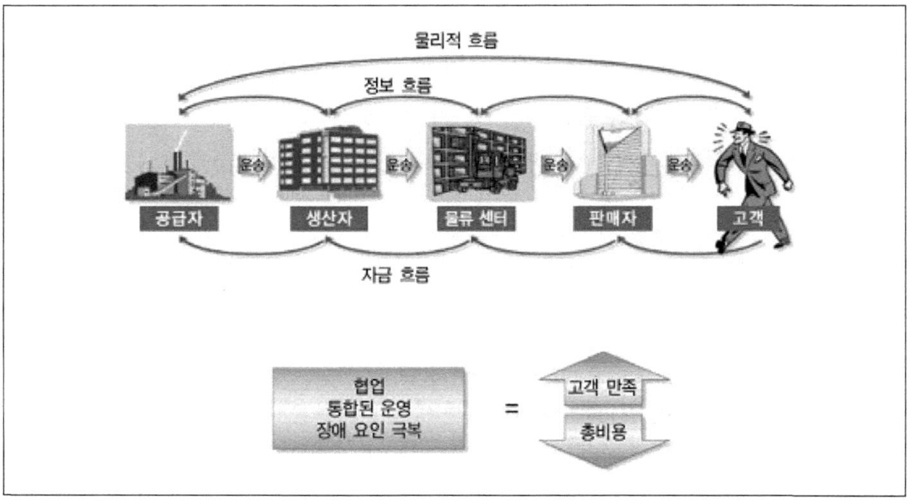

자료: 한국유통물류 진흥원, 2002.

[그림 14-4] SCM의 변천과정과 흐름

(2) SCM의 핵심내용

공급사슬의 핵심내용은 생산관리에서 공급사슬관리 개념으로 좀 더 확장, 세분화 한 것이다. 18세기의 산업화 사회의 핵심적 경쟁수단이 분업화였다면, 2000년대의 경쟁수단은 글로벌화를 통한 Network의 구축이라 할 수 있다. 물류기업의 공급사슬상의 파트너십은 원래 비용의 최소화를 통한 고효율을 얻기 위한 목적으로 통합공급사슬시스템을 구축하여 전략적으로 운영하고자 하는데서 출발하였다.

특히 비용발생을 최소화하여 고객맞춤 전략으로 고객과 공급자와의 전 프로세스를 통합하고, 구매에서 제조 및 분배의 유통과정을 통한 최종소비자에 이르기까지의 모든 가치사슬의 흐름을 통합하는데 중점을 두고 있다.

2. SCM 도입 및 추진효과

SCM의 도입효과는 공급사슬 파트너십 관계를 통한 협업과 통합체제의 최적화 및 강화 등의 방법으로 나타나고 있다. SCM의 도입 및 추진효과는 생산관리, 수요관리, 고객관리, 주문관리, 구매 관리 및 제품과 상품의 개발업무에 대한 프로세스 혁신과 정보기술 활용의 효과로 나타난다. 실제로 공급체인의 사이클 타임은 25~50% 감소효과가 있었고, 매출증대의 효과로 인한 시장점유율이 확대되었다.

〈표 14-7〉 SCM의 국내외 도입 및 추진현황

구 분	국내현황	외국현황(미국)
진행정도	-Supply Chain 일부분에 국한해 시행중 -유통, 제조업 중심으로 일부 대기업 편중	-총체적인 Supply Chain관리 -대부분의 산업에 절반이상 기업이 도입 및 적용
기업의 관심사항	-기업내부의 효율화 중심	-고객중심 및 고객만족 중심
기업 간 제휴환경	-독립정보망을 구축 및 폐쇄적임	-공동정보망 구축 및 개방 중
표준화	-SCM 표준부재 -물류표준코드 및 시스템미비	-SCOR의 SCM 표준 확립

자료: 대한상공회의소(SCM 도입가이드), 2008.

국외에서 SCM의 추진은 1994년 유럽에서 ECR Europe Executive Board(ECR 유럽이사회)를 구성하여 추진하기 시작하였고, 1995~1996년도에 유럽 각국은 국가별 ECR 위원회를 구성하였다. 홍콩, 싱가포르, 필리핀, 브라질, 아르헨티나 등 아·태 지역과 남미지역에서도 SCM 위원회를 구성하여 프로젝트를 추진하고 있으며, 1998년 10월에 이후 아시아 ECR/SCM 위원회가 구성되어 추진되고 있다.

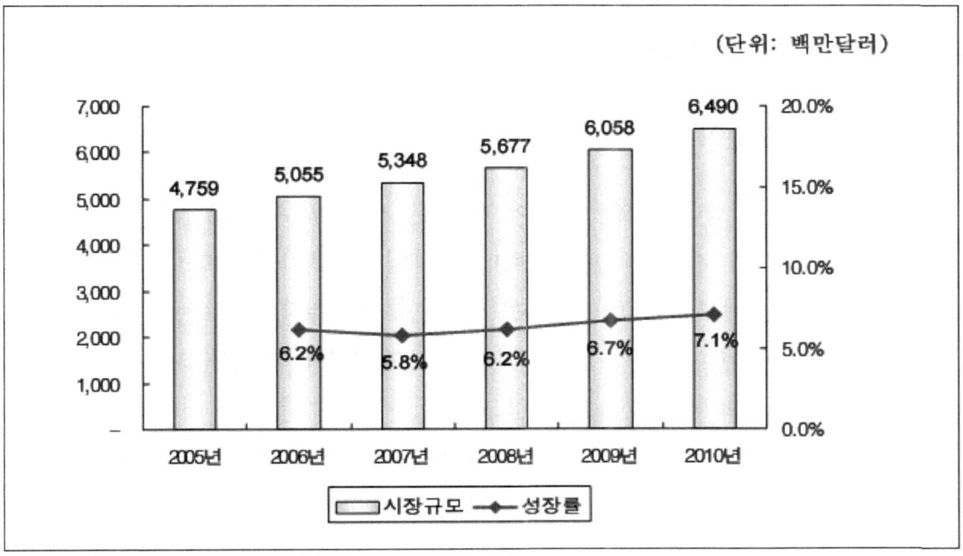

[그림 14-5] 전 세계 SCM 시장규모 추이(2005~2010)

공급사슬에서의 불확실성을 제거하고, 다양한 소비자들의 만족창출을 위해, 각 기업들은 개별기업의 이익보다 공급사슬상의 관계적 특성과 협력 및 최적화로 인한 효율성 제고와 위험요소들을 제거함으로써 공급사슬상의 모든 파트너들에 있어 동시 만족을 추구하게 되었다. 또한 가트너에 의하면, 전 세계 SCM 시장은 2005년부터 2010년까지 연평균 6.2%씩 성장하여 64억 9천 달러에 달할 것으로 전망하였다.

[그림 14-5]에서와 같이 SCM의 성공적인 추진효과에 따른 내용은 다음과 같다.

첫째, 전략적 제휴, 아웃소싱 등의 네트워크를 통한 업무수행이 원활하며, 공급사슬을 통합함으로써 공급자 및 구매자간 정보교환의 시간을 최소화 할 수 있다.

둘째, 공급자, 구매자간 정보공유를 통한 실시간 재고정보를 알려줌으로써, 공급과 구매의 재고율을 동시에 조정이 가능하다.

셋째, 유통업자와 공급업자 또는 구매자와의 직접 접촉을 통하여 획득한 정보를 바탕으로 생산업자와 생산라인에 투입함으로써 차별화된 고객서비스가 가능하다.

넷째, 공급사슬상의 협업, 통합시스템, 관계구축, 파트너십 등으로 인하여 중간단계의 유통업체를 거치지 않기 때문에 주문시간을 단축하여 고객응대 시간이 짧아 비용을 최소화 하고 고객의 만족은 극대화 할 수 있다.

다섯째, 가상 네트워크를 통한 연계성 있는 정보교환으로 인프라를 구축할 수 있는 장점이 있다. SCM의 성공요인은 최고 경영자의 인식과 지원에 따라 차이를 보이고 있다.

2. SCM의 성공요인과 문제점

1) SCM의 성공요인

SCM의 핵심적인 성공요소는 SCM에 관련된 제반 업무 프로세스들의 연계 및 통합, 외부의 고객과 거래선 운송 파트너 등과의 연계 및 통합화, 경영 패러다임, 업무 프로세스 및 정보 기술의 혁신 등이다. SCM의 추진효과로는 물류비의 절감으로 인한 재고, 수송, 핸들링 비용의 절감, 고객만족과 시장변화에 대응력을 갖추고 구매비용절감과 생산효율화의 효과를 들 수 있다.

또한 주문과 조달의 불확실성 및 변동제거로 생산계획 합리화, 재고감소 및 납기만족 등의 효과를 기대할 수 있다. 물류비와 원자재 수급불안에 따른 원가상승의 압박 등으로부터 글로벌경쟁력을 갖추기 위해 기업들은 SCM을 통한 경쟁우위를 확보할 수 있게 된다.

2) SCM 추진상의 문제점 및 향후전망

SCM은 거의 모든 산업분야에서 사용되고 있지만 아직도 체계적인 도입, 관리, 운영에 많은 문제점을 안고 있다. 이에 대한 체계적인 사용과 발전은 아직도 미흡한 상태이며, 특히 이를 연구하는 부분에 있어서도 복잡한 SCM의 구조와 프로세스로 인하여 관련분야의 연구가 부족하다. 공급관련 업체들 간의 정보기술공유나 상호신뢰 및 상호이익을 바탕으로 한 협력체제와 사슬상의 파트너십 관계형성에 여러 가지 문제가 나타나고 있다.

〈표 14-8〉 SCM 추진상의 문제점(유통 및 제조업체 중심)

문제점	주 요 내 용
정보기술 및 시스템	-시스템 도입, 기존 문서체제와의 호환성 문제 -전산팀의 정보화수준 미흡으로 외부 개발업체에 의존, 개발업체와 갈등으로 효과적인 업무지원의 시스템 개발 미비 -조직 내 데이터베이스가 통합적으로 구축되지 않아 유통업체와 제조업체의 정보 교환의 문제와 POS의 판독율이 낮아 정보의 활용이 어려움
SCM 추진상의 조직	-유통 및 제조업체의 협력 및 파트너십을 강화가 중요하나 그렇지 못함 -SCM을 추진함에 있어 조직의 지원상태가 미흡 -SCM 관련부서의 힘이 낮아 업무수신이 비체계적 -효과적인 SCM을 위한 교육훈련 미흡으로 문제점 발생
조직간 프로세스 통합	-통합을 이룸에 있어 조직의 저항 및 갈등심화 -SCM 추진이 상생전략으로 유통업체의 구매력에 제조업체는 한계상태임
SCM 프로젝트 추진	-SCM 추진전략의 파트너십 차원의 최적의 다기능 팀의 구성이 필요하나 실제로 파트너 간 상호협조와 업무정보의 상호공유가 이루어지지 않음 -프로젝트 추진측면에서 기존의 ERP나 기업 내부시스템에 사용할 수 없었던 프로그램을 구축, 소프트웨어의 필요, 유통업 및 제조업체지원 애로 -프로젝트 추진에 있어 유통업체와 제조업체는 단기적성과에 급급한 측면, SCM 의 성공이 제조업체의 생산프로세스까지 연결되지 않음
SCM 추진비용	-프로젝트 추진, 컨설팅비용 및 시스템비용, 조직의 인적자원에 대한 교육 및 훈련비용, 그밖에는 지속적인 유지 및 보수비용이 발생한다. 하지만 이러한 발생비용에 대하여 유통업체와 제조업체는 투자를 꺼리는 실정

공급사슬에 관하여 유통 및 제조업체 중심으로 추진상의 주요 문제점을 살펴보면, 우선적으로 정보기술 및 시스템의 문제로 호환성과 정보미흡 및 개발업체와의 갈등, 정보교환의 애로가 있다. 그리고 조직적인 문제로는 파트너십의 강화를 꾀하지 못하고 있다는 점이다.

2. SCM을 통한 전략적 물류관리

공급사슬 파트너십 관계를 통한 물류시스템의 활용은 물류의 성과를 꾀하기 위한 전략의 일환으로 시행될 수 있다. 공급사슬 통합을 통한 물류전략은 통합성(Integration)과 혁신성(Innovation), 대응성(Responsiveness)으로 나누는데, 이 가운데 통합성은 사내의 물류기능 통합을 외부, 내부의 통합을 위한 실시간의 공급사슬상의 통합을 의미한다. 혁신성은 공급사슬상의 물류혁신 통합을 말하는데 구매, 생산, 물류, 마케팅부서의 통합된 프로세스 구축을 통한 파트너와의 연계성 있는 통합을 의미한다. 또 하나는 대응성으로 공장 및 창고의 입지선정, 원자재 조달, 자동 수·발주, 수·배송관리, 수요예측 등의 정보시스템의 기능 활성화를 말한다.

또한 기업들은 생산기획과 자재조달, 제조, 회계처리, 인사관리, 마케팅, 유통과 물류, 정보관리 등의 경영관리와 관련된 모든 업무를 컴퓨터, 정보통신망을 통합 일관적이고 효율적으로 관리하여 비용을 절감하고 물류비의 비중을 줄이고 있다. 따라서 물류정보시스템의 역할은, 주문정보를 정확하게 파악하고 전달하는 역할, 물건의 움직임을 정확히 파악하고 전달하는 기능, 고객에게 정보를 전달하는 기능, 계획과 실적을 잘 통제하는 기능으로 구분한다.

최근에는 공급사슬상에서 제품을 그 수명을 다한 후 고객으로부터 회수하여 재활용하는 추세가 늘어가고 있다. 이를 회수물류 또는 역물류(Reverse Logistics)라고 하는데, 제조업체들이 완제품을 분해하고 이를 새로운 제품에 사용할 수 있도록 유통채널을 최종소비자 이후로 확장하고 있다.

물류를 포함한 공급사슬의 전략을 연구한 Fisher의 연구는 물리적으로 효율적인 프로세스와 시장에 대한 대응적인 프로세스로 나누고, 전자문서교환, 정보시스템의 공유를 통해 소비자 정보가 직접 상류로 전달되어 밀어내기(Push)방식의 관리가 아닌 끌어당기기(Pull)방식의 관리로 변화되면 전체 공급사슬의 재고가 줄어들고 프로세스의 개선효과가 있다.

제조기업 등 화주기업이 물류기업의 기업역량에 대한 불신감을 느끼는 가장 큰 요인으로는 화주기업들이 요구하는 물류서비스와 통합물류 서비스 제공 능력의 부족, 화주기업의 요구사항을 해결할 수 있는 내부 컨설팅 능력의 부족, 화주기업 정보 및 물류관련 정보의 기밀유지에 대한 불신과 긴급사항 대응능력에 대한 부족을 들 수 있다.

물류전략이 기업에 있어서 전반적인 경쟁 전략의 중심요소가 되고 있다. SCM추진과 물류성과의 연관성을 분석한 연구에서 볼 때, 물류성과의 유의적인 영향요소로 교육훈련과 시스템개발, 전문 인력확보, 최고경영진의 인지도, 물류실무자의 인지도 등 다양한 요소들이 있으나, 마케팅과 물류통합의 정도는 물류서비스와 성과에 긍정적인 관계를 나타내며, 물류성과를 증가시킨다. 물류전략을 통한 글로벌 기업들의 지속가능 경영은 보다 효율적인 물류관리의 효과에 기인한다고 본다.

3. 세계화와 유통기업의 글로벌화 추세

세계화로 인한 유통사업의 글로벌화는 GATT 및 WTO의 체제하에서 무한경쟁의 시장으로 확산되어 나타나고 있다. 특히 서구 유럽과 미국을 비롯한 나라들이 동아시아 지역과 신흥경제발전국가들을 대상으로 급속한 구매력 성장을 꾀하고 있다. 세계적인 유통업체들이 아시아 지역을 대상으로 또는 전 세계적으로 시장확보와 거점을 마련을 강력하게 추진하고 있다. 이러한 시장의 확대 및 개방화는 세계화의 영향에 따른 유통기업의 글로벌화 추세에 따른 것으로 이해할 수 있다.

우리나라의 유통산업은 1996년 유통시장의 개방으로 대형의 할인마트, 백화점과 전통시장인 재래시장과의 쌍벽을 이루며 발전하였다. 그러나 유통의 구조가 다양화, 다변화되어 대부분 기업형, 글로벌형의 유통형태로 변화되었다. 점차적으로 대형마트의 매출액이 증가하면서 전통시장보다 앞서 새로운 소매업태를 이루게 되었다.

하지만 날로 증가한 시장의 포화상태에서 물가상승과 인플레이션 현상을 따라잡지는 못하였다. 왜냐하면 전자무역, 인터넷무역 등으로 인하여 무점포시장과 무점포판매업 등이 성황을 이루었기 때문이다. 또한 TV홈쇼핑, 오픈마켓, T커머스(television commerce), M커머스(mobile commerce) 등으로 변화될 조짐이어서 전자화시장은 더욱 발전할 것으로 보인다.

CIOBiz(전자신문)에서는 SCM 2.0의 확산에 따른 기업의 SCM 도입 전략과 관련하여 기업의 사회적 책임, 특히 환경에 대한 이슈를 중점적으로 다루는 그린 SCM, 글로벌화의 과정에서 세금 절감을 목적으로 한 절세 SCM, 온라인 시장의 확산에 따른 소비자 요구 대응 관점의 디지털 SCM 등 세 가지 새로운 도입 유형을 제시하였다. 이처럼 SCM의 도입 유형 및 전략은 정형화된 형태로 존재하지 않고, 기업의 특성 및 도입 상황에 따라 비정형의 복합적 구조로 끊임없이 발전하고 있다고 주장한다.

〈표 14-9〉 SCM의 개념적 발전 동향

도입 유형	주요 구현방법	도입 사례
그린(Green) SCM	- 구매, 개발, 생산, 판매, 물류, 유통 등 공급망 전체에 걸쳐 탄소발생량의 측정 및 경과 관리 - '탄소 저감'을 목표로 제조업체와 협력업체, 제조업체와 유통업체가 현업 프로세스 및 의사결정을 지원	- 테스코+P&G : ATP(Available To Promise)를 통해 협업하여 탄소 저감 - 코카콜라: 협력업체의 탄소배출량까지 관리하여, SCM 전 경로에서 물 등 재료 관리부터 포장, 판매까지 탄소 저감
절세(Tax Effective) SCM	- 저세율 국가에 지주회사를 설립하고, 생산 및 판매기지 등 네트워크를 세금이 낮은 곳 중심으로 재편 - 분산되어 있던 주요부서의 의사결정 책임을 지주회사로 일원화하여 지주회사 중심으로 수익이 발생되도록 최적화	- 레노보: 중국에서 싱가포르로 물류기지를 이전하여 절세 효과 극대화 - 소니: 기업의 핵심기능을 싱가포르로 이전하여 싱가포르 중심으로 경영구조를 재편
디지털(Digital) SCM	- 창고, 재고 등 실물이 필요하지 않은 컨텐츠, 앱 등의 유통단계 최적화를 통해 수익 극대화 - TV, 모바일기기 등을 통해 고객의 다양한 요구에 맞는 컨텐츠 공급전략을 개발하고 관리 경쟁력을 향상	- 애플: 앱스토어를 통해 컨텐츠를 판매하고, 온라인상에서 앱 판매 등을 통해 수익 창출 - 디즈니: 창의적 디자인 경쟁력과 고유의 컨텐츠 개발을 통해 수익 극대화

4. 최근 SCM전략 활용 사례

SCM 2.0 개념이 확산되면서 공급망의 유연한 대응능력 강화가 중요한 관건으로 부상하고 있다. 〈표 14-10〉에 제시한 바와 같이 탄력적 계약, 제조거점의 다변화, 통합적 재고관리, 플랫폼 기술(DfSCM), 고객요구 공통옵션화, 공급업체 성과관리, 협력업체 역량 강화 등 다양한 전략적 접근이 IT, 유통, 자동차제조기업 등을 통해 시도되고 있다.

〈표 4-10〉 최근 SCM 전략 활용 사례

전략 구성요소	주요 내용	기업명
탄력적 계약	- 주요 공급업체와의 공급계약의 유연성 확보를 통해 수요 변화에 대한 대응력을 제고 - 주요 공급업체에 대해 2주 전 사전통보 시 생산량의 50%, 1개월 전 사전통보 시 100% 증산이 가능한 계약을 체결	HP KT
생산처의 다변화	- 고정적 수요는 생산비용이 낮은 지역에서, 가변적 수요는 수요지에 가까운 곳에서 생산하여 생산비용을 낮추면서 긴급수요에 따른 물류 비용을 최소화하기 위한 전략 - 북미시장에 판매하는 프린터 중 고정적인 대규모 물량은 생산원가가 낮은 싱가포르에서 생산 - 생산원가가 비싼 캐나다 밴쿠버에서는 일시적 수요급증에 대처하기 위한 소규모 물량만 생산	HP
통합적 재고관리	- 재고 통합관리를 통해 공급망 예측 오류 최소화 - 미국 플로리다의 경우 개별 딜러가 관리하던 재고를 중앙배송센터에서 통합관리해 개별 딜러의 예측오류를 최소화	GM
플랫폼 기술 (DfSCM)	- 플랫폼기술, 모듈화 등 설계 단계에서 부품 및 모듈의 공용화를 통해 생산비용을 절감하고, 재고비용을 절감 - 플랫폼 기술을 활용하여 제품 생산에 필요한 부품 가지 수를 줄이고, 공통부품에 대한 예측의 정확성을 제고	노키아 현대-기아차 LG전자
고객요구 공통 옵션화	- 공통옵션 패키지를 제공하여 고객의 다양한 기호를 몇 개의 제한된 사양으로 유도함으로써 재고관리의 효율성 제고	혼다 현대차
공급업체 관리	- 공급망 구성요소의 강점과 약점을 체계적으로 파악하여 위기상황 발생에 대비 - 공급망의 위기요소인 '구입자재', '공정능력', '생산능력', '기술적 능력', '리드타임' 등을 지표화하여 공급업체의 성숙도를 5점 척도로 관리	인텔
공급업체 협력	- 주요 공급업체들을 위해 협력업체 상생프로그램을 실시하며, 정기적으로 정보 교환, 관리기술 전수 등을 통해 공급업체의 대응역량을 강화함으로써 공급망 전체의 대응역량 강화를 도모	P&G 현대-기아차

자료: Sheffi, Y.(2005), The Resilient Enterprise, Cambridge, MIT Press; Billington, C., et al. (2002), "A Real Options Perspective on Supply Chain Management in High Technology", Journal of Applied Corporate Finance, 15(2), pp.32-43: SERI(2008.8.20.), 「경쟁우위의 새로운 원천: SCM」, 『CEO Information』, p.6에서 재인용 후 부분 수정.

탄력적 계약은 공급업체와 옵션 공급계약을 체결함으로써 수요 변화에 대한 대응력을 강화하기 위한 전략이다. HP는 급격한 수요변화가 발생 시 2주전에 통보할 경우 생산량의 50%까지, 1개월 전에 통보할 경우 생산량의 100%까지 증산할 수 있도록 주요 공급업체와의 옵션계약을 통해 수요 변화에 대한 대응역량을 확보하고 있다.

플랫폼기술은 제품의 설계단계에서 부품 및 모듈의 공동 활용을 고려함으로써 생산비용 및 재고비용 절감을 도모하는 전략이다. 대표적인 예로 현대자동차와 기아자동차는 엔진, 변속기, 샤시 등을 공동개발 활용하는 플랫폼 공유모델을 도입하고 있다. 양사에서 개발되는 별도의 자동차모델에 대해 공동의 플랫폼을 활용함으로써 개발비용부터 생산비용, 재고비용 등을 절감하는 SCM 혁신을 이루고 있다.

최근에는 다양한 솔류션의 통합체계를 가지고 공급망전략을 통한 월맡, 아마존, IBM 등의 글로벌 기업들은 고객응대와 내부의 효율성 및 자원 활용에 대한 전략적 운용모델을 통한 성과를 높이는데 주력하고 있다. 특히 아이맥과 아이팟, 아이폰 등은 소비자들이 원하는 맞춤형의 적시성을 갖춘 전략으로 나아가고 있으며, 성공한 글로벌기업들은 기업의 특징에 맞는 비즈니스와 SCM의 전략적인 운영의 대표적인 사례로 손꼽히고 있다. 〈표 14-10〉은 최근 SCM을 통한 전략의 활용사례에 대한 내용을 축약하여 정리하고 있다.

제15장

글로벌무역과 한국무역의 전망

제1절 세계화와 한국무역의 변화

1. 한국무역의 구조변화

무역의 의미를 살펴보면, 무역은 상품과 서비스를 교환할 목적으로 활동하는 상행위를 지칭하는 말이다. 상품과 서비스는 수출을 목적으로 하는 상행위를 말하며, 국내 상행위와 구별하여 국제 상행위 즉, 국제 상거래를 말한다. 국제무역(International Trade)이란 협의의 개념으로는 한 나라와 다른 나라와의 단순한 상품거래 즉, 상품의 수출을 말한다. 광의의 개념은 모든 국제간의 경제거래를 포함하는 것이다. 여기서 경제거래란 실물거래와 금융거래를 포함하고 있다는 것이며, 상품과 자본, 기술, 노동, 서비스(운송, 통신, 보험, 금융 등의 서비스)와 전자무역의 국제적 이동을 포함하여 말한다.

〈표 15-1〉 글로벌무역과 국내무역의 비교

구분	글로벌무역	국내무역
상거래 범위	국가와 국가 간의 상거래 국제간의 이루어지는 상품매매 및 교환행위	국내의 상거래(유통)/물적 유통
대금결재 방식	이국통화(환율에 의한)결제	자국통화 결제
무역거래 형태	일반적으로 유상거래(수출입): 상품, 서비스, 증권, 화폐 등	주로 상품거래
이해관계	국제통상, 환율문제, 국가적 이해관계, 국제수지, 정치 및 외교적 문제	국내거래에서는 발생하지 않음.
기업형태	국제적 기업(다국적, 글로벌기업)	국내기업

〈표 15-1〉의 글로벌무역 즉, 국제무역과 국내무역과의 비교에 있어 가장 핵심적인 이슈는 대금결제방식의 전자화와 무역거래형태가 유형무역에서 점차 무형무역으로 발전하고 있음을 나타내고 있다. 무역이란 국제재화를 (International Goods) 국가 간에 팔고 사는 행위라 볼 수 있다. 즉, 여러 가지 가치를 지닌 재화를 팔고 사는 일련의 행위이다. 우리는 흔히 무역하면 수출을 떠 올리게 된다. 그러나 꼭 수출만이 능사는 아니다. 즉 좋은 물건을 팔아서 외화를 벌어들이고 또

우리나라에 필요한 재화를 수입해 와서 국내에서 사용된다면 국민의 삶의 질이 향상되는 것이다. 현대 사회에 와서는 다양한 용역의 서비스도 국가 간에 이루어지고 있으나 우선은 재화를 중심으로 개념 정립을 해둠이 무역을 이해하는 데 도움이 될 것이다.

수출과 수입의 개념으로 볼 때, 수출은 자국에서 타국으로 상품이 나가는 것(Export)이요, 수입은 타국에서 자국으로 상품이 들어오는 것(Import)이다. 또한 국제무역과 국제통상과의 관계에 있어서도 국제무역(개인, 기업)과 국제통상(국가적인 제도, 규범)은 개인이나 기업들의 미시적 경제주체의 활동이 강조하는 것은 국제무역이지만, 국제통상은 국가정부사이의 경제활동을 말한다. 그러므로 국가의 무역정책법이나 정책측면을 말하는 것이다. 무역의 성격은 기본적으로 일개 국민경제의 발전과 성장을 위해 존재하고, 국민경제는 세계경제의 차원에서 여러 가지 이해관계가 복잡하게 작용하고 있다.

1) 한국무역의 구조

한국무역의 구조는 수출입 집중의 무역구조이다. 한국무역은 세계화의 영향에 힘입어 해방이후 급격한 발전을 이루었다. 특히 1950년대의 주요 수출 품목은 농수산물을 중심으로 한 식료품과 생사, 면직물 등이었으며, 반면에 수입 품목은 주로 기계류를 포함한 화학제품, 원료형 중심의 제품과 식료품 중심의 소비재, 또한 식량과 농수산물의 생산을 위한 비료 등이었다. 이러한 한국무역의 구조는 점차 공업화의 추세를 따라 1960년대에 들어와 경제개발계획 추진과 함께 섬유제품, 합판을 비롯한 경공업 중심의 집약적인 노동 관련의 생산품을 수출하게 되었고, 수입은 점차 수출확대를 위한 원재료 중심으로 바뀌어져 갔으며 이때 원유, 원목, 원면의 공업원료의 수입이 확대되었다.

1970년대에 들어와 수출상품은 고도의 발전과 진전을 보이기 시작하였다. 이때의 주요 수출 품목은 섬유류, 합판, 가발 등 경공업 중심(77.1%)이었고, 수입은 원목, 원유를 포함하여(43.5%) 수출을 위한 원재료 공급을 확대시행하게 되었다. 이러한 수출입의 구조는 1980년대까지 계속적으로 시행되어 나갔으며, 1980년대의 주요 수출 품목은 1970년대의 수출품과 별 다른 진전이 없어 보였으나 의류와 신발류 및 완구류 등이 추가되어 점차적으로 경공업 중심에서 벗어나질 못하였다. 물론 중화학제품의 수출도 전혀 없었던 것은 아니지만 일부 철강이나 가전류 등의 수출은 기존의 경공업 중심의 구조에서 크게 벗어나지 못하였음을 보여준다.

1990년대의 한국의 무역구조는 경공업 중심의 품목이 점차 감소하는 추세를 보이고 있다. 대부분 대규모 투자를 중심으로 한 장치산업 중심으로 나아가게 되었다. 이러한 장치산업은 가격의 수시변동의 위험이나 특정품목에 한정된 구조적 취약성이 있어 시장 여건상 올바르지 못한 결과를 초래하게 된다.

또한 해외시장에서의 적절한 대응조치를 취할 수 없어 공급과잉이나 가격의 문제를 쉽게 해결 할 수 없게 된다. 이러한 무역의 구조는 점차적으로 그 비중이 낮아지기는 하였으나(1985년 40%, 1990년 32%로 12% 감소추세) 2000년에는 다시 41.5% 상승하였다.

2) 한국무역의 구조변화와 대응자세

세계화를 통한 국제무역의 흐름과 한국무역의 구조는 해를 거듭할수록 해외의존도가 점차 높아지게 되었고, 이에 따라 한국무역의 구조는 수출주도형의 무역구조에서 벗어날 수 없는 실정이었다.

한국의 무역구조 가운데 가장 두드러진 특징은 지난 10년 동안 한국의 무역구조는 경공업 중심에서 중화학공업으로 그리고 정보통신기기를 중심으로 한 반도체와 자동차, 철강, 화학 등의 제품이 주종을 이루고 있다. 그러므로 한국의 무역구조의 특징에서 나타난 것과 같이 한국의 무역구조와 수출구조를 통해 보면, 한국의 계속적인 아이템과 과학기술의 발전을 통한 새로운 반도체 생산 및 새로운 기술을 습득과 실천을 위한 첨단기술제품의 개발을 더욱 가속화시켜 나가고 있다.

세계화의 영향으로 한국의 무역구조는 전 세계적인 추세를 타고 선진화에 앞서 성공한 일본과 선진국들의 산업발달을 추가적인 후발자로서 따라 잡기가 어려운 실정에 처한 현실을 감안할 때, 한국의 무역구조는 선진주도형의 성격을 띤 수출중심에서 벗어날 수 없을 뿐만 아니라, 가격경쟁이나 제품, 기술 등의 모든 차원에서 외국의 막강한 기업과 국가들과의 치열한 경쟁을 피할 수가 없다는 입장이다.

하지만 더 큰 문제적 구조는 한국의 주력상품이 한정적이라는 것이다. 왜냐하면 한국의 수출입의 구조에서 대외무역의존도가 날이 갈수록 높아지고 있고, 이에 따른 수출품의 변화와 발전은 한시적, 한정적이어서 추가적인 수출의 제품개발과 기술개발의 큰 부담을 안고 있다.

특히 선진국으로부터 원재료와 반제품을 수입하여 가공 수출하는 입장에 있는 한국의 무역구조로서는 수출에 있어 국제적인 분업의 형태를 피할 수 없게 되었으며, 기술개발을 통한 끊임없는 상품개발과 수출 품목의 구조를 변경하여야 하는 산업의 고도화 정책에 한층 더 힘을 쏟아야 할 입장에 처하게 되었다.

2. 한국무역의 수출입 시장구조

글로벌 무한경쟁시대를 통한 국제무역의 환경은 예측불허의 시대 속에서 다변화되어가고 있다. 특히 시장의 변화는 소비자들의 성향변화를 통하여 각종의 무역환경의 변화를 일으켜 국제적인 무역환경의 변화를 가속화시키고 있다. 글로벌 무한경쟁은 세계 각국을 무역의 대상국으로 만들었으며, 하나의 거대한 무역대상국으로 부상하게 된 것이다. 그러므로 오늘날의 국제무역의 환경은 세계 각국이 동시다발적인 변화와 개혁을 통한 상호의존적인 관계 속에서 발전하게 되었다.

1) 글로벌시장의 구조변화

상호의존적인 무역의 환경을 통하여 모든 나라들은 각자의 성장과 변화를 꾀하게 되었다. 이에 따라 기존의 적대적이고 배타적인 관계에서 상호의존적인 관계로의 변화와 성장을 통하여 각 국의 경제성장을 이룰 수 있게 된 것이다. 흔히 국제무역은 국내무역을 바탕으로 이루어지는 것으로써 국내의 경제적 주체의 범위를 넘어선 외국 즉, 타국과의 거래관계에서의 경제적 행위를 통한 상거래의 모든 것을 총칭하는 말이다.

이밖에도 국제무역의 필요성에 관한 사항으로 천연자원의 편재, 각국의 인구밀도의 차이, 산업발달정도, 구매력의 차이 등을 들 수 있다. 이 가운데 천연자원의 편재란 모든 나라가 자원을 풍부하게 골고루 보유하고 있는 것이 아니기 때문에 상호의존적인 관계를 통한 경제적 상호협력의 관계를 통한 무역이 성행할 수밖에 없으며, 각국의 인구밀도 또한 상이함으로써 기초생필품이나 공산품의 생산과 수요와 공급의 불균형으로 인하여 무역이 발생한다는 것이다.

또한 국가 간의 산업격차로 인하여 무역이 발생한다는 것이며, 더 나아가 개개인의 필요에 따른 구매력의 증가로 인하여 수요충당이 어렵기 때문에 무역이 발생할 수밖에 없다는 것이다. 그러므로 국제무역은 국가와 국가 간의 상거래이며 상거래의 이윤을 얻고 자 거래 즉, 교환과 매매행위를 하는 국제적인 무역이다. 이러한 국제무역의 발달과 발전은 세계화의 영향을 통한 장점과 단점으로 나타나고 있으나 세계화를 통한 국제무역의 활성화에 힘입어 전 세계의 모든 나라가 통합, 표준화의 혜택을 고루 입게 되었다는 점에서 상당히 발전적이라 할 수 있다. 특히 전 세계의 시장이 하나의 통합된 시장의 개념이라는 점에서 한국의 무역구조와 수출입 시장의 개방은 피할 수 없는 현실로 다가왔다.

2) 시장변화에 대한 방향

세계화의 영향으로 전 세계가 통합된 하나의 시장이 되었다. 그리고 국제무역의 활성화를 통한 수출입의 자유화는 전 세계의 모든 나라가 무역상대국 즉, 시장이라는 점이다. 하지만 한국의 무역구조와 수출입의 시장은 선진국과 개도국 및 후진국의 경향 가운데 뚜렷하게 색체를 띠고 발전구조를 갖기에는 참으로 제약조건이 많았다.

먼저 한국의 무역구조와 수출입 시장의 편중의 내용을 살펴볼 때, 미국이나 일본과 같은 선진국에서는 원재료를 가공하여 수출함으로써 수요와 공급을 원활하게 할 수 있었고, 또한 산업의 구조가 중화학과 첨단산업으로 되어 있어 노동집약적이며 경공업과 중화학공업의 중심인 한국으로서는 쉽게 세계화에 편승할 수 없는 입장이었다.

한국의 수출입 시장의 편중 현상은 이러한 경향으로 인하여 점차적으로 농수산물 중심에서 경공업, 그리고 공산품의 수출입에 이르기까지 크게 발전하였다. 1962년 세계의 무역교역국가가 34개에 불과하였으나 1992년에는 207개국으로 확대되었고, 2010년 현재 전 세계의 모든 나라를 대상으로 수출입을 꾀하고 있다. 하지만 한국의 무역구조와 수출입 시장의 편중은 여전히 대미, 대일무역의 높은 의존도를 가지고 있어 무역의 구조와 수출입의 불균형 해소를 위한 산업구조의 발달과 통상마찰 해소, 글로벌무역의 지향으로 인한 다각도의 수출입시장의 구조를 갖춰야 할 것이다. 특히 WTO와 FTA협정을 통한 끊임없는 통상개방 압력으로 인하여 한국의 무역구조와 수출입 시장의 압력은 더욱 가속화 될 전망이기 때문이다.

3. 글로벌시장의 다변화와 한국무역 구조의 변천

우리나라는 비교적 빈약한 부존자원과 좁은 국내시장, 인구과잉 등의 내용으로 경제개발을 시작하던 1950년대 말까지의 수입대체공업화전략에서 성공적 성과를 거두지 못하자 1960년대 초부터 수출지향공업화전략으로 바뀌었다. 수출의 성과를 높이기 위해서는 수입 부분은 자동적으로 증가하게 되었고, 국제경제 환경의 변화에 걸맞게 공업화정책의 유리한 조건을 비롯한 선진국의 경제성장률, 무역성장률에 힘입어 수출지향 공업화에 성공하게 되었다. 이를 배경으로 한 우리나라의 대외무역의존도는 GNP의 규모인 수출입의 규모로 볼 때, 수출이 수입보다 상대적으로 높다는 것이며, 이는 일본의 15%, 중국 10%, 미국은 한 자리 수에 비해 매년 60~70%의 대외무역의존도를 나타내고 있다.

반면에 우리나라의 수입의존도는 2008년 46.7%를 기록하였으며 매년 증가추세를 보이고 있다. 또한 우리나라의 경제의 무역의존도는 1990~2007년까지 GDP 대비 50~60%의 수준이었지만 2008년 환율급등의 원인으로 인하여 92.3%까지 올라갔고 점차 낮아져 80%의 수준으로 나타날 것으로 전망하고 있다. 이러한 수치는 IMF와 OECD 등의 주요 국제기구들이 공동 작성한 G20 주요 경제지표(PGI)에 의하면 지난해 우리나라 국민총생산(GDP)에서 수출입이 차지하는 비중은 수입이 43.4%, 수출은 38.8%로 G20국가 중 가장 높다고 평가하였다. 문제는 무역의존도가 80%를 넘나들고 있어 이러한 상황이 계속될 경우 글로벌경영의 환경변화에 신속하게 대처하지 못할 경우 보호무역주의의 거센 압력으로 인한 수출의 난항을 겪게 될 것으로 보인다.

1) 한국무역의 역사와 발전과정

한국무역의 시작은 1945년 해방과 동시에 시작되었다고 볼 수 있으며, 1960년대와 70년대를 거쳐 성장기를 맞이하게 되었다. 그러나 시장에 대한 많은 부작용을 낳게 되었으며 이를 개선하기 위하여 1980년대 초부터 1990년에 시장의 다변화를 통한 질적 성장을 꾀하였다. 그리고 1998년 이후 현재까지 한국무역은 세계화를 통한 무한경쟁체제 속에서 대외무역의존도가 높은 나라 가운데 하나로 성장하고 있다.

또한 한국은 세계화에 따른 여러 가지의 악조건 속에서 무역환경이 호전되지 않고 있음에도 불구하고 기존의 기술수준과 국제경쟁력을 바탕으로 현재 한국의 무역은 2008년 말 8천억 달러를 초과, 2010년 말에는 1조 달성을 목표로 성장하고 있다.

〈표 15-2〉는 한국의 무역의 현황을 열거한 것이다. 도표에서 보는 것과 같이 1995년의 30.3%의 증가를 2010년에 36.2%로 다시 제자리 매김을 할 조짐을 보이고 있다. 특히 2004년도의 무역성향이 매우 호전되었을 당시의 수준과 비슷한 것으로 나타나 보이고 있다. 하지만 수입은 1995년도의 수입 32.0%에서 2010년도의 수입은 37.3%로 수출과 수입이 거의 비슷한 처지여서 경제성장을 통한 국민경제의 발전과 세계화를 향한 악조건의 영향이 여전히 도사리고 있음을 파악해 볼 수 있다. 이는 수출기업들의 인지도 상승, 공격 마케팅, 환율의 원인 등으로 축약된다.

〈표 15-2〉 한국의 년도 별 수출입 증가율

(단위 : 금액-천불, 증감률-%)

년도	수출		수입		수지
	금액	증감률	금액	증감률	
2020년 (1월~11월)	461,378,818	-7.1	422,911,104	-8.0	38,467,714
2019년	542,232,610	-10.4	503,342,947	-6.0	38,889,663
2018년	604,859,657	5.4	535,202,428	11.9	69,657,229
2017년	573,694,421	15.8	478,478,296	17.8	95,216,125
2016년	495,425,940	-5.9	406,192,887	-6.9	89,233,053
2015년	526,756,503	-8.0	436,498,973	-16.9	90,257,530
2014년	572,664,607	2.3	525,514,506	1.9	47,150,101
2013년	559,632,434	2.1	515,585,515	-0.8	44,046,919
2012년	547,869,792	-1.3	519,584,473	-0.9	28,285,319
2011년	555,213,656	19.0	524,413,090	23.3	30,800,566
2010년	466,383,762	28.3	425,212,160	31.6	41,171,602
2009년	363,533,561	-13.9	323,084,521	-25.8	40,449,040
2008년	422,007,328	13.6	435,274,737	22.0	-13,267,409
2007년	371,489,086	14.1	356,845,733	15.3	14,643,353
2006년	325,464,848	14.4	309,382,632	18.4	16,082,216
2005년	284,418,743	12.0	261,238,264	16.4	23,180,479
2004년	253,844,672	31.0	224,462,687	25.5	29,381,985
2003년	193,817,443	19.3	178,826,657	17.6	14,990,786
2002년	162,470,528	8.0	152,126,153	7.8	10,344,375
2001년	150,439,144	-12.7	141,097,821	-12.1	9,341,323

자료: 한국무역협회(무역통계)

한국무역의 발전과 경제성장은 1945년의 해방과 그리고 1950년의 6.25 전쟁을 통해서 수출을 위한 생산시설의 파괴와 농업중심의 산업구조, 부존자원의 빈약, 잉구과잉 등의 빈곤의 악순환이 계속된 후진경제의 상황이었다. 경제발전을 위하여 외국원조에 의존하는 시기였다.

1945년부터 한국의 무역의 발전은 거의 외국의 원조에 의존하였으나 1960년대를 맞이하여 1970년대의 한국의 무역은 수출산업, 제조업을 중심으로 대기업의 편향된 경제성장을 꾀하려 하였다. 특히 보조금이나 환율 등의 정책적 수단을 통하여 정부의 개입 하에 수출산업이 활성화되었으나 이에 따른 부작용도 만만치 않았다.

따라서 1970년대의 이러한 수출주도 산업의 육성으로 인하여 1980년대의 한국의 무역은 다소 균형을 잡아가고 있었다. 그 가운데 하나가 풍부한 노동력을 바탕으로 한 저임금의 노동집약적 산업의 비교우위는 있었으나 고도의 성장에 따른 부작용으로 인하여 민주화의 아픔을 겪을 수밖에 없었다. 이른바 정부개입을 배제하고 자율 시장에 맡겨 경제발전을 추진해 보자는 의도였다. 이러한 상황에서 중화학 공업 분야에 과도한 투자를 낳게 되었고 이를 재편하는 과정에서 어느 정도 균형 잡힌 발전을 꾀할 수 있었다. 특히 기존의 수입에 의존하였던 상품에 관해서는 R&D 등의 방식으로 합작투자의 개념을 도입한 질적 성장을 도모하였다.

한국의 무역은 크게 4가지의 중대한 과정을 거친 셈이다. 즉, 1945년부터 1960년대 초의 빈약한 무역의 시작을 바탕으로 1970년대에 들어와 무역의 성장을 가져올 수 있었으며, 1980년대에 이르러 비로소 무역의 다변화에 따른 균형 잡힌 수출과 수입의 정책적인 작업을 한 셈이다. 특히 1998년도 이후의 세계화의 거센 개방의 물결을 타고 한국의 무역은 대외무역의존도가 높아지게 되었다.

1996년 OECD 가입과 1997년 IMF의 발생은 한국무역과 한국의 경제에 세계화와 지역화를 통한 개방화, 정보화, 다변화의 추세를 따를 수밖에 없는 입장에 서게 된 것이다. 지금 한국은 세계화에 영향으로 대외무역의존도 12위를 오르내리고 있다. 수출입 품목도 다양화되어 가고 있으며, 주로 IT산업을 중심으로 반도체와 선박 및 자동차를 비롯한 산업에 주력하여 한국경제가 선진화를 통한 무한경쟁시대에 노출되어 있어, 향후 한국의 무역은 성장잠재력을 확보하여 원천기술의 확보 및 무한경쟁에서의 경쟁의 우위를 확보해야 할 것이다.

2) 한국무역의 현 상황

한국무역에 관한 WTO의 국별 수출통계에 의하면, 2009년도의 한국무역은 세계 수출순위 9위를 마크하였으나 2010년에는 7위로 통계자료를 내 놓았다. 특히 WTO의 발표내용 가운데 한국은 중국과 함께 금융위기의 어려움을 겪었으나 IMF 이전의 수준을 훨씬 초과한 것으로 집계 되었다. 우리나라와 수출규모가 비슷한 이탈리아, 벨기에의 상반기 수출실적은 2008년에 비해 20%이상 감소를 기록하였으나 한국은 3.5%의 증가추세를 나타내 보였다. 한국의 무역이 WTO의 집계내용에 보는 바와 같이 고도의 성장을 이룩할 수 있었던 것은 경기회복세를 타고 IT제품의 수출, 신흥개도국의 수출다변화, 유럽의 불안정한 회복 등이 주요원인으로 분석되었다.

〈표 15-3〉 국가별 수출입 증가율

(단위 : 금액-백만불, 증감률-%)

국가명	2019년					2020년(1월~9월)				
	수출액	증감률	수입액	증감률	수지	수출액	증감률	수입액	증감률	수지
세계	18,694,022	-4.2	18,988,459	-3.1	-294,437	12,516,865	-10.4	12,724,932	-10.1	-208,067
중국	2,464,407	-0.4	2,067,974	-3.2	396,433	1,810,840	-0.8	1,485,092	-2.6	325,748
미국	1,641,118	-0.8	2,498,402	-1.4	-857,284	1,039,552	-15.2	1,688,861	-10.0	-649,309
독일	1,489,158	-6.3	1,234,222	-4.3	254,936	991,927	-11.6	844,055	-9.2	147,872
네덜란드	709,229	-1.2	635,967	2.5	73,262	484,123	-8.0	429,239	-9.2	54,884
일본	705,549	-3.7	747,735	-0.1	-42,186	445,946	-15.2	464,576	-13.8	-18,630
홍콩	535,807	-7.3	578,783	-8.1	-42,976	399,428	1.5	412,382	-3.8	-12,954
한국	541,847	-9.9	504,171	-7.2	37,676	365,075	-10.1	340,061	-9.8	25,014
이탈리아	532,663	-3.6	473,512	-5.7	59,151	336,775	-14.9	289,897	-18.7	46,878
프랑스	569,732	-2.9	651,179	-4.7	-81,447	335,204	-21.2	409,110	-16.2	-73,906
벨기에	444,563	-6.6	426,198	-7.2	18,365	296,433	-11.7	280,399	-13.0	16,034
멕시코	461,116	2.3	482,613	-1.9	-21,497	294,242	-14.5	291,801	-19.4	2,441
영국	469,051	-2.8	689,481	1.5	-220,430	285,299	-17.8	441,337	-14.5	-156,038
캐나다	446,098	-0.5	479,228	-0.3	-33,130	282,540	-15.3	309,207	-14.7	-26,667
싱가포르	388,450	-0.1	359,251	-7.6	29,199	262,621	-9.3	244,152	-8.4	18,469
스위스	313,746	1.7	276,403	-3.5	37,343	232,854	-0.9	207,101	-0.7	25,753
러시아	419,732	-6.0	242,628	2.8	177,104	231,219	-25.1	157,605	-9.9	73,614
스페인	333,622	-4.0	371,929	-4.1	-38,307	218,274	-12.6	232,706	-16.9	-14,432
베트남	190,856	-20.6	214,327	-6.9	-23,471	201,980	41.3	187,414	15.5	14,566
인도	321,942	0.8	483,301	-6.5	-161,359	199,799	-18.6	258,486	-29.1	-58,687
폴란드	264,013	-1.0	261,998	-3.0	2,015	190,276	-3.6	181,708	-7.6	8,568

자료 : 한국무역협회(무역통계)

향후 한국무역의 전망은 그리 밝은 편은 아니다. 우리와 처지가 비슷한 이탈리아, 벨기에 등의 국가들이 수출경기에 대한 대처능력과 우리나라의 주요수출 품목인 IT제품의 수출가격의 변화와 환율 등의 국제적인 요인이 작용할 것으로 판단되며, 또한 미국을 비롯한 서구유럽의 국가들이 수출에 대한 박차를 가할 것으로 예상하고 있어 향후 한국무역의 발전적 전망은 중국의 내수시장을 비롯한 신흥시장으로의 진출과 수출시장의 다변화를 통한 지속적이고 장기적 차원의 수출품목과 수출구조의 개선에 노력을 경주하여야 할 것으로 사료된다.

〈표 15-3〉의 WTO 자료에 의하면, 한국무역의 수출순위 상승원인은 반도체와 LCD의 수요회복이 빠른 수출상품 구성과 중국을 비롯한 신흥개도국의 수출지역 다변화 영향, 유럽지역의 경기회복부진으로 인한 수출회복 지연 등을 주요원인으로 꼽았다. WTO의 보고서 내용 가운데 수출품목의 주요내용은 우리나라가 이탈리아, 벨기에 등 수출경쟁국에 비해 수출상품 구성내용이 IT제품이었다는 것이며, 반면에 이탈리아 벨기에의 주요 수출 품목은 석유제품이 주류를 이루고 있다는 것이다.

중국을 비롯한 신흥개도국들의 수출지역 다변화를 통한 수요의 급진적 상승에 있었으며, 세계화와 지역화의 영향으로 인한 수출대상국의 다변화 영향이라고 보았다. 특히 유럽지역은 경기회복의 불안정한 상태로 인하여 수출지연이 발생하였다. 이에 따라 이탈리아, 벨기에 지역도 수출이 상당부분 뒤쳐진 영향으로 나타난 것으로 분석하였다.

3) 한국 수출무역의 미래적 전망

한국무역은 2010년 전반기에 세계 수출순위 7위를 유지할 수 있었다. 특히 한국과 순위 다툼을 하고 있는 주요 국가는 이탈리아, 벨기에 두 나라이다. 한국과 비슷한 수출경쟁국들은 수출주력시장과 수출품목, 수출가격, 환율변동 등의 수출환경에 민감하다. 특히 이러한 수출의 각종 환경이 세계경기 변화를 따라 수출순위가 바뀌는 등의 사례들이 빈번하게 발생되고, 교차되어 왔다.

무엇보다 한국무역의 발전과 장기적인 차원의 전략적 대책마련이 시급하다. 주변국의 동향이나 세계시장의 수출환경 탓으로 돌릴 수는 없다. 이제 한국의 무역이 세계에서 차지하는 비중이 막중하기 때문이다. 한국무역은 중국의 고성장과 미국의 경제회복 둔화, 유럽지역의 경제회복지연 등이 지속될 전망이여서 당분간 수출에 큰 지장은 없을 것으로 판단된다.

한국은 대외 지향적 개발전략을 추진하는 전반적 과정 속에서 수출보다 수입의 증가로 인한 국제수지의 불균형을 해소하기가 좀처럼 쉽지 않은 국가이다. 왜냐하면 대외무역의존도가 높은 반면, 수출과 관련된 원재료와 반제품의 생산이 거의 자국 산업에서 비롯되는 것이 아니라 주로 수입에 의존하고 있으며 다만 가공하여 수출하는 경향이 더욱 더 높게 나타나는 현상으로 인한 무역역조의 심화현상을 초래하고 있다.

그리고 이러한 수입을 통한 수출을 활성화 시키려면 무엇보다 대외경쟁력을 갖춘 주도적인 산업과 구조적인 발전을 꾀하여야 하겠으나 선진국과 동등한 입장에서 경쟁을 해야 하는 자유경쟁의 치열한 과정 속에서 한국의 무역은 더욱 더 주력산업의 경쟁력이 약화되고 있음을 인식하여야 한다.

한국의 무역구조와 수출입구조 및 수출입 시장의 편중현상 및 무역역조 현상 또는 주력산업의 경쟁력 약화 등은 한국이 해방이후 수출을 시작하면서부터 주력산업을 발전시켜 나아왔으나, 선진국형의 산업발전과 육성 및 보호정책에 있어서 급작스런 경제발전을 통하여 미쳐 재원과 기본적인 틀을 형성할 시기적인 경향이 없었기 때문이다. 단순히 수출을 위한 수출산업에 주력하였던 한국의 무역구조는 수출입 시장에서의 치열한 경쟁에서 쉽게 자리 확보를 할 수 없었다는 점이다. 그리고 제품의 수명주기와 핵심기술, 주력상품 등의 산업재원의 발달요소가 40~50년을 채 넘기지 못하고 새롭게 변신에 변신을 거듭해야 하는 지경에 이르렀기 때문이다.

세계를 시장으로 하여 수출입이 활발하였지만 오히려 무한경쟁시대에 돌입하게 되어 한편으로는 자국의 산업보호와 육성을 위한 보호주의 경향을 강하게 띠게 될 것이고, 후진국과 개발도상국은 여전히 선진국의 강한 경제적 힘과 마찰을 빚어야만 이겨낼 수 있는 실정이여서 경쟁력 있는 주력상품 개발과 전략적인 대책마련이 시급한 실정이다.

4) 코로나19에 따른 수출위기 극복 방안

코로나19로 인한 세계경제의 급속한 침체는 우리나라의 핵심 경제성장동력인 수출에 상당한 타격을 줄 전망이다. 하지만 과거 글로벌 금융위기시에도 세계경제성장 침체와 함께 우리나라 수출이 급감한 적이 있으나 세계경제 회복 시 우리나라 수출은 급등하면서 위기를 극복하였다. 글로벌 금융위기가 본격화된 것은 2008년이지만 수출에 본격적으로 영향을 미친 시기는 2009년이며 이 시기 수출증가율은 -13.9%를 기록하였다. 2010년에 수출증가율은 반등하여 28.3%를 기록하였으며 그 다음 2011년에도 19.0%의 양호한 증가율을 기록하였다.

주요 수출국과 우리나라와 비교해보면 글로벌 금융위기 이후 회복속도는 중국 다음으로 빠른 수준이었다. 우리나라는 2009년 위기 시 수출하락 폭이 주요국에 비해 상대적으로 작았으며 회복시기에는 상대적으로 큰 폭의 성장세를 보였다. 글로벌 금융위기 시 대외정책을 살펴보면 위기 초기에는 수출 관련 대책이 경상수지 개선 위주로 추진되었지만 이후에는 위기 대응에서 경제영토 확장으로 대외정책 기조를 전환하면서 위기극복에서 성장정책으로 대외정책을 전환하였다.

따라서 코로나19 이후 한국경제의 재도약에서도 수출은 매우 중요한 역할을 담당할 것으로 예상되며 이를 위해 보다 적극적인 대외정책을 추진하여야 한다. 특히 포스트 코로나19 시대에 예상되는 탈세계화, 자국우선주의 등에 대비한 대외경제비전 및 전략의 수립과 추진이 필요하다. 한편 수출탄력성 분석을 통해 수출대상국의 성장률이 우리나라 수출에 미치는 영향이 상당히 큰 것으로 확인되므로 코로나19 이후 회복속도가 빠른 국가들을 주목할 필요가 있다. 즉, 경제규모가 큰 수출대상국도 중요하지만 경제회복속도가 빠른 국가들도 우리나라 수출정책에 있어 상당히 중요한 대상으로 인식하여야 한다. 따라서 코로나19 위기에서 상대적으로 타격이 적었던 오세아니아, 동남아시아 지역을 주목할 필요가 있다. 또한 FTA 체결국가와의 교역이 수출 및 무역수지 측면에서 글로벌 금융위기 극복에 상당한 도움이 되었던 만큼 현재 진행 중인 FTA협상을 보다 적극적으로 추진할 필요가 있다. FTA 체결국가와의 교역이 수출 및 무역수지 측면에서 글로벌 금융위기 극복에 상당한 도움이 되었다.

한편 한국경제의 핵심 성장 동력은 결국 수출경쟁력에서 나오는 것이므로 수출경쟁력 제고를 위한 노력이 지속되어야 한다. 우리나라 주요 수출품은 품질경쟁력 또는 가격경쟁력 우위 제품이 다수이며 특히 세계적으로 소득수준이 저하된 현 시기에서는 가격경쟁력 유지가 더욱 중요해진 상황이다. 따라서 품질경쟁력 또는 가격경쟁력을 저해할 수 있는 제도나 정책에 대한 개선 및 보완이 필요하다. 아울러 수출입의 제도와 이원화되어 있는 각종 기구들의 일원화 및 정책의 신속한 결정 등은 수출입의 발전에 큰 영향을 줄 것이다. 또한 다변화 정세에 맞는 우리나라의 우위 요소들에 대한 관리와 지속적인 변화, 발전이 필요하며 전 세계적인 국가들과의 활발한 교류를 보다 적극적으로 추진해 나가야만 할 것이다.

제2절 한국무역과 글로벌기업의 변화

1. 세계화로 인한 글로벌기업의 발전적 전망

세계화의 영향으로 1990년대 이후 다국적기업의 활성화를 이어졌다. 그러나 세계화의 강력한 세력 하에서도 국경의 개념은 여전히 남아있어, 관세정책과 각종의 무역기구들은 자국의 경제적 이윤확보를 위한 나름대로의 장벽을 유지하고 있었던 셈이다. 다시 말해 아직까지도 세계화의 악 영향으로 인한 경제적 식민지 관계의 좋지 못한 지배적 관계가 잔존하고 있었다. 왜냐하면 다국적기업의 상황에서 모든 국가들이 무역의 활성화를 가져올 수 있을 것이라고 전망하였으나 국경의 개념을 초월하지 못한 또 다른 모습이 남아있었다는 것이다.

하지만 세계화의 영향은 점차적으로 다국적이라는 말 대신 2000년대를 들어오면서 글로벌이란 단어로 점차 바뀌게 되었다. 비로소 글로벌기업이 새롭게 나타나게 된 셈이다. 이러한 글로벌화의 영향은 글로벌기업으로 다국적인 기업관계에서 상호의존의 관계로 더욱 밀착된 개념으로 나타났다.

최근에는 더욱 발달된 정보과학과 통신체계로 인한 일 국가의 개념으로 나타나고 있어 세계화는 더욱 더 가속화 되고, 계속적인 진행의 관계로 나타나고 있는 셈이다. 또한 글로벌화의 시장체제에서 모든 시장이 동시다발적인 자유경쟁의 시장으로 변모하게 되어 어떤 제품, 어떤 소비자들이 지명되어 있는 것이 아니라, 전 세계의 기업들이 어떤 제품이나 어떤 소비자를 구별하지 않고 표준체계의 상품과 하나의 동질화된 소비적 개념으로 발전하게 되었다.

결과적으로 글로벌화로 이어진 세계화의 영향은 전 세계의 시장뿐만 아니라 새로운 인적자본까지 확대되어 글로벌 인재양성과 이를 축적하기 위한 다각도의 노력이 필요로 하게 되었다.

2. 글로벌기업의 미래적 전망과 자세

세계화의 영향으로 국경이 없어지고 한 국가의 개념으로 나타난 표준체계는 문화의 요인까지도 변화를 가져왔다. 즉, 한 국가의 개념으로 전 세계의 모든 나라들이 하나의 단일화된 문화의 개념으로 변모하였다. 다시 말하면 지구촌 어떤 나라에서든지 최적의 조건을 갖춘 상품의 생산, 판매, 유통 등의 과정을 이행할 수 있게 되었다는 점이다. 그러나 갑작스런 변화의 이러한 관계적인 상황의 준비과정이나 진행적인 과정의 전략적인 대안을 마련하지 못한 우리나라의 입장에서는 기업과 정부 및 소비자인 국민들이 세계화의 영향에 대한 민감한 반응체계로 나가야 할 것이다.

왜냐하면, 우리나라가 원재료의 부족에서부터 생산과 유통에 대한 체계적인 대안을 구축하지 못하고 있다는 점과 우리나라 주력의 상품 즉, 전 세계를 대상으로 표준화할 수 있는 상품체계를 마련하지 못하고 있다는 점이다.

하지만 변화와 물 밀 듯 밀려오는 세계화의 영향에 대한 거부감과 반박의 자세를 가질 필요는 없을 것이다. 다만 이를 어떻게 받아들이느냐 하는 문제와 어떻게 소화할 수 있을 것인가를 잘 판단해야 한다. 경제, 문화 등의 다양한 세계화의 거센 물결이 기존의 모든 체제에 영향을 미치고 있기에 변모하는 새로운 전략적 모습으로 바뀌어야 한다는 것이다. 거대한 세계화의 영향 가운데 아직도 자국중심, 지역중심, 혈연관계 등의 내용들을 가진 세계화의 전략은 문제가 많다는 지적이다.

우리나라의 경우를 보면, 제품과 서비스 및 전 세계적인 표준적 관계에 편승하고 있다고 하지만 경쟁력을 확보하지 못하고 있으며, 나라경제의 어려운 국면을 맞이하고 있고 더 나아가 환율인하, 경제성장 저조 등의 원인으로 국민경제가 그 어느 때보다도 악화되고 있기 때문이다.

한국무역과 세계화의 영향에 따를 글로벌화의 자세는 무엇인가?

첫째, 21세기의 서로운 경영환경이나 시장 환경에 민감해야 한다는 점이다. 글로벌화의 내용으로 나아가기 위한 준비가 필요하다는 점이다. 막연하게 흉내를 내거나 답습하거나 선진의 경제적인 영향으로 어쩔 수 없는 표준체계로의 진행은 국내시장은 물론 전 세계의 시장을 송두리째 세계의 시장이나 국가에게 내어주는 꼴이 될 것이다.

이에 대한 답변은 우리나라가 세계화에 민감하게 대처할 수 있는 인력구조와 자본력 및 경제체제의 새로운 구조적 전략으로 나가야 한다는 점이다. 다시 말하면, 우리나라에서만 잘 하는 기업이 아니라 전 세계적인 기업을 발전하기 위한 기초적이고 전략적인 대안을 마련해야 한다는 점이다. 하지만 아직까지도 우리나라의 기득권, 가부장적 문화와 그 문화에서 성장한 일부 기업가 및 경영자들이 글로벌네트워크 구축에 막대한 비용이나 투자를 꺼려하고 있다는 것이다.

따라서 우리나라 안에서만 큰 소리는 기업이 아니라, 전 세계를 대상으로 큰 소리 칠 수 있는 경쟁력을 확보하기 위해서는 글로벌시장으로의 발전과 처음부터 세계화를 위한 표준체계로의 생산과 유통체계로 나가야 한다는 것이다. 이제 기업들은 우리나라의 시장이 연습용 시장이나 연습용 소비자들이 아니라는 점을 착안해야 한다. 국내의 소비자는 곧 전 세계의 소비자이기 때문이다.

또한 정부와 무역 관련의 기구의 과감한 변화도 필요하다. 이는 국제경쟁력을 갖출 뿐만 아니라, 우리나라에서의 경제적인 관계만을 운운할 것이 아니라는 점이다. 자국의 소비자들이나 자국의 생산체계가 자국민을 대상으로 연습과 실패를 통한 세계화의 추진이나 글로벌화를 추진한다는 것은 위험한 일이기 때문이다. 소비자들은 세계화로 인한 다양한 문화와 전 세계적인 상품을 동시다발적인 관계에서 살펴보고 있기 때문에 국민의 정신적 체계로 자국 상품의 우월을 내세우는 시대는 지났기 때문이다. 그리고 이제는 3D직종으로 전략해버린 생산체제의 모든 분야들이 글로벌 인력들로 채워져 있어 노동력이 약화되어 전 세계의 시장에서 가격으로 자리를 확보했던 시장의 새로운 변모적 자세가 필요케 된 셈이다.

둘째, 우리나라가 글로벌기업으로의 발전을 위한 다니엘(Daniel)의 사고를 잘 선용할 수 있어야 한다는 점이다. 강조하면, 어떤 곳에서 사업을 할 것이며, 무슨 사업을 해야 할 것인가, 그리고 프랜차이즈의 개념인 지점과 본점의 경영 체계적 관점, 전 세계를 하나의 시장으로 보는 거시적인 관점, 글로벌화를 좀 더 깊게 이해하고 준비하는 자세, 정보통신과 과학의 네트워크화 추진, 수직적인 체제에서 수평적인 상호 협력적 관계로의 발전 등이라고 할 수 있다.

결과적으로 우리나라의 거의 모든 산업은 수출중심의 산업으로 발전하였다. 그러나 진작 중요한 것은 내수시장의 활성화를 꾀하지 못했다는 점이다. 한 마디로 말해서 우스꽝스런 관계적 내용이라는 점이다. 즉, 어떤 상품을 생산하여 좋은 상품은 수출하고 그렇지 못한 상품은 자국 내에서 소비하는 관계로 자국의 시장이나 국민적인 안정, 경제성장, 국민적 저력의 힘은 갖추지 못하였다는 점에서, 좋은 것은 취하고 활용함으로써 더 좋은 것으로 변화, 발전을 추구했어야 한다는 점이다. 아직도 이런 관계적인 차원에서 크게 벗어나지 못하고 있어 글로벌경영의 악화는 계속될 것이라고 조심스럽게 추정한다.

제3절 한국무역 패러다임의 변화

1. 무역구조의 변화

한국무역은 전통적인 무역에서 신무역 구조로 패러다임의 변화가 나타났다. 우리나라는 1960년의 전통적인 무역에서 출발하여 최근의 신무역 구조로 변화되는 과정에서 지난 57년 동안 무역의 큰 변화가 일어났다. 전통적인 무역은 완성품 거래 위주로 해외수출입이 주류를 이루었던 반면, 신무역 구조는 글로벌 소싱, 글로벌 공급 등이 주류를 이루면서 공급체인망 네트워크로 무역구조가 새롭게 변화되는 특징을 보였다.

한국의 전통적인 무역은 완성품 거래 위주로 해외수출입이 주류를 이루었다. 우리나라는 1960년부터 1990년까지 30년 동안 3개국의 해외수출입 국가들이 공급자, 유통업자로 전통적인 무역을 주도하였다. 1960년대의 우리나라는 수출드라이브 정책이 근간이 되어 한국경제의 견인차 역할을 하였으며, 1970년대부터 1980년대까지 20년 동안 우리나라는 중공업 우선 정책이 근간이 되어 한국경제의 고도성장을 주도하였다. 한국정부가 1960년대 수출드라이브 정책과 1970년~1980년대 중공업 우선 정책을 펴나가는 과정에서 한국이 완성품 업체들의 주 수입국가는 중동, 호주, 일본, 미국 등 4개국으로부터 생산활동에 투입될 원유, 철강석, 석탄, 산업부품 등을 주로 수입해서 완성품을 생산하는 과정을 거쳤다. 한국의 완성품 업체들은 동 기간 동안 생산한 완성품을 유럽, 호주, 미국 등 3개국에 상업 수출 형태로 수출하였다.

2. 무역모델

한국의 신무역 구조는 글로벌 소싱, 글로벌 공급 등이 주류를 이루었다. 우리나라는 1990년부터 2020년까지 30년 동안 공급체인관리에서 IT제품이 큰 기여를 하였고, 전 세계 공급체인망 시장에서 한국이 해외자회사, 글로벌 SCM 파트너들이 동 기간 동안 공급체인망 시장을 주도해 나갔으며, 특히 1990년~2020년까지 중국과 아세안 시장의 성장이 괄목한 만한 변화를 보였다. 1990년~2000년대 기간 동안 한국의 신무역 패러다임이 전개되는 과정에서 한국의 자동차, 화학, 전자부품, 조선업의 주 수입국가는 중국, 북미, 일본, 호주, 아세안, 중동, EU 등 7개국으로부터 완제품, IT 서비스 및 노하우, 부품, 철강석 및 석탄 원료, 원재료 및 섬유, 최종재, 완제품 등을 주로 수입하였다.

동 기간 동안 한국의 주 수출국은 중국, 북미, 일본, 호주, 아세안, 중동, EU 등 7개 지역에 IT 부품, 화학, 자동차 부품, 완제품, 조선 등을 주로 수출하였다. 특히 중국, 북미, 일본, 아세안, EU 국가들에 진출한 한국의 해외자회사, 글로벌 SCM 파트너들은 공급체인망 네트워크를 구축하는데 중추적인 역할을 담당하였다. 1990년~2000년대 기간 동안 한국은 전 세계에서 해외수출입을 주도하는 7개국과 글로벌 소싱, 글로벌 공급 등의 활동을 통하여 공급체인망 네트워크를 편재하는 과정에서 신무역 구조가 등장하게 되었다.

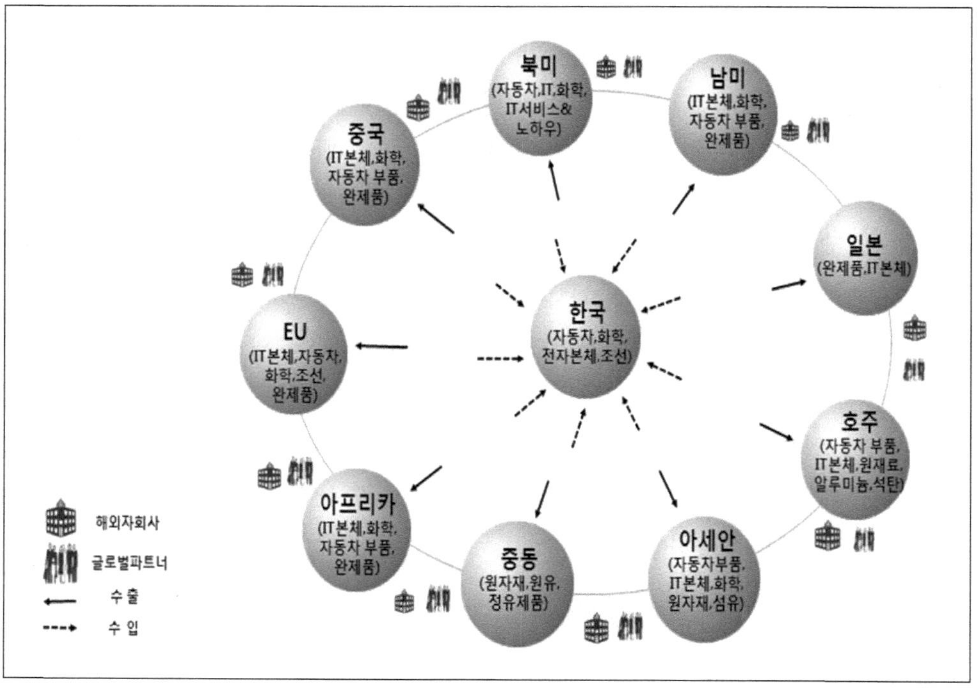

[그림 15-1] 한국의 무역모델

제4절 무역업 창업의 이해

1. 무역업 창업

무역업은 누구나 할 수 있다. 다만 사업에 대한 세금을 직접 내야하므로 관할 세무서에 사업자 등록을 하여야 한다. 대부분 처음에는 개입사업자로 사업자 등록을 하고, 향후 기업이 성장한 후 법인으로 전환하는 경우가 대부분이다. 무역업을 시작할 때부터 법인등록이 가능하며 사업자 등록 상에 특별한 제한이 없다.

1) 사업자 등록 신청

사업자 등록 신청은 사업개시일로부터 20일 이내에 사업을 하고자 하는 장소(사업장)의 관할 세무서장에게 사업자 등록신청서를 제출하여야 한다. 이 경우 직접 세무서에 가서 신청할 수도 있고 온라인으로 신청이 가능하다.

- 신청서류 : ① 임대차계약서 사본(사업장 임차인 경우)
  ② 사업허가증 또는 신고필증의 사본 등

온라인으로 신청하는 경우 국세청 홈텍스(www.hometax.go.kr)에 접속하여 신청하면 된다. 온라인 신청의 경우 임대차계약서 등 기타 필요한 서류들을 사전에 스캔하여 준비하고 전자 사업자 등록 신청서를 작성한 후 스캔한 서류들을 첨부하여 제출하면 민원이 처리된다.

2) 무역업고유번호

무역업은 사업자등록증이 있는 자는 누구나 무역을 할 수 있다. 심지어 외국인도 세법상의 사업자등록증만 있으면 무역을 할 수 있다. 다만 무역을 하기 위해서는 한국무역협회로부터 무역업고유번호를 부여받아야 한다.

무역업고유번호를 신청하고자 하는 경우 다음의 서류를 구비하여 한국무역협회 본부 또는 한국무역협회 지부에 신청하면 된다.

- 구비서류 : ① 사업자등록증 사본 1부 ② 무역업고유번호 신청서(소정양식) 1부
- 신청방법 : 우편, 팩시밀리, 전자우편 등의 방법으로 신청이 가능

2. 무역업의 형태

수출, 수입을 하는 자를 무역업자로 한다. 무역에서는 무역업자 이외에도 오퍼상, 종합무역상사 등의 명칭이 사용되고 있는데, 대외무역법에서는 이러한 명칭에 대한 정의 규정이 삭제되어 사용하지 않고 있다.

무역을 하는 주체는 무역업자, 오퍼상, 종합무역상사, 전문무역상사 등이 있다. 이들 중 무역업자, 오퍼상에 대한 규정은 없으며, 2009년 종합무역상사, 전문무역상사 제도도 폐지되었다. 여기서는 무역업자, 무역대리업, 무역대행업의 개념과 역할 중심으로 간략히 설명하기로 한다.

1) 무역업자

무역업자란 자기명의로 자기 책임하에 물품의 수출과 수입을 업으로 영위하는 것을 말한다. 무역업은 수출업과 수입업 그리고 수출과 수입을 동시에 영위하는 수출입업 등의 형태로 운영할 수 있다.

(1) 수출업

수출업(export merchant)은 수출을 전업으로 하는 업자를 말한다. 여기에는 생산설비를 갖추고, 제품을 생산하여 수출하거나 공급업자로부터 물품을 구입하여 해외로 매각하는 것을 말한다.

(2) 수입업

수입업(import merchant)은 해외의 수출상으로부터 직접 또는 자국에 있는 판매대리점을 통하여 계약하고 수입하여 자국의 도매상이나 제조업자에게 판매하여 유통하게 되는 형태이다.

3. 무역대리업

무역대리업(import or export agent)은 외국의 수입상 또는 수출상의 위임을 받은 자가 국내에서 외국업자의 대리인의 자격으로서 판매계약(offer 발행) 또는 구매계약(order 발행)을 체결하고 이에 부대되는 행위를 업으로 영위하는 것을 말한다.

무역대리업자는 수출상 또는 수입상으로부터 수수료를 받고 수출입을 중계·알선·보조하는 자로서 국내 판매대리인 또는 구매 대리인으로서 수출입 본거래에 자기명의를 사용하지 않고 대리권만을 행사한다는 점에서 무역업자와 구별된다.

4. 무역대행업

무역대행업은 무역업자가 대행위탁자와의 수출 또는 수입 대행계약에 따라 약정한 대행수수료를 받고 자신의 명의로 수출입을 수행하는 것을 말한다. 무역대행업자는 자기명의로 자신의 책임 하에 거래를 한다는 점에서 무역대리업과 구별된다. 무역대행업은 수출 또는 수입의 대행계약에 따라 일정한 수수료를 받고서 자기명의로 수출입을 수행하는 것으로서 대행자는 자기의 명의로 거래함에 따른 수출입 승인, 사후관리 등의 책임을 지며, 대행자와 위탁자의 관계는 '대행계약'에 의하여 정해진다.

최근의 무역대행업은 아주 다양한 형태로 변화되고 있고, 기본적인 수출입의 성사로 계약에 따라 일정의 대행수수료를 받는 것이지만 자기의 명의, 자기의 책임하에 이루어진다는 점에서 수출입에서 보다 용이하게 널리 활용될 전망이다. 이것은 전자무역과 해외직접구매 등의 아주 다양한 방법으로 전화, 발전할 수 있는 것이기 때문이다. 하지만 대외무역에 따른 무역업이나 금융거래에서 책임소지가 따르며, 특히 자기 명의로 거래를 해야만 하는 것이므로 자기 책임 하에 이루어진다는 점에서 사후관리가 중요하다.

무역대행업의 종류 가운데 수출대행업으로는 주로 구매대리점, 수수료상, 수탁자로 불리는 자이며, 또한 수입대행업으로는 국내의 실수요자의 부탁으로 수입하는 무역업자를 말하는데, 외국에서 수입하여 자국의; 상사나 대리점을 거쳐 자기명의로 수입하는 경우이다. 수입액에 따라 일정비율의 구매수수료를 취득하는 것이며 이때 위험 부담은 수출보다 크지는 않다.

제5절 글로벌 창업의 이해

1. 4차 산업혁명과 글로벌 창업

오늘날 창업은 지속 가능한 사회와 국가를 만들어 가는 가장 중요한 동력 중 하나로 인정받고 있으며 시대적인 화두가 되고 있다. 전 세계 거의 모든 국가의 정부가 경제 및 사회정책에서 청년창업가 육성 등 다양한 창업활성화 제도마련을 최우선 과제로 고민하고 있으며 이러한 현상은 정치 및 행정활동 분야에서도 예외가 아니다. 글로벌 창업은 창업 초기단계부터 글로벌 시장을 목표로 하여 사업화 및 시장진출을 꾀하는 창업활동이라고 할 수 있다. 이를 위해서는 글로벌 시장에 통용될 수 있는 혁신적 기술 및 아이디어를 전제로 도전적이며 모험적인 기업가 정신이 추가적으로 요구되어 진다. 글로벌 창업은 창업기업이 글로벌화의 장점을 활용하는 경영활동이며 창업을 통한 경제 활성화와 글로벌 진출을 통한 해외시장 확보가 절실한 우리나라의 경우에 글로벌 창업의 정책적·전략적 의미는 더욱 크다고 볼 수 있다.

4차 산업혁명 시대에서 사물형 인터넷(IoT)은 모든 사물을 연결하는 것으로 4차 산업혁명의 핵심기술이며, 이 기술 외에도 인공지능(AI), 가상현실(VR), 증강현실(AR) 등의 기술이 4차산업혁명을 선도하는 기술이다. 글로벌 창업기업들에게 이러한 기술들은 빠른 시간에 글로벌 태생기업으로 도약하게 할 수 있는 분야이다. 전 세계적으로 확산되고 있는 4차 산업혁명은 글로벌 창업을 준비하는 기업들에게 스마트 생산체계의 수직적 네트워킹과 글로벌밸류체인의 수평적 통합에 영향을 미치며, 또한 전체 밸류체인 간의 엔지니어링과 활성기술을 통한 가속화에 영향을 미친다.

스마트 생산체계의 수직적 네트워킹은 사이버물리시스템의 주도기술을 가지고 있는 글로벌 창업기업이 새로운 사업기회를 획득할 수 있는 분야이다. 사이버물리시스템은 가상 세계와 물리 세계를 만나게 하여 진정한 네트워크 세상을 만들고 지능화된 사물들이 통신하고 상호작용하도록 하는 시스템이다. 글로벌밸류체인의 신세대를 통한 수평적 통합을 통해서 새로운 가치창출 네트워크 분야에 글로벌 창업이 가능하며, 기업의 GSCM 투명성, 글로벌 최적화가 달성된다.

전체 밸류체인 간의 엔지니어링은 글로벌 창업기업뿐만 아니라, 글로벌 기업의 글로벌 밸류체인을 지원하는 창업활동으로 참여하면서 시너지 효과를 높일 수 있는 분야이다. 기하급수적 기술을 통한 가속화는 4차 산업혁명을 통해서 사물형인터넷, 인공지능, 가상현실, 증강현실 등의 분야에 글로벌 창업기업이 참여하면서 글로벌 태생기업으로 빠르게 성장할 수 있는 분야이다.

1) 글로벌 창업의 개념적 정의

글로벌 창업을 설명하기 전에 창업을 먼저 살펴보면 다음가 같은 의미가 있다. 창업의 의미를 한자 표기 글 의미 그대로 살펴보면 업(일, 業)을 새롭게 만들어 내는 과정(비롯할, 시작할 創)이며 영문 표기 글의 경우에는 창업가 정신(entrepreneurship)이라는 용어를 준용하는 경우가 많으나 정확하게 의미를 직역한다면 'Start Up'이라는 용어를 사용하는 것이 적절하다고 판단된다.

사전적 의미에서 창업은 나라를 처음으로 세우거나(국가 창업) 사업을 처음으로 이루어 시작하는 것(사업 창업) 등의 활동으로 정의된다. 결국 나라를 세우는 일을 여기서 논외로 하면 창업이란 사업을 처음으로 이루어 시작하는 과정으로 정의할 수 있다.

2) 글로벌 창업의 개념적 정의

글로벌 창업기업에 대한 연구는 McKinsey & Co.가 호주의 첨단기술 분야의 중소기업들이 창업 초기부터 해외의 매출액 비중이 높아지면서 급성장하는 현상을 관찰하면서부터 시작되었다. 1990년대 중반에는 Global Startup 개념 하에 연구체계가 잡히기 시작했다. 이후 2000년대 들어서 벤처붐과 함께 상대적으로 해외진출에 불리한 것으로 여겨졌던 소규모 IT기업들이 높은 해외매출 실적을 달성하는 현상을 발견하면서 관련 연구의 확산이 이루어졌다. 이들 기업은 글로벌 태생기업으로 불리면서 글로벌 창업의 이론적 기반이 정립되기 시작하였다. 글로벌 창업에 대한 초기 연구의 이론적 관심은 높은 해외 매출성과를 올린 해당 기업의 특성을 중심으로 전통적 글로벌화 기업과 구분할 수 있는 특성 및 기준을 정하는데 있었다. 예를 들면, 낮은 조직 연령과 업력, 경영 활동의 범위가 글로벌 시장으로 확대되었는지 등을 기준으로 사용하기도 하였다.

글로벌 창업기업에 대한 기준은 창업기업의 글로벌화 추진 비전 및 전략, 소규모 기술 중심 기업, 창업 3년 이내 해외시장 진출, 총매출 중 해외매출 비중 25% 이상, 최소 2개국 이상 진출 등 매우 다양하다.

글로벌 창업기업이 지니는 기본적인 속성은 혁신을 기반으로 한 글로벌 지향성, 신속한 글로벌화, 다양한 국가로의 확대 진출 등이다. 기술창업 기업이 지닌 혁신성이 다양한 글로벌 시장을 대상으로 성과를 발휘하는 과정에서 글로벌 창업기업이 나타나게 된다.

이와 같이 신기술을 기반으로 한 기술창업과 글로벌 창업과의 관계가 밀접하므로 기술력이 탁월한 벤처기업의 지원과 육성은 바로 글로벌 창업기업 육성을 위한 정책적 출발점이라 할 수 있다. 이는 전통적 글로벌화 기업과 비교하여 볼 때 글로벌 창업기업이 지식 및 기술 집약적 산업에 주로 분포하고 있는 이유이기도 하다. 또한 글로벌 창업기업의 창업자가 관련 산업분야에 대한 학업 외에도 직장 경험을 통해 얻은 수준 높은 기술 지식을 보유하고 있어서 글로벌 창업이 가능하다고 설명하고 있다.

글로벌 창업기업을 정의해 보면, 설립 후 3년 이내에 2개국 이상의 해외시장에서 창출된 매출 비중이 25% 이상인 경우라 할 수 있다. 따라서 벤처창업기업이라 하더라도 해외매출이 차지하는 비중이 일정 수준 이하이거나 해외매출의 비중이 높더라도 창업 후 해외매출에 많은 기간이 소요되는 경우에는 글로벌 창업에 해당하지 않는 것으로 볼 수 있다.

2. 글로벌 창업의 기능

창업계를 지속적으로 모니터링 하는 전문가 집단인 Startup Genome에서는 'Global Startup Ecosystem Report 2017' 보고서에서 국제적 연결성을 가진 스타트업 생태계는 그렇지 않은 생태계에 비해 더욱 빠르게 성장할 뿐 아니라, 높은 성과를 보인다고 한다. 스타트업이 속한 지역의 외부 고객의 비중이 큰 생태계 중 최상위 랭킹에 위치하는 텔아비브의 경우 스타트업의 1/3이 외부고객에게 제품을 판매하는 것으로 나타나는데, 성과는 높으면서 지역 크기가 작다는 특성을 보인다. 이와 같이 국가 경제의 규모가 작거나, 지리적으로 생태계 자체의 크기가 작은 경우 생태계내 스타트업들이 더욱 쉽게 국제화되는 성향을 보이는데, 텔아비브 외에도 예루살렘도 그러한 형태를 보인다.

글로벌 창업의 본질적 기능은 새로운 제품, 서비스 또는 생산 공정, 전략과 조직형태 창조는 물론이고 새로운 시장 기회를 포착하고, 평가하여 이를 기업의 설립을 통하여 사업화 하는데 있다. 이를 보다 간략하게 정리해보면 사업성 기회의 포착활용 기능과 기업의 설립기능으로 나누어 설명될 수 있다. 창업은 창업가가 사업성 기회를 포착하고 이를 사업에 활용할 가능성이 있다고 판단했을 때 시작되며 주변의 가용자원을 최대한 활용하여 사업체(개인 및 법인)를 설립했을 때 완성된다.

글로벌 창업은 글로벌 시장에 통용될 수 있는 혁신기술과 아이디어를 전제로 하며, 진취적이고 도전적인 기업가 정신을 추가적으로 요구한다. 벤처창업기업 중 글로벌한 창업 활동을 펼침으로써 일정 수준의 성과를 달성한 경우에 한해 글로벌 창업기업으로 분류될 수 있다.

창업기업이 기업 설립 후 3년 이내에 2개국 이상의 해외시장에 진출하고, 총 매출에서 수출액의 비중이 25% 이상 차지하는 경우 글로벌 창업기업으로 규정하고 있다. 이와 같은 수준의 글로벌 경영성과는 기존의 글로벌 기업들도 달성하기 쉽지 않은 성과수준이다. 글로벌 창업기업은 낮은 업력에도 불구하고 창업 이후 빠른 시일 내에 높은 수출성과를 달성하는 역량을 갖추고 있기 때문에 해외시장 개척을 통한 경제 활성화가 절실한 국가들의 주요한 정책적 관심의 대상이다.

글로벌 창업은 창업의 장점과 글로벌화의 장점이 만나는 접점에서 이루어지는 창업기업의 경영활동이다. 창업을 통한 경제 활성화와 글로벌 진출을 통한 해외시장 개척 및 확보가 절실히 요구되는 국가의 경우 글로벌 창업이 지니는 정책적, 전략적 의미는 더욱 크며 이는 우리나라의 경우에도 해당된다. 그러나 기업 규모가 작고 업력이 짧은 기업이 글로벌 창업을 추진하는 경우 글로벌 창업기업의 대열에 오르기가 쉽지 않다.

글로벌 시장은 대기업이나 중견기업들도 감당하기 어려운 여러 가지 위험요소를 내포하고 있어 글로벌 창업을 추진하는 과정을 용이하지 않게 만들기 때문이다. 따라서 글로벌 창업이 지니는 정책적 중요성에도 불구하고 이를 시장기능에만 의존할 경우 글로벌 창업은 사회적 기대를 충족시키지 못하게 되는 등 시장실패 가능성이 높아진다. 이에 정부는 글로벌 창업의 위험요인 제거에 주도적으로 나섬으로써 글로벌 창업 활성화를 위한 여건을 마련해야 한다.

3. 글로벌 창업의 구성요소

글로벌 창업은 행위를 기준으로 주체와 객체로 나눌 수 있으며, 계획을 세울 때는 목적과 방법으로 크게 나누어 살펴볼 수 있다. 또한 글로벌 창업의 필요조건으로는 자연, 자본, 노동, 기술 등이 있고 충분조건으로는 새로운 사업 아이디어, 창업가 정신이 이에 해당된다. 각각의 의미를 살펴보면 다음과 같다.

1) 글로벌 창업의 주체와 객체

글로벌 창업이라는 행위의 주체는 '사람' 즉, '창업가'이며 창업이 사업으로 성립하기 위해서는 '사업아이템'이라는 객체, 즉 대상이 존재해야 한다. 따라서 창업의 가장 기초적인 요건은 창업가와 새로운 사업아이템이다. 창업가는 사업을 창조하고 기업을 창조한다. 그리고 새로운 사업아이템은 시장에서 성공할 것으로 예상되는 새로운 제품이나 서비스이다. 그러므로 국내의 창업과 크게 다를 바 없지만 창업의 범위와 내용이 글로벌 성격을 띠고 있다는 점에서 그 내용과 형식 및 절차 등이 세계화 및 표준체계의 어떤 것들에 맞춰 나가야 하는 까다로운 조건들이 배재되어 있다고 보는 것이다.

2) 글로벌 창업의 목적과 방법

글로벌 창업의 목적은 '개인적 또는 사회적(조직적) 이윤 창출'에 있다. 물론 창업행위의 목적을 '이윤 창출'로 보는 것이 통례이다. 최근 사업의 목적을 나눔이나 봉사의 의미를 가진 다양한 사회적 기업의 출현을 근거로 이윤 창출보다 넓은 개념으로 확대 해석하는 성향이 나타나고 있다. 그러나 사회적 기업 역시 본연의 사업목적을 달성하기 위해서는 일차적으로 수익성을 확보해야 하는 점을 감안하면 이윤 창출을 창업의 목적으로 설정해도 별 무리가 없을 것으로 보인다.

창업이란 새로운 사업을 열어나가는 것이며, 아울러 재 창업 또는 창업으로 분류한다. 하지만 창업에 성공하려면 지속적인 경영상태를 유지해 나가야만 하는 것이므로 단순한 이윤확보라고 생각하기 보다는 보다 전략적이고 경제적인 차원을 먼저 고려하여 사업을 시작함에 동시에 불분명한 갖가지의 요소들을 보다 확실한 조건으로 만들기 위한 많은 요소들을 사전에 검토해 사업을 성공적으로 그리고 지속적으로 이어나갈 수 있도록 하는 것이 곧 창업의 목적, 방법이 될 것이다.

3) 글로벌 창업 조건

창업은 전통적인 경제적 생산요소인 자연, 자본, 노동과 기술을 필요조건으로 하고 이러한 자원을 활용하여 새로운 사업아이디어를 추진할 창업가를 충분요건으로 하여 추진된다. 물론 대부분 창업가는 필요조건에 해당하는 충분한 자원을 보유하고 사업을 시작하는 경우가 극히 드문 것이 현실이다. 이러한 자원적 제약점을 극복해야 할 책임은 창업가에게 있다. 따라서 창업가에게는 창업을 주도해 나가야 하는 의무감과 특별한 행동양식이 요구된다.

창업가에게는 혁신과 위험감수 그리고 진취성이 요구되고 있으며 여기서 말하는 진취성은 새로운 기회를 만들어 내는 상상력과 추진력을 말한다. 글로벌 창업의 필요요건은 자연, 자본, 노동, 기술 등 네 개의 요인들이 있고, 글로벌 창업의 충분조건은 새로운 사업아이디어, 창업가 정신 등 두 개의 요인들이 글로벌 창업의 조건에 해당된다.

참고문헌

강준구, WTO DDA서비스협상의 논의 동향과 과제, KIEP 세계경제, 2002.

기승진, 종량제로 시장확대, 제휴로 체질개선: 인터넷 신문광고시장 규모와 전망, 신문과 방송, 2000.

김병학·홍길종, 대외무역과 전자무역법규, 도서출판 두남, 2004.

김영생·이종원·이봉수·유병욱, 글로벌무역학원론, 도서출판 두남, 2004.

김정수, 국제통상정책론, 개정판, 박영사, 2003.

김종일, 1990년대 이후 한국경제의 구조변화와 고용문제, 한국경제의 분석, 제12권 제2호, 2006.

영향: 수출시장지향적 활동, 지원정책 활용수준의 매개효과를 중심으로」.『중소기업연구』, 37-4.

산업연구원,『2020년 무역발전 비전과 전략』, 2012.

서영경·이한녕, 해외직접투자의 경제적 효과분석, 조사통계월보, 10월호, 한국은행, 2002.

성용모, 환위험관리, 형설출판사, 2005.

송경석·한병완, 전자상거래, 탐존, 2002.

어윤배, 중소기업 산업설비수출 및 해외투자 전망과 대책, 2006.

이상진, e－비즈니스개론, 두남, 2007.

정도영, 국제경영, 박영사, 2006.

정진석·노재봉, 글로벌시대의 FTA전략, 해남, 2005.

조석홍, 해외시장진출론, 두남, 2004.

대외경제정책연구원

삼성경제연구소

지식경제부

한국무역위원회

OECD, International Investment Perspectives, 2006.

UNCTAD, World Investment Report 1998: Trends and Determinants, New York: United Nationals Publications, 1998.

Vesper, Karl H., New Venture Strategies, Revised Edition, Prentice Hall, Englewood Cliffs, New Jersey, U.S.A, 1990.

WTO, Trade Policy Review, 각년도.

찾아보기

ㅊ

저자 소개

박승락(Park Seung-Lak, 朴承洛)

청주대학교 경제통상학부 무역학전공 교수

중앙대학교 무역학과 졸업(상학사, 경영학석사)
영국 웨일즈대학원 국제운송학부 졸업(Ph.D)
한국통상정보학회 회장 역임
한국무역학회 회장 역임
한국항만경제학회 부회장
한국국제지역학회 부회장
한국국제상학회 이사
한국관세학회 이사
한국무역보험학회 이사
한국e-비즈니스학회 이사
관세사시험 출제위원
행정고등고시 출제위원 역임
민간 전자무역추진위원회 위원

성옥석(Ok-Suk SUNG, 成玉錫)

청주대학교 경제통상학부 무역학과 교수(겸임)
광운대학교 경영대학원 창업컨설팅학과 교수(지도)
우송대학교 국제경영학과 외래교수

청주대학교 대학원 졸업(Ph.D)
글로벌경영경제연구소 소장
미리내학교·은하수야학 교장 겸 교수
한국국제상학회 평생회원
한국유통정보학회 이사
한국물류학회 회원
한국통상정보학회 회원
한국중소기업학회 회원
대한경영학회 회원
충남도청 도민평가단 경제통상분과
충남테크노파크 스마트평가단 위원

임천혁(Lim Cheon-Hyeok, 任天赫)

건국대학교 무역학과 졸업(상학사)
건국대학교 기업경영학과 졸업(경영학석사)
건국대학교 대학원 국제무역학과 졸업(경제학박사)
건국대학교 국제통상학과 강의전임교수
건국대학교, 강릉원주대학교, 배화여자대학교 강사
(사)한국무역상무학회 이사

세계화와 한국무역 : 개정3판

초　판 1쇄 발행 —— 2011년 2월 28일
개 정 판 1쇄 발행 —— 2013년 2월 28일
개정2판 1쇄 발행 —— 2016년 8월 28일
개정3판 1쇄 발행 —— 2022년 2월 15일
지은이 —— 박 승 락·성 옥 석·임 천 혁
펴낸이 —— 전 두 표
펴낸곳 —— 도서출판 두남
서울시 강동구 성내로 6길 34-16 두남빌딩
신 고 : 제25100-1988-9호
TEL : 02) 478-2065, 2066, 2067, 2311
FAX : 02) 478-2068
E-mail : dunam1@unitel.co.kr
http://www.dunam.co.kr

정가 29,000원

ISBN 978-89-6414-938-6 93320